近世史研究叢書60

松江藩の基礎的研究 続

―山陰地方の文化と信仰―

西島太郎 著

岩田書院

はしがき

本書で取り上げる松江藩は、出雲国（島根県）松江に藩庁を置いた山陰地方の大藩の一つである。藩主は外様の堀尾氏が二代、京極氏が一代、親藩の松平氏が十代続いた。一六〇〇年の関ヶ原の戦い後、毛利氏が周防・長門へ転封したことで、遠江浜松から堀尾忠氏が出雲・隠岐二か国二四万石の領主として入封する。忠氏は父吉晴と共に能義郡広瀬の富田城に入るが、城下町が広く取れないことから、宍道湖畔の島根郡末次にある亀田山に城（松江城）を築き移る。しかし二代藩主堀尾忠晴に嗣子なく堀尾氏は三十三年で断絶した。次いで若狭小浜藩主の京極忠高が入封し、出雲・隠岐二六万四二〇〇石余を領知高とし、石見国邇摩郡・邑智郡・石見銀山四万石を幕府から預かった。しかし嗣子なく忠高が急死したため三年半で転封となった。中国地方に外様しかいない状況に幕府は、徳川家康の孫で毛利氏と姻戚関係にある松平直政を信州松本から移した。松平氏は出雲一八万六〇〇〇石を領知高とし、隠岐一万八〇〇〇石を幕府から預かり、その支配は廃藩までの二百三十三年間続いた。

松江は江戸時代を通じ藩庁であり、明治時代以降においても県庁所在地として山陰地方の中心であった。一九五一年には「多くの文化財を保有し、ラフカディオ・ハーン（小泉八雲）の文筆を通じて世界的に著名であることにかんがみて」、国から国際文化観光都市に指定された（松江国際文化観光都市建設法）。松江には、松平治郷（不昧）に代表される茶の湯と和菓子、美術工芸などの文化や、汽水湖である宍道湖の夕日や蜆、出雲蕎麦に代表される食や風景がある。出雲西部では出雲大社（杵築大社）、東部には美保関などの名所があり、山間部の奥出雲のたたら製鉄が創り出した棚田は、二〇一四年に国選定重要文化的景観「奥出雲たたら製鉄及び棚田の文化的景観」に指定された。

現代の松江は、江戸時代の松江城天守が現存し、戦災に逢わず、城下の開発が遅れたことも幸いし、塩見縄手地区、普門院外濠地区、城山内濠地区に伝統美観保存区域が設けられ、落ち着いた雰囲気をつくり出している。二〇一五年には松江城天守が国宝に指定されたこともあり、松江市は城と城下町を一体化して認識し景観の保存と活用に努めている。そのようななか、景観や歴史に史料的裏付けとなる根拠を明確にするため、松江市史編纂事業が二〇〇九年から始まり、十一年をかけて『松江市史』全十八巻を刊行し完結した。この事業により、一九四一年刊行の『松江市誌』に頼らざるを得なかった市域の歴史は、大きく塗り替えられることとなった。ただ市域を中心とせざるを得ず、出雲国全域（島根県東部）を扱ったものではない点に課題が残った。

前著『松江藩の基礎的研究――城下町の形成と京極氏・松平氏――』（岩田書院、二〇一五年）は、松江城下町の形成過程と藩主・藩士を中心に見たのであるが、本書では、松江藩の支配領域である出雲地方の歴史と文化について紐解いていく。収載論考は、私が博物館（松江市立松江歴史館）に勤めていた頃のものを主とする。博物館は、地域の歴史史料や情報が集まってくる場所である。その史料や情報を活かすことも、そのままとすることも博物館に勤める学芸員次第である。私は文献史学の手法を用いてできるだけ活かすことを行ってきた。史料や情報に意味を与えることで、地域の歴史は豊かになるからである。博物館学芸員として出会った史料や情報に、歴史的な意味を見出し、意義付けることで活かそうとしたものが本書収載の諸論考である。受け継がれてきた物事に息を吹き込む作業と言っても過言ではない。

本書は、次の五つをテーマとしている。

Ⅰ　松江開府をめぐる藩士と百姓
Ⅱ　松江藩士の文化活動
Ⅲ　松江藩主松平治郷（不昧）の手紙と参勤交代
Ⅳ　奥出雲の神社と信仰
Ⅴ　西洋化と前近代的なものの残存

Ⅰでは、江戸時代初頭の出雲国主堀尾氏が新たな城下町を選定する際に活躍し、山陰地方の方言「又六」（酒の小売屋）とも関わる百姓田中又六を取り上げる。又六は百姓でありながら、堀尾期だけでなく京極・松平期においても殿様との御目見えが許された（第一章）。次いで堀尾氏が拠点を月山富田城から新たに築城された亀田山の城（松江城）へ移るに併せ、その城下へは家臣団も移住した。この時、堀尾氏家来が自らの知行地の神社に祭礼道具を奉納し、地域と関係を作っていく状況を、毎年行われる七十五膳神事に奉納時から現代まで使用され続けた木椀に探った（第二章）。

Ⅱでは、出雲地方の食文化の代表といっていい出雲蕎麦について、蕎麦切の研究史を紐解き、江戸時代初期における全国的状況を明らかにして、出雲での蕎麦切の登場に深く関わる岡田信世について明らかにした。松江で振る舞われた蕎麦切が出雲蕎麦の伝統の起点となっていく（第三章）。次いで、戦国時代の主家滅亡で牢人となった生田氏を取り上げた。近江出身の生田氏は、島原・天草一揆での戦功により松江藩に仕官を果たし、その子孫の生田永貞は、江戸時代後期の藩士教育において学力の底上げに貢献していく（第四章）。また、一族が松江藩と鳥取藩に藩医として仕えた田代家が所持した薬師如来仏の検討を手掛かりに、伯耆米子における文芸サロンの中心人物となった田代恒親やその医術、仏師や松江藩との関わりなどを明らかにしている（第五章）。

Ⅲでは、大名茶人として知られる松平家七代藩主の松平治郷（不昧）の手紙の作法を、直筆書状の形態およびその内容を検討して、書状を開封する人への治郷の心遣いや、禅学の師匠との交流の詳細を明らかにした(第六章)。そして西国街道上の郡山宿本陣史料から、治郷期に参勤交代路が変更される事実と理由について考察している(第七章)。

Ⅳでは、出雲地方南部の山間地である奥出雲への愛宕信仰の受容をめぐり、室町時代における在地領主馬来氏による受容の段階と、十八世紀半ばから十九世紀半ばにかけて奥出雲南部の村々に徐々に面的に広がりながら受容されていく段階とがあることを、村々に小さな祠として現存する愛宕社の棟札銘文から明らかにした。受容された村々では、現代においても愛宕社を祀り信仰は継続している(第八章)。次いで、松江藩最末期の廃藩置県五か月前にあたる明治四年二月に、長州藩士の前原一誠らが出雲国の祖先の地にある狩山八幡宮へ奉納した「永代御神灯」扁額の分析を手掛かりに、維新期の神社政策と地域の対応と共に、二度にわたる社格をめぐる神職の動きを検討した(第九章)。

Ⅴでは、幕末に松江藩主松平斉貴《なりたけ》の命により、長崎の上野彦馬のもとで写真術を学び、慶応元年(一八六五)に山陰地方で初めて写真業を開業し、洋品取り次ぎなど山陰の文明開化に尽力した森田禮造を取り上げ、山陰写真史の黎明期の状況を明らかにした(第十章)。次いで、松江藩鷹匠の家に生まれ、幼少期に怪異現象を経験し、最近まで信じられていた松江城築城の物語を執筆した後、霊怪研究に邁進していく岡田建文を取り上げた。大正時代に島根県松江市で郷土誌『彗星』を自ら発刊し、昭和時代初めにかけて霊怪研究家として山陰地方の怪異現象を数多く記録し公表した事実など、建文の生涯およびその霊怪研究を明らかにしている(第十一章)。

以上、本書は松江藩の武家、山陰地方の信仰・食・写真史・怪異研究について考察している。それは受け継がれてきたものに歴史的な意味を見出す作業であった。そこからは、江戸時代由来のものが現代にも受け継がれ、人々の生活のなかに根付いていることがわかる。

第二章で取り上げた慶長十三年に奉納された木椀は、神社で毎年行われる七十五膳神事に、年一度とはいえ現代まで四百年間使われ続けたものである。第三章で取り上げた江戸時代初期に松江で振る舞われた蕎麦切についても、史料的裏付けなく語られてきた出雲蕎麦の始まりについて根拠を提供することとなった。第六章で取り上げた藩主松平治郷（不昧）は、十九歳で禅学を江戸の天真寺の大巓《だいてん》和尚に学び、茶道と禅道は違うものであるが、茶道の理想とする人間像や美が禅のそれと同等なため、両者は一味であるとする「茶禅一味」の境地に至り、松江に茶の湯と和菓子の伝統を残した。第八章で取り上げた村々の愛宕信仰は、江戸時代後期から徐々に普及し現代においても信仰の対象として祀られている。第十章で取り上げた山陰地方の写真業は幕末の松江から始まっていた。

第十一章で取り上げた岡田建文は、藩の鷹匠だった自らの家で体験した怪異現象がきっかけで霊怪研究を行った。建文の活動にさかのぼる二十五年前、松江に滞在したラフカディオ・ハーン（小泉八雲）が山陰地方の怪異譚を収集し再話文学として独自の日本文化論を展開した。昭和時代にも鳥取県境港に育った妖怪漫画家水木しげるが妖怪を視角的に描き広めた。怪異については、二〇〇〇年代以降、怪異学として研究の対象となってくるが、今後は山陰地方と怪異の関係を問うことが課題となってくる。

目　次

Ⅳ　奥出雲の神社と信仰

Ⅰ　松江開府をめぐる藩士と百姓

第一章　松江開府の立役者 津田の田中又六

——松江城築城をめぐる酒と又六——

はじめに

松江開府を語る時、忘れてはいけない人物がいる。それは堀尾吉晴・忠氏父子の城地選定に現地の案内役を勤めた百姓又六である。又六は、開府に果たした功績から、意宇郡津田村（松江市東津田町）に居住し、百姓ながら歴代の藩主への御目見えが許され、藩主も又六に会いにたびたび同家を訪れたという。

この又六家の御子孫の田中又六氏（故人）から、二〇一〇年七月、参勤交代時の雲伯国境から松江城までの路程を彩色で描く、全長一一・五メートルに及ぶ「道程記」を含む「田中又六家文書」が、松江市へ寄贈された。本章では、なぜ田中又六が松江開府時に現地案内役を務めることができたのか、その功績はその後どのように藩にとって意識され続けたのかを、寄贈された家伝史料を中心にひも解く。

第一節　田中又六家の由緒

1　松江開府三百五十年、発見された幻の遺言書

一九五七年(昭和三十二)、松江市で松江開府三百五十年祭開催の最中、開府に関わる新事実を知らせる記事が『島根新聞』に掲載された。十月二十六日付記事の小見出しは、「明るみに出た松江城築城の史実」「一切が又六の手で／遺言書からナゾ解ける」とあり、次のような記事であった。

【史料1】

松江城開府三百五十年の祭典がくりひろげられているおりから、松江市の郷土史家にとっていままで疑問となっていた二つの問題が市内一旧家の反古の中の遺言書によって明らかとなり話題を呼んでいる。

疑問となっていた史実上の問題というのは　①松江城の藩主、堀尾吉晴《(ママ)》が慶長五年に岡崎《(ママ)》から出雲に入国してから慶長八年に今の松江城山に築城地として白羽の矢を立てるまでの期間は、時間的にあまり早すぎるので城決定の際には、相当松江付近の地の利にくわしいものがいて吉晴に意見を具申するか、あるいは全権を委任されていたかしなければおかしいのに、その人物なり当時の事情がはっきりしない　②松平直政のことを書いた〝藩祖御事績〟のなかにもでてくる津田の庄(現在松江市津田町)田中又六、通称津田の又六という人物とその祖先は松江の城主にとって相当の功績があったものらしく、堀尾家、京極家の時代はもとより松平家の時代になっても代々又六を名乗る田中家へは城主が通りすがりに必ず寄っていくほどの家柄だが、どうしてこれ程代々の城主から田中家が大切に取扱われるのか分らなかった。この二点が松江城築城を中心とする松江史上一番大きな疑問と

なっていた。

ところが築城の際には蓄財を城主におさめて功を認められのちに藩の御懸屋（いまの銀行、藩の金券の発行元）として威をふるっていた岡崎屋の祖先である岡崎屋次郎右衛門（享和三年没）の遺言書が傍系の子孫である岡崎信之氏（松江市竪町郵便局長）の手でこのほど発見され、その中にのべられた祖先の事跡によって津田の又六という人物の役割もはっきりしてきた。この遺言書は岡崎屋の分家である同氏が本家（東京在住）から委任されて家財の整理を行っているときに反古といっしょに見つけだしたもので、それによると堀尾公が松江に入国したころ、当時津田ほか乃木、大庭など橋南四庄の頭分をしていた勢力家、津田の庄、又六を堀尾吉晴がとくにとりたてて国の係人（カカリビト、土地や人間についての顧問役）に召しかかえて、築城地決定のための意見をのべる最高責任者として使ったという事実が明らかになった。（後略）

岡崎家から見つかった反古紙には、松江開府の折、田中又六が「津田」「乃木」「大庭」など橋南の四庄（一か所は不明）の「頭分」をしていて、堀尾吉晴が取り立て「国の係人」（顧問役）として、「築城地決定のための意見をのべる最高責任者として使った」という事が書いてあったという。しかし現在、この反古紙を確認することはできず、執筆者や作成時期も不明で、この記事のみで又六の立場を確定することはできない。反古紙の写真なり文字の翻刻もなされなかったことから、この事実はその後、忘れさられることとなる。

2　田中又六家の由緒「意宇郡東津田村又六家旧記」

田中家文書のなかで、内容の最も古い史料が「意宇郡東津田村又六家旧記」である。宝暦十四年（一七六四）二月に作成された原本を、明治五年（一八七二）六月に書写したもので、田中家が地租改正にあたり県に提出したものの控と考えられる。享保八年（一七二三）に火災に遭った田中家に、築城当時を語る江戸初期の史料はなく、火災の四十一年後に同家が「意宇郡東津田村旧記差出帳」を藩へ提出した。この差出帳には松江城開府にまつわる又六家についての興味深い事柄が語られている。(1) まず全文を翻刻する（丸数字は西島注）。

【史料2】

（表紙）「意宇郡東津田村又六家旧記」

覚

①私家之儀種々申伝者御座候得共、証書等たびたび之火災ニ焼失所持不仕候、此度御改革之廉迄殿様御代々御参勤御帰城之節、郡奉行様御差紙ヲ以、居宅門前ニおゐて御目見仕候乍尓、宝暦十四申二月、東津田村旧記差出之写奉懸御目候、則左之通、

一②私先祖者元能儀（義）郡富田之郷ニ罷在候百姓ニ而御座候、然処堀尾山城守様御意ニ入、松江へ御城替被為遊候節、御城地御見立被為召連、土地之様子何角被為遊御尋、御城御成就迄諸御用被為仰付相勤申上候処、③御普請御成就後津田村ニ居住被仰付、原空地望次第被為下置旨奉蒙御意、只今之居屋敷御免地被為成下、竹木等植立屋敷仕、御城御成就余り御材木ヲ以、従御上居家御普請被為成下、其上御証文・御袴・御時服等、御拝領物数々頂戴仕候、御参勤御帰城之刻、於門前御目見被仰付、尤水茶屋寸志ニ仕来、且又御門出・御鷹野・御馬事之砌、毎度被為掛御腰御懇意被為成下候由、

一④高真院様御代ニも、右ニ不被為替御参勤御帰城御門出、御鷹野・御馬事之刻、毎度被為掛御腰懇意奉蒙御意、其上御上下御時服等たびたび拝領仕候、

一⑤御代々殿様被為掛御腰候御座之間并御鷹部屋之分、御代々御修覆被仰付来り之処、御指図之旨御隠居様御代々

御修覆被為成下候儀懈怠仕候、折節亡父幼年之時祖父又六病死仕候ニ付、勝手向衰微仕、自力ニ而修覆等難成、益々及大破漏朽候趣申上候得者、勝手次第たゝみ取置候様被為仰付候ニ付、無是非御座之間并壱間ニ拾壱間之板庇等たゝみ置申候由、

一⑥寛文十二子、御検地帳外書ニ弐反歩御茶屋床ニ引と有之、内壱反五畝歩其後上り地ニ相成、残五畝歩先規之通御褒美被下与、延宝四辰之御下札ニ御座候、

一⑦四十二年以前卯夏之火災ニ、御証文・御拝領物不残焼失仕、只二畳重御畳やけそ(ママ)づれ残り居申候、是計今所持仕候、右火難ニ付先規之趣を以普請材木等奉願候処御免被為仰付、東津田村石屋御山・西尾新御山御両所より御材木戴之、家普請仕候御国恩之程奉恐入候、

右⑧之通先祖又六より引続今以御参勤御帰城之節者、門前ニおゐて御目見仕候、難有仕合冥加至極奉存候、此度家筋之儀書出候様被仰付如此御座候、以上

宝暦十四年申二月　　東津田村　又六

右之通ニ御座候、以上

明治五壬申六月七日　　東津田村　又六

右を意訳すると次の様になる。

① 田中家では数度の火災で証書はないが、伝え聞く話はあるとし、「此度御改革」まで、殿様が代々参勤交代の折、松江城へ帰城の時、郡奉行様から差紙で連絡をうけて、又六家の居宅門前で御目見えした。

② 田中家の先祖は、元能義郡富田郷の百姓で、「堀尾山城守」の意に叶い、富田から松江へ城と城下を移転させる際、城地の見立てのために又六が召連れられて、土地の様子をいろいろと尋ねられた。また、又六は松江城が

完成するまで、「諸御用」を命ぜられ、無事に勤めを果たした。

③　松江城の普請が無事に終了すると、城下近隣の津田村に住むよう命令があり、望み次第で原っぱや空き地を下されるということなので、又六は富田から移ることとし、居宅の屋敷や免税地を下された。そして松江城を建てる際の余材で、藩(御上)が又六が住む居宅を普請し、屋敷に竹木などを植えた。さらに証文・袴・時服などを拝領した。殿様の参勤交代の際には、又六居宅門前で御目見えを命ぜられ、心ばかりの「水茶屋」にてもてなした。ある時には、鷹狩や馬駆けで殿様が遠出される際にも、毎度お出でになり、懇意にしていただいた。

④　松平直政が松江藩主となってからも、これまでと変わらず、参勤交代や遠出の鷹狩や馬駆けでは、毎度立ち寄り懇意にしていただき、さらに裃や時服を拝領した。

⑤　旧記執筆当時の藩主第六代松平宗衍《むねのぶ》も、又六宅へ立ち寄られ、腰を掛けられた。居宅にある「御座の間」「御鷹部屋」は歴代の殿様から修復を命ぜられたものである。しかし「御隠居様」が修復を命ぜられたにもかかわらず懈怠していたところ、亡父が幼年の時に祖父が病死したため、家計が苦しくなり、自力で修復できなくなり、さらに大破し朽ち果てたと、藩に報告したところ、藩からは好きなようにするようにとのことなので、仕方なく座敷の上の間と一間に十一間の板庇等をたたんで置いた。

⑥　寛文十二年(一六七二、二代綱隆期)の検地帳の外書に、二反歩は御茶屋床に引くと記載があるが、延宝四年(一六七六)の藩から下された一札には、そのうち一反五畝歩は上り地として藩に戻り、残り五畝歩が従来の通り褒美として下されたと記している。

⑦　四十二年前(享保八年〔一七二三〕)の夏の火災で証文・拝領物は残らず焼失し、焼け残った二畳の畳のみ所持している。この火災で、従来通り普請のための材木を切ることを願い出たところ許され、東津田村の石屋山と西尾

新山の二か所から材木を拝領して家の普請を行った。
⑧　この様に先祖の又六から今に至るまで参勤交代の折には、居宅門前で御目見えをしている。大変ありがたく思っている。この度の家筋についての問い合わせは以上の通りです。

まず語句について補足しておく。①の「此度御改革」は、延享四年（一七四七）から始まった六代藩主松平宗衍による藩政改革である御趣向《ごしゅこう》の改革（延享の改革）を指す。藩政改革を持ち出す記載から、改革の一環として田中家にも家の由緒を求め、提出されたのが②以下の内容を記す「旧記」であった。次に②の「堀尾山城守」は堀尾吉晴の孫忠晴の官途であるが、吉晴の誤記であろう。又六は、城地選定に松江地域を案内し、かつ諸用を命じられ、無事に勤めを果たしたことがわかる。さらに⑤の「御隠居様」は、六代松平宗衍以前の藩主のうち四代・五代藩主は隠居せず没したことから、三代綱近のことと考えられる。綱近の隠居は、宝永元年（一七〇四）から死去の同六年までで、この間に綱近から修復の命があったものと考えられる。

ここでまず注目されるのは、能義郡富田郷出身の又六が、新たな城地選定のための土地案内を務め、松江城築城のための諸御用を無事に勤め上げ、藩主の命で津田に移り住んだ点である。土地案内ができるほど、この地域を熟知した人物であったことがわかる。また又六は、堀尾氏からの諸御用を勤め上げることができる財力を持ち合わせていた。

次に、松江城築城時の余材で建て、「御座の間」「御鷹部屋」を持つ居宅は、享保八年（一七二三）の火災まであり、建て替えの際の材木も藩から支給された家だという点である。又六の居宅には、歴代の藩主が鷹狩や馬駆けの際にたびたび立ち寄って腰を休める場が設けられていた。殿様の参勤交代においても居宅門前でお目見えが許されたのである。堀尾氏だけでなく歴代の殿様から寵愛を受けたのが又六だった。

第二節　御目見えを許される百姓

1　百姓田中又六の御目見え

「田中又六家文書」には、郡奉行から御目見えを命じる手紙が多く現存する。順を追って整理すると次のような手順となる。(2)

【史料3】

津田村又六儀、来ル十二日　御帰城之節、前格之通、罷出御目見仕候様、可有申渡候、以上

六月六日　小泉所右衛門（花押）

下郡勘兵衛殿（黒印）

与頭丈五郎殿

追加、津田村又六与書付認致懐中、御簾時中御尋有之候ハヽ、と宜候様、可有申聞置候、以上

藩からは意宇郡の郡奉行から下郡・与頭へ、殿様帰国の折、以前からのとおり津田村の又六が御目見えをする通達がくる。田中又六家にこの文書が残ることから、下郡は自らの名の下に黒印を捺して証し、そのうえで又六家へ届けられたとみられる。

また、直接、郡奉行からの知らせもあり、次のような文書が多く田中家に残っている。(3)

【史料4】

殿様先月廿三日江戸表被遊御発駕、来ル十七日御城着被為遊旨候条、其方儀格合之通、居宅門前ニおゐて御目見

可仕候、以上

五月九日　　　　　　　　　　　　青木甚左衛門(花押)

東津田村　又六

追加、例之通手札被懐中可罷出候、以上

事前に殿様が訪れる日が又六に知らされ、家格に見合った居宅の門前での御目見えが命ぜられた。また追而書《おってがき》で、通例の通り手札を懐中に入れて御目見えに臨むよう指示されている。

御目見えの通知を又六が承諾する場合は、意宇郡の取次四人に宛てて承諾の返事が認められた。左の文書は端裏書から、文化四年(一八〇七)五月の八代藩主松平斉恒の初入国の折の返事で、書き止め文言が「恐惶謹言」を使い、最上級の表現が使用されている。追而書では、手札を持参することを伝えると共に、意宇郡の取次四人へは直接、又六が参上して礼を述べるとも述べている。(4)

【史料5】

(端裏書)「文化丁卯五月廿七日、御入部之刻、津田又六返事」

殿様来ル廿七日　御入部被為遊候ニ付、格合之通、私居宅門前ニおゐて　御目見可仕旨、御紙上之趣、難有仕合ニ奉存候、右御請申上度、如此御座候、乍憚宜敷被仰上被下候様、存願上候、恐惶謹言

五月十七日　　　　　　　　　　東津田村 又六

中尾信四郎様

山本喜惣様

西村徳次様

並河幸助様

例之通、手札御懐中可罷出旨、是亦奉承知候、此間之内参上仕、万々御礼申上度奉存候、以上

また、又六が出られない場合、又六から断りの手紙が意宇郡の取次四人へ宛てて認められた。左の文書の場合、「近頃病気で引き籠っているため」との理由が記されている。別の案文（五月十一日付小瀧固右衛門宛他又六書状）には、御目見えできない理由として又六自身に「痛所」があるといったん書いたうえで、付箋にて「病気」と文字の修正を行っているものもある。[5]

【史料6】

一筆啓上仕候、来月四日御帰城被為遊旨ニ付、格合之通、於居宅門前御目見可仕旨御紙上之趣、難有仕入候、奉得其意候、然ル所私儀近来病気ニて引籠罷在候ニ付、御目見ニ参上不仕候之間、乍恐宜敷被仰上被下候様、奉頼上候、右御受申上度如此御座候、恐惶謹言

九月廿六日　東津田村　又六（花押）

西村徳次様

松浦右蔵様

渡部理平様

倉橋固八様

又六が御目見えを断る理由を文面通り病気だとすることも可能であるが、その理由だけではなかったようである。松江藩の儒者、桃節山（好裕、一八三二〜一八七五）が著し、松平家初代の藩主松平直政の事蹟を記した「慶応丁卯中冬」（慶応三年（一八六七））の識語を持つ『藩祖御事蹟』には、次のような話を載せる。[6]

【史料7】

津田村ニ又六トイフ相応ノ身上ノ農民アリ 此子孫今ニ東津田ニアリテ田中又六トイフ、モト堀尾家冨田ヨリ城ヲ松江ニ移サレシ時ニ従ヒ来リ、城普請ノ用向ヲモ勤メケル故ニ堀尾家ヨリ居屋敷ヲ賜ハリテ此地ニ住セル者ノ由、ナリ 公御出郷ノ時、毎々御腰懸サセラレシカ面倒ナリトヤ思ヒケン、其後御立寄ノ時ニ留守ヲツカヒ、又六ハ芋ノ草ヲ取リニ出テ内ニ居リ申サヽル由申上ケリ、此ノ如キコト度々ニ及ヒケレハ、公大ニ笑ハセラレ、又六カ芋ノ草（ママ）テ根カ抜ケヌト御意アリテ去リ給ヒヌ、因テ今ニモ津田村ノ俚言ニ物ノ埒ノ明カヌ事ヲ又六カ芋ノ草（ママ）テ根カ抜ケヌト申シ習ハセリ 此事、上川俊彦ヨリ承ル

殿様が立ち寄るのを面倒に思った又六が、芋の草取りに出かけていると居留守を使い避けることもあった。これがたびたびなので、殿様も悟って「又六は芋の草の根が抜けないのだ（意訳）」とその場を去ったという。「又六カ芋ノ草（ママ）テ根カ抜ケヌ」と埒が明かない時の俚言になるほど人々に知られていたことがわかる。

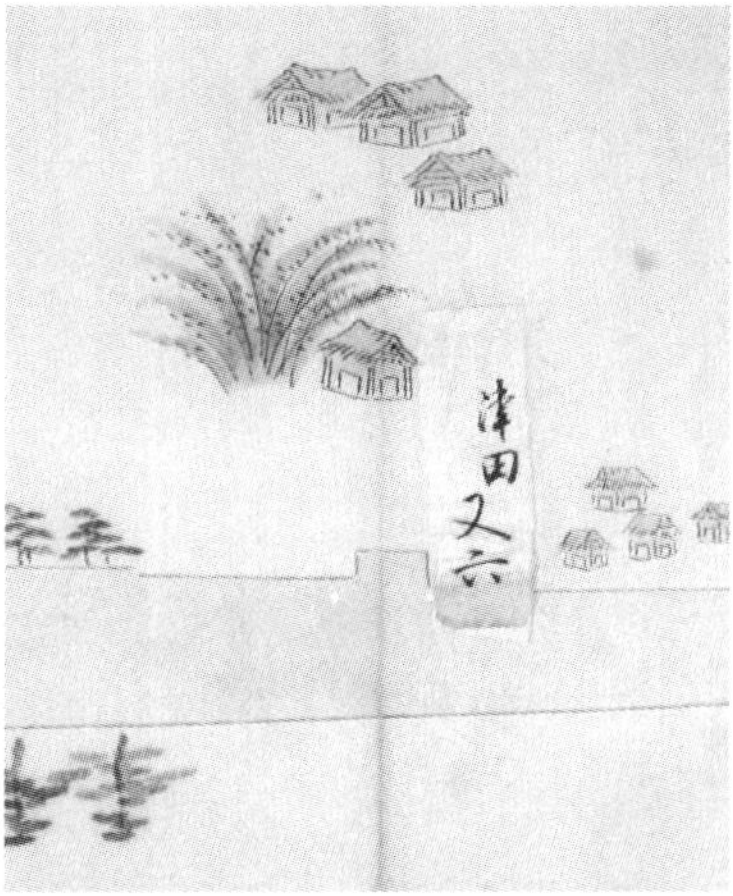

写真1　「道程記」記載の又六居宅（中央上部）と津田街道（手前）（写真は松江歴史館提供）

参勤交代時、又六が殿様と御目見えを果たした居宅門前は、津田街道に面した一角である。殿様が帰国の際、出雲国境から松江城までの道筋を描いた「道程記」には、道幅が北に張り出し、小休止できる空間を描く（写真1）。現在もこの場所は田中家所有の土地で、ちょうどその場所に大きなエノキの木がある。田中家では、居宅門前のエノキのあるこの場所で殿様を迎え、御目見えした場所と伝えている（写真2）。御目見えの「居宅門前」は、街道沿いで又六家門前という地理的にもこの場所であると考えられる。

写真2　今も津田街道沿いに残る、殿様を出迎えた門前のエノキ。エノキの奥に田中家がみえる。（松江市東津田。2010年8月　西島撮影）

　次に、又六にとって御目見えにかかる経費はどれくらいだったのか。幸いに藩主松平治郷が松江から江戸へと発った享和四年（一八〇四）二月二十四日付「御参勤御目見御礼前勤覚」があるので検討する。この帳簿からは「御目見前」と「御目見後」に「御礼廻勤」を又六は行っている。「御目見前」として御目見えの二日前の二十二日、「暮九」とあるので深夜零時に郡奉行当方受口の伊藤其右衛門に酒二升と「番白（餅か）」五つを持参した。さらに「御長屋郡足軽」の四人、小瀧固右衛門・松井為九郎・高橋順助・奈良円助のうち、小瀧は受口元〆として勤めを宥されたため、他の松井に五匁、高橋に四匁、奈良に三匁が又六から渡された。

　翌二十三日朝には「神門（郡）方」の杉山安左衛門に酒二升と餅二つが又六から渡された。さらにその下の「御長屋郡足軽」の四人岡良蔵・室田兼八・岡惣助・松浦弥三五郎のうち、岡は神門方元〆として勤めを宥されたため、他の室田に三匁、岡に二匁、松浦に二匁が又六から渡された。

　この日の夜（帳簿には「廿二日」とあるが、記載順から誤記と判断される）には、「北四郡」の長谷川良左衛門に酒樽二升と餅二つが渡された。さらにその下の「御長屋郡足軽」の四人、中尾信四郎・山本喜惣・西村徳次・並河幸助のうち、中尾は北方元〆として勤めを宥されたため、他の山本に三匁、西村に二匁、並河に二匁が又六から渡された。

そしてこの日には別に、受口元〆の小瀧に三匁と切手、神門方元〆の室田に三匁と餅、北方元〆の中尾に三匁と餅が又六から渡された。

帳簿ではこの他、鈴木順平に餅を渡した記載があり、合計金額を記す。札三六匁、「番白」の代金七二〇文、餅一斗六升の代一匁二八〇文、肴一折分の代金三〇〇文、切手二升の代金二四〇文かかり、合計六匁一四〇文かかっている。

次に「御目見後」の「御礼廻勤」であるが、御目見え当日の二十四日には、「御仕置」の柳多四郎兵衛・朝日丹波・塩見小兵衛・黒川左膳・三谷権太夫に「手札」を渡す予定で名前を記載したが、実際には「〇」印のある柳田・朝日・塩見に渡された。「手札」とは礼状と考えられえる。さらに「御添役」六人のうち三人に、「御用人」八人のうち二人に手札が渡された。そして先の伊藤・杉山・長谷川にも同様に手札が渡された。

この帳簿をみると、御目見えをする前に郡奉行など取次を行った人たちへ礼が尽くされており、事前に会って情報を共有することが図られている。百姓として津田に住んだ田中又六にとって、隔年で行われる参勤交代での礼銭六匁一四〇文はそれなりの負担であったと考えられる。というのは、病気を理由にして御目見えを辞退することや、芋の草取りといって御目見えしないことがたびたびあったことを鑑みれば、田中又六家にとっての経済的負担の大きさが、御目見え辞退へとつながったものと考えられる。

田中家には、又六が認めた手紙や礼物進上の際の雛形が残されているので、左に挙げておく(7)。

【史料8】

一筆啓上仕候、来ル何日　御帰城被為遊旨ニ付、格合之通、於居宅門前ニ　御目見可仕旨、御紙上之趣難有仕合奉得其意候、然所私儀近年病気ニて引籠罷在候ニ付、御目見ニ参上不仕候間、乍恐宜敷被仰上被下候様、奉願上

候、右御受申上度、如此御座候、恐惶謹言

月日　　　　東津田村 又六　書判

郡方衆四人当方

右　御〔目〕見不仕候節、返書如此御紙上持参いたし飛脚へ合銀札一分進之来ル、

御目見仕之節進物

一餅木三升　　御奉行様

又ハ手造所酒弐升を示給

一郡方衆四人へ遣候御事

但わ包ニ〆左之通左宛へ名前、印を仕出御事、

包物ニ

熨斗
御祝儀　　　　東津田村 又六

何之何衛門様

右郡方衆之包物書付如之、

又六が病気などで御目見えを辞退した際には、辞退の返書とともに飛脚に銀札一分を持たせたことや、御目見えの場合に奉行や郡方衆への進物を、熨斗付きの「御祝儀」として包んでいたことを知ることができる。

2　山陰地方の方言　酒屋又六

築城時、なぜ堀尾吉晴は又六を重宝し、彼に諸用を申し付けたのか。この問いを解く鍵が、酒と又六の関係にあ

る。山陰地方では、酒の小売屋のことを又六という。このことは、『日本国語大辞典』(8)「又六」の項に、「(一休和尚が酔い臥しているところに寺の小僧が来て起こすと、「極楽をいづくの程と思ひしに杉葉立ちたる又六が門」と詠んで、三輪の里の酒屋の亭主にあたえたという故事から)酒屋をいう」とあり、「方言」として「酒の小売り屋。鳥取県　隠岐」と載せる。鳥取県と隠岐を挙げるが、島根県の出雲部の日本海沿岸も、田中家の事例から含めるべきであろう。とにかく「又六」は、山陰地方では、酒の小売屋を指す方言だというのである。右の一休の故事は、万治二年(一六五九)刊行の「百物語」に詳細が載る。(9)

【史料9】

一休和上さるかたへときくひに、御出あるつゐでに、門前の又六といふ酒屋へ立より、一つ二つ物語し給ふに、又六馳走申、彼奥殿の諸白取出し、ひたじゐにしゐければ、斎にゆく事もうちわすれ、とろりとろりとねぶり給へば、又六思ひつけておこし申せども聞も入ず、ひとり目さむるまでねぶりて目さめければ、一首

極楽をいづくのほど丶思ひしに　すぎ葉たてたるまた六がかど

一休のいた大徳寺門前の酒屋の名が又六で、軒先に酒林《さかばやし》(杉葉)を吊るした酒屋だという。一休和尚の歌として又六という酒屋が登場するから、江戸初期にはかなり知られた言葉であることがわかる。一九四八年に七十七歳の田中家当主又六が記した「当家松江城築造以来ノ記録」(田中又六家文書)には、「出雲国内ハ酒ノ有ル店ハ皆又六屋ノ呼号アリシハ、今時六七十才ノ長老ハ皆承得シ居リシナリ」とあるように、この地方では酒屋のことを「又六屋」とも言った。山陰では方言として残るほど庶民の酒屋が、又六や又六屋という名称で、人々の間で認識されていたのである。

3　広瀬と松江城下の「田中屋」——田中屋又六——

さらに注目すべきは、堀尾氏が松江へ城下を移す前、富田城のある広瀬に、天正六年（一五七八）以来続いているという酒屋の田中屋の存在である。

【史料10】

古来より酒商売仕来候者共之次第

一天正年中より商売仕候酒屋　田中屋 五兵衛
　　　　　　　　　　　　　　面高屋 九郎右衛門

（貼り紙）「天正六丑（寅）ノ年より寛文迄八拾四年ニ当ル、宝暦十二年午迄百八拾五年ニ成ル、両人共同年数」

この史料は、広瀬で酒屋の商売を始めた七軒の履歴を記したもので、宝暦十二年（一七六二）に作成された「広瀬町酒場改帳」の冒頭部分である。[10] 天正から寛永年間までに「田中屋五兵衛」「面高屋九郎右衛門」「井塚屋五左衛門」「米屋宗兵衛」「米屋治郎兵衛」「田中七郎右衛門」「灰吹屋庄右衛門」の七軒が酒屋を開業し、その最も古い二軒が田中屋と面高屋《おもだかや》であった。[11] 天正六年は播磨上月城で籠城していた尼子勝久が自害し開城した年で、出雲地域は毛利氏配下にあった。富田城には毛利元就の次男吉川元春が入っていた。江戸時代にまで続く広瀬の酒屋は、尼子氏の時代にまでさかのぼるものはなく、吉川氏の時代からということになる。七軒の内には、寛永八年（一六三一）に開業した「田中屋七郎右衛門」家もあり、「田中屋」の屋号から暖簾分けされた家と考えることができる。

江戸時代を通じて広瀬の町場には田中屋があり、田中屋を屋号とする分家も多くあった。このことは寛文八年（一六六八）と元禄二年（一六八九）に作成された「広瀬町屋敷検地帳」に明らかである。具体的には、寛文八年時、広瀬の板屋町に「田中甚左衛門」「田中屋清七郎」「田中屋七郎右衛門」の屋敷があり、本町に「田中屋猪左衛門」「田中屋四郎兵衛」「田中屋庄屋左衛門」、下町に「田中屋七郎右衛門」、鍛冶町に「田中屋久次郎」「田中屋安兵衛」「田中屋弥三兵衛」、魚町に「田中屋市兵衛」の屋敷がそれぞれあった。元禄二年時は、清水小路・下町・本町に「田中屋七郎右衛門」の屋敷、下町と本町に「田中屋伊左衛門」、本町に「田中屋五兵衛」の屋敷があった(12)。江戸時代末期、戦国時代の富田城と城下町を想定して描く「富田城下町図(蒲生家本)(13)」には、城下町の中ほどに「田中町人金持」と記す。後世の想像図とはいえ、江戸時代末期に田中家が富田城下の有力者と認識されていたのである。

この広瀬の田中屋は松江にも進出してきていた。江戸時代後期に松江藩の屋敷方が作成し、町人地の屋敷所持状況を記載した「横浜町《よこばまちょう》絵図(14)」には、城下の横浜町の一角に「田中屋又六借家」と注記がある。この借家は表通りに面し、入口二間、奥行四軒の借家が二軒、うち一軒の奥には借家も含めて二一間の空間地があり、井戸一つ、便所二か所が描かれている。表通りに面しているため、商売のための店として利用された。また二一軒の空間地には、「田中屋又六裏かしや」として、入口一間・奥行二間の借家が五軒、入口一間半・奥行二間の借家が七軒の計一二軒分の長屋があった。こちらは表通り側の借家とは違い、零細な借家人が住んだ。

これらの借家の家主が田中屋又六で、田中屋は松江城下に家を持つ持家人として借家を営んでいた。白潟界隈は宍道湖が大橋川に入る場所にあり、中世以来、豪商が借家を持つ商業の中心地である。田中屋又六は、その屋号から広瀬の田中屋に連なる家で、広瀬の田中屋から暖簾分けした分家筋と考えられる。

松江城下の田中屋又六と津田村の田中又六との関係はどうか。又六は広瀬出身なので広瀬の田中屋と同族とみられる。広瀬の酒屋を起点とし、その後も酒屋業を営んだ田中屋と、江戸時代初頭に帰農した又六家ということになる。そうすると、戦国時代以来、出雲の中心地として発展した富田城下で、二十年以上も酒屋業で財を築いた田中屋に、城下移転を考えていた堀尾氏は目を付け、材木の調達などを期待して田中屋に案内させたのである。又六は田中屋に

写真3　田中又六家墓地の宝篋印塔
（2009年9月　西島撮影。撮影後、墓地は整理され、この宝篋印塔は現存しない）

関わる人物と考えられるが、江戸時代を通じ広瀬・松江に田中屋が存続し、又六が津田に帰農した点を考慮すれば、田中家の分家筋にあたる人物とみたほうがいいのではないだろうか。そして松江城下の田中屋又六は、又六が酒屋の小売業を指す一般名詞として定着した後に、広瀬の田中屋の分家筋が松江城下に進出し又六を名乗ったとみると整合的である。

おわりに

田中又六家がただの百姓でなかったことは、その墓石の形態からもいえる。又六居宅から南の小高い丘の上にある田中家墓地には、歴代の墓石に並んでひときわ高い来待石製の宝篋印塔があった（写真3）。高さ約一五〇センチの宝篋印塔は、墓地内でもっとも古い形式をもつ。出雲国に来待石製の大型石塔の出現が、堀尾氏の国主期である十七世紀初頭からで、大型化は堀尾氏により導入されたと考えられている[15]。石塔の大きさは造立することも含め、建立者の財力や地位に比例する傾向があるが、田中家の先祖墓である宝篋印塔は、堀尾氏や松平氏の上級家臣に匹敵する大きさである。その墓石からも、又六家が松江近辺の有力百姓であったことを知ることができる。

松江開府の影の功労者が田中又六であった。又六の土地案内なくして松江の地は選ばれなかっただろうし、一族の酒屋業で蓄えた財力がなければ、松江城築城の諸御用を勤め上げることはできなかったであろう。松江城築城当時の同時代史料は、二〇一五年に松江城天守と共に国宝となった祈禱札くらいしかない。「東津田村旧記」は、築城後百五十年を経て作成された又六家の由緒であるが、捨て去るわけには行かない内容を持っている。広瀬の酒屋業を営む田中屋や、墓石、殿様への御目見えを命ずる手紙などの傍証史料がそのことを示しているのである。

注

（1）「田中又六家文書」六〇。
（2）「田中又六家文書」四七。
（3）「田中又六家文書」四六。
（4）「田中又六家文書」五二。
（5）「田中又六家文書」二三。
（6）『藩祖御事蹟』付録下（活版製本、雲州松江末次魚町辰巳屋忠左衛門）。別に『同』上には、田中又六について「斯クテ御参府御帰国ノ時、津田村ノ又六トイフ者カ家ノ前ニテ、御目見スル事トナル（又六カ家ハ今ニ東津田村ニアリ、又六カ事蹟、付録ノ下巻ニ載セタリ、）」と載せる。
（7）「田中又六家文書」四四。
（8）『日本国語大辞典』九（縮刷版、小学館、一九八一年）。
（9）「百物語」（『近世文芸叢書』六、国書刊行会、一九一〇年）。
（10）安来市所蔵「秦家文書」（『安来市史料調査報告』安来市教育委員会、二〇〇九年）。

（11）この面高屋は、その屋号から江戸時代、松江の御用菓子司となる面高屋とのつながりが想定される。
（12）以上、「寛文八年広瀬町屋敷検地帳」「元禄二年広瀬町屋敷検地帳」（前掲『安来市史料調査報告』収載）。
（13）『山陰の鎌倉出雲広瀬』（音羽融編、岩倉寺刊、一九八八年）。
（14）「横浜町絵図　原図」（松江歴史館所蔵）。
（15）松江石造物研究会「来待石製大型石塔の出現とその歴史的背景」（『来待ストーン研究』七、二〇〇六年）。岡崎雄二郎・西尾克己・稲田信・木下誠・樋口英行「近世来待石製石塔出現の一起源」（『松江歴史館研究紀要』六、二〇一八年）。

第二章　松江城下移住直後の堀尾家中と知行地

——野原の八幡宮所蔵慶長十三年銘木椀の考察——

はじめに

松江市野原町の八幡宮で毎年行われる七十五膳神事に使用される木椀は、慶長十三年（一六〇八）銘の墨書があり今も用いられている（写真1）。一年に一度とはいえ四百十年以上、使い続けられている。木椀の墨書は、

つちのへ《戊》
たつ《辰》のとし
伊藤宇右衛門尉
同きのへ《甲》
いぬ《戌》のとし
きのと《乙》の
ひつち《未》の
とし

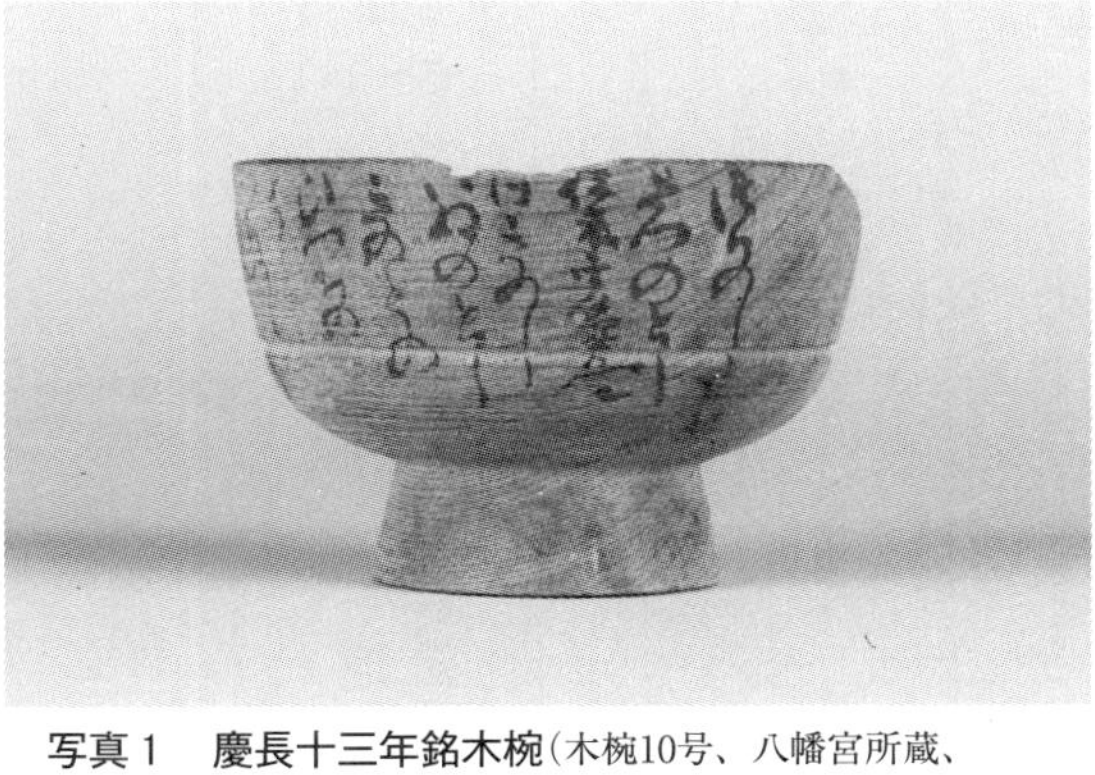

写真1　慶長十三年銘木椀（木椀10号、八幡宮所蔵、写真は松江歴史館提供、西島撮影）

つちのへ（戊）
いぬ（戌）のとし
ミつのと（癸）の
卯のとし
ひのと（丁）の
ひつち（未）の
とし
慶長十三年
十一月十四日

と記され（木椀10号）[1]、伊藤宇右衛門尉夫妻と四人の子の生まれ年を記していると考えられる[2]。現在、慶長十三年銘木椀は一六客残る。本章では、伊藤宇右衛門尉の家族が、なぜ野原の八幡宮に木椀を奉納したのかを文献史料から明らかにする。

第一節　堀尾家臣伊藤宇右衛門尉・宇兵衛父子

松江市にある堀尾氏やその家臣たちの菩提寺円成寺が所蔵する過去帳「自慶長五年至明治二年　当山過去帳第壹号」慶長十九年（一六一四）条に、「梅岫宗鉄禅定門　正月十五日　伊藤宇右衛門、右兵殿父」と記されている。慶長十九年正月十五日に伊藤右兵の父である宇右衛門が没したことがわかる。この「伊藤宇右衛門」は、慶長十三年銘の木椀墨書「伊藤宇右衛門尉」の「尉」が省略されて記されたものである。江戸時代初期まで官途の語尾に記された「尉」は、この時期以降、省略されていくのが一般的であるため、写し継がれた円成寺の過去帳では、「尉」字を省略して記されたとみられる。

「つちのへ《戊》／たつのとし《辰》／伊藤宇右衛門尉」と墨書のある木椀の記載が、宇右衛門尉の誕生年だとすると、戊辰は永禄十一年（一五六八）なので、宇右衛門尉は四十七歳で没し、堀尾氏や家臣たちの菩提寺である松江の円成寺に葬られたと解釈することができる。

円成寺過去帳にある「宇右衛門尉」は「右兵殿父」であるが、「右兵」は「右兵衛」の省略形で、寛永期（一六二四～一六四四）の松江藩主堀尾忠晴家臣団の帳簿である「堀尾山城守給帳」[3]に載る「一、百五拾石　伊藤宇兵衛」のことである。家禄一五〇石の堀尾忠晴の家来が伊藤宇《右》兵衛であった。忠晴期の松江城下町を描いた島根大学附属図書館所蔵「堀尾期松江城下町絵図」には、城下南田町の一角、堀を背に西側に玄関を持つ「伊藤宇《右》兵衛」の屋敷区画が描かれている。

同過去帳「伊藤宇右衛門」の記事に「右兵殿父」と注記があることからは、すでに伊藤家の家督を右兵衛が継いでいたものと考えられる。慶長十三年銘木椀には、四人の子と思しき生誕年が記されている。乙未＝文禄四年（一五九五）生、戊戌＝慶長三年（一五九八）生、癸卯＝慶長八年（一六〇三）生、丁未＝慶長十二年生まれの四人である。宇右衛門尉が没した慶長十九年時は、乙未＝文禄四年生まれだと二十歳、戊戌＝慶長三年生まれだと十七歳、癸卯＝慶長八年生まれだと十二歳、丁未＝慶長十二年生まれだと八歳となる。

慶長十九年時、伊藤家当主にふさわしいのは、二十歳の乙未生まれの者であり、この人物が宇右衛門尉の後を継いだ宇《右》兵衛である可能性が高い。慶長十三年に伊藤宇右衛門尉が八幡宮へ木椀を奉納しているところをみると、慶長十三年から同十九年の間に宇（右）兵衛へと代替わりがなされたものと推定される。慶長十三年時は、乙未生まれと推定される宇（右）兵衛は、十四歳でまだ元服していなかった可能性が高く、父は四十一歳、母は三十五歳となる。また同過去帳寛永四年（一六二七）条には、「月渓正光禅定門　八月三日　伊藤右兵へ殿従弟辰兵へ殿」とあり、右兵衛の従弟に辰兵衛がいて、寛永四年に没したことがわかる。

第二節　伊藤氏と八幡宮の関わり

では、伊藤宇右衛門尉はなぜ野原の八幡宮に木椀を奉納したのであろうか。この点は、堀尾氏の家臣への知行地宛行の方式と関係がある。堀尾氏は家臣への俸禄を、実際に給地を与える方法（地方知行制）をとっていた[4]。家臣たちは給人と呼ばれ、給人は与えられた土地から年貢米を収納した。そのため、伊藤宇右衛門尉が野原の八幡宮へ木椀を奉納したのは、宇右衛門尉と野原の地との関わりを想定せざるを得ない。その関わりとは、伊藤宇右衛門尉が堀尾氏から与えられた給地の一つが野原の地だった可能性が高い。

宝永二年（一七〇五）から享保二年（一七一七）にかけて松江藩士黒澤長尚により編纂された出雲国の地誌『雲陽誌』[5]の野原の項に、「八幡宮　神功皇后・誉田天皇・玉依姫をまつる、本社六尺に七尺、南向、拝殿二間、梁に三間、祭礼八月十五日なり、勧請年代しれす、天文十一年の棟牓あり」とある。誉田天皇は応神天皇のことで、神功皇后はその母、玉依姫は神武天皇の母である。応神天皇の神霊は八幡神で、武運の神として武士からの崇敬を集めた。天文十一年（一五四二）銘の棟札（棟牓）があったと記し、その棟札は現存する（八幡宮棟札1号）[6]から、戦国期にはこの地に同宮はあったとみられる。現在の社殿は出雲地方に多くある妻入ではなく平入で、在来の社殿とは違う。

さらに堀尾吉晴の従弟方成が正保頃（一六四四〜一六四八）に記した「堀尾古記」(7)慶長十三年十月二日条に「松江越」とあり、二年前から進められてきた造成途中の松江城下町へ、方成が能義郡富田城下町から移住したとみられる（写真2）。二年後の松江城天守完成を前に、この頃、堀尾家中も続々と松江へ移住しつつあったと考えられる。慶長十三年銘木椀は「松江越」の四十二日後であり、堀尾氏家臣たちの松江移住直後に、伊藤宇右衛門尉によって知行地の神社へ奉納されたものと推察される。

慶長十三年、四十一歳の伊藤宇右衛門尉（永禄十一年〔一五六八〕生〜慶長十九年〔一六一四〕正月十五日没）は、新天地移住にあたり、その妻（三十五歳）、子供四人（十四歳、十一歳、六歳、二歳）の生年を記すことで、伊藤家の繁栄を願い、武運の神である八幡神に武運長久を願ったものとみられる。さらには、地域住民が信仰する社への祭礼道具（木椀）を奉納することで、年貢の納入を果たす地域住民との関係を深めることを願ったのではないかと考えられる。

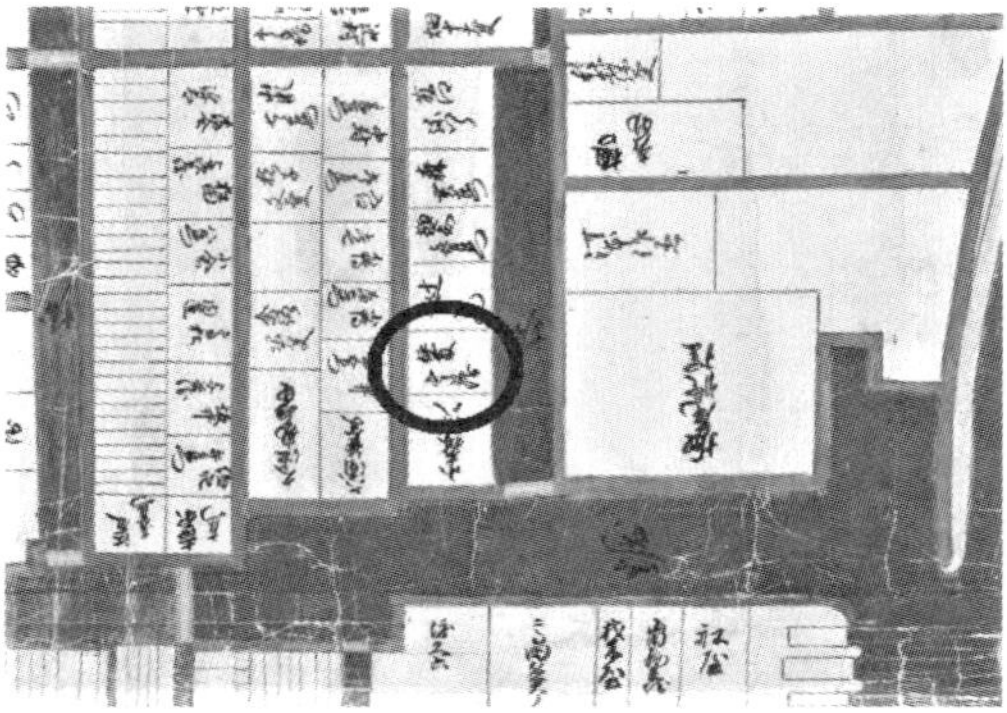

写真2　松江城下の伊藤宇兵衛宅（南田町）　京橋川河口に近く、北へと延びる堀に面してある。（「堀尾期松江城下町絵図」島根大学附属図書館所蔵。部分。一部を加工）

おわりに

円成寺過去帳には宇右衛門尉と辰兵衛のみ没年を記し、宇兵衛(右)の没年はない。堀尾氏嫡流断絶後の家臣たちの仕官先を注記する「堀尾山城守給帳」にも伊藤氏の仕官先の注記はない。そのため堀尾氏嫡流断絶後、伊藤氏は松江を離れたと考えられる。

慶長十三年銘木椀は、松江城築城の最中、地域社会と堀尾家臣とのつながりだけでなく、その家族構成をも明らかにでき、現用品である点で松江の歴史を物語るかけがえのない生きた歴史資料といえよう。

注

（1）木椀の番号は、喜多村理子「八幡宮の慶長期木椀と七十五膳神事――松江市野原町八幡宮の所蔵物調査報告――」（『松江市史研究』一三、二〇二二年）掲載の「野原の八幡宮所蔵木椀計測表」の番号を指す。木椀10号の大きさは、口径一四センチ、総高九・四センチ、高台高二・六センチ、畳付径七・三センチで、重量は一九〇グラム、材質はケヤキである。

（2）喜多村、注（1）論考。

（3）円成寺所蔵「堀尾山城守給帳」（翻刻は『新修島根県史』収載「堀尾忠晴給帳」）。

（4）『松江市史』史料編7、近世Ⅲ（松江市、二〇一五年）、一（一）堀尾期史料八～一〇他。

（5）『雲陽誌』（大日本地誌体系四二、雄山閣出版、一九七一年）。

（6）棟札の番号は、喜多村、注（1）論考に掲載の「野原の八幡宮所蔵棟札計測表」の番号を指す。

（7）「堀尾古記」（『松江市史』別編一、松江市、二〇一八年に収載）。

Ⅱ 松江藩士の文化活動

第三章　出雲蕎麦切ノート

──出雲における蕎麦切初見の提供者　岡田信世──

はじめに

出雲蕎麦について、最も包括的で史料を丁寧に跡付けて論じたのは川上正夫氏である。二〇一七年刊行の著書『出雲はなぜ「割子そば」か？　その謎に迫る』[1]は、出雲蕎麦（割子そば）の歴史を新たな史料を多数用いて紹介した。屋外で食す弁当としての「わりご」が、桜井家所蔵の天保十二年（一八四一）銘割子以後、江戸時代末期に室内食へと転換したことで普及したことや、松江城下の町人である太助が幕末に食べた蕎麦の器が割子や皿ではない椀であったこと、「割子そば」の椀が、江戸時代には四角であることを実例で提示し、明治末年に警察署長の発案による衛生上の理由で丸椀へと変化したことなど[2]、多くの注目すべき事実を明らかにしている。

そこで提示された課題は多岐にわたるが、なかでも「出雲蕎麦史を語るにはあまりにも史料がすくなすぎるのである」（二三五頁）と、蕎麦に関する史料の発掘の重要性を提示した。史料的根拠を明示しないでこれまで語られていた出雲蕎麦の歴史を、見直す必要性を説く。

川上氏以前にまとまった出雲蕎麦の文献は、一九九四年に刊行された荒木英之『松江食べ物語』[3]である。春夏秋冬の四季に分けて松江の食を紹介するなか、「そば」は秋の一三項目（古くは大切な救荒穀物／「連」がはぐくんだ傑作／六看板で格式表す／「お忌みさん」が口開け／真髄は「四立て」にある／〝加減〟が大切／手間暇かけたカケツユ／平椀八部の割子／蕎麦湯に込められた心／地主さん蕎麦／揚げ立てに限る天そば／豊富なそばネタ／釜揚げの名品）で解説している。松江城下の身分を超えた趣味人の集まりである「連」が、松江の蕎麦文化を完成させたとし、また豊富な松江の蕎麦の作り方や食べ方についても例示している。

ただ「はじめに」で荒木氏が述べているように、「様々な人から折々に得た伝承」をもとに記しており、史料に基づいた見解ではない。その一つに、荒木氏は四角の椀を「「松江の連」が丸く変えさせた」（六八頁）とするが、先に述べた川上氏の研究により否定された。川上氏は、史料にみえない江戸時代の「連」の存在も否定的である（二二一頁）。出雲蕎麦の歴史は伝承による理解から、ようやく史料に基づいてその変遷を明らかにしていく段階へと至ったのである。

出雲蕎麦研究の課題は、①「蕎麦切」表現にみられる蕎麦を切った状態で食べるようになったのがいつの頃からで、どのようにしてそれは始まったのか、②蕎麦の食べ方やそば汁・薬味の変遷、③容器、④原材料の吟味、⑤製法など不明な点が多く、ほとんどが課題と言ってよい状態である。

本章では、主に①の課題について、蕎麦切の研究史を辿り、江戸の松江藩邸での蕎麦切提供時の状況を明らかにし、出雲における蕎麦切の初見記事に登場し、松江で蕎麦切を提供した岡田信世（半右衛門）について検討する。信世については、松江藩が作成した藩士の勤功録である「列士録」の記事が簡略であるため、これまで詳細が不明であった。川上氏も、信世の事績を明らかにすることは、出雲蕎麦の始原を考えるうえで重要であると指摘する。そのためここでは、信世の事績を明らかにすることで、信世はどこで蕎麦切を知り、さらに岡田家の屋敷を特定して蕎麦切が提供された場所を明らかにする。そして蕎麦切の研究史のなかに出雲の蕎麦切を位置付ける。

第一節　江戸の松江藩邸における蕎麦切

1　蕎麦切起源の研究史

蕎麦自体の歴史は古い。タデ科ソバ属の一年生草本で、普通種と韃靼《だったん》種がある。原産地は寒帯地帯を除く東アジアの北部で中国雲南省がその中心である。(4) 日本最古の文献は『続日本紀』に載る養老六年(七二二)の救荒作物として蕎麦が奨励された記事である。すでに三千年前の縄文晩期には栽培が始まっていたことが考古遺物から明らかで、中国・朝鮮半島を経て日本にもたらされたと考えられている。(5)

蕎麦切が登場する以前の蕎麦の食べ方は、蕎麦の実の雑炊(味噌水《みそうず》)や、薬味を蕎麦飯に乗せ味付けしただし汁をかける汁かけ飯、鎌倉時代の寺院で用いられていたことが明らかな蕎麦粉を水か湯で練り上げる蕎麦掻き、蕎麦団子などであった。(6)

蕎麦切がいつから始まるかは、近年、研究が深化し、二つの考え方が拮抗している。一つは「蕎麦切」語句に限定する方向である。二つ目は「蕎麦切」語句以前に蕎麦切が存在していたことを示そうとする方向である。

まず一つ目としては、一九七五年刊行の新島繁『蕎麦史考』(7) は、天台宗尊勝院の住持で近江多賀大社別当不動院を兼帯した慈性の日記『慈性日記』慶長十九年(一六一四)二月三日条の「ソハキリ」を初見とし、慶長年間に始まったとする。その後、一九八八年に笹本正治氏が『図説長野県の歴史』(8)「信濃の名物ソバ」で、長野県木曽にある定勝寺の「番匠作事日記」天正二年(一五七四)二月十日条に、信濃木曽の定勝寺仏殿などの修理の最中、「振舞ソバキリ」とあると指摘していたが注目されず、一九九三年の関保男「信州そば史雑考」(9) で、これが蕎麦切語句の初見であることが指摘されてから、蕎麦研究家の間で注目されるようになった。

天正二年の信濃木曽を初見として、慶長十九年の江戸、元和八年（一六二二）の大和郡山、同十年の京都、寛永三年（一六二六）の京都、同十三年の中山道、同十八年の京都、同二十年の武蔵国狭山（蕎麦切の製法を載せる「料理物語」）と続き、寛文三年（一六六三）・四年の江戸、そして同六年の出雲松江の蕎麦切記事となる。(10)すなわち、信濃・江戸・大和郡山・京都・武蔵・江戸・出雲松江の順で、天正二年（一五七四）の初見記事から約百年をかけて掲出される事例なのである。出雲松江の蕎麦切語句は、同時代史料としては早い部類に入る。

ただ「蕎麦切」の語句があるから普及していたとは言えず、また語句登場以前に蕎麦切が存在していたことも十分考えらえる。二つ目としてこの点を追究したものが、同じ記録の他の表現との比較から、「蕎麦」と表現されるものが、切った蕎麦であると見なす考え方である。一九八七年刊行の伊藤汎《ひろし》『つるつる物語　日本麺類誕生記』(11)では、古記録にみられる麺類の語句を丁寧に蒐集し比較検討した。

伊藤氏は、『蔭凉軒日録』永享十年（一四三八）十月十二日条の「麵麦折一合」の表現から、通常粉の場合は袋の使用であるが、ふた付の折に入れているため粉ではないこと、および『同』延徳二年（一四九〇）十月三日条の「雑麵」が米・麦以外の雑穀の麺であるから、応永年間（一三九四〜一四二八）の『禅林小歌』に出る「三雑麵」は、そば・あわ・きびの三つの雑穀の麺とみる。室町初期に蕎麦粉でつくる麺があり、それは禅宗寺院（「禅林」）の世界で開発され、食用としたとする。これは禅宗寺院が、そうめんをひやむぎに変え、うどんを開発し、さらに「引き伸ばし法から、包丁による手打ち法が生み出され」、包丁を使うことで、弾力のない雑穀を麺にすることができたとする。また南都の多聞院の日記『多聞院日記』天正十七年（一五八九）十二月一日条の「ソハ」も、通常は「ソハカキモチ」「ソハノコ」等と食品名を記すが、単独で用いる場合は麺（伊藤氏の言う「つるつる」）だとみる。このように十五世紀の禅宗寺院のなかから一世紀遅れて庶民へと普及していくという。

その後、石毛直道氏は一九九一年刊行の『文化麵類学ことはじめ』[12]で、京都の公家山科家の家司が記した日記『山科家礼記』文明十二年(一四八〇)七月二十三日条の「そは一いかき」を「各よひて賞玩なり」と、人を呼び賞味し、「ざる」を意味する関西の「いかき」の単位から蕎麦切のことだとする。

さらに二〇〇九年刊行(二〇一四年増補版)の奥村彪生『日本めん食文化の一三〇〇年』[13]では、『蔭凉軒日録』延徳元年(一四八九)十二月二十六日条に「喫蕎麦、酌竹葉」とあり、そばがきやそばかい餅を喫すとは言わないため、蕎麦を喫し酒を酌むとは蕎麦切をすることだとみる。これ以外にも状況証拠を積み重ねる。蕎麦切誕生過程を「小麦粉を水で練り、めん棒で押し広め、庖丁で線状に切るきりむぎは、すでに鎌倉中期以前に京都で食べられており、このきりむぎから派生したうどんは鎌倉末期から南北朝にかけて京都の禅林や公家の間で盛んになる」。庖丁で線状に切るきりむぎを蕎麦で応用したのが、京都の禅宗寺院や公家であるとする。

確かに現代においても「蕎麦」といえば蕎麦切のことを指し、わざわざ「蕎麦切」とは言わない。単位や用法から蕎麦切の登場に迫る方法は、説得力を持つ。そのため、応永年間成立の『禅林小歌』の「三雑麵」に蕎麦を含むかは議論が分かれるが、『山科家礼記』の文明十二年(一四八〇)の「そは一いかき」以降の十五世紀後半から蕎麦切が始まったと考えられている[14]。状況証拠からは、十五世紀後半に京都の禅宗寺院で蕎麦切が始まり、公家へも広まり、「蕎麦切」語句も十六世紀後半には登場し、十七世紀半ばまでに信濃・江戸・大和郡山・京都・武蔵・出雲松江での所見が得られるのである。

2「松平大和守日記」にみる蕎麦切

二〇二〇年四月発表の川上正夫氏の論考「出雲そばと杵築」(15)は、松平直政の甥である松平直矩《なおのり》の日記「松平大和守日記」から、出雲での蕎麦切初見の三年前の寛文三年(一六六三)三月十六日と翌年四月二十一日に、江戸の松江藩邸で蕎麦切が提供されていたことを指摘した。重要な指摘ではあるが、蕎麦切研究史上における位置付けの言及がなく、また誤読がある。「松平大和守日記」には一四か所の蕎麦切が登場する。本節では「松平大和守日記」が記す蕎麦切を検討し、研究史のなかに位置付けて、寛文年間の蕎麦切の普及について検討する。

「松平大和守日記」記載の蕎麦切を一覧にしたものが**表1**である。蕎麦切は寛文三年~同七年とその十二年後の延宝七年(一六七九)にみえる。初見の寛文三年三月十六日の記事は、小雨が降る午前九時頃、直矩が江戸の松平直政屋敷へ行き、昼の料理の後、そこから「滝」へ行き、茶屋で「そはきり」等が出たとする(**表1** No.1)。寛文三年時、松江藩の上屋敷は麴町平川町にあり山手屋敷と呼ばれた。赤坂の少し北、現在の麴町駅周辺である。直政が越前大野にいた頃からの屋敷で、寛永十七年(一六四〇)に焼失しその後再建された。赤坂屋敷は寛永十九年頃に大名小路にあった松平家の屋敷と交換で手に入れ、万治三年(一六六〇)時には山手屋敷が上屋敷、赤坂屋敷が中屋敷となっていた。山手屋敷は寛文八年に焼失し、赤坂屋敷に隣接する高島藩諏訪家の屋敷と一部交換して赤坂屋敷を拡張し上屋敷となった(16)。そのためここでの直政屋敷は、上屋敷の山手屋敷か中屋敷の赤坂屋敷のどちらかである。

茶屋のある滝はどこか。寛文四年四月十六日条には「出羽殿へ行、下之滝之茶屋へ行テ料理出」、寛文七年二月十二日条には「中屋敷茶屋」(**表1** No.10)とあり、「出羽殿へ行」った後、さらに「下之滝之茶屋へ行」っているので、初めに山手屋敷へ行き、そのあとすぐ近くの赤坂中屋敷へと移動したものと考えられる。赤坂屋敷には武蔵国玉川の水が流れ込み「玉川の滝」と名付けられた滝があった。安永八年(一七七九)に大雨で荒廃した滝は、享和二年(一八〇

表１　「松平大和守日記」蕎麦切記事一覧

No.	和　暦	西暦	場所	蕎麦切提供者	記　事
1	寛文３．３．16	1663	江戸	羽州（松平直政）	小雨、折々降、巳ノ上刻（午前９時）、羽州殿（松平直政・出雲松江藩主）へ行、昼料理出、其より滝へ行、於茶屋**そはきり**なと出
2	寛文４．２．12	1664	越後村上	（松平直矩）	**そばきり**小性〔姓〕に振舞
3	４．13	1664	江戸	羽州（松平直政）	其より越後守殿（松平光長・越後高田藩主）、出羽殿（松平直政）へ行、羽州殿ニハ中根宗閑老、石谷出入老、茶屋にて風呂御振舞、其折節行書院にて緩々与咄、我ニも**そはきり**、もちなと御振舞、鵜御見せ也
4	４．21	1664	江戸	羽州（松平直政）	晴天、辰ノ刻（午前８時）、羽州殿（松平直政）へ行、佐竹修理大夫殿（義隆・出羽久保田藩主）、同右京大夫殿（佐竹義処、正妻は直政娘鶴）、同式部大輔殿も御約束にて御出、料理出、茶御休所にて、後**そはきり**、鵜なと出〈膳過テ黒田甲斐殿被参〉
5	５．22	1664	江戸	佐竹修理太夫（佐竹義隆）	同晩、佐竹修理太夫殿へ振舞ニ行、信濃守殿、上野介殿（松平近栄、直政次男）、右近大輔殿御出、中根日向守殿、玄徳法印、成方院法印、玄勝法勝法眼も被参也、我賞客也、（略）居間へ通（略）其後（略）**そはきり**出、後ニ湯つけも出、辰ノ中刻（午前８時）退出
6	10．７	1664	江戸	横田次郎兵衛	晴天、午ノ刻（午後12時）、信濃守殿へ行、御兄弟三人同道して、横田次郎兵衛殿へ振舞ニ行、膳過テ馬出見物、（略）後段**そはきり**、戌ノ刻（午後８時）出、同后刻退出
7	寛文５．５．10	1665	江戸	上野介（松平近栄）	同晩、上野介殿へ、兼約ニ付、**そはきり**振舞ニ行、相客、中根大隅守殿、横田次郎兵衛殿、永井弥右衛門殿、曲淵清兵衛殿也、火打時分膳出
8	12．１	1665	越後村上	堀中与市右衛門	午ノ刻（午後12時）丸山へ行、鳥共見、帰ニ堀中与市右衛門所へ寄、家見ニ也、昼**そはきり**、晩に弁当料理、但肴等、万、亭主馳走、相伴、奏番、太田半右衛門、斉藤周雪也、盃、父子三人持、八郎右衛門、与市右衛門返献、三郎右衛門納
9	寛文６．10．13	1666	江戸	上野（松平近栄）	上野殿へ口切振舞ニ御越之由（略）相客衆、中根日州、横田次郎兵、永井弥右、喜多見五郎左、同久太、玄勝法印、曲淵清蔵也、茶出、戌ノ刻（午後８時）**そは切**、吸物、酒出、同后刻（午後10時）退出
10	寛文７．２．12	1667	江戸	出羽守（松平綱隆）	同晩、出羽守殿（松平綱隆・松江藩主）へ振舞ニ行、客衆、佐竹修理太夫殿、中根日向守殿、横田次郎兵衛殿、黒澤杢殿、玄勝法印、中屋敷茶屋ニテ也、料理ニ迄本汁にらにたいらき、二ノ汁こたヽミ、惣〆料理出来物と座中云々、後段戌之后刻（午後８時）**そはきり**、湯つけ、あいませ上来物云々、帰省戌ノ中刻過（午後９時）
11	２．24	1667	江戸	大沢右近	同晩、**そはきり**振舞ニ大沢右近殿へ、村殿苦労三郎、堀中与市右衛門、茂呂伝右衛門、山川甚介行、是は先日以山川可参旨御申越也

12	5．18	1667	陸奥三代	三代宿亭主	卯ノ上刻（午前５時）長沼宿出、三代昼休、**そバ切**亭主振舞、同所へ村上二之丸より道中見舞之飛脚ふみ、菓子、肴来
13	10．8	1667	播磨姫路	円教寺龍象院	辰刻（午前８時）経王寺参詣、其より閑居見廻、森岸寺参、登山歩行ニて也、二〔仁〕王門迄、自性院、延命院、普賢院、岡松院、金山院、龍象院、無量寿院、向〔迎〕ニ被出也、龍象院へ入、**そは切**被振舞
14	延宝７．９．29	1679	江戸	（松平直矩）	頃日気滞ニ付、良順ニ云付、前島二郎兵衛ニ五六人同道可申旨、俄ニ遣、奥の三の間にて不取合、狂言有、暮テ初、亥刻（午後10時）ニ相済、（演目略）中込、此屋敷ニテ作**そは切**、両所も祝

二）に修復された(17)。その際、由来を記した碑が造られ、碑の裏面に「非世無奇勝、唯幽凉之趣、如此其則天下稀」（玉川の滝は、優れた景色で幽凉の趣があり、天下に稀である）と松江藩士萩野信敏が記す(18)。そのため「松平大和守日記」最初の蕎麦切記事の寛文三年三月十六日条の解釈は、松平直矩が最初に松江藩上屋敷の山手屋敷へ行き、昼食の後、下手にある赤坂の中屋敷へ移り、玉川の滝を望む茶屋で蕎麦切を食したと解釈できる。

表1から、寛文四年に直矩（越後村上藩主。正妻は直政の娘駒）は、国元の越後村上で小姓へ「そばきり」を提供し、江戸では松平直政、佐竹義隆（出羽久保田藩主。次男の義処の正妻は直政の娘鶴）、横田次郎兵衛が各屋敷で「そばきり」を提供した。翌六年も江戸では松平近栄《ちかよし》（松平直政次男、同年四月に広瀬藩主となる）が同屋敷で「そは切」を出し、越後村上でも堀中与市右衛門宅で昼に「そはきり」が出ている。この年は、出雲松江での蕎麦切記事初見の年である。

翌七年、江戸では直政の跡を継いだ松平綱隆が、そして大沢右近がそれぞれの屋敷で「そはきり」を提供し、江戸以外でも陸奥の三代宿の亭主が「そバ切」を国元へ下る松平直矩へ提供している。その後、播磨姫路へ所替となった直矩が播磨の書写山円教寺に参詣した際、龍象院が「そは切」を提供しており、江戸だけでなく陸奥白河街道の三代宿や播磨姫路でもすでに蕎麦切が普及していたことがわかる。

以上、本節では蕎麦切起源について研究史整理を行い、新たに「松平大和守日記」から寛文年間の蕎麦切普及状況を検討した。十五世紀後半に京都の禅宗寺院で始まった蕎麦切は公家社会へも普及し、「蕎麦切」語句も十六世紀後半には登場し、十七世紀半ばまでに信濃・江戸・大和郡山・京都・武蔵・出雲松江での所見が得られた。さらに、寛文三年〜同七年には、江戸の松平直政・佐竹義隆・横田次郎兵衛・松平近栄の武家屋敷で蕎麦切が振舞われ、出雲松江だけでなく越後村上・陸奥三代宿・播磨姫路といった地方でも蕎麦切が普及していたことが明らかとなった。とくに松江藩邸や、後に広瀬藩主となる松平近栄の屋敷で蕎麦切が振舞われていたことには注意が必要である。

第二節　出雲における「蕎麦切」初見の状況

1　出雲国における「蕎麦切」語句の初見

江戸の松江藩邸で蕎麦切が提供された三年後、出雲松江で蕎麦切が提供された。本節では、出雲における蕎麦切初見時の状況を検討し、次節以降、蕎麦切を提供した岡田信世の事績と提供した場所を明らかにしていく。

出雲国での「蕎麦切」語句の初見は、杵築大社上官（上級神職）佐草自清《さくさよりきよ》の日記「江戸参府之節日記」(19)寛文六年（一六六六）三月二十七日条である（以下、傍線は西島注）。

【史料1】「江戸参府之節日記」寛文六年三月二十六・二十七日両条

寛文六午三月小

一廿六日、東風、白日、未刻ゟ両人（佐草自清・長谷正之）松江〔へ脱〕参、江戸発足、

一同廿七日、未ノ下刻雨降、早朝ニ岡（岡田）半右衛門殿〔へ脱〕参、御柱立吉日勘文幷御入用之目録出ス、扨対物之儀一枚たる

段記之写文書越申候ヲ、長谷ニて内談ニて見せ申候ニ付一枚ニ議定申、白銀也、与次右衛門ニ御申付候、厚サ三厘ハ大分ノ事ニ候間、正味金三匁程ニて可成と申候、然共延申ニハ金十匁入申由、

▲其外入用、合点ヲ以申候、

△大工儀式ノ目録見せ申候、大分ノコト兎角六ケ敷候間、米十五ニカキ切被申候、右之通、杵築居被申候奉行(造営)善兵衛殿(岡田将尾)・半介殿(松井半之介)へ状ヲ杢左(喜多川杢左衛門)ニて被遣候、今日ハ御柱立談合ニて日暮、蕎麦切振舞、五郎左殿(平野五郎左衛門)・佐左(小出佐左衛門)居られ申し候、

三月二十六日の午後二時頃、佐草自清《よりきよ》と長谷《ながたに》正之の両人は杵築を発ち松江へと向かった。これは江戸へ行くためであった。この二人が江戸へ向かった理由は、杵築大社と国造との由緒を幕府へ提出して、前年幕府が全国の神社に発布した吉田家の神職免許を受けること等を定めた「神社条目」には従えないことを訴えるためだった。佐草は北嶋国造方上官、長谷は千家国造方上官で、両国造はこの二人を名代として江戸へ派遣したのである(20)。

翌二十七日の早朝に自清と正之の二人は、松江城下にある造営奉行の岡田信世(半右衛門)(21)屋敷へ行き、造営中の杵築大社本殿の柱立をいつにするかの勘文と費用の目録を提出した(22)。柱立対物は白銀一枚とし、その他の費用についても岡田の了承を得た。また大工儀式の目録も岡田に見せたが「米十五(俵か)」分で行うよう決まり、これらのことを杵築にいる造営奉行の岡田将尾(信世弟、善兵衛)と松井半之介へ、信世組の大工の喜多川杢左衛門(23)に託し書状で伝えた。

そのままこの日は大社の柱立の談合で日暮れとなった。そこで岡田信世が佐草・長谷らへ「蕎麦切」を振舞った。同じく造営奉行の平野五郎左衛門(24)と、藩の勘定方の小出佐左衛門(25)も同席した。その後、岡田信世と平野五郎左衛門の二人は四月一日に杵築へ向かい、佐草・長谷の二人は二日に松江を発ち、夜に米子へ着いた。佐草・長谷両人は、九日に京都、二十二日に江戸に着いた。

造営奉行の岡田信世の屋敷で、朝から大社造営に関する協議が行われ、日暮れとなったので、信世が出席者に「蕎麦切」を提供したことがわかる。翌日、岡田・平野・小出・佐草・長谷らは藩の社奉行の垂水十郎右衛門屋敷で協議を行い、日暮れとなったので垂水による振舞いがあった（「日暮、十郎右殿振舞」）。何が提供されたかは不明である。また京都で松現寺を訪れた佐草・長谷は、「和布・十六嶋」を振舞っている。「十六嶋」は出雲特産の十六島海苔である[26]（四月十日条）。

江戸で佐草らは、夜になったのでと宿所家主の長兵衛、「白銀ヤ伝兵へ」ら五人に「温飩〔饂〕」を振舞っている（四月二十八日条）。出雲土産と考えられる出雲産和布や十六島海苔を除くと、当時は一日二食制であるため、協議などで日暮となると蕎麦切や饂飩《うどん》が提供されていたことがわかる。いずれにせよ、寛文六年に松江の地で岡田信世によって蕎麦切が提供された事実は動かない。

2　松平直政の移封時とする出雲蕎麦切の起源説

寛文六年（一六六六）時には出雲国内で蕎麦切が提供されていた。では出雲国における蕎麦切の製法は、何を契機とするものだったのか。この点について松江市内の多くの蕎麦屋の説明は、寛永十五年（一六三八）に松平家松江藩初代の直政が信濃松本から出雲松江へ入国した際、蕎麦どころの信濃から持ち込んだとする。ただその根拠は、直政が信濃から来たという点以外に求めることができない。具体的な史料の裏付けがないのである。川上氏は、直政が出雲へ持ち込んだものについて、江戸時代成立の「雲陽秘事記」や直政の事績を藩儒桃節山が記した「藩祖御事蹟」に、越前から紙漉き職を出雲に連れてきて紙業の振興を図った記事があるにもかかわらず、蕎麦や蕎麦職人に関する記述はないと指摘する[27]。

直政が信濃から出雲へ移封時に持ち込んだとする説明は、分かりやすいが根拠としては弱い。十五世紀後半に京都の禅宗寺院で始まった蕎麦切は、公家社会や庶民へも広がり、十七世紀前半までに信濃・江戸・大和郡山・京都・武蔵へと確実に普及していた。この状況を鑑みれば、関ヶ原の戦い後、出雲へ入部した堀尾氏や京極氏も江戸や京都を幾度も訪れ、江戸に屋敷を構えていた。彼らが蕎麦切に接する機会は十分にあった。

第三節　岡田信世の来歴

1「列士録」にみる岡田信世

いま一つ追及するべき点は、出雲での蕎麦切初見記事に登場し、蕎麦切を提供した岡田信世（半右衛門）が、どこで蕎麦切の製法を知ったかである。信世の来歴については、これまで藩が作成した藩士の勤功録「列士録」(28)を参照するしか方法がなかった。信世の「列士録」記事の多くは該当年までで「御擬作不知」とする部分もあり、藩も詳しく信世の来歴を把握できていなかった。

【史料2】「列士録」岡田半右衛門の項

元祖　岡田半右衛門 本国尾張 生国三河

一寛永十五戊寅年 月日不知 於出雲　直政様江被召出之 先主京極若狭守殿 先知七百石被下之、足軽預之、

一正徳元甲申年七月九日御用人役被仰付、
(保ノ誤カ)

一慶安元戊子年 月日不知 西御丸御普請御手伝之節、奉行被仰付、嫡子弥五左衛門、明暦元乙未年 月日不知 綱隆様江被召出 御擬作、不知

一明暦二丙申年月日不知雑賀之者預之、
一同三丁酉申年月日不知御加増三百石被下之、都合千石、
一寛文三癸卯年月日不知杵築御造営付而大奉行被仰付、
一同年月日不知直政様御上京付而御用被仰付、
一同八戊申年月日不知杵築御造営出来之御勘定目録、江戸江持参可仕旨被仰付、
一同年月日不知右御用相済、従　公方様呉服白銀拝戴之、員数不知、直ニ江戸御留守詰被仰付三年相詰、
一寛文十一辛亥年月日不知大御番頭役被仰付、
一延宝元癸丑年月日不知大名分被仰付、
一同三乙卯年月日不知如奉願隠居被仰付、為隠居料嫡子弥五郎衛門江被下来之百五拾石被下之、
一同四丙辰年二月十七日於出雲死、

岡田家は尾張国(愛知県)を出身地(本国)とし、信世自身は三河国(愛知県)で生まれ、松江藩主京極忠高(若狭守)に仕えた後、出雲に新たに入部した松平直政に七〇〇石で召し抱えられたとする。その後、用人、次いで松江藩が幕府から命ぜられた江戸城西丸普請の奉行を務め、三〇〇石加増されて一〇〇〇石取となった。寛文三年(一六六三)に杵築大社造営の大奉行を命ぜられ、同じ年、藩主直政が将軍名代として江戸から京都へ赴いた折には、藩の「御用」を命ぜられた。同八年に杵築大社造営が完成し、勘定目録を持参し江戸に赴き三年滞在した。その後、「大名分」の家格を得、家督を子に譲り隠居し、延宝四年(一六七六)に出雲国で没した。

信世が松江で蕎麦切を振舞ったのは、杵築大社造営の大奉行を務めるなかでの出来事であることがわかるが、松平家仕官以前の動きは、京極氏に仕えていた点以外は不明で、松平家に仕えてからもその活動は簡略なものしか明らか

にできない。

2　「藤姓岡田氏家譜」および一次史料にみる岡田信世

(1)「藤姓岡田氏家譜」編纂の動機

詳しい信世の来歴は、岡田家の系譜「藤姓岡田氏家譜」(29)および一次史料から明らかにできるので、以下に検討する。「藤姓岡田氏家譜」は、信世の子孫が所持する歴代の事績を記した家譜である。この家譜は本文見出し下に「信成　校正」とあり、松江藩士の岡田信成(一七一四〜一七五九)が作成した。歴代の書き出しから信成本人の死の一か月前まで同一の筆跡で記されており、宝暦九年(一七五九)四月七日の信成死去直前まで書き継がれていた。それ以降も系譜は、幾人かの筆跡で大正二年(一九一三)まで書き継がれた。信成の曽祖父が、寛文六年(一六六六)に蕎麦切を提供した元祖岡田半右衛門信世である。

信成が岡田家の系譜をまとめたのには理由があった。それは父信一(衛士)が江戸において佞臣たちによって役職を解かれ、俸禄を無駄に得るのは臣下の道に反するとして、自ら閉門を願い出て改易となった(正徳五年(一七一五))。信一は名を変え、弓ヶ浜の中央中海側にある伯耆国会見郡新田村(鳥取県米子市葭津)に住むが、その年に四十一歳で没した。

子の信成(民蔵)は新田村から米子塩町に住む従弟の木村四郎左衛門宅に寄宿した後、松江の本家(岡田信興)に招かれ松江に戻り、十歳の頃から松本節外の許に入門し、一指流管槍術を学んだ。松本家は松江藩の槍術である一指流管槍を伝える家である。五十歳にして節外に子はなく、藩から後継者を推薦するよう命ぜられると、信成を推薦したが、「御勘気者之倅」なのでと認められなかった。しかし一指流が断絶することを恐れた藩は、藩の「御大法」を枉げて、信成の養子を認めた(享保十二年〔一七二七〕)。

信成は松本十郎左衛門定安と名を変え、門人の指導に当たり、江戸では十四歳の六代藩主松平宗衍に管槍を教えた。その後、節外に子が二人生まれたため、定安(信成)は松本の代を自らは継がず、節外の嫡子に継がせ、自らは補佐役を貫いた(延享元年〔一七四四〕)。その翌年、藩主宗衍の初入国にあたり、定安(信成)が江戸から松江まで無休で徒歩により殿様の御供を果たしたことにより、二〇石五人扶持を得て槍術師範となり、さらに翌年、藩主宗衍から岡田姓に復すよう命ぜられ、岡田家再興を果たした。(30) 信成(松本定安)は、その後も宗衍の藩政改革に関わる調査や連絡を行った。断絶した家を再興させたことが、信成に家の歴史を記録しておく動機付けとなったものと考えられる。

「藤姓岡田氏家譜」は、十八世紀前期の岡田家だけでなく、一指流管槍の師範松本家や藩主宗衍の藩政改革時の藩士の動向など注目すべき史料なのである。同家譜は、家紋の由来、戦国時代の元祖岡田重能からの一族全てを系図と共にその事績を付し、信成による考証部分は割注で「信成按ルニ」と注記してその考えを述べている。筆跡の違う信成没年の記事には「別に幼少ヨリ壮年ノ頃ノ行跡書アリ、君ニ仕エサル以前ノ事ヲ記」とあるから、自身の行動を記録したものが別にあり、松江藩士の岡田本家の系譜も参考にしたものと考えられる。同家譜は客観的に伝わるままに記した部分と、自らが考証した部分を分けて記しており、客観性を持たせる記述方法がとられている。

(2)「藤姓岡田氏家譜」および一次史料に基づく岡田信世

信成の曽祖父信世(岡田半左衛門)は、信成の時代から約百年前の人物である。まず「藤姓岡田氏家譜」の信世の記事を掲出する。

【史料3】「藤姓岡田氏家譜」岡田信世の項

信世　岡田氏　長寿　善四郎　半右衛門

慶長二丁酉年上州白井ニ生ル 母磯谷氏、父歳卅五、兄四人早世ス故ニ、信世出生ノ時、唐人医師サンキト云者擬子《ギシ、コブン》ニシテ産室《ウブヤ》ヨリ伴ヒ帰リ、七日ニ丁《アタツ》テ長寿ト名ツケ、背《セナカ》ニ灸シテ此子長命ナルベシト云テ返ス、慶長六辛丑年四歳ニテ父母ニ従フテ三州岡崎ニ徙《ウツ》ル、慶長十九甲寅年冬、父ト共ニ本多公ニ従フテ難波ノ戦陣ヲ勉ム 歳十八、元和元乙卯年夏、再ヒ難波ニ軍《イクサタチ》 立ス、其陣処岡山辺ノ麦田《ムギハタケ》ニ於テ腰刀《ワキザシ》ヲ以テ家人峯崎次郎左衛門ヲシテ前髪ヲ取ラシメテ元服ス 信成按ルニ当家ノ子孫元服、セバ宜ク此例ニ従フベシ 五月七日岡山筋ニテ馬ヨリ下《ヲリ》立テ兵内ト云攏人《クチトリ》ニ其馬徒《タヾ》ニ牽来ラハ、我《ワレ》馬ヲ請《コフ》時遅《ヲソ》カルベシ故ニ、汝乗テ跡ニ従フベシト令ス、然フシテ自ラ槍ヲ取テ進ム 信成按ルニ伝説ニ素、槍長サ一丈ノ打柄 然ル所ニ一騎ノ敵ニ、遇《アフ》 信成按ルニ伝説ニ木野主馬助ガ組ノ、鎗隊長〈モノカシラ〉ナリト云フ 信世槍ヲ捻《ヒネ》リテ是ヲ突テ其首《クビ》ヲ獲タリ、此時槍ノ螻首《ケラクビ》曲レルニヨリ同伍《ハウバイ》ノ人ヲ承認トシテ其槍ハ濠中《ホリナカ》ニ投テ討タル敵ノ長刀ヲ執テ陣営ニ帰ル（略〔陣中装束について〕） 信成云、以上戦陣ノ装ハ吾ガ祖父信全幼キ時、父信世ノ口訣ヲ聞テ是ヲ、割記シ、舎兄信生ニ贈レル赴キ別紙ニアルヲ以テ今是ヲ書加フ 大坂落城ニヨツテ父子トモニ主君ニ従フテ三州岡崎ニ帰陣ス、元和五己未年 二十三歳 父義次ノ亡跡ヲ継禄三百石ヲ得テ対馬守紀貞公ノ（上野白井藩主本多）家長トナリ上州白井ニ往テ仕フ、寛永元甲子年四月廿六日、紀貞公東都ニ於テ逝去、歳四十四、謚然誉宗廓大居士ト云、嗣君ナキ故ニ家絶シ家人離散ス、信世モ浪客トナリ 信世歳二十八、後ニ若州小浜ノ城主京極若狭守忠高公ニ仕フ、禄七百石賜ヒ鎗隊長《モノカシラ》 軽卒二十一人ヲ勉ム、寛永十一甲戌年閏七月六日、忠高公雲州ニ封セラル故ニ従ツテ松江に徙《ウツ》ル、此年ヨリ日ノ御崎ノ社造営アル、信世此大司 大奉行ナリ ヲ務ム、寛永十四丁丑年六月十二日、忠高公逝去、歳四十五、嗣君なき故ニ家絶シ家人離散ス、信世ハ日ノ御崎ノ造営未タ畢ラサル故ニ他行スル事ヲ得ス 信成按ルニ、伝説ニ国主欠タル故ニ将軍ノ命令下リテ、信世食秩百口ヲ賜テ造営ヲ調フベシトナリ、寛永十五戊寅年、松平出羽守直政公雲州ノ太守ニ封セラレテ、同四月十三日松江ニ城着シ玉フ、信世直《スグ》ニ直政公ニ仕ヘテ、禄七百石ヲ賜ヒ鎗隊長トナル、日ノ御崎造営ノ大司モ亦是ヲツトム、正保元甲申七月九日、御崎造営成就ス故ニ東都ニ往テ造営資賄《シワイ、カンヂヤウ》ノ目録ヲ官所ニ達シテ雲州ニ帰ル、其後用度ノ役ニ転ス 信成按ルニ其頃ハ此役

（名ヲ裏判役ト云、今ノ用人ナリ）、然シテ出雲国中ノ小貢〔小物成〕是ヲ改メテ法ヲ立、其員一百卅品トス、此事信世一人ニ命セラレ、二年ガ間国内十郡ヲ巡察シテ是ヲ勉ム、其後雲石両国ノ界ニツイテ農民の諍論アリ、此時モ亦信世一人ニ命アツテ、是ヲ糺サシム故ニ、信世両国ノ界神門郡田儀村ニ往テ、石州ノ官吏〔御代官〕ト相議《ハカリ》テ分界ヲ糺シ堺杭ヲ建ル（信成按ルニ伝説ニ田儀村ノ郷民思設ケシヨリモ界ノ定、メ利ヲ得タリトテ其頃世上ニ信世ガ功ヲ感ゼシト也）慶安元戊子九月廿一日、東都西ノ丸営作スベキ旨　台命国君ニ下ル、又国君命ヲ下シ信成ヲシテ東都ニ往シメテ経営ノ大司トス故、障ナク是ヲ果シテ帰国ス、明暦二丙申年、雑賀（三十人）組ノ長トナル、翌酉年三百石ノ加恩ヲ以テ千石を賜フ、寛文三癸卯年、杵築大社造営アルヘシトノ　台命国君ニ下ル、又国君命シテ信世ヲ以テ営作ノ大司〔大奉行〕タラシム（信成按ルニ伝説ニ此時小司ハ信世ノ弟善兵衛将尾、平野五郎左衛門、松井半ノ助、此三、人ナリト云）寛文三癸卯年四月、国君直政公、将軍ニ代リテ上洛アリ、此時信世暫ク大社ノ大司ヲヤメテ京都ニ至テ粮秣器械ヲ調ヘテ以テ君公ノ入洛ヲ迎フベシトナリ、故ニ老臣〔太夫〕（ママ）三谷権大夫長玄《ナガハル》ニ伴ヒ君公ノ上洛ニ先ンジテ上京シ、諸用ヲ調テ君公ヲ待、君公入洛ノ日大津ニ出テ駕ヲ迎へ相従テ洛ニ入、始終ノ用度ヲ計フテ雲州ニ帰リ再ビ大社造営ノ大司ヲ勉ム（信成按ルニ大社斧始ハ寛文四年甲辰年九月ナリ、然レトモ前年ニ命アリテ造営ノ群吏定リヌ、信世即チ是ヲ蒙ルト云ヘトモ、国君上洛ノ用度ヲ勉ムヘキ者信成ニ非スシテ調フヘカラズトテ暫ク大社ノ大司ヲサシオヒテ上京、ノ命を蒙ルト云々）寛文八戊申年造営悉ク成ル故ニ其資賄用度ノ目録ヲ持テ信世東都ニ往テ　柳営ノ官所ニ達ス、即チ時服二領ヲ拝ス（略）、同九己酉年冬ニ至テ雲州ニ帰ル、同十一辛亥年前鋒騎隊ノ長ニ進む（大番五番、組ノ番頭）延宝元癸丑年陣〔中太夫〕（ママ）長ニ進ム（信世按ルニ其頃是ヲ大名、分ト云、今云中老ナリ）同三年乙卯年骸骨《カイコツ》《インケヨ》ヲ乞テ致仕ス（信成按ルニ此時ニ千石ヲ分知ニ願ヒ嫡子信生ニ七百石、次子信全ニ三百石ヲ賜フ、信生今マテ別勤、ノ禄百五十石ヲ以テ）同四丙辰年二月十七日、雲州松江（北堀ノ屋敷）ニ卒ス、歳八十、謚松岸院善誉順説居士、松江白潟寺町浄土宗本縁山誓願寺ニ葬ル、（略）

岡田信世（長寿・善四郎・半右衛門）は、慶長二年（一五九七）に上野国白井（群馬県渋川市白井）で生まれた。これは父義次が、白井藩主本多康重（二万石）に仕えていたことによる。兄四人が早世したので、生まれた時に「唐人医師サンキ」が自らの子に擬して七日間預かり、長寿と名付け背中に灸をして長命になるだろうといって帰したとする。「唐人医師サンキ」は室町時代、中国明へ渡航し日本へ李朱医学をもたらし、後世派の元祖となった田代三喜（一四六五～一五三七）の流れを汲む医者だと考えられる。

同六年に三河国岡崎に移住したのは、主君康重が関ヶ原の戦い後に岡崎五万石に転封となったためである。「列士録」が三河生まれとするのは、信世の幼少時の状況がわからなかったためと考えられる。信世は同十九年大坂冬の陣に本多家家臣として父義次と共に参加し、翌元和元年（一六一五）の大坂夏の陣にも参加して、岡山の陣所で元服、槍で敵首一つを取る手柄を立てた。その時の陣中装束については、信世が語ったことを子の信全が書き記したものがあった。同四年に主君本多康重の三男紀貞が上野国白井藩主一万石となると、翌年、岡田家の家督を継いだ信世は三〇〇石の禄を得て紀貞の許で仕えた。しかし寛永元年（一六二四）に子のない藩主紀貞が没したため改易となり、信世は浪人（「浪客」）となった。

その後、信世は若狭小浜藩主京極忠高に仕え、七〇〇石の禄を得て軽卒二一人の「鍄隊長《モノカシラ》」となった。同十一年の忠高の出雲松江移封に伴い信世も松江に移り住んだ。この年から（実際には翌年から）日御崎社の造営があり、信世は「大司」（後の大奉行）を勤めた。しかし子のない藩主忠高が同十四年に没したことで京極家は改易となった。信世は日御崎社造営途中であったので、他所へ行くこともできず、翌年松平直政が藩主となると直政に仕え、七〇〇石を得て「鍄隊長」となり、日御崎社造営の「大司」も継続して勤めた。信世の松平家への仕官が、日御崎社造営「大司」の継続にあったことがわかる。岡田家の伝承では藩主のいない間、将軍の命で「食秩百口」を得ていたとある。正保元年（一六四四）に日御崎社造営が成り、信世は江戸へ赴いて造営費用の詳細を幕府（「官所」）へ提出して帰国した。この時の信世について、慶応三年（一八六七）冬に松江藩儒の桃節山（好裕）が松平直政の事績を記した「藩祖御事蹟」(31)にも記事がある。

【史料4】「藩祖御事蹟」正保元年七月十九日条

時ニ岡田半右衛門信世ハモト京極家ノ臣ニテ造営ノ大奉行ヲ勉メタリシカ、京極家断絶ノ後、幕府ヨリ信世ニ百人扶持ヲ賜ハリテ、猶此事ヲ掌リ、公《(松平直政)》御入国アラセラル、ニ及ヒテハ公ニ仕ヘ奉リ、又大奉行トナリ、是ニ至テ造営全ク成リケレハ、信世ヲシテ江戸ニ赴キ費用ノ目録ヲ幕府ニ達セシメラレル、

造営「大司」を勤め終えると、信世は藩の「用度役」(後の裏判役・用人)を勤めた。出雲国内の小貢(小物成)を一三〇品とする改法にあわせ、国内の状況を信世が二年をかけて村々を巡察した。また出雲・石見国境をめぐる農民の争論では、藩の命により信世が石見代官と協議して決着をつけた(32)。慶安二年(一六四九)には、幕府から松江藩に課せられた江戸城西之丸普請手伝役の普請大奉行(「経営ノ大司」)を江戸で勤め、翌年九月に無事に普請を終えた(33)。日御崎社造営の経験が買われたものと考えられ、信世が、藩主松平直政からも信頼された人物だったことがわかる。「藩祖御事蹟」にも同様の記事がみえる。

【史料5】「藩祖御事蹟」慶安二年条

公《(松平直政)》江戸《(江戸城)》西ノ御丸御普請御手伝ノ命ヲ蒙ラセラレ、九月二十六日釿始《おのはじめ》アリ、時ニ岡田信世御普請ノ大奉行タリ、

その後、信世は明暦二年(一六五六)には雑賀組の組長に、翌年には三〇〇石加増され一〇〇〇石取となった。

(3)杵築大社の造営奉行と京都「兵糧・雑具」の手配役

「藤姓岡田氏家譜」は、藩への杵築大社造営の幕府の命が寛文三年(一六六三)のこととし、藩主直政が信世を造営の「大司」にしたと記す。また「藩祖御事蹟」は前年五月五日に幕府の命が下り(34)、直政が信世を「奉行」にしたと記す。しかし同二年五月五日は幕府が大社造営料銀二〇〇〇貫拠出を決めた日であり、大社造営を幕府が決めたのも、

その報が同元年八月十一日に出雲杵築の佐草自清のもとに届く少し前であり正確ではない。

佐草自清の「御造営日記」冒頭の寛文元年八月十一日条には「松江奉行所村松内膳殿、岡田半右衛門殿、瀬田与右衛門殿、香西太郎衛門殿、社奉行垂水十郎〔右脱〕衛門殿、四人衆（老中阿部忠秋・松平信綱・酒井忠清・稲葉正則か）より御造営可被仰付旨、首尾能御到来、江戸より有之候間、宮大工召連長谷・佐草両人早々松江へ参候様ニ、村次飛脚状来」とあり、大社造営の幕府の許可が下りたので、佐草・長谷両人がすぐに松江へ来るようにと連絡があった。二日後、佐草・長谷が松江で面談をしたのは垂水と岡田であった。そして新たな社地の地割は村松・岡田の二人で決めた[35]。村松・岡田共に先の江戸城西之丸普請手伝役の普請大奉行を勤めており[36]、その実績によるものと考えられる。

【史料6】「御造営日記」寛文三年三月十五日条

岡田半右衛門殿（信世）、大坂へ発足、御造営入札仕らせニ上り被申候、併先上京、貴殿来ル四月廿七日　御即位に付、公方様（徳川家綱）へ（ママ）御名代ニ太守出羽守様（松平直政）御上洛の御宿、万事の御支度、半右衛門殿承り候て上り被申候、松井半之助殿・岡田善兵衛殿（将尾）伴（半）右殿舎弟も杵築御造営奉行ニ加ハり被申候の由、

信世は三月十五日に松江を発ち大坂へと向かった。これは造営入札のためであり、また霊元天皇即位に際し将軍名代となった藩主松平直政が江戸から入京するにあたって「御宿」の支度を任されたことによる。国元に信世が不在とするので、新たに松井半之助と信世の弟の岡田将尾（善兵衛）が「杵築御造営奉行」に加えられた。信世が「御造営御奉行岡田半右衛門」と「御造営日記」に明記されるのは寛文四年二月十三日条であるが、幕府が大社造営を決定した時から、信世は造営奉行となっていたものと考えられる。弟の将尾と松井が加えられたのも、同元年冬の意宇郡伊弉《いざ》諾《なぎ》社（真名井神社）造営奉行を将尾と松井の二人で務めた実績によると考えられる[37]。信世は四月十九日に近江大津で藩主一行を迎え、二十一日の行列一行の入京と宿の手配などを行い、五月十三日に行列が京都を発つと、家老の三谷長《なが》

玄《はる》と共に信世は近江草津まで見送った。(38)

この将軍名代について「藤姓岡田氏家譜」は、入京に際しての「粮秣器械」の手配を行い、行列一行の京都滞在中は「始終ノ用度ヲ計」ったとする。直政期の松江藩の儒学者である黒澤石斎が記した「直政年譜」(39)寛文三年条にも次の様に記し、同様の記事が「藩祖御事蹟」にもある。

【史料7】「直政年譜」寛文三年条

自雲州来会京都者合三千五百余人也、因綱隆（直政子）之旨、三谷権大夫長玄上洛、岡田半右衛門信世従之、予在京調置兵糧雑具、相待国侯入洛、即日長玄・信世出迎于大津、又帰洛、

信世は家老三谷長玄の下で、事前に三五〇〇余人もの関係者が集まる京都に赴いて「兵糧・雑具」を整えて、直政の上京を待った。一行が上京してくると、大津で出迎えすぐに京都に戻った。「兵糧・雑具」を整えることの詳細は、直政の将軍名代について記す「御即位為御名代直政公上洛」(40)から明らかとなる。

【史料8】「御即位為御名代直政公上洛」

一於京都御供中宿之儀、岡田半右衛門（信世）、片岡太左衛門両人、佐渡守殿（牧野親成）へ参、御断申、宿町役受取、先へ御供帳仕、宿割仕候、銘々宿割帳、道中御宿迄参、尤京入之日ハ、所々ニ案内付置宿入仕、（略）

一於京都何ニよらす猥ニ買物仕候事、幷商人宿之呼入候儀、堅御法度、米・大豆・味噌・塩・薪等ハ大坂ゟ相調、銘々宿へ従公儀在京中被下之、

但、岡田半右衛門（信世）被仰付置事、（略）

一御高官之御方、御門跡方、其外公家衆方々江之御献上物被遣候品、帳面別ニ有之、

奉行人　／岡田半右衛門

御納戸方 { 猿木夫右衛門 / 早川勘兵衛 / 津田喜右衛門

ここからは次のことがわかる。岡田信世と片岡太左衛門の二人が、「御供中」の宿の手配を松江藩側で行うと京都所司代牧野親成へ告げ、「御供帳」に基づき宿割を行い、「宿割帳」を入京してくる松平家中まで知らせた。行列の入京当時には、行列の御供の者たちが宿を間違えないよう、ところどころに道案内人を配置する手配を行った。京都での行列御供の者たちの行動は規制されており、勝手に買い物ができず、商いを行う者たちの宿への出入りも禁じられた。米・大豆・味噌・塩・薪等は大坂から取り寄せ、それぞれの宿へ京都滞在中配布された。これらの手配をすべて岡田信世が行っていたのである。

また、将軍名代として直政が上洛するのに併せて、官位の高い者や門跡、公家衆への献上品についても、納戸方二人も加わり、奉行人として岡田信世・猿木夫右衛門[41]の両人があたったことがわかる。すなわち信世は将軍名代として入京してくる直政一行の宿割や食料の手配、宮中や公家・門跡への献上品の選定まで一切を任されていたのである。信世は、京都・大坂の食料事情を調べ、供衆が滞在にあたり困らないよう手配したであろうし、また宮中や公家・門跡の志向に合わせた献上品を選ぶだけの知識を持ち合わせていたと考えられる。

勤めを無事終えた信世は、出雲に帰り、再び大社造営奉行に復帰する。信世の造営奉行としての活動は、「御造営日記」など杵築大社の寛文度造営関係史料に数多くみることができる。「列士録」が信世を「大奉行」と記すように、松江と杵築を何度も往復して、信世は藩と大社を繋ぎ調整する中心となっている。寛文四年五月に藩主直政が杵築を訪れ、普請場の見廻りをした時には、直政の機嫌が良く、信世は今市で羽織を拝領している[42]。また同五年七～八月の一か月以上の間、造営で用いる材木調達のための信世の大坂滞在が確認できる。(43) 造営は同八年に成り、信世は造営費用を記した勘定目録を江戸に持参し、幕府に届けた。

その後、大番五番組の長となり、延宝元年(一六七三)には大名分(後の中老)となって、二年後に隠居した。嫡子信生に七〇〇石、次子信全に三〇〇石を与え、自らは別に一五〇石の隠居料を得て、翌年松江北堀の屋敷で没した。八十歳であった。諡は松岸院善誉順説居士。松江城下の白潟寺町の浄土宗誓願寺に葬られた。

信世は上野国白井に生まれ、三河国岡崎で育ち、再度主君とともに上野国白井に移り、大坂の陣に参陣し、藩の改易後は小浜藩主京極忠高に使え、若狭国小浜で過ごした。忠高の移封に伴い出雲国松江へと移り、出雲国松江を拠点に、日御崎社造営(正保元年(一六四四))や江戸城西之丸普請手伝(慶安二年(一六四九))で江戸へと赴き数か月滞在し、杵築社修造では大坂に少なくとも一か月以上滞在した(寛文五年(一六六五))。また江戸へと赴いて(同八年)、直政の将軍名代として上洛した際には、大坂・京都で行列一行の「兵糧・雑具」を整えた(寛文三年)。信世の行動範囲は、関東・東海・京都・北陸・山陰と広範囲だった。

蕎麦切は、状況証拠からは十五世紀後半の京都で始まり、語句としても十六世紀後半に登場し、江戸では慶長十九年(一六一四)、京都でも元和十年(一六二四)にはみえ、信世が江戸や京都を訪れた時には蕎麦切が普及していた。とくに藩主松平直政が将軍名代として宮中へ上る際の、大坂・京都で「兵糧・雑具」を整える役を信世が務めたことは、大坂・京都の食文化に触れ、学ぶ機会になったと考えられる。信世の行動履歴からは、蕎麦切について学ぶ機会が十分あったとみられる。

第四節　岡田信世の役宅

1　岡田半右衛門家の屋敷

岡田信世が佐草自清をもてなした場所は、松江城下のどこだったのか。

この時、信世は杵築大社造営奉行であった。杵築大社両国造家に関する事案は寺社奉行が行うが、その役所である寺社奉行所は、公的役所の記載のある江戸時代の松江城下町図に記載がない。ただ江戸時代後期には一時、役所が設けられていたことは明らかで、「松江城下武家屋敷明細帳(44)」に「寺社町役所、右同所御普請皆出来ニ付、可引渡旨、御用人今村小平太殿ゟ被仰渡之、仍而天保十一年五月十三日朝五ツ半時、為引渡」とあり、城下殿町南部の京橋川沿いにある唐人屋敷の場所が「寺社町役所」であったことがわかる。同十五年四月十二日まで四年間使用された。その後「御役所御引払ニ相成、如元屋布〔敷〕方江受取候」となった。そのため信世の杵築大社造営奉行としての役は、自宅を役宅として使用していたものと考えられる(45)。

では寛文六年(一六六六)時の信世の役宅はどこにあったのか。江戸時代の居住者を記した時々の城下町絵図や、松江藩の屋敷方が藩士の居所を把握するために作成した「松江城下武家屋敷明細帳」で明らかになる場合がある。しかし居住者を記す城下町絵図は、天和三年(一六八三)から元禄五年(一六九二)間作成の「松江城及城下古図(46)」が最古であり、「松江城下武家屋敷明細帳」も貞享(一六八四～一六八八)頃以降のものしか残存していない。そのため、寛文六年時の岡田屋敷は明らかにできない。ただ手掛かりはある。「藤姓岡田氏家譜」岡田信世の没年記事に「同〔延宝〕四丙辰年二月十七日雲州松江北堀ノ屋敷ニ卒ス、歳八十」とあり、延宝四年(一六七六)時、城下の北堀に岡田家の屋敷があったことがわかる。蕎麦切を振舞った十年後である。

では北堀のどこに岡田家の屋敷はあったのか。表2は、「松江城下武家屋敷明細帳」や「嘉永五年御家中屋敷割帳写」から、岡田半右衛門家の屋敷の変遷をまとめたものである。表からうかがえる最も古い岡田家の屋敷は、貞享四年(一六八七)頃から享保五年(一七二〇)十一月二日まで確認できる北堀町の屋敷である。この屋敷には、二代から五代までの三代、三十六年間住んでいた。禄高七〇〇石を得ていた時期である。(47)

三代の間住んだ場所を離れたのは五代半右衛門である。五代半右衛門が転出する二か月前(享保五年九月七日)に岡田家の養子として四〇〇石に減禄されて家督を継いでおり、禄高に見合った屋敷へ転居したと考えられる。その後、五代半右衛門は八年間、藩から逼塞を命ぜられており、北田町・南田町・内中原・殿町など、少なくとも五回は居所を移した。六代半右衛門の居所は不明であるが三〇〇石に禄を減らされており、七代半右衛門は二〇〇石取で奥谷に住み、八代半右衛門が一三〇石取で家督を継ぐと、翌年居所を移した。これも禄高に見合った居所移動と考えられる。九代半右衛門も一三〇石取で北堀に住んだ。

代を経るごとに禄高が下がるのは松江藩士一般の傾向であり、また禄高に合わせて居宅の広さを変えたことがわかる。ただ家老など大身の家臣は、江戸時代を通じてほとんど居宅を移っていないことが城下町絵図から明らかである。そのため、岡田半右衛門家も松江藩では大身の七〇〇石取の間、二代から五代までの三十六年間以上を同一の屋敷に居住したものと考えられる。

2　城北部最大の屋敷地

初代信世が住んだ北堀の屋敷は、二代から五代までが住んだ北堀の屋敷と同一の可能性が高い。ただ、信世は一〇

退去	西暦	名前など	禄高	代数	出典
享保５.11.２	1720	岡田半右衛門（２代）、弥左衛門、舎人（以上３代）、弥太八、半右衛門（以上４代）	700石	２～５代	松江城下武家屋敷明細帳／嘉永五年御家中屋敷割帳写3074
享保８．５.29	1723	岡田半右エ門、６日間	400石	５代	松江城下武家屋敷明細帳
		岡田半右衛門	400石	５代	松江城下武家屋敷明細帳／嘉永五年御家中屋敷割帳写5068
（延享頃）	1747	岡田半右エ門、権之助（８年間逼塞）、半右エ門（以上５代）	400石	５代	松江城下武家屋敷明細帳／嘉永五年御家中屋敷割帳写2018
宝暦５．９．１	1755	岡田半右衛門	400石	５代	松江城下武家屋敷明細帳
文化２．６	1805	岡田善四郎、半右衛門（以上７代）、与一郎、善四郎（以上８代）	200石	７代、８代	松江城下武家屋敷明細帳
		岡田半右衛門	130石	９代	嘉永五年御家中屋敷割帳写
					岡田半右衛門屋敷図（個人蔵）

田氏家譜」および「列士禄」による。７の年代は名前の記載順から推定。

表５　東隣の居住者変遷（表口18間３尺）

No.	居住者	家の代	禄高	役職	出典
1	長崎助右衛門	３代	100石		列士録、松江城下武家屋敷明細帳
2	伊東孫左衛門	初代	200石		列士録、松江城下武家屋敷明細帳
3	長坂左馬	不明			
4	中根軍蔵	３代	200石		列士録、松江城下武家屋敷明細帳
5	宮川勘左衛門	２代	150石		列士録、松江城下武家屋敷明細帳
6	山内彦兵衛	３代	200石		列士録、松江城下武家屋敷明細帳
7	有沢理喜弥	不明			
8	山本覚兵衛	歴代	100石		列士録
9	柘植汀	５代	100石		列士録
10	栗田辰八	不明			

（「嘉永五年御家中屋敷割帳写」3075）

表 2　岡田半右衛門家屋敷の位置と敷地の大きさ

No.	場所	位置	表口	後口	東入	西入	入口	入居	西暦
1	北堀町	奥谷万17	43間２尺９寸	43間半	26間	26間４尺	南向	（貞享４頃）	1684
2	北田町	四２	13間	13間	26間	26間	南向	享保８．５．23	1723
3	南田町	ユ21	23間１尺５寸	21間１尺３寸	21間５尺	21間３尺	東向	享保８．５．29	1723
4	内中原	ヨ14	25間	25間	26間半	26間半	南向	享保14．６．26	1729
5	殿町	内山下31	25間３尺	25間２尺８寸	19間２尺５寸	18間４尺６寸	北向	宝暦４．９．26	1754
6	奥谷	奥谷２-39	21間５尺	21間１尺	20間２尺 （南入）	20間半 （北入）	西向	寛政３．１	1791
7	北堀町	3048	14間４尺	14間４尺	21間１尺 （南入）	21間 （北入）	東向	（幕末）	
8			30間５尺５寸	14間５寸＋ 16間３尺	20間 （南入）	28間４尺 （北入）	東向		

注　入居、退去の推定年は「松江城下武家屋敷明細帳」の上限と下限による。岡田家代数および石高は「藤姓岡

表 3　岡田屋敷のその後の居住者変遷（表口43間２尺９寸）

No.	居住者	家の代	禄高	役職	出典
1	岡田半右衛門	２代	700石		列士録、藤姓岡田氏家譜、松江城下武家屋敷明細帳
2	岡田舎人	３代	700石		列士録、藤姓岡田氏家譜、松江城下武家屋敷明細帳
3	赤林義左衛門	３代	700石		列士録断絶帳、松江城下武家屋敷明細帳
4	大野舎人	２代	1000石	家老	列士録、松江城下武家屋敷明細帳
5	高田直人（極人）	４代	1000石	家老	列士録、松江城下武家屋敷明細帳
6	斉藤久兵衛	５代か	1000石	中老→家老	列士録
7	小田切主尾	８代	1000石	中老	列士録

（「嘉永五年御家中屋敷割帳写」3074）

表 4　西隣の居住者変遷（表口32間）

No.	居住者	家の代	禄高	役職	出典
1	小泉弥一右衛門	３代	200石		列士録、松江城下武家屋敷明細帳
2	中根常盤	４代	350石		列士録
3	奥田六郎	不明			
4	石丸庄左衛門	５－６代	500石		列士録
5	有馬藤助	２－３代	300石	中老	列士録
6	中山手結八郎	不明			
7	有馬藤助	４代	300石		列士録

（「嘉永五年御家中屋敷割帳写」3073）

〇〇石取であった。二代目は七〇〇石取であるので、減禄時に移転した可能性もある。この点について、この屋敷地が、松江城下においていかなる意味を持つ地であるかを明らかにし検討する。

表3は、二代から五代まで住んだ北堀の岡田屋敷のその後の居住者およびその禄高や役職についてまとめたものである。これによれば、この地は幕末に至るまで七〇〇石から一〇〇〇石取の藩士が住み、とくに一〇〇〇石取の場合、藩の家老や中老を務める者が住んでいた。屋敷の表口の広さは四三間二尺九寸(七八・七メートル)ある。**表4**はその西隣の居住者の変遷を一覧にしたものである。不明の人物もいるが、五〇〇石から二〇〇石取まで確認できる。屋敷の表口の広さは、三二間(五八メートル)あり、岡田屋敷の地より一一間(二〇メートル)短い。

表5は岡田屋敷の地の東隣の居住者の歴代である。こちらは幕末まで一〇人を数え、頻繁に屋敷替が行われたことを示すと共に、その居住者も二〇〇石から一〇〇石取の藩士が中心であった。屋敷の表口の広さは、一八間三尺(三三・五メートル)でさらに間口が狭い。岡田屋敷の地の両隣は、西隣・東隣の順で表口の広さや、禄高が低い者が住んでいた。

松江城外堀の北側は、現在の北堀町・奥谷町・石橋町にあたる。「嘉永五年御家中屋敷割帳写」は各屋敷の表口を明記する。このなかで、表口が四〇間以上の広さを持つ屋敷は、藩の施設である御小人長屋を除くと三軒しかなく、しかもその最大のものが岡田屋敷であった。[48] 岡田屋敷の地が、江戸時代を通じて大身の藩士が住む場所であり、かつ松江城下北部の北堀・奥谷・石橋地区において最大の表口をもつ屋敷だったのである。

ではこの場所は、松江城下においてどのような意味を持つ場所であったのか。この場所は、殿町の北堀橋から真っ直ぐに北上する道の突き当りにあたる(図1)。[49] つまりこの地は、北方から殿町へ抜ける唯一の橋である北堀橋まで見通すことのできる場所にある。殿町へ入るために北堀橋を渡ろうとすれば、その背後(北側)から狙い撃ちにできる場

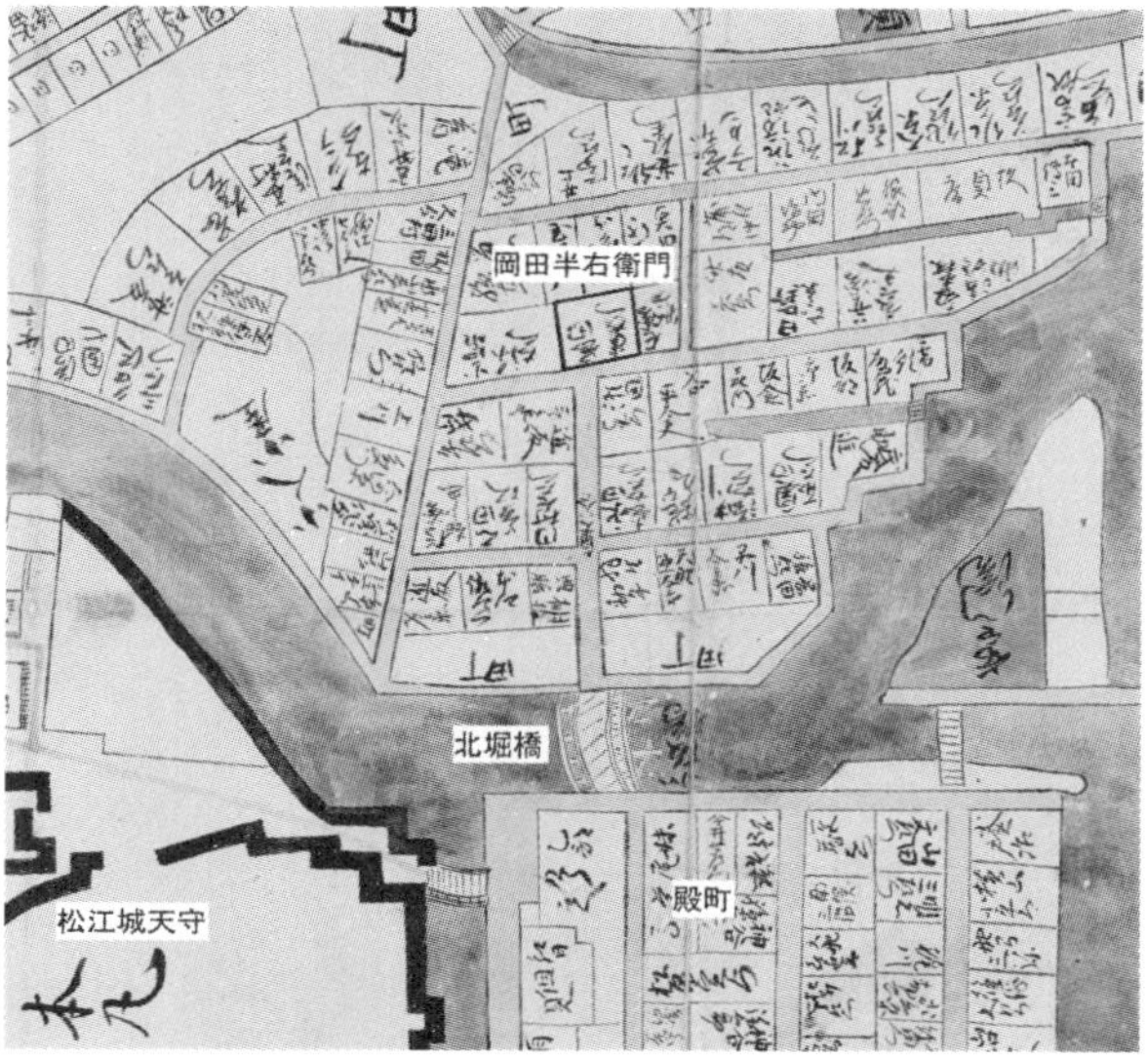

図１　宝永５～正徳元年（1708～1711）間作成の「松江城下絵図」（鳥取県立図書館所蔵。部分。一部加工）

所に位置している。この地は、北堀橋を渡り殿町へと向かう者たちを監視し、また侵入者を背後から攻めることもできる軍事上の要となる場所なのである。そのことを藩は十分に意識し、幕末に至るまでこの場所に一〇〇〇石取の大身の藩士を据えたと考えられる。

以上、「松江城下武家屋敷明細帳」にみえる二代から五代まで七〇〇石取の岡田家が住んだ屋敷は、その後も幕末に至るまで一〇〇〇石取の大身の藩士が住む屋敷であった。大身の藩士の居宅の移転は少なく、初代岡田信世が没した屋敷も北堀であることから、一〇〇〇石取の岡田家初代信世が住んだ屋敷は、二代から五代岡田家当主が居住した屋敷と同じであると考えられる。そのため、岡田信世が蕎麦切を提供した役宅は、北堀の屋敷であったと結論づけられる。(50)

おわりに

本章では、蕎麦切の起源についての研究史整理を行い、新たに「松平大和守日記」から寛文年間（一六六一～一六七三）の蕎麦切普及状況を検討し、出雲国における蕎麦切語句の初見時（寛文六年）、松江で蕎麦切を提供した藩士岡田信世の事績とその場所を明らかにすることを通じて、出雲蕎麦の起源について考察を行ってきた。明らかになったことを、以下にまとめておく。

十五世紀後半に京都の禅宗寺院で始まり公家社会へも広まった蕎麦切は、「蕎麦切」語句そのものも十六世紀後半には登場し、十七世紀半ばまでに信濃・江戸・大和郡山・京都・武蔵・越後村上・出雲松江・陸奥三代・播磨姫路での所見が得られ、江戸・京都といった都市だけでなく地方へも普及しだしていた。江戸の松平直政屋敷（寛文三年・四年）、後に広瀬藩主となる松平近栄屋敷（同六年）でも蕎麦切が振舞われていた。松平直政が、信濃から出雲への移封時に持ち込んだとの説に明確な根拠はなく、関ヶ原の戦い後、出雲へ入部した堀尾氏や京極氏も江戸や京都を幾度も訪れ、江戸に屋敷を構えており、彼らが蕎麦切に接する機会は十分にあったと考えられる。

寛文六年に松江城下の自邸で蕎麦切を提供した岡田信世は、上野国白井に生まれ、三河国岡崎で育ち、再度主君と共に上野国白井に移り、大坂の陣に参陣し、主君の改易後は小浜藩主京極忠高に仕え、若狭国小浜で過ごした。信世は忠高の移封に伴い出雲国松江へと移り、出雲国松江を拠点に日御崎社造営（正保元年〔一六四四〕）で江戸に赴き、江戸城西之丸普請手伝（慶安二年〔一六四九〕）では江戸に数か月滞在した。杵築社造営でも大坂に少なくとも一か月以上滞在した（寛文五年〔一六六五〕）。その後、再度江戸へと赴いた（寛文八年）。藩主松平直政が将軍名代として上洛した際には、大坂・京都で行列一行の「兵糧・雑具」を整えた（寛文三年）。

信世の行動範囲は、関東・東海・京都・北陸・山陰と広範囲だった。京都での「兵糧・雑具」を整える役を信世が務めたことは、京都の食文化に触れ、学ぶ機会になったと考えられる。信濃出身でもなく、信濃に居住したこともなかったが、信世の行動履歴からは、蕎麦切について学ぶ機会は十分あったのである。

蕎麦切を振舞った信世の役宅は、城北地区から殿町へと入る唯一の北堀橋を北上した突き当りの場所で、北堀橋への侵入者を背後から狙うことのできる軍事的な要地であった。この場所は、江戸時代を通じ一〇〇〇石取の大身の藩士が住んだ。信世が寛文六年に蕎麦切を提供したこの場所は、出雲の蕎麦切初見の地と言うことができる。

本章で明らかにできたことは僅かで残された課題も多い。まず出雲国内で蕎麦切が食されたことをもって、それを出雲蕎麦と言ってしまっていいのかという問題が残る。出雲蕎麦の特徴を全く考慮していない。出雲独特の蕎麦切食のあり方を追究しなければ、出雲蕎麦の始まりとは言うことはできないであろう。そのための手掛かりは、川上氏の著書を起点に、江戸から現代に至る出雲地域における蕎麦切に関する史料を地道に見つけ出し、考察していくしかない。一部の蕎麦研究家しか蕎麦切の歴史に関心がないのが現状である。出雲蕎麦という呼称自体も近代、それも昭和以降と思われ、呼称の問題よりも出雲蕎麦の特徴を探っていくことが、いま求められているのである。

注

（1）川上正夫『出雲はなぜ「割子そば」か？　その謎に迫る』（ワン・ライン、二〇一七年）。同書以前にも、川上氏が発行者となった高瀬礼文監修・白石昭臣編集『おいしい出雲そばの本』（ワン・ライン、二〇〇〇年）がある。

（2）新島繁『蕎麦史考』（錦正社、一九七五年、二三四頁）でも、明治から大正時代にかけて角型から小判型、その後丸型への変化は指摘されていたが、衛生上という理由までは明らかにしていなかった。

（3）荒木英之『松江食べ物語』（山陰中央新報社、一九七四年）。

（4）新島、注（2）著書、八・九頁。中林広一『中国日常食史の研究』（汲古書院、二〇一二年）第五章「中国におけるソバについて」。

(5) 長友大『蕎麦考』(柴田書店、一九七六年)、一〇七頁。
(6) 奥村彪生『増補版日本めん食文化の一三〇〇年』(農山漁村文化協会、二〇〇九年)第十二章。
(7) 新島、注(2)著書、五三頁。
(8) 笹本正治「信濃の名物ソバ」(『図説長野県の歴史』河出書房新社、一九八八年)。
(9) 関保男「信州そば史雑考」(『長野』一六七、一九九三年)。
(10) 天正二年信濃木曽―『信濃史料』第十四巻、天正二年二月十日条「ソハキリ」。小林計一郎「天正二年のソバキリの記事」(『信濃』一六八、一九九三年)。
慶長十九年江戸―『慈性日記』(第一、続群書類従完成会、二〇〇〇年)慶長十九年二月三日条「ソハキリ」。
元和八年大和郡山―「松屋会記」(『茶道古典全集』第九巻、淡交新社、一九六七年)元和八年十二月四日条「ソハキリ」。
同十年京都―「資勝卿記」(東京大学史料編纂所架蔵謄写本)元和十年二月十四日条「ソハキリ」。
寛永三年京都―『慈性日記』寛永三年八月十八日条「ソハキリ」。
同十三年中山道―「中山日録」(『続々群書類従』第九所収)寛永十三年四月四日条「蕎麦切」。
同十八年京都―『隔蓂記』(第一、鹿苑寺、一九五八年)寛永十八年五月二日条「切麦」。
同二十年武蔵国狭山―「料理物語」(『続群書類従』飲食部三所収)「蕎麦きり」。
寛文三・四年江戸―「松平大和守日記」(『日本庶民文化史料集成』第十二巻、芸能記録(一)、三一書房、一九七七年)「そはきり」(表1)。
同六年出雲―「江戸参府之節日記」(個人蔵。島根県立古代出雲歴史博物館寄託)寛文六年三月二十七日条「蕎麦切」。
ちなみに寛永二十年段階の製法を記す「料理物語」は次のように記す。この頃の製法にはツナギに小麦粉は用いられていなかった（新島、注（2）著書、五八頁）。

蕎麦きり　めしのとりゆにてこね候て吉、又はぬる湯にても、又とうふをすり水にてこね申事もあり、玉をちいさうしてよし、ゆでて湯すくなきはあしく《（悪）》候、にへ候てから、いがき《（笊）》にてすくひ、ぬるゆの中へいれ、さらりとあらひ、さていがき《（笊）》に入、にへゆをかけ、ふたをしてさめぬやうに、又水けのなきやうにして出してよし、汁はうどん同前、其上大こんの汁くはへ吉、花がつほ、おろし、あさつきの類、又からしわさびもくはへよし、

（11）伊藤汎『つるつる物語　日本麺類誕生記』（築地書館、一九八七年）。

（12）石毛直道『文化麺類学ことはじめ』（フーディアム・コミュニケーション、一九九一年、一〇五頁。増補改訂版『麺の文化史』講談社、二〇〇六年、一五三頁）。

（13）奥村、注（6）著書、第二部。

（14）木村茂光・安田常雄・白川部達夫・宮瀧交二『モノのはじまりを知る辞典　生活用品と暮らしの歴史』（吉川弘文館、二〇一九年）所収「そば・うどん」（白川部達夫氏執筆）。

（15）川上正夫①「出雲そばと杵築」（『大社の史話』二〇二、二〇二〇年）。この他にも川上氏には、②「出雲そば好き人物伝」（『大社の史話』二〇三、二〇二〇年）、③「出雲そばについて」（『大社の史話』二〇四、二〇二〇年）がある。

（16）以上、浅川清栄「松江藩江戸屋敷所在地の研究」（『山陰史談』二七、一九九五年）。

（17）『松平不昧伝』（松平家編輯部編、原書房、増補復刊、一九九九年。初版一九一七年）下巻、一三七・一三八頁。

（18）『松平不昧伝』下巻、一〇〇頁および付録、一〇頁。『江戸のグラフィックデザイン　千社札の元祖　天愚孔平』（松江歴史館編・刊、二〇一五年）収載、月照寺所蔵「玉川瀑之記拓本」。土屋侯保『江戸の奇人　天愚孔平』（錦正社、一九九九年）「玉川瀧撰」、一二二頁。

（19）「江戸参府之節日記」（個人蔵。島根県立古代出雲歴史博物館寄託）。

(20) 西岡和彦『近世出雲大社の基礎的研究』（原書房、二〇〇四年）第一章。同「寛文度の造営遷宮概論」（『出雲大社の寛文造営について――大社造営日記の研究――』島根県古代文化センター、二〇一三年）。寛文の造営については、山崎裕二「出雲大社の寛文造替について」（『道重哲男先生退官記念論集　歴史・地域・教育』同記念事業実行委員会刊、一九九四年）も参照のこと。

(21) 岡田半右衛門の実名が信世であることは、後述の「藤姓岡田氏家譜」および「藩祖御事蹟」正保元年七月十九日条（史料4）参照。

(22) 実際の柱立は四月十四日に仮立、晦日に心柱立、五月一日に柱立対物が行われた（西岡和彦「史料抄録「寛文度造営遷宮」」『出雲大社の寛文造営について』寛文六年条）。

(23) 「御造営日記」（『名草神社三重塔と出雲大社』八鹿町教育委員会編・刊、一九九七年）寛文四年二月二十四日条「岡田半右衛門殿組の者喜多川杢左衛門大工也」。

(24) 西岡和彦「史料抄録「寛文度造営遷宮」」掲載寛文四年二月十三日、八月二十七・二十八日、同八年十一月二十七日各条等。

(25) 「御造営日記」寛文二年三月十八日条「出羽様《（松平直政）》御内勘定筒井惣兵衛・玉井源兵衛・小出佐左衛門寄合算用申」。

(26) 「出雲国風土記」楯縫郡条には「紫菜《（のり）》」と出る。川上行蔵『日本料理事物起源』（岩波書店、二〇〇六年）は、明応三年（一四九四）以前は「出雲海苔」または「雲州海苔」、寛永三年（一六二六）以降「十六島《（うっぷるい）》」表記に変わると指摘する。

(27) 川上、注（1）著書、三八～四〇頁。

(28) 「列士録」（島根県立図書館所蔵）。

(29) 「藤姓岡田氏家譜」原本は東京の岡田将睦《まさよし》氏所蔵。出雲市の川瀬薫氏所蔵の複写本を利用した。

(30) 「藤姓岡田氏家譜」および「列士録」松本理左衛門・岡田民蔵の両項。

(31)「藩祖御事蹟」は、谷口為次の校訂により出雲文庫第四編『松江藩祖直政公事蹟』として、原本の片仮名を平仮名にして一九一六年に刊行される。本章では、慶応三年松江看古堂蔵板の島根大学附属図書館所蔵本を引用した。なお画像は同図書館デジタルアーカイブで公開されている。

(32)「藩祖御事跡」正保三年条に「今年春ヨリ神門郡口田儀ノ民ト石見国安濃郡島津屋ノ民ト境目ノ論アリ。（略）松江へ言上ニ及ヒケレハ、岡田信世ト北村忠右衛門ノ二人命ヲ蒙リテ口田儀ニ赴キ、三人談合シテ島津屋へ談判ニ及ヒケレトモ（略）公《（松平直政）》信世ニ命シテ石見ニ赴キ、又兵衛ト境目ノ事ヲ談判セシメラル（略）」とある。

(33)「藤姓岡田氏家譜」に慶安元年とあるのは誤記と考えられる。

(34)『徳川実紀』寛文二年五月五日条。

(35)寛文元年推定閏八月十三日付垂水十郎右衛門書状（『出雲国造家文書』村田正志編、清文堂出版、一九六八年、二五九号）。

(36)「列士録」村松内膳・岡田半右衛門の両項。

(37)「藤姓岡田氏家譜」岡田将尾の項に、「寛文元庚丑ノ冬意宇郡ノ伊弉諾ノ神社造営ノ司ヲ勤ム、松井半之助同僚タリ」とある。

(38)「藩祖御事蹟」寛文三年五月十三日条。

(39)内題は「出雲少将源直政御年譜」。

(40)「御即位為御名代直政公上洛」（島根県立古代出雲歴史博物館所蔵）。同書奥書によれば、文政三年九月二十六日に有沢三郎兵衛所持本を書写したものである。元の奥書には、寛政五年（一七九三）三月から文化二年（一八〇五）まで江戸の留守居役を務めていた藩士の中嶋左仲所持本を書写したものだとする。元奥付は「右壱冊者、中嶋左仲家ニ而、去比御留守居相勤候ニ付、書残シ置候而、何方ゟ借写いたし候」、奥付は左の通り。

右者、有沢三郎兵衛方ニ所持致居ニ付而借受、其侭ニ写置者なり、
于時文政三庚寅年
九月廿六日　[redacted]（墨塗）

(41) この猿木夫右衛門は近江生まれの二代目猿木夫右衛門で、寛永十八年（一六四一）から慶安元年（一六四八）まで藩の台所奉行を勤め、承応二年（一六五三）から目付役を勤めた三〇〇石取の藩士である（「列士録断絶帳」島根県立図書館所蔵）。

(42) 「御造営日記」寛文四年五月二十六日条。

(43) 「御造営日記」寛文五年七月・八月条。なお信世に贈られた贈答品として、両国造が「美淋酒《みりん》」、佐草・長谷が「ぶべの塩から一壺」を贈った記事がある（「御造営日記」寛文四年六月二十日条）。

(44) 「松江城下武家屋敷明細帳」は松江城下の武家地について、屋敷地ごとの広さ・向き・所有者（居住者）の変遷を記した帳簿である。広島大学附属図書館所蔵でその写真帳と和田嘉宥氏作成のノートが松江歴史館に保管され、地区ごとに記号を振って所在地がわかるようにしている。

(45) 町奉行は自邸に白州を設けて宅内で扱っていた（「旧藩事蹟」〔重村俊介著、島根県立図書館所蔵〕旧藩事蹟調査五の二、八用人および寺社町奉行）。

(46) 「松江城及城下古図」（三谷家所蔵）。同図を分析したものに、渡辺理恵・大矢幸雄「「松江城及城下古図」の特徴とその表現内容」（『松江市史研究』四、二〇一三年）がある。

(47) 歴代の禄高は「列士録」による。

(48) 小人長屋（表口四一間一尺一寸〔嘉三〇四〇〕）、竹内有兵衛（表口四一間半〔嘉四〇八六〕）、乙部九郎兵衛下屋敷（四二間二尺三寸〔嘉四一三五〕）と岡田屋敷地の四か所しかない。御小人長屋は藩の施設、乙部九郎兵衛は藩の一番家老の下

屋敷である。竹内右兵衛屋敷はかつて二代目根岸左次右衛門（一五〇石）、三代目根岸善六（一〇〇石）が住んでいた場所（「武家屋敷明細帳」）で竹内右兵衛（一〇〇石）と、一〇〇石代の禄を得る者が住んだ。この場所は奥谷の万寿寺へ至る道の一歩奥に入った場所で、表口が四一間半に対し、後口が二八間と短く、面積としては広くないことを考慮する必要がある。

（49）「松江城下絵図」（鳥取県立図書館所蔵）の制作年代の根拠は、「松江城下武家屋敷明細帳」と城下図記載の人名と場所による。具体的には、北堀の岡田半右衛門家の北隣の玉木戸一家は、宝永五年（一七〇八）六月七日から享保十年（一七二五）二月十六日まで同地に屋敷があり（「松江城下武家屋敷明細帳」万二一）、またその北東隣の三代目岡本祐閑家は元禄九年（一六九六）十一月二十八日から同地に住みだすが、正徳元年（一七一一）五月十八日に没したことで代が変わった（「同」兆四二）。

（50）時期は不明ながら岡田家の屋敷図面「岡田半右衛門屋敷図」がある（個人蔵。図2。表2No.8の図面）。屋敷の四辺や入口が表1No.1～7と一致しないため、その時期以外の屋敷図面と考えられる。

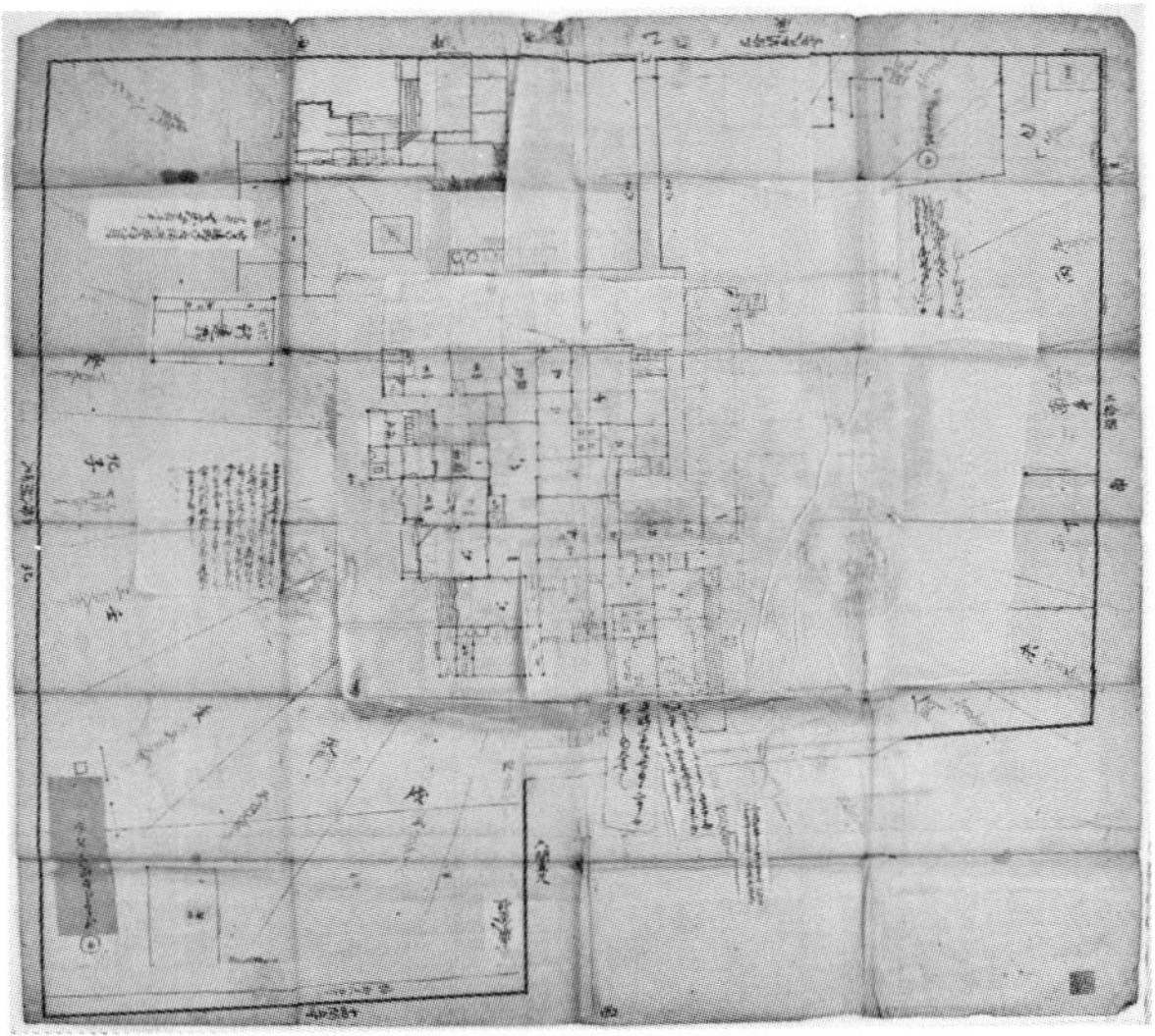

図２　岡田半右衛門屋敷図（表2の8の図面）（個人蔵）

第四章　松江藩士生田氏の来歴と学問

はじめに

二〇二一年十二月、旧松江藩士生田《いくた》氏に関する史料が、ご子孫の生田利彦氏から松江歴史館へ寄贈された。生田氏の出身は近江国（滋賀県）で、もとは井口《いのくち》氏を称していた。戦国時代には戦国大名浅井氏に仕えた家で、浅井長政の母は井口氏出身であった。豊臣秀次に仕えた際、秀次から生田の姓を与えられ、生田を名乗った。

生田氏は、家蔵史料を二〇〇五年度と二〇〇七年度の二回に分けて、大阪城天守閣へ寄贈されており、松江歴史館へ寄贈分はそれ以外の近世から近代にかけての史料である。大阪城天守閣への寄贈分は、解説を付して『大阪城天守閣紀要』に報告がある（**表1**）。牢人だった生田喜三郎が、島原・天草

表1　大阪城天守閣所蔵生田利彦氏旧蔵史料

No.	和暦	西暦	史料名	宛名等	法量（cm）	架蔵番号
1	（寛永15）3.13	1638	細川忠利書状	生田喜三郎宛	36.6×59.1	a1440
2	（寛永15）3.29	1638	細川忠利書状	野尻木工助宛	33.5×48.5	a1441
3	11月		生田十兵衛演説		14.7×34.0	a1442
4			金梨地桐文蒔絵糸巻太刀鞘		全長81.7	h374
5			絹地斜め一つ引文四半旗		88.0×87.0	h 375
6			大坂陣の配置図			k 181
			大坂冬の陣配置図（A図）		80.0×97.0	
			大坂冬の陣配置図（B図）		130.0×137.0	
			大坂夏の陣配置図（C図）		118.0×112.0	
			大坂夏の陣配置図（D図）		80.0×97.0	
			大坂の陣配置図（E図）		71.0×77.0	
7			鰐淵寺敬光ほつま文字和歌		27.3×45.0	a1450
8			鰐淵寺敬光ほつま文字和歌		29.0×38.8	a1451
9	天明8.6.--	1788	簸故実伝	野口賀虎	19.6×226.2	a1542
10	8.29		頼山陽書状断簡	道光上人宛	14.5×42.7	a1453
11			梅図扇面	山東京伝画賛	径18.3 幅48.5	d59
12			松に雉図		40.6×19.2	d60

出典：番号1－6『大阪城天守閣紀要』35、2007年。番号7－12『大阪城天守閣紀要』37、2009年。

一揆に幕府方として参加した際に使用した四半旗(「刺物」)や、肥後熊本藩主の細川忠利が喜三郎の戦場での活躍を記した書状、出雲国鰐淵寺の僧敬光が生田永貞のために神代文字ほつま文字で記した和歌など、注目すべきものが多い。翻って松江歴史館への寄贈分は、系図、過去帳、出雲国朝日寺の住職で出雲三詩僧と言われた智轂(空谷)の俳句や書などである(表2)。

　本章では、松江歴史

表2　松江歴史館所蔵生田利彦氏旧蔵史料

No.	史料名	員数	作者など	法量(cm)
1	近江国御家人中原氏系図(生田家系図)	1帖	26折	表紙24.4×13.3 全長709.2
2	過去帳	1帖	13折	表紙10.3×5.3 全長130.5
3	過去帳	1帖	No.3～16一包	表紙16.2×6.5 全長158.5
4	中原生田氏系統略図	1紙	封筒入り	封筒21.0×8.0 包紙21.0×12.5 本紙15.0×13.0
5	母方(系図)	1紙		37.9×57.9
6	天倫寺墓地図	1紙		15.5×22.7
7	天倫寺墓碑文面	1紙		11.9×14.5
8	生田家法名一覧(過去帳)	1紙		25.4×36.2
9	生田家法名一覧(過去帳)	1紙		27.8×39.6
10	生田氏由緒	1紙		17.0×14.5
11	生田氏由緒	1紙		16.2×14.5
12	位牌堂生田家先祖代々諸精霊	1紙		26.3×18.8
13	位牌文面写	2紙		①16.7×8.8 ②19.2×11.8
14	請求書	1紙		14.2×11.5
15	昭和十六年 年回忌	1紙		22.9×15.7
16	法名書付断簡	1紙		17.6×5.5
17	智轂筆生田宗愚賢翁八十八寿詞	1軸	智轂(1766-1834)、出雲の三詩僧の一人	20.3×24.8
18	玉持大国像	1軸		62.9×24.7
19	天神本縁(少彦名命像)	1軸	八重垣翁敬識	83.4×24.9
20	釈迦牟尼仏	1軸	当山□者□	65.7×23.4
21	千家尊孫短冊(生田氏宛)	1軸	千家尊孫(1796-1873)	36.2×5.8
22	千蔭短冊	1軸	加藤千蔭(1735-1808)、国学者・歌人・書家	37.0×6.0
24	(兵隊図)	1紙	まくり、昭和6年春、重二画(槻山氏)	135.0×32.0
25	山水(狩野永雲筆)	1軸	永雲(?—1697)、松江藩御用絵師	40.5×69.4
27	空谷智轂筆俳句(生田宗愚宛)	1軸	智轂(1766-1834)、出雲の三詩僧の一人	40.2×57.8
28	市河寛斎書	1軸	寛斎(1749-1820)、江戸時代の儒学者・漢詩人	142.5×41.8
29	長尾蘭憲宛香川□酩書状、和歌	1軸	6月17日付「御国製之」和歌書状	33×44.1

館への寄贈分史料を中心に、系図や松江藩士の勤功録である「列士録」（島根県立図書館所蔵）等と突き合わせ、松江藩士としての生田氏について概観したい。

第一節　近江湖北の井口氏

1　室町・戦国時代の井口氏

井口氏は、近江国伊香郡富永荘井口郷（滋賀県長浜市高月町井口）の土豪で、その初見は、応安六年（一三七三）十二月付の大般若経奥書に見える「願主井口弾正源正氏」である（木之本区有文書）。すでにこの時点で、大般若経を寄進できるだけの財力の持ち主であったことがわかる。寄進を行った「井口弾正」「正氏」は、「源」姓で、後に井口氏の系図（後掲①～③）にみられる中原姓ではなく、また「正氏」も系図にはみえない。福田栄次郎氏によれば、井口氏は山門領富永荘内の政所職・名主職・作職など、様々な荘園的諸職を所有していた[(1)]。

天文年間（一五三二～一五五五）に成立したと推定され信憑性が高いとされる「江北記」には、応仁・文明の乱後、「井口越前三条殿」が守護京極氏の被官人となったとある[(2)]。その後、浅井氏の重臣となり、井口経元（弾正忠）の娘が浅井久政に嫁ぎ、長政を産んだ（後掲①～③系図）。そして織田信長による浅井氏滅亡に際し、井口氏も主家に殉じたとされる[(3)]。系譜での世代では、経元・経親父子の代にあたる。しかし中世における井口氏の政治動向は、一次史料で多くを明らかにできない。

図1　近江国御家人中原氏系図（抄）

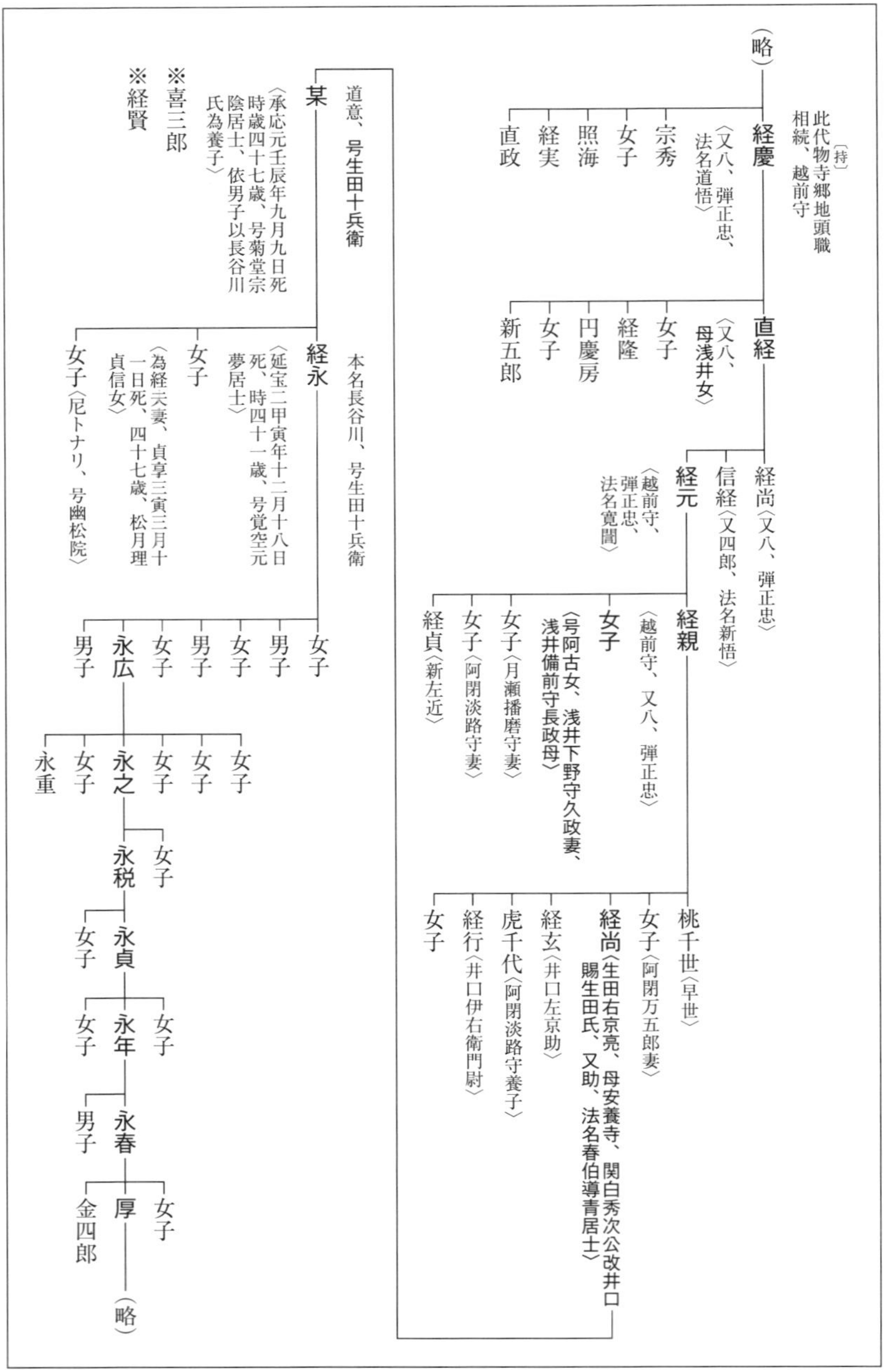

（注）原本にある人名注記は〈　〉で示した。注記を省略した部分も多くある。とくに経永の次世代以降は多く省略した。
「※」印は西島による補足。

2 「近江国御家人中原氏系図」――豊臣秀次家来生田経尚――

松江歴史館への寄贈史料のなかに、生田氏（井口氏）の系図「近江国御家人中原氏系図」がある（表2№1）。江戸時代の生田氏と、生田改姓以前の井口氏の系図を記している。その他、近江井口氏の系図は、管見に入ったもので次のものもある。[4]

① 『近江伊香郡志』[5]下巻第十章人物志篇「井口弾正」収載の系図。この系図は、「中原系図」[6]を基に「井口氏正系」「江州中原氏系図」で校合した系図を載せる。欽明天皇の孫の定世親王から江戸初期までの系図である。とくに生田氏の初代経尚の三代後まで記す。①は三系図で校合しているため、割注部分がより詳細である。

② 国立公文書館所蔵「諸家系図纂」（元禄五年〈一六九二〉成立）に「近江国御家人井口中原系図」がある。この系図は、欽明天皇から江戸初期までの系図を載せ①とほぼ同じである。記載は①より簡略である。

③ 松江歴史館所蔵生田利彦氏旧蔵史料の「近江国御家人中原氏系図」（写真1）も、②とほぼ同様である。ただ①②は生田氏初代経尚の弟経玄の系統も載せるが、③では経尚の流れのみ記し、かつ

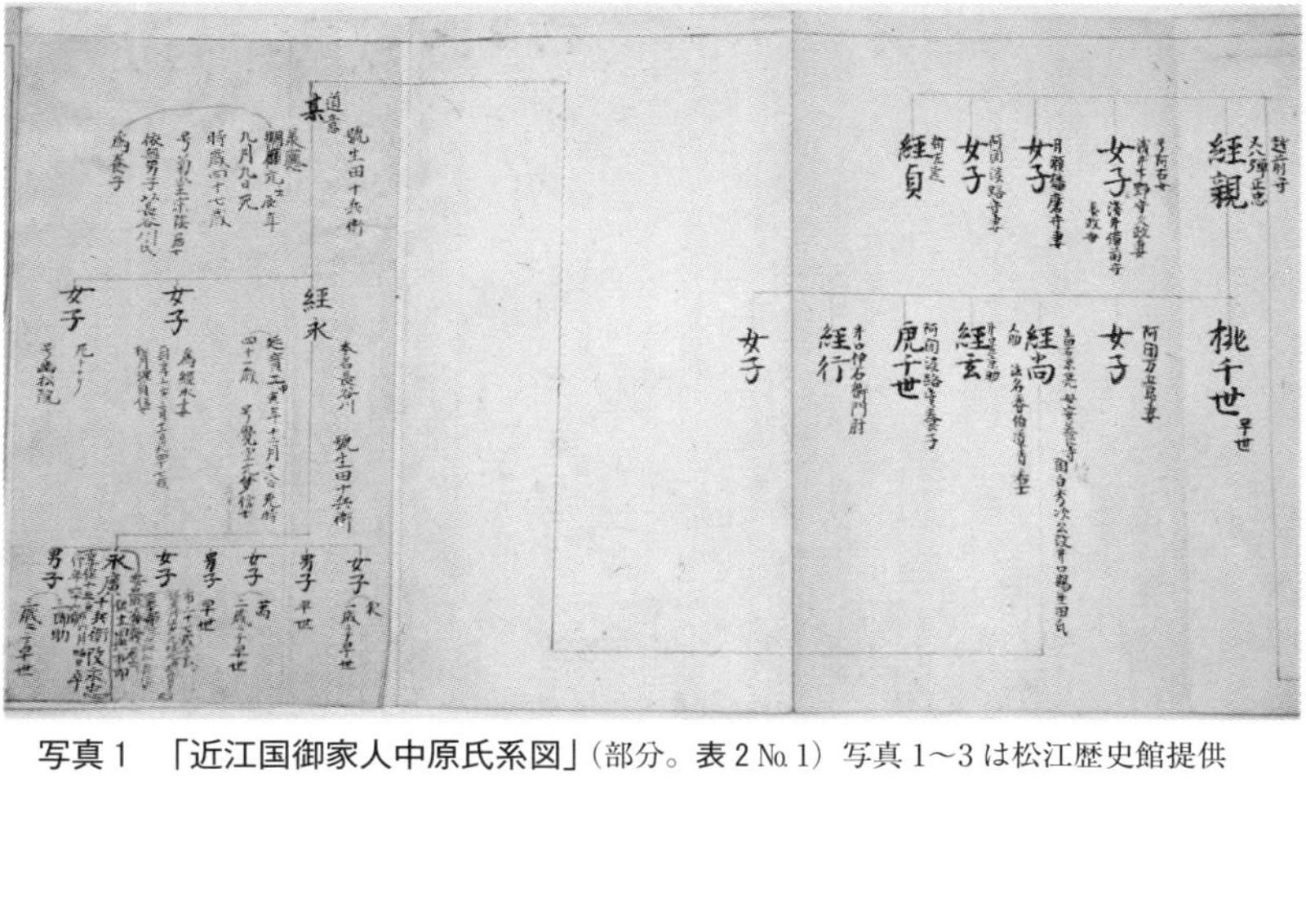

写真1　「近江国御家人中原氏系図」（部分。表2№1）写真1〜3は松江歴史館提供

松江藩士生田氏に繋がる直系しか載せない。

以上から、③生田家に伝わった「近江国御家人中原氏系図」は、十七世紀末には流布していた中原氏系図を基とし、初代生田経尚以降の自らの家系にかかわる部分を記していることがわかる。

③より詳しい①②と突き合わせると、③での系図の流れがよく理解できる。例えば、生田経尚（右京亮）の子（松江藩士元祖）を③では「某　道意、号生田十兵衛」とし、「依無男子以長谷川氏為養子」としてその実名を明らかにしていない。しかし①には、初代経尚の子に「経賢　十兵衛尉」とあり、③の「某　道意、号生田十兵衛」の実名が経賢であることがわかる。

③系図には「経尚」に注記して、「生田右京亮、母安養寺、関白秀次公改井口賜生田氏、又助、法名春伯導青居士」とあり、①②共に同様の記載がある。経尚は豊臣秀次に仕え、秀次から「生田」の名字を与えられたとする。

一次史料では、天正二十年（文禄元〔一五九二〕）正月二十六日から二十八日にかけて催行された後陽成天皇の聚楽第行幸において、「関白殿《（豊臣秀次）》前駆」として乗馬での参列者の「左」列に「生田右京亮」がいる。ちなみに左列の筆頭は「堀尾帯刀《（吉晴）》」で、後方「生田右京亮」のすぐ後に「堀尾信濃守《（忠氏）》」がいた。[7] この年の十二月十四日、近衛信尹が肥前名護屋へ下向のため京を出立した際、東寺辺りまで「生田右京亮」と「塩川十兵衛」が来ている（『三藐院記』同日条）。次いで、『駒井日記』文禄三年正月十三日条に、秀次の指示で「京都ニ被為置衆」九人のうちに「生田右京」がおり、実際、二十六日の秀次の参内にあたり、辻固二六五人のうち、「九人、生《（生田）》右京殿」と、生田右京に九人が割り当てられている（同二十五日条）。

以上から、秀次配下に生田経尚（右京亮）の存在が確認できる。秀次は豊臣秀吉から天正十三年閏八月、近江で四三万石を宛行われ、八幡山城主となった。秀次は、七月に近江の所領を与えられた際、六角氏や浅井氏などの旧家臣を多く召し抱えており、[8]浅井氏旧臣の一人であった井口氏（生田氏）も加えられたものと考えられる。

しかし、文禄四年七月の秀次事件により秀次は自害し、その家臣団は解体した。その後の生田経尚（右京亮）の足取りは摑めない。

3　島原・天草一揆における生田経賢

生田経尚（右京亮）の子経賢（喜三郎・十兵衛尉）は、牢人の身から島原・天草一揆での戦功により松平家松江藩の初代藩主直政に召し抱えられた。松江藩における初代ということで、松江藩が作成した藩士の勤功録である「列士録」では「元祖」とする。

【史料1】「列士録」元祖生田十兵衛の項

元祖　生田十兵衛　本国近江 生国不知

一於出雲　直政（松平）様江被召出之、先知千石被下、組外　年号月日不知、寛永十五戊寅年肥前国嶋原一揆節、彼地江罷越〈于時浪人、先主紀伊大納言頼宣様〉、細川越中守様御言葉被為添之被召出、

一依無嗣子、如奉願京都ニ罷在浪人長谷川左兵衛悴、聟養子被仰付　年号月日不知

一承応元年壬辰年九月九日於出雲死、

松江藩士生田氏元祖の十兵衛は、先祖が近江出身で、寛永十四年（一六三七）・十五年の島原・天草一揆に参加した。この時、「浪人」であったが、これより以前、紀伊藩徳川頼宣のもとに身を寄せていたという。頼宣が紀伊和歌山藩主となるのが元和五年（一六一九）であるので、それ以降の出来事である。この十兵衛は、右京亮経尚の子経賢（喜三郎・十兵衛尉）のことである。紀州和歌山藩主の徳川頼宣に仕えていたとする点は、他に裏付ける史料はない。

ただ、生田氏の先祖井口氏のいた近江国伊香郡富永荘井口の隣村の雨森出身の雨森氏が、紀州和歌山藩の付家老彦

坂光正のもとで養われていた(9)ので、生田氏も紀州藩に直接召し抱えられていたのではなく、牢人の身として付家老彦坂氏の許で寄寓していた可能性が高い。彦坂氏は、彦坂一族の元成が関ヶ原の戦い後、近江湖北で仕置を行い、その関係から、当時駿府町奉行だった光正は、慶長九年（一六〇四）に富永荘井口の日吉神社社殿の建立を行っている（慶長九年六月十六日付井口日吉神社棟札銘(10)）。井口は井口氏（生田氏）の拠点でもあったので、生田氏は雨森氏と同様に彦坂氏の許にいたものと推察される。

経賢が、島原・天草一揆鎮圧に参加した際の史料が次掲の文書である。

【史料2】細川忠利書状（大阪城天守閣所蔵。表1№1）

以上

為御暇乞申入候、今度者於有馬之城我等手先ニ而御骨折之次第度々承届候、御辛労之至候、何方より御尋候共有之儘ニ可申入候間、可御心易候、頓而又江戸へも参ニ而可有之候間、松右衛門殿（松平正綱）・加々民少（加々爪忠澄）なとへも具ニ御働之段可申入候、恐惶謹言

（寛永十五年）三月十三日　忠利（細川）（花押）

生田喜三郎殿　御宿所

細越中　忠利

【史料3】細川忠利書状（大阪城天守閣所蔵。表1№2）

有馬落城ニ付而為祝儀飛脚を給熨斗拾把遠路一入祝入候、今度者俄ニ城責ニ成、本丸迄廿七日に乗込令放火、何も諸手之衆無油断故ニ候、我等者共弐千百余手負死人出来申候、手負之内帰陣候ても数多死、不便ニ存事候、其元より御使者ニ御坐候御衆も我等先手へ御入候而御手柄之由承候、又生田四郎兵衛・同喜三郎も我等手へ被参、

二ノ丸にてはやき高名、其上きりしたんも鑓又なた、長太刀にて、両人も鑓にて事の外骨を被折候、其後本丸へも被付申候様子具ニ書状ニハ難述候、恐々謹言

三月廿九日　　細越(細川)中

忠利(花押)

野尻木工介殿　御宿所

【史料4】 生田十兵衛演説(大阪城天守閣所蔵。**表1No.3**)

演説

元祖生田喜三郎寛永十五戊寅年、肥前之国嶋原一揆節取用候刺物、敵人なた長刀ニ而為切候跡有之、尤細川越(忠利)中守様由緒書ニ委敷御座候、以上

一　刺物　弐

右之通所持仕候、以上

十一月　　生田十兵衛

史料2・3・4は、生田家から大阪城天守閣へ寄贈されたものの一部で、すでに『大阪城天守閣紀要』に一点ごとの詳しい解説が、宮本裕次氏によりなされており(11)、これに加えるべき点はない。そのためその成果に基づきまとめ、生田氏が松江藩に召し抱えられる経緯を述べる。

寛永十四年十月に始まった天草四郎時貞らを首謀者とする島原・天草一揆(島原の乱)は、翌年二月二十七日・二十八日の幕府軍の総攻撃により原城は陥落し鎮圧された。その十四日後(この年の二月は二十九日まで)に肥後熊本藩主の細川忠利から生田経賢(喜三郎)宛で差し出された文書が**史料2**である。忠利は、経賢が一揆鎮圧にあたり細川軍の

「手先」として活躍したことについて、誰からでも尋ねられることがあればありのまま伝えるとし、しばらくして江戸へ出向くので、その際は、江戸町奉行で旗本の加々爪忠澄や、幕府の書院番頭で小姓組番頭を勤めていた松平正綱へも経賢の活躍について伝える旨を記している。三月二日に国元の熊本に戻った忠利は、暇乞をして熊本を離れる経賢にこの書状を与えた。封の形式は捻封で、文末を「恐惶謹言」で結ぶ非常に丁寧な書札礼となっている。

その十六日後、忠利が野尻木工助に与えた書状が**史料3**である。木工助が忠利へ遠路、飛脚を遣わし祝儀の熨斗十握を贈ったことに対する返書で、二月二十七日の原城攻めの際、野尻が遣わした使者たちも細川軍に加わり手柄を立てたことを聞いていると答え、また生田四郎兵衛と同経賢(喜三郎)も細川軍に加わり、原城二ノ丸ですぐに高名(手柄)を立て、さらに両人とも鑓にて「きりしたん」と戦い、本丸へも攻め入ったことを記すが、詳細は書状では伝えられないとする。生田四郎兵衛・同経賢の戦功が記されているため、野尻木工助が生田氏両人へ譲ったものと考えられる。経賢が鑓の使い手であり原城二ノ丸攻めの早い段階で手柄を立てていたことがわかる。経賢と同行していた生田四郎兵衛は、①②系図では経賢の兄に「四郎兵衛尉」がいるので、兄弟での参陣であった。

史料4は、元祖経賢(喜三郎)が島原・天草一揆で使用した「刺物」(四半旗)について、二代目以降の生田氏当主が松江藩へ提出した文書の控えである。「刺物」(四半旗)は当時二点あり、現存する一点には中央に斜めに切れ込みがある(絹地、斜め一つ引文、大阪城天守閣所蔵)。これが**史料4**にある「敵人なた長刀ニ而為切候跡」と考えられる。**史料2**の細川忠利書状には「きりしたんも鑓又なた、長太刀にて、両人も鑓にて事の外骨を被折候」とあり、「きりしたん」(「敵人」)の長刀での傷を指すと考えられ、これらは原城二ノ丸での出来事と考えられる。

「列士録」(**史料1**)に拠れば、肥後熊本藩主の細川忠利(越中守)の「御言葉」があったので松平直政に召し出され、かつての主(豊臣秀次か)に仕えていた時(「先知」)と同じ、一〇〇〇石を下されたとする。信濃松本から出雲松江へと移封に伴い、一一万石余りの加増に併せ、石高に見合った家臣の召し抱えを積極的に行っていた松平直政に、喜三郎は二通の細川忠利書状をもって召し抱えられたのである。

ただし、一〇〇〇石で召し抱えられたとする点は不審である。同じ近江出身でかつては隣村の土豪雨森氏も牢人の身で島原・天草一揆で戦功を挙げて松平直政に召し抱えられたが、その禄高は二〇〇石だった(12)。一〇〇〇石というのは根拠がない。「列士録」では、二代目生田十兵衛は五〇〇石を継承したとする。しかし、松平直政期(一六三八～一六六六)の分限帳(13)には、大番二番に「同(弐百石)　生田彦大夫」とあり、分限帳にはこれ以外に生田氏はいない。元祖経賢(喜三郎・十兵衛)は「組外」で、「大御番組」へ組入れされたのは、承応元年(一六五二)に家督を継いだ二代目十兵衛(経永)であった(「列士録」)。二代目の通称は彦大夫で、二〇〇石取だった。そのため、元祖生田喜三郎の禄高は、同じ島原・天草一揆の軍功で松平家に召し抱えられた雨森氏と同じ二〇〇石だったものと考えられる。

次に「列士録」(**史料1**)によれば、元祖経賢は、京都にいた「浪人長谷川左兵衛」の息子を聟養子にしたとある。これは、先にみた①②系図に載る経賢の妹に「女子　万、長谷川佐兵衛尉妻」がいる。長谷川氏から養子を迎えたのは、妹の万が長谷川佐兵衛尉に嫁いでいたためで、万の子が養子となったものと考えられる。姻戚関係のある者を聟養子に迎えたことがわかる。

第二節　松江藩士生田氏の江戸時代

1　松江藩士生田氏歴代

元祖生田経賢(喜三郎・十兵衛尉)は、③系図によれば、四十七歳で没し、それは③系図および「列士録」によれば、承応元年(一六五二)九月九日だとする。そのため慶長十一年(一六〇六)生まれとなる。島原・天草一揆に参陣した時は、三十二・三十三歳の時で喜三郎と称し、その後、十兵衛尉(十兵衛)と名乗ったものと考えられる。

二代目生田経永(十兵衛)は、③系図によれば延宝二年(一六七四)十二月十八日に四十一歳で没したとあるので、寛永十一年(一六三四)生まれとなる。「列士録」によれば、養父経賢が没した年に、遺跡五〇〇石を藩から下されたとあるが正確ではなく、実際は二〇〇石取だった。大番組、その後、扈従番組に組替となり、扈従番組筆頭役を勤めた後、使番役となったとする。寛文三年(一六六三)四月には、松平直政が将軍名代として江戸から上京した際の御供を勤めた。

しかし延宝二年十二月十八日、出雲で「自殺」を図り、「家督断絶」となったと「列士録」は記す。「列士録」の注記には「以御慈悲、母江拾五人扶持被下、延宝四丙辰年五月七日死、引続而右之御扶持又十兵衛後家江被下、貞享三丙寅年三月十一日死」とある。これに従えば、経永自殺後、藩主の慈悲により経永の母(経賢妻)に一五人扶持を下され、その母は延宝四年五月七日に没した。引き続き経永の後家に扶持が下され、後家も貞享三年(一六八六)三月十一日に没したとなる。しかし「列士録」三代目生田十兵衛の項には、「貞享三年丙寅月日　母江被下来之拾五人扶持被下之、是迄御擬作、不被下之、」とあり、母や後家といった女性への扶持宛行を、藩は「擬作」として認めていない。

ただし二代目経永の嫡子で三代目永広(十兵衛・永忠)は、天和二年(一六八二)七月に留守居番組、八月に二之丸番へ組替となり、元禄元年(一六八八)には三之丸番へ替り、同九年七月二十一日に道橋屋敷奉行となり手前抱の小人一人が付けられ、以後十年勤めた。宝永二年(一七〇五)七月十日に作事奉行、同四年七月二十六日に勘定奉行となり、二十二年勤めた。そして正徳四年(一七一四)六月十六日に新知一〇〇石を与えられており、父の自殺により「家督断絶」となって後、四十年目にして漸く正式に藩士として扶持を得たと考えられる。

その後、享保三年（一七一八）六月九日に軍用方を兼勤し、同十年十二月二十一日に五代藩主松平宣維の懇意により勘定奉行を勤め、同十三年三月九日に者頭役を勤め役料一〇〇俵を下された。同十五年六月晦日に出雲において六十六歳で没しているので、寛文五年（一六六五）生まれとなる。父が没した時は十歳だった。③系図では、始め与市郎、後に十兵衛、実名も永忠から永広と改めたとある。

四代目永之については、取り立てて述べることはない。享保十五年に父の跡を継ぎ一〇〇石の扶持を得て、大番組・大番組筆頭・普請奉行・郡奉行・勘定奉行勝手方請口を勤め、宝暦十年（一七六〇）十月十五日に出雲で没した。③系図によれば、始め伝蔵と号し、永隆と改め、その後、十兵衛・永之と通称と実名を改めたとする。

四代目永之には嫡子がいなかった、その死去の際、藩へ聟養子を取ることを願い出て許され、二〇石五人扶持（「列士録」）の藩士の二代目別所惣次の次男が、永之の娘の聟養子となり五代目永税（十兵衛）となった。別所氏は享保九年に広瀬から別所に改姓し、翌十年に藩士に取り立てられた家で、先祖の「本国」は生田氏と同じ「近江」であった（「列士録」）から、生田家と姻戚関係があった可能性がある。永税は、家督を継いでから文化七年（一八一〇）九月二十九日に隠居するまで番方を勤め、隠居と同時に「宗愚」を号することを藩から許された。③系図では、始め覚之助、後に武左衛門に改めたとある。最終的に十兵衛、隠居後「宗愚」と称し、文政九年（一八二六）九月十五日に没した。史料6から米寿を超える長寿だったことがわかる。

文政八年十一月、「宗愚」は出雲三詩僧の一人で朝日寺の僧智轂[14]（空谷、一七六六〜一八三四）へ俳句を求め、智轂は一筆認めた（史料5）。

【史料5】空谷智轂筆俳句（松江歴史館所蔵。表2№27）（写真2）

（朱印）

金剛宝蔵をひらく時は煩悩
みな自己のたから《宝》也といつる《出》こゝろ《心》を
吾廬の紅葉のにしき散しきて
はらい捨へき莚とてハなし
奥歌○《瓢の絵》の賛に
指南からこゝろ《心》もろくになりひさこ《瓢》
うち《内》はひろ《広》かれそと《外》はまる《丸》かれ

俳句四季の吟
うらやまし梅にふしミの乞食坊
梅雨はれや蟻の曳するセミのから《殻》
秋くれて畠に高し桔槔《はねつるべ》
朝粥や真茶きさミ《刻》こむ《込》雪なから

月夕
晩課諷終月在空葛石爽快一庭風
何如山月常明朗《カ》唯照大千世界中

文政乙酉十一月応
生田宗愚賢翁需　　　空谷智轂（朱印）

同じく、智轂が宗愚の米寿を祝い送った書がある。

【史料6】智轂筆生田宗愚賢翁八十八寿詞（松江歴史館所蔵。表2 No.17）（写真3）

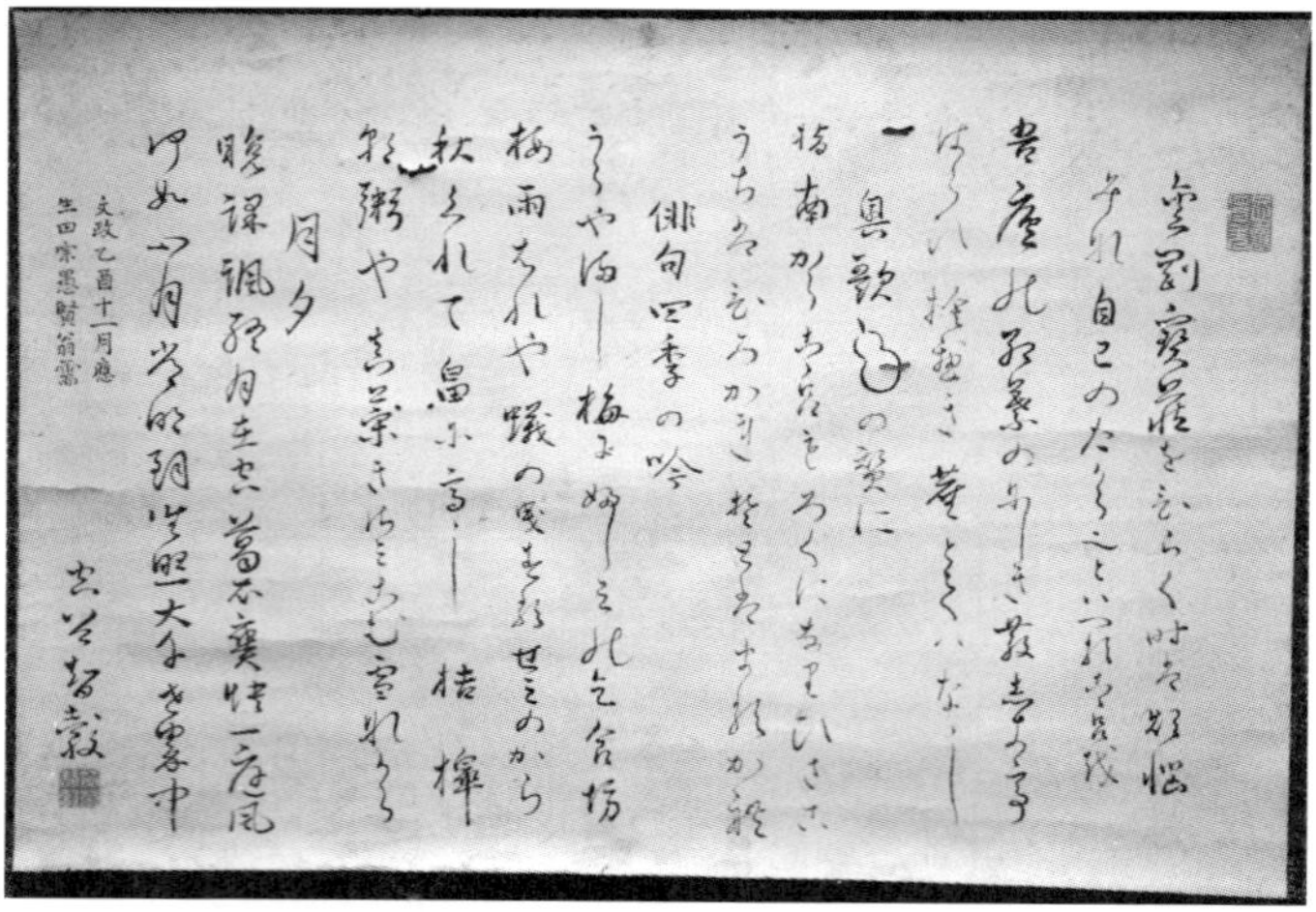

写真2　空谷智轂筆俳句（史料5。表2 No.27）

資性高明蒙仏
天八旬有八未論
年知君心事常
無碍令子令孫皆
各賢
　生田宗愚賢翁
　　八十八寿詞　智轂

2 漢学者であり教育者の六代目生田永貞

六代目生田永貞（一七七一～一八四三）は、明和八年（一七七一）二月十四日に生まれた。五代目永税の嫡子で、文化七年（一八一〇）に家督を譲り受け、一〇〇石取の大番組士となった。幼名は美穂吉、字は無咎、通称は十兵衛、号は好好、法号は徹源真照居士である。

「列士録」に拠れば、家督継承二年後の同九年六月十六日、「従若年志厚儒学令出精、若年之面々江素読会講学いたし遣、猶又相組等之気受茂宜敷趣相聞へ、神妙之事付而、為御褒美弐百疋被下之」とあり、若くから儒学に秀で、若年層へ素読を講じ、仲間の評判も良く、そのため藩から褒美が与えられた。この時、永貞は四十二歳だった。天保四年（一八三三）に花畑奉行となり、同八年に病気で役を解かれるまで続け、同年にも儒学出精と仲間の評判が良いことから再度藩から褒美が与えられ、「生涯」銀三枚を下されることとなった。翌年八月二十三日に隠居し、「好好」と号し、同十四年十一月八日に出雲で没した（史料9。没日は後述）。藩へは九日没と届け出た。永貞は、若くから儒学に

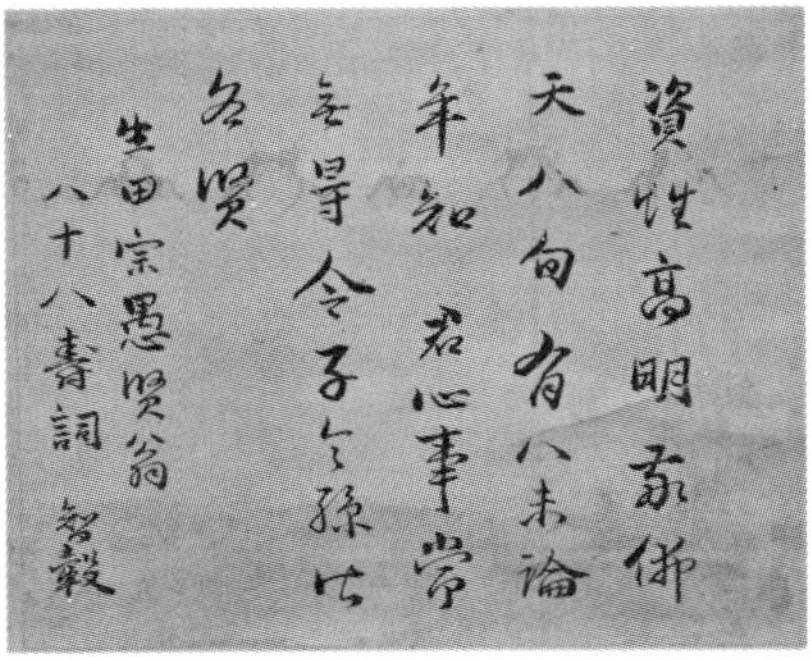

写真3　智轂筆生田宗愚賢翁八十八寿詞
（史料6。表2 No.17）

秀で素読を講じ、仲間の評判も良く、藩から二度も褒美が与えられたことがわかる。

天明八年（一七八八）六月には、野口賀虎から「生田美穂吉《（永貞）》」に宛て箙故実伝（大阪城天守閣所蔵）が与えられており、跡部信氏の解説によれば、「矢を携行するための容器である箙の紐の結び方や、戦場で背負う母衣のつくり方についての秘伝を伝授したさいの免状である」とする。(15) 永貞は十八歳の時に武家故実の免状を得ていた。

また鰐淵寺敬光ほつま文字和歌（史料7）には、幼名「美穂吉」とあることから、永貞は若い頃から鰐淵寺の僧敬光（一七四〇〜一七九五）から信頼され、敬光著作の清書をたびたび任されていたことがわかる。

【史料7】 鰐淵寺敬光ほつま文字和歌（大阪城天守閣所蔵。表1 No.8）

凡網律宗の円頓戒の筋を考
えしことゝもを書付し文を
美穂吉雅公に浄書頼ミけるに、
既に数部及へるうへ、さらに
又頼ミ侍る折から、口すさみして
神世の文字をもてこれを認めて
贈り侍る
「のりのためと《（原文ほつま文字）》　をもへと
　あまり　しは〳〵に
をそへはきみも
　うとみやはせん　」

敬光（花押）

この文書を解読した北川央氏は、「敬光が自著の浄書を生田永貞（美穂吉）に依頼していたが、仏法興隆のためとはいえ、それがあまりにも度々となっているので、さすがに永貞も嫌がるのではないだろうかと心配している」と要約し、ほつま文字で和歌を詠み、「出雲・鰐淵寺時代の敬光の著作に生田永貞の清書になるものが少なくない」ことを指摘した[16]。ほつま文字は、漢字渡来以前の神代文字として江戸時代に偽作された文字で、敬光がほつま文字の使い手であったこともうかがわせる。また敬光が永貞を「文にかしこき人」と褒めた和歌がある（史料8）。

【史料8】鰐淵寺敬光ほつま文字和歌（大阪城天守閣所蔵。表1№7）

（軸裏墨書）「武士の道ハ更なり更にまた
　ふミにかしこき人は此ひと
　　　　鰐淵寺顕道律師」

（原文ほつま文字）「もの丶ふ
　の
みちは　　（裃姿の武士の後ろ姿の図）
　さら
　なり
　　さらにまた
ふみにかし
　こき

ひとはこのひと　　　　」
敬光神字（花押）

この文書を解読した北川央氏は、「敬光が生田永貞（略）のことを賞め称えて詠み、永貞に贈ったもの。裃姿の武士は永貞その人である」とする。(17)

これまで生田永貞について述べたものとして、①『松江八百八町町内物語』末次巻（一九五六年）「無咎先生のこと」（荒木英信氏執筆）(18)、②『島根県大百科事典』（一九八二年）「いくたじゅうべえむきゅう　生田十兵衛無咎」（内田文恵氏執筆）(19)、③『三百藩家臣人名事典』（一九八八年）「生田無咎（いくた　むとがめ）」（北村久美子氏執筆）(20)、④『国書人名辞典』（一九九三年）「生田永貞（いくた　ながさだ）」(21)、⑤『島根県歴史人物事典』（一九九七年）「生田十兵衛無咎（いくた　じゅうべえむきゅう）」（樽美康一氏執筆）(22)がある。

これらはいずれも、永貞の門人塩野敬直が、師の三回忌に当たり松江城下の天倫寺に建立した、弘化三年（一八四六）十一月付无咎生田先生碑の碑文に拠っている。碑文の釈文は、谷口為次『島根儒林伝』（一九三〇年）(23)と上野富太郎・野津静一郎編『松江市誌』（一九三一年）(24)にある。しかし『松江市誌』が碑文を比較的よく読んでいるが、『島根儒林伝』共に誤字脱字が多く正確ではない。(25)そのため、改めて天倫寺に現存する无咎生田先生碑の碑文の調査を行った(26)（史料9）。

【史料9】无咎生田先生碑碑文

（正面上部横書）「无咎生田先生碑」

先生姓中原、生田氏、諱永貞、字无咎、通称十兵衛、考諱永税、自別所氏、入贅焉、妣諱阿稲、祖諱永之君之女也、祈於美穂碕明神、以生先生、実明和八年辛卯二月十四日也、妣当娠夢明神与己鶴卵、且命事仏、又以其生年月日時皆次卯也、考深異之、因命小字美穂吉、幼聡慧、嘗侍考、聴客談伯夷柳下恵之行、曰是不難也、鰐淵寺顕道師称先生曰、此兒若出家、必当為海内名緇、及稍長、状貌不詳、初入郷校、後専以博渉為事、寛政四年、年二十二丁内艱、欲閲天台三大部、以資冥福、昼夜黽勉、五旬制中、得卒業焉、文化七年、永税君致仕、官使先生襲父禄、文政九年、以篤志力学、教育不倦、同保亦相親善、蒙旌賞、天保四年、為　公園吏、八年告老辞職、九年致仕剃髪、称好好、以十四年癸卯十一月八日戌時卒、寿七十有三、祔葬洗合天倫寺先塋、不修不飾、従其志也、法諡曰徹源真照居士、先生博聞強記、経史百子、及天文医術、兵陣武技之説、靡不該通、而尤用力於易老荘、並皆得闡発蘊奥、仏道亦教禅兼修、刻苦有年、一日観微雨洒栗樹、忽然了悟、而未嘗以知道自処也、当其解紛弁惑、則　亦有尽言者、常歎曰、思孟没後、斯文不明、漢晋以来、三教相諍、夫陰陽五行者、聖道之本源、礼楽刑政、皆由此出矣、易有四義、変易不易交易簡易、四者所以順陰陽五行之理也、老荘所謂化不化、倚伏無為、釈氏所謂常無常、円融大空、皆不与四義、相悖是三教之大同也、雖然道本離同異、故達者、説同亦是、説異亦是、不達者説同亦非、説異亦非、後人多不達、或執其小異、以相是非、或摘其疑似、以相附会、皆不能以融会貫通、故邪説百出、而道徳将墜於地、悲夫、於是以昭明易道、会通三教、距邪説、正心術、為急務、故本居荻生服部之充塞、与夫西洋教之浸潤、弁論排闢、而不遺余力也、門人所著師説記聞者十巻、其説自十数、河洛五行之全体、度数道論之大用、以至陰陽之奥旨、義理精微、考証広博、継往聖、開来学、実先生一家之発揮、而一生之大功業也、又有易翼略解・太極説・大象秘訣・老子解・関尹子解・荘子略解・三教一致説・道説駁・五常弁・天帝弁・聖学問答弁・赤倮倮弁・八陣私説・武芸十二伝・日本百勝論・壓勝訣・及随筆等数十巻、是亦閑道闢邪之苦心、不得已之所致、故其著述、皆口授門人、使以国字筆記之、欲使後進易領会也、其佗国学、字学、亦各発明、足以成一家、然波瀾豁大、門人力不能以悉受之、可勝憾哉、傍兼善唐詩及狂歌誹句、晩年独以和歌為娯、亦唯帰主諷諭而弘道耳、紀伊加納氏鰒玉集、採録其若干首、嗟称以為得和歌之真矣、其為人襟懐洞然、謙下不争、有老荘風致、而聞一善則喜見於言、見一悪則憂形于色、尤疾邪説之惑世、毎語及、則扼腕切歯、其授徒不設門庭、各従其所好而講之、然春秋以誅其心、毛詩以諷其耳、所以使之遷善改過者一也、故雖講経之間、亦雑以談笑諧謔、遽而聞之、若無所関係者、退而思之、切中其膏肓、常顕揚其悪、韜昧其美、以身先唱、鼓舞成之、蓋曰賁剥各一道、而剝則今之宜也、自奉倹素、抄録雑識、皆写諸字紙背、朝夕之饌、躬洗其碗碟、其受用多此類也、晩年嘗語人曰、玄珠則吾不能得、我但有知足二字耳、凡先生之言行、皆為人不為己者如此、天保辛丑冬日至、随例自筮来歳命運、遇豊之革、曰予将疾乎、越壬寅二月十四日、果遭疾臥褥、凡二年而逝、嗚呼天已篤生、以扶持斯文、又胡不憖遺、以俾永屏後学哉、門人謀建碑以表其徳、因参考平日所聞見、而誌其大概云、配小川氏、子男一人、曰永年、襲禄、女二人、適某某、如其世系、則群于家譜、故今略之、銘曰、

学無常師　集以大成　三教是実　百家是并
河洛闡幽　二子抽精　駆妖除氛　日月光明
盈而若虚　不伐不争　隘与不恭　孰能定名

塩野敬直撰

弘化三年丙午十一月　　門人　　若干人建

七十齢塩野蘭亭書

碑文の大意は以下のようになる。母「阿稲」が「美穂碕明神」に祈ったことで、明和八年（一七七一）二月十四日に永貞は生まれた。母が懐妊した時、「美穂碕明神」から鶴の卵を与えられる夢を見たことに因み「美穂吉」と幼名を付けた。永貞は幼くして「聡慧」（聡明）で、「論語」にある伯夷と柳下恵の行いについて客人が談ずる逸話を難しくな

いと言った。鰐淵寺の僧顕道（敬光）は、「もしこの子が出家したならば、必ず天下の名僧となるだろう」と言った。初め郷校に入り、以後は広く物事を見聞することを専らとした。寛政四年（一七九二）の二十二歳の時に母を亡くし、天台三大部を閲覧しようと試み、五旬（五か月）で読破した。文化七年（一八一〇）に父が致仕し、家督を継ぎ、同九年に学ぶことや教育に熱心であるため藩から賞せられた。天保四年（一八三三）に御花畑の奉行となるが、四年後、老いを理由に辞職した。同九年に剃髪し「好好」と称し、同十四年十一月八日に卒した。齢七十三、洗合（荒隈）の天倫寺に葬られた。繕わず飾らないのはその志による。永貞は「博聞強記」で、儒者の古典である経史や諸家百家の書、天文、医術、兵陣武技などにも通じた。最も老荘の思想に通じ、その蘊奥を知り、仏道においても教学と禅を兼ね修めた。栗の木に微雨がそそぐのを見て忽ちにして悟り、自らの行為に惑いはなくなった。永貞の言説を門人がまとめた「師説記聞」一〇巻は義と理にくわしく精緻で、考証も学識深い。永貞の著書には「易翼略解」「太極説」「大象秘訣」「老子解」「関尹子解」「荘子略解」「三教一致説」「道説駁」「五常弁」「天帝弁」「聖学問答弁」「赤倮倮弁」「八陣私説」「武芸十二伝」「日本百勝論」「壓勝訣」や随筆など数十巻ある。これらの著書は、門人に口授し、かな（「国字」）で筆記された。また唐詩（漢詩）や狂歌、諧句も嗜み、晩年には和歌を楽しんだ。紀伊国の加納諸平が編纂した「類題和歌鰒玉集」（「鰒玉集」）に数首採録された。自ら質素倹約（「倹素」）に努め、雑多な知識を書き留める時は全て使用した紙の裏面（紙背）を使った。朝夕の食事も自ら食器を洗った。天保十三年の冬至（十二月二十二日頃）に来年の命運を占うと、二月十四日には病で床に臥せ、二年で逝去するとでた。永貞の死後、門人はその徳を表するために碑を建てることを計画した。永貞の妻は小川氏で、男子一人、女子二人の子があった。弘化三年（一八四六）十一月、塩野敬直が撰し、門人若干人が建てた。齢七十の塩野蘭亭（敬直か）が書した。

文政十一年（一八二八）に初編が刊行され、その後、七編（嘉永七年〔一八五四〕）まで刊行された「類題和歌鰒玉集」

（「鰒玉集」「類題鰒玉集」）の五編雑部には、永貞の和歌が五首収載されている。(27)

【史料10】　類題鰒玉集収載生田永貞和歌

山荘にて　うなゐ《髫髪》こか　拾ふ山路の　種かもと
　　　老のこのミも　いさましきてん　　生田永貞

灯前美人　ともし火の　ほのかに見エし　おも影ハ
　　　きりの籬《まがき》の　花かあらぬか　　永貞

名　天の下　おほふハかりの　名也とも
　　　まことなくハ　何にかハせむ　　永貞

寄道述懐　しら雪の　ふるの中道　なか〳〵に
　　　ふミ見てまとふ　家心かな　　永貞

我いのち　万世まてと　いのるかな
　　　君か千とせの　見まくほしさに　　永貞

永貞の没年月日は、「列士録」では十一月九日とするが、生田家の過去帳（松江歴史館所蔵。表2№9）では十一月八日としており、実際には八日に亡くなり、九日に藩へ届け出たものと考えられる。七十三歳であった。小川氏から嫁いだ永貞の妻は、過去帳では、安政六年（一八五九）八月十七日に卒したとある（戒名は宝鑑恣耀大姉）。

生田永貞がいかに優れ、かつ門人からも慕われた人物であったかがわかる。一時、松江城三之丸にある御花畑の奉行を勤め、九代藩主松平斉貴《なりたけ》の舎弟信進《のぶゆき》（駒次郎）が天保七年十一月に松江に逗留した際の御用勤を果たした（「列士録」）以外は、番方に属したままであったが、永貞のような存在が、藩士教育において学力の底上げに貢献したであろうことは想像に難くない。

3　生田氏の明治維新

天保九年（一八三八）八月二十三日に家督を継いだ七代目生田永年（十兵衛）は、一〇〇石取、大番組に入り、安政元年（一八五四）に隠居し、「不染」と号した。永年の隠居に伴い家督を継いだ八代目生田永春（十兵衛）も一〇〇石取の大番組士、大坂表警衛や炮術士（安政四年）、京都への使者（文久二年〈一八六二〉）、朝廷警衛（同三年）、田中御殿南方御殿番や隠岐渡海（元治元年〈一八六四〉）、陣中側役（慶応元年〈一八六五〉）等を勤仕し、明治維新を迎えた（「列士録」）。明治三年（一八七〇）の「旧松江藩有禄士族取調書」(28)によれば、同三年三月時、八代目生田永春（十兵衛）は、一〇〇石取の番組士だったので、士族として三二石の家禄となり、実際には現物の米八〇俵が支給されたとある。

おわりに

本章では、新たに松江歴史館へ寄贈された旧松江藩士生田氏関係史料を中心に、生田氏歴代について整理した。以下にまとめておく。

室町・戦国時代、近江国伊香郡富永荘の土豪で守護京極氏被官であった井口氏は、同じ京極氏被官だった浅井郡の浅井氏と姻戚関係を結び、浅井長政の生母の家として、戦国大名となった浅井氏のもとでは有力被官の一人となった。浅井氏滅亡後は、秀吉政権の下で近江を支配した豊臣秀次の家来となり、秀次から生田の名字を与えられ、名字を井口から生田へ変えた。しかし秀次事件により牢人となった。牢人生田経賢（喜三郎・十兵衛尉）は、紀州徳川家のもとに身を寄せたが、それは関ヶ原の戦い後に近江の仕置を行った付家老彦坂氏のもとにいた可能性を指摘した。牢人経賢は島原・天草一揆に幕府方として参加し、細川忠利の軍に陣借して活躍し、その戦功を記した忠利の書状などをもとに、信濃松本から出雲松江へと移封途中の松平直政に召し抱えられた。二代目生田経永の自殺により「家督断絶」となるが、三代目永広が再興した。六代目「宗愚」は長寿で、出雲三詩僧の一人で朝日寺の僧智轂(空谷)から俳句や米寿の祝いを受けている。

江戸時代の生田氏歴代のうち、特筆される人物として八代目生田永貞がいる。幼い頃から聡明で、若くから鰐淵寺の名僧顕道(敬光)もその実力を認めた。儒学に秀で、若年層へ素読を講じ、仲間の評判も良いことから二度、藩から褒賞された。「博聞強記」の永貞は、儒者の古典である経史や諸家百家の書、天文・医術・兵陣武技などにも通じ、とくに老荘の思想に通じた。その言説は門人の手により「師説記聞」一〇巻にまとめられ、永貞自身の著書も一六編を数えた。永貞のような存在が、藩士教育において学力の底上げに貢献したと考えられた。

室町・戦国時代、井口氏の拠点とした井口の隣村雨森には、土豪の雨森氏がいた。雨森氏も井口氏と同様に、浅井氏滅亡後は牢人となり、紀伊徳川家の付家老彦坂氏のもとで寄寓し、島原・天草一揆で戦功を挙げ、戦功を証明する証言書をもって松平直政に召し抱えられた。生田氏(井口氏)と雨森氏は非常によく似た経緯で松江藩士となっていたことがわかる。

本章では、生田氏関係史料から歴代を通覧することで、戦国時代の主家滅亡により牢人となった家が、島原・天草一揆で松江藩士として仕官を果たしていく事例を付け加えられたこと、江戸時代後期の生田永貞の如き藩士教育を下支えした者の存在を指摘できた点のみを成果として、ひとまず擱筆する。

注

（1）福田栄次郎「山門領近江国富永荘の研究――中世後期における荘園の支配とその様相――」（『駿台史学』三六、一九七五年）。

（2）『群書類従』合戦部。『国史大辞典』五（吉川弘文館、一九八五年）「江北記」（秋沢繁氏執筆）。

（3）『近江伊香郡志』下巻（伊香郡郷土史編纂会、一九五三年）、四五四頁。

（4）①～③の他に、高月町井口の「松井安治氏所蔵文書」に、江戸時代後期以降の筆者にかかる「井口系譜」があるが未見である（福田、注（1）論考、三三頁、脚注六）。

（5）『近江伊香郡志』下巻（伊香郡郷土史編纂会、一九五三年）。

（6）奥書「右就于中原系図而抄写井口氏正系更以江州中原氏系図校合焉」。

（7）竹内洪介①「『天正二十年聚楽第行幸記』解題・翻刻」（『古代中世文学論考』四〇、新典社、二〇二〇年）、②「天正二十年聚楽行幸考――新出『天正二十年聚楽第行幸記』を中心に――」（『国学院雑誌』一二一―九、二〇二〇年）。史料写真は、企画展図録『豊臣秀次――刈谷に新時代をもたらした関白殿下――』（刈谷市歴史博物館編・刊、二〇二一年）、二六頁写真。この他、天正二十年の「御家中御人数備之次第」（東京大学史料編纂所架蔵影社本「古蹟文徴」七）には、秀次の「御後備」として「生田右京亮」率いる二二五人がいる。以上、藤田恒春『豊臣秀次の研究』（文献出版、二〇〇三年、二二三頁、表3）を参照。

（8）藤田恒春『豊臣秀次』（吉川弘文館、二〇一五年）、七二頁。

（9）西島太郎「戦場の目撃証言――島原・天草一揆と雨森清広の仕官――」（同『松江藩の基礎的研究』岩田書院、二〇一五年。初出二〇〇六年）。

(10)　中村直勝「江州伊香郡富永村日吉神社史料採訪報告」(『歴史と地理』八―三、一九二一年)。
(11)　『大阪城天守閣紀要』三五(二〇〇七年)収載「平成十七年度新収蔵資料紹介」解説。
(12)　寛永十六年十二月十五日付松平直政判物(「雨森清矩氏所蔵文書」松江歴史館所蔵)。
(13)　「松平直政給帳」(『新修島根県史』史料篇2近世上、島根県編・刊、一九六五年)。
(14)　『出雲の三詩僧の一人　智轂の書』(特別展図録、松江市立鹿島歴史民俗資料館編・刊、二〇一九年)。
(15)(16)(17)　『大阪城天守閣紀要』三七(二〇〇九年)収載「平成十九年度大阪城天守閣新収蔵資料紹介」解説。
(18)　『松江八百八町町内物語』末次巻(山本晴人編、山陰日日新聞社、一九五六年)。
(19)　『島根県大百科事典』上巻(島根県大百科事典編集委員会・山陰中央新報社開発局企画・編集、山陰中央新報社、一九八二年)。
(20)　『三百藩家臣人名事典』第五巻(家臣人名辞典編纂委員会編、新人物往来社、一九八八年)。
(21)　『国書人名辞典』第一巻(市古貞次ほか編、岩波書店、一九九三年)。
(22)　『島根県歴史人物事典』(山陰中央新報社・島根県歴史人物事典刊行委員会企画編集、山陰中央新報社、一九九七年)。
(23)　谷口為次『島根儒林伝』(谷口廻瀾先生還暦記念刊行会編・刊、一九三〇年)「島根儒林碑伝集」収載、塩野敬直「生田好好碑」。
(24)　上野富太郎・野津静一郎編『松江市誌』(松江市庁、一九三一年)附録、「無咎生田先生碑(天倫寺)」。
(25)　実際の碑文と比較すると、闕字二か所の他、『島根儒林伝』は撰者など一九文字を含む計三四か所、『松江市誌』は九か所の誤字がある。
(26)　无咎生田先生碑は、境内永代供養塔裏の墓地参道入り口にある。四段の基礎の上に高さ九七、幅三二、奥行三一センチの位牌型石塔があり、正面から時計回りの四面に碑文が陰刻されている。正面碑面は高さ九二・五、幅三二、奥行三一センチ。各面一行二九文字、一二行。四段の基礎を含めた高さは二三一・七センチである。二〇二二年十一月十九日調査。

（27）山口大学図書館棲息堂文庫所蔵「類題鰒玉集」（画像は国文学資料館の新日本古典籍総合データベースを参照）。うち五編は弘化二年（一八四五）に刊行された。東洋大学図書館稲葉文庫（山本嘉将氏旧蔵）所蔵「鰒玉集作者姓名録」（弘化二年〔一八四五〕刊行。画像は国文学研究資料館の新日本古典籍総合データベースを参照）中の「鰒玉集五編作者姓名録」に、「永貞　出雲松江　家士　生田重兵衛〔十〕」とあり、松江藩士の生田永貞であることは確実である。なお、「類題鰒玉集」には、「須南保　出雲神門郡萩原医師　西山須南保」（三編）、「勝貞　出雲宍道駅　小豆沢与一右エ門」、「重堯　出雲松江　家士　神谷与一右エ門」（以上、四編）、「大茂　出雲松江　家士　中村某」、「久中　出雲松江　家士　堀良蔵」（以上、五編）など、多くの出雲国内の人物の和歌が収められている（「鰒玉集作者姓名録」に拠る）。

（28）中原健次編『松江藩家臣団の崩壊――秩禄処分――』（私家版、二〇〇三年）収載。

〔追記〕生田利彦氏旧蔵史料のうち、大阪城天守閣所蔵分については二〇一二年五月十五日に原本調査を行い、松江歴史館所蔵分については西島が整理に当たった。无咎生田先生碑調査に際しては、天倫寺住職佐藤玄了様のご高配を得た。記して謝意を表する。

第五章　松江・鳥取藩医田代家の薬師如来坐像

はじめに

本章で検討する薬師如来坐像は、松江藩、ついで鳥取藩医となった田代家が代々受け継いできた。この坐像のなかには、体内仏が納められており、墨書銘から「田代家相伝之薬師如来」であったことがわかる。薬師如来坐像の製作を依頼したのは、鳥取藩の米子組医である田代恒親(元春、一七六七〜一八二一)である。恒親は医者としてだけでなく、和歌・漢詩・学問・音楽など幅広く文化活動を行い、江戸時代後期の伯耆米子を中心とする地域文化を牽引した人物である。

恒親(元春)については、山本嘉将(1)・時山勇(2)・佐野正巳(3)・米田正治(4)・森納(5)・原豊二(6)各氏により研究が深められているが、それらの研究は恒親の特異な活動にのみ関心が向けられたものであった。田代家は鳥取藩に仕えた家だけでなく、松江藩にも医者として仕えた一族である。そのため本章では、恒親のみに注目するのではなく、松江・鳥取両藩で藩医として活躍した田代一族全体を検討し、一族内における恒親の立場を明らかにする。そして「田代家相伝之薬師如来」を恒親が所持し、かつ新たに薬師如来坐像を製作するに至る理由を考察する。

そのうえで、室町時代に日本へ中国明代の医学である李朱医学をもたらした田代三喜(7)を先祖にもつ田代家にとって、この薬師如来坐像がもつ意味を明らかにする。

第一節　田代家の薬師如来坐像とその銘文

初めに、田代家に伝わった薬師如来坐像についてみておく（表1）。この坐像は、二〇一九年十一月に田代家から松江歴史館に寄贈された。木造の坐像で、高さ四八・二センチ、幅二五・五センチ、奥行二六・七センチの専用の厨子の中に納められている（写真1）。厨子の扉の内側には、金箔が押され、扉の下部には波（もしくは雲）の図案が描かれている。厨子のなかには、薬師如来坐像が据えられ、上から①薬師如来坐像、②亀趺《きふ》を上部に付した台座、③敷板に分解できる。敷板・台座とも黒漆地の表面に金箔を押している。台座も含めた坐像の大きさは、高さ三六・四センチ、幅二二・八センチ、奥行二二・五センチである（写真2）。坐像本体の大きさは、高さ一八・四センチ、幅一三・三センチ、奥行一〇・〇センチである（写真3）。敷板は厚さ一・一センチ、幅二四・二センチ、奥行二三・九センチで、その裏面には、製作した仏師による由来が墨書で記されている（写真4）。

【史料1】敷板銘

与法業苦衆生之

表1　薬師如来坐像寸法　（単位　cm）

部位の名称		高さ	幅	奥行
厨子		48.2	25.5	26.7
薬師如来坐像		18.4	13.3	10.0
坐像背中空間		10.3	6.1	4.0
坐像下はめ込み突起		0.8	6.8	5.8
台座（亀趺背中面まで）		18.0	22.8	22.5
亀趺	獣首	8.3	3.5	5.8
	胴体	4.0	17.0	17.0
	尾（光背）	19.6	16.0	1.2
六角台座	胴体	12.4	21.7	21.0
	最下部	2.1	22.8	22.5
敷板		1.1	24.2	23.9
小厨子		7.7	3.9	3.2
薬師三尊と十二神将（全体）		5.3	2.7	5.3
薬師如来立像		2.5	0.9	0.7
日光、月光、神将（各体）		1.7	0.5	0.3

写真１　厨子に納まる薬師如来坐像

写真３　薬師如来坐像 本体（正面）

写真２　台座上の薬師如来坐像

写真１～８は松江歴史館提供（西島撮影）

写真4 台座を置く敷板(裏面)

(背面)

(正面)

(側面)

写真5 台座上の薬師如来坐像

薬師肖像　　相瑠璃之定印
　　　　　　結迦趺座
夫真影雖有擁護、若無妙相者、終不
能発、於茲吾祖定朝法印、既発大智、
真像造立、而以施其業法、十方具相好印
明者、儀軌故、雖為秘密、予窺其真相、
剛精思之工夫、為謹巧者皆以先伝之輔
也、普業法興隆而以著肖影焉而結
大因縁本源自性天真仏之妙理得達
而大乗之仏身可奉拝者也、
　　倉吉仏師西尾文朝謹識
文化七年午三月

右由来を意訳すれば以下のようになる。

薬師肖像は、苦しむ人々に仏法を与える瑠璃の定印の型で坐している。その真の姿は擁護されているが、もし真の美しい容姿を知らなければ造ることはできなかった。私の先祖は定朝法印で、すぐれた知恵で（「発大智」）真像を造立し、その業法を施した。あらゆる相の印明を好むのは規則だからである。秘密ではあるが、予めその真相を窺い、力強くみえる工夫を行った。技巧の優れた者はみな、先人からの伝えによる力添えがある。業法を普《ひろ》め興隆するために肖像を制作した。大因縁を結び、本源自性天真仏の妙理を得て、大乗の仏身に達した。奉拝すべきである。

倉吉仏師　西尾文朝謹んで識す。

文化七年三月

右銘文からは、以下のことがわかる。

① 伯耆国倉吉（鳥取県倉吉市）の仏師である西尾文朝が、文化七年（一八一〇）三月に製作した薬師如来坐像であること。

② その姿は、苦しむ人々に仏法を与える瑠璃の定印を結んだ坐像姿であること。

③ 文朝が、平安時代後期の仏師で寄木造技法を完成させた定朝（　～一〇五七）の流れを汲む仏師であること。

定朝は、宇治の平等院本尊の阿弥陀如来坐像を製作した仏師として有名である。文朝について、『倉吉市史』(8)は次のように記している。

【史料2】『倉吉市史』

西尾文朝　はじめ東仲町に住む。名のある彫刻家である。近くに宇内という仏師の名工がいて、深い親交があったらしい。市内には、天神さんの木造が残っている。のち、九州に去り、鳥取に住んだ。彼は、木彫だけでなく漆工にも優れていたので、鳥取では、漆を塗る鞘師として通っていた。

倉吉博物館の根鈴輝雄館長の教示によれば、文朝の作品は、天保四年（一八三三）四月製作の鳥取県境港市の瀬崎阿弥陀堂にある本尊阿弥陀如来坐像・脇侍不動明王像・毘沙門天像の三体、および嘉永二年（一八四九）二月製作の島根県松江市鹿島町古浦の奥ノ堂棟札に「伯州倉吉新町／仏師　文朝」とある二例が知られていた。田代家の薬師如来坐像は、従来、知られていた作例を二十三年も遡る、文朝初期の作品ということになる。

さらに、文朝の作例は米子・境港・松江（古浦）と鳥取・島根県境を跨っていて、倉吉の仏師ではあるが、主に現在の鳥取・島根県境周辺で製作を求められた仏師であることがわかる。もっとも文化十一年には、文朝の息子の正蔵が大神山神社（鳥取県西伯郡大山町）奥宮八角神輿の神体を製作しており、[9] 文朝・正蔵父子ともに伯耆・出雲で信頼された仏師であった。文朝以前にも、寛政元年（一七八九）六月に倭文《しとり》神社（鳥取県東伯郡湯梨浜町）一宮大明神の神体の再荘厳を西尾豊朝が担当している。この他にも西尾又八亀（天保五年）、門人の唯三郎（明治十七年〔一八八四〕、七十一歳没）らがいて、倉吉における仏師西尾氏の活躍がうかがえる。

以上、田代家の薬師如来仏が、伯耆・出雲両国にまたがり活躍した倉吉仏師・西尾文朝の初期の作例であることが明らかとなった。

この薬師如来坐像の台座は特徴的である。亀の形で、仏像の後背は亀の尾がせりあがったものである（写真5）。この亀の頭部はよく見ると亀の頭ではない。頭に耳のある獣首である。密教美術のなかに亀に乗った仏像の図像があり、亀の形に刻んだ台座を亀趺という。日本には亀首と獣首の二つがあり、本来、亀首であったものが、朝鮮半島の新羅後期から高麗にかけて獣首へと変形し、日本にもたらされた。[10] 薬師如来仏を刻んだ仏師西尾文朝が、なぜ獣首にしたか明確にしがたいが、鳥取藩主池田家の墓所の亀趺碑の全てが獣首である点は、共通点として指摘しておきたい。ちなみに、松江藩の松平家菩提寺月照寺にある六代藩主松平宗衍寿蔵碑の亀趺は亀首である。[補注]

次に、薬師如来坐像の背面には蓋があり、蓋を開けると内部は金箔押になっている。このなかに小厨子が納められている（写真7）。蓋の裏面にも金箔が押されており、その金箔の表面に墨書がある（写真7）。

【史料3】薬師如来坐像胴内銘

文化七庚午之年使

西尾文朝作、此医王
之肖像、田代家相伝
之薬師如来安置其
中者也、於伯州三代目 田代元春恒親

右を意訳すると以下のようになる。

文化七年(一八一〇)に西尾文朝へ依頼して作った。この医王の肖像について、田代家が代々相伝した薬師如来をその中に安置する。伯耆国において、田代家三代目元春恒親が記す。

ここからは以下の三点が明らかとなる。

① 田代家が代々相伝した薬師如来が体内に安置されていること。

② この薬師如来は「医王之肖像」であること。

③ この薬師如来を安置するために、伯耆国の田代家三代目の田代恒親(元春)が、文化七年に西尾文朝へ依頼し、新たに薬師如来坐像を製作し体内仏として安置したこと。

右墨書から、小厨子の中には薬師如来が納められていると考えられる。小厨子の大きさは、高さ七・七センチ、幅三・九センチ、奥行三・二センチである。小厨子の扉を開けると、内部

写真6　薬師如来坐像の背面
左から　小厨子包
小厨子
薬師如来坐像背面(蓋の開いた状態)
薬師如来坐像背面の蓋裏

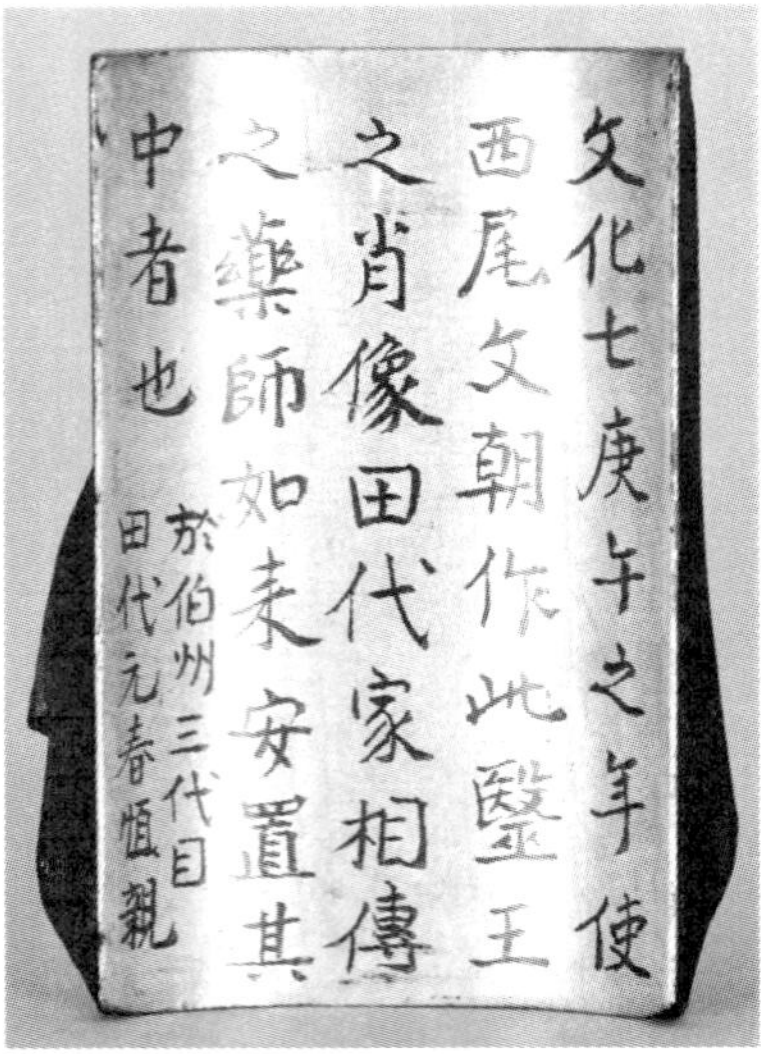

写真7　薬師如来坐像背面の蓋裏文字

写真8　薬師三尊（薬師如来・日光菩薩・月光菩薩）と十二神将

に木彫りの一四体の立像が納められている（写真8、図1）。

この内、三体には輪光があるから、この三体が薬師三尊であることがわかる。薬師如来を中尊とし、日光菩薩を左脇侍、月光菩薩を右脇侍とする三尊形式をとるので、中央最上に薬師如来、その下に日光菩薩と月光菩薩を配置している。薬師如来の眷属《けんぞく》には、日光菩薩と月光菩薩のほかに十二神将がいるので、薬師三尊の周囲の立像は十二神将であると考えられる。一一体

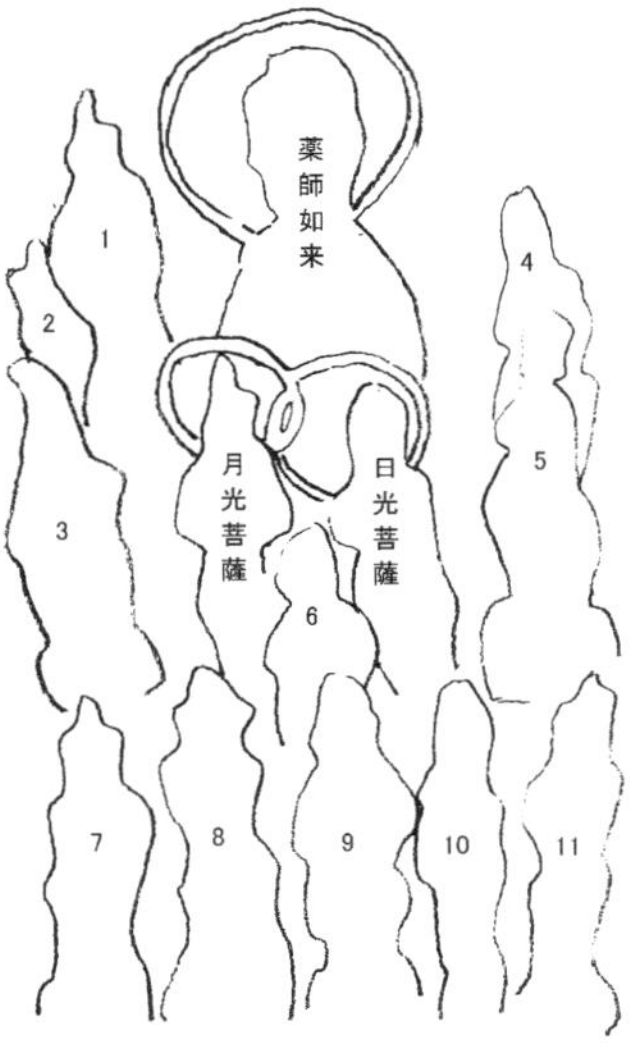

図1　小厨子内トレース図

しかなく一体欠損した状態である。おそらく向かって右側中央に、欠損した一体があったものと思われる。薬師如来立像の大きさは高さ二・五センチ、幅九ミリ、奥行七ミリで、その他の像は高さ一・七センチ、幅五ミリ、奥行三ミリである。この小さな厨子の中には、薬師如来・日光菩薩・月光菩薩・十二神将の立像が納められ、祀られているのである。

胴内銘（**史料3**）に、「此医王之肖像、田代家相伝之薬師如来」と恒親（元春）自らが記しており、田代家が代々相伝した薬師如来を体内に安置する薬師如来坐像であり、薬師如来を「医王」と製作者の恒親は考えていたことが判明する。とくに田代家相伝の薬師如来の継承は、田代一族における恒親の立場と思想を考えるうえで重要である（後述）。

以上、田代恒親が文化七年に倉吉の仏師・西尾文朝に製作させた薬師如来坐像は、田代家代々が秘蔵していた薬師三尊と十二神将を体内に安置するためであり、田代家が薬師如来を「医王」として信仰していたことが明らかとなった。

第二節　山陰地方における田代一族

1　田代三喜の流れを汲む田代家の系譜

では、薬師如来坐像の製作を依頼した田代恒親（元春）とは、どのような人物だったのであろうか。恒親は、鳥取藩の米子組医であるとともに、米子における文芸サロンの中心的人物である。本居宣長が没した直後の弟子であり、和歌・漢詩・国学・音学など、幅広い分野の教養人であった。本節では、山陰地方における田代一族全体を明らかにし、そのなかに恒親を位置付ける。これにより薬師如来坐像の存在意義が明確になってくる。

森納氏は田代家所蔵「田代列士録」に基づき、松江藩松平家初代直政に仕える以前の田代家について叙述している[11]。しかし現在、この史料は失われており、森氏の叙述を信じるしかない。「田代列士録」は、松江藩が藩士の勤功録作成のために各家に提出を求め提出された先祖書で、松江藩士となる以前の事績も記載していたものと考えられる。藩は、松江藩士に召し抱えて以降の事項のみ「列士録」(島根県立図書館所蔵)としてまとめた。そのため、現在みることのできる「列士録」からは、それ以前の状況を知ることはできない。松江藩医になるまでの田代家を、森氏は次のように記す[12]。

【史料4】森納「田代元春(恒親)」

田代家は室町時代の有名な医家である田代三喜の家系である。(略)室町時代の前期の我が国の医学は主として中国の宋時代の医書によって、その説が立てられていた。しかし田代三喜が明より帰って新しく李朱医学を唱道し、その三喜の門人曲直瀬道三によって鼓吹され、従来の宋医方は廃(ママ)たれて、李朱医学の時代となったのである。三喜は寛正六年に生れ、天文六年(一四六五～一五三七)に没したが、我が国に李朱医学をもたらした日本医史学上重要な人物である。彼は十五才の時に医術を志したが、当時の医師の多くは僧籍にあったため、妙心寺派の僧となり、長享元年(一四八七)商船に乗って明国に入り、李東垣、朱丹渓についてその医術を学んだ。そしてその頃日本から明国に留学していた僧、月湖にも師事して学び、明国に居ること十二年三十四才の時多くの医書を携えて帰国した。初め鎌倉の江春庵に居て医を業とした。後に下野の足利(栃木県足利市)に移ったが、時の関東管領の足利成氏は下野の古河(こが、茨城県古河市)に居て、三喜の名声を聞いて古河に招聘した。その地でも医術の評判高く世に古河の三喜と呼ばれ、古河公方の名は知らなくても三喜の名医であることは知られていた。兼綱の長男江春(三喜の兄)は下野の結城晴朝とその嗣子秀康に仕えたが、秀康が越前福井へ御国替(慶長六年、六十八万石)の時に御供をした(田代列士録　田代家蔵)。三代目江春は秀康の子忠直(菊地〔池〕寛、忠直卿行状記)に仕え、忠直が豊後萩原に流された時もこれに従ったと田代家の田代列士伝〔録〕にある。しかし考証を加えてみると結城晴朝(一五三四—一六一四)は慶長十九年に没し、秀康は徳川家康の第二子として天正十二年(一五八四)三河に生れているので(百数歳となる)ので或いは二代と三代との間にもう一代あったとも推測される。

四代目江春は忠直に、その配流後は大和守直基(勝山五万石)に侍医として仕え、五代目更幽は出雲松江の松平出羽守直政に召出された。(略)延宝六年(一六七八)には三百二十石扶持を受け、松江藩歴代の医家の中でも最高の禄高をもらっていた。

田代三喜は、日本に中国の李朱医学をもたらした人物である。森氏の説明は以下のようになる。李朱医学は三喜の弟子である曲直瀬道三によって全国へ広まり、その後の江戸時代の医術の中心となっていく。三喜の兄江春(父兼綱の長男)の流れが、松江藩・鳥取藩につながる田代家となる。江春が下野の結城氏に仕え、結城氏の越前移封に従う。その後、三代目江春が結城秀康の子忠直に仕え、忠直の豊後配流にも従い、四代目江春が秀康の五男で越前勝山藩主となった松平直基に侍医として仕えた。そして五代目の更幽が、秀康の三男で松江藩主となった松平直政に仕えた。もっとも森氏は二代目と三代目の間にもう一代ある可能性を指摘している。

森氏が述べる「兼綱の長男江春(三喜の兄)は下野の結城晴朝とその嗣子秀康に仕えた」という部分も、十五世紀後期の三喜の兄江春と十六世紀中・後期の結城晴朝とは年代的に合わないので、江春の後、数代が想定される。

この「田代列士録」の記事の一部を裏付ける史料として、越前藩主結城秀康の家臣団帳である「結城秀康給帳」(13)がある。同帳には「無役衆」のなかに「下総　江春」とあり、三喜の兄江春が実際に越前藩に仕えていたことがわかる。下野ではなく「下総」としているのは、同帳には写本が多くあり写し間違えがあることによる(14)。

以上から、松江藩に仕える以前の情報を記す「田代列士録」は、ある程度史実に基づいて記されたものと考えられる。

2　松江藩の田代本家

日本における李朱医学の祖である田代三喜の流れを汲む田代更幽が、松平家松江藩初代の直政に召し抱えられたのは、寛永十八年（一六四一）のことであった。以下、松江藩が作成した藩士勤功録である「列士録」を中心に、松江藩の田代家についてみる。

⑴元祖更幽

「列士録」に「元祖」として載せる田代更幽は、「本国下野、生国越前」とあるので、下野国の田代家が祖先の出身地で、更幽自身は越前国で生まれた。松平直政が出雲へ入国して三年後、更幽は「御医師」として召し抱えられ、二〇〇石を得、その後一〇〇石加増、二〇人扶持も加わり三二〇石二〇人扶持となった。寛永十八年（一六四一）に更幽が新たに召し抱えられたのは、同じ年、幕府の儒者である林羅山の弟子で、松江藩初の儒学者となった黒澤石斎も召し抱えられており、信濃松本七万石から出雲松江一八万六〇〇〇石へと石高が倍増して入国した直政が、石高に見合った優秀な人材を求めていた時期にあたる。日本における李朱医学の元祖田代三喜の流れを汲み、父や弟の家に仕えた田代家を、直政は新たに採用したのである。田代家の二代から四代までが江春を名乗っているのに対し、五代更幽が江春を名乗らないのは、更幽が田代家の分家筋であった可能性がある。その後、更幽は、貞享二年（一六八五）二月二十三日に隠居し「一閑」と号し、隠居料二〇人扶持を得、元禄十年（一六九七）二月三日に出雲で死去した。「列士録」では、松江藩に仕えた更幽を「元祖」としているので、以下それに倣い、代数を数える。

⑵二代目一幽

「列士録」によれば、更幽には二人の子がいた。兄の簗六郎兵衛と弟の一幽である。更幽死去のその日に家督は弟一幽に譲られ一五〇石を得て、兄の簗六郎兵衛へは一五〇石が分知された。一幽は元禄九年（一六九六）九月に三代藩主松平綱近の「御内所」勤仕を命ぜられ、二年後、五〇石加増され二〇〇石取となった。宝永七年（一七一〇）に「御国目付衆御用」を、享保二年（一七一七）には幕府の「御巡見衆」対応の御用を命ぜられ、隠岐へも渡海している。

⑶一幽の出雲退去と三代目泰安

しかし「列士録」には、「一、依無嗣子、如奉願、孫養子被仰付年号月日不知、以後有故而御国退去」と、一幽には実子がなく、「孫養子」を得て後、理由があって出雲を離れたとある。そして、享保十五年（一七三〇）正月二十九日に出雲で死去したとする。一幽の直系の子孫がその後、米子にいることからすると、一幽の出雲での死は疑問であり、作為を感じる。「列士録」では一幽の跡を継いだ田代泰安について「実町医岡泰安」としており、町医者の岡泰安が田代家の名跡を継いだことがわかる。

【史料5】「列士録」田代泰安

一享保十五庚戌年三月十六日、養父一幽極老迄相勤、忌懸之者茂無之付而、兼而医術心懸、令出精段、達御聴、此度御医師被召出、一幽勤功旁田代之名字相続被仰出付、為遺跡百石被下之、

右の「列士録」田代泰安記事からは、「養父」一幽が老年まで藩に仕えたうえ、悪く言う者もいないため、一幽没後すぐに医術の心得があり評判のいい町医者の岡泰安を藩の「御医師」に召し出し、「田代」の名字を相続させ、一〇〇石を与えた、と記す。一幽は出雲国を離れる時すでに老年であり、出雲を去ったことを悪く言う者もいなかったとみられる。また「孫養子」とあるから、実子は没しており、血縁的に孫にあたる町医者の岡泰安を養子としたもの

と考えられる。おそらく岡家は一幽の娘などの嫁ぎ先の可能性がある。泰安は、松江藩医で法橋位まで上り詰めた久城春台の高弟であり、春台に子がなかったために泰安に医術を伝えたという(15)。

(4)四代目泰安

三代目の田代泰安は、田代の名字を継いで二年後(享保十七年〔一七三二〕)の五月八日に出雲で死去する。翌月、三代目泰安の嫡子が四代目泰安として跡を継いだ。二〇人扶持だった。「家業鍛錬之上、療治相勤」めるようにと藩から命ぜられた。その後、八〇石取となり、異国人の長崎送還に付き従い(宝暦七年〔一七五七〕)、また藩主寝所近くでの「御次寝番」を勤め(明和三年〔一七六六〕〜寛政五年〔一七九三〕)、寛政七年に隠居し、八年後の享和三年(一八〇三)七月十七日に出雲で死去した。

(5)五代目文昌

四代目泰安の隠居に併せ、子の文昌が家督を継ぎ五代目となった。二〇人扶持であった。文昌も父と同じく「御次泊番(寝番)」を勤め、江戸勤番(文化三年〔一八〇六〕〜同五年)も果たした。江戸では「御側医格」となり、文化六年には前藩主松平治郷の妹の幾百姫の容態を診るため江戸で「直勤番」を翌年まで勤め、帰国後すぐの五月十一日に死去した。

(6)六代目文祥

二か月後の七月に二〇人扶持で子の文祥が六代目となった。父と同じく「御次泊番」を勤め、「漂着之異国人」の長崎送還にも同道し(文政二年〔一八一九〕)、文政五年には「御側医格」となり、同九年には「御側医御匕」となった。文祥は藩主から信用され、江戸勤番をたびたび勤め、八代藩主松平斉恒の娘律姫(心鏡院)の病気を診断し、九代藩主松平斉貴の容態も昼夜詰めて診断した。弘化二年(一八四五)に病気のために帰国しての保養を命ぜられ、翌年

「御側医御匕」を辞することを藩へ願い出るが許されず、同五年にようやく許され、以後、藩主松平斉貴の「御馴染之者」として斉貴在国の際には、時々、御機嫌伺に訪れるよう命ぜられた。翌六年に隠居し、二〇俵が隠居料として与えられた。死去の年は不明である。

⑺七代目文泰

六代目文祥隠居後、家督を継いだのは子の文泰であった。七代目となる文泰は、家督継承前から松江藩の医学館で勤め、また「御次泊番」も勤めた。安政元年（一八五四）十二月に異国船渡来の際には武蔵国「本牧御警衛」のために江戸勤番となり、以後たびたび江戸勤番を勤めている。同六年には山本泰淵の倅の泰粛を医学館で二年間預かっている。この他、松平直応（九代松平斉貴実子、「若子様」）、十代藩主松平定安の子の新之丞（安敦）・幸姫・恵之丞付きにもなっている。文久四年（一八六四）には「漂着之異国人」の長崎送還に付き従い、元治元年（一八六四）の長州戦争では松江城下での「御城下固二番御備」を勤め、慶応元年（一八六五）には「一番手御備」として石見国境の神門郡口田儀まで出陣している。

以上が松江藩田代家の本家筋の歴代である。初代藩主松平直政が新たに召し抱えた田代更幽であったが、二代目一幽が松江藩を去ったことで、藩は藩医久城春台の弟子で、町医者だった岡泰安を「孫養子」という形で跡を継がせた。その後、幕末まで藩医として七代を数える。ただし泰安は、田代家の直系ではない養子であり、その医術の師も久城春台であって田代家ではなかった点は、その後、出雲を去った一幽の子孫から松江藩に藩医を招く（後述）要因になったのではないかと考えられる。

3　松江藩の田代分家

⑴元祖元閑

「列士録」には、更幽の流れの他に、江戸中期に新たに召抱えられた田代元閑の家を載せる。「列士録」には、「元祖田代元閑」について「実二代目田代一幽曽孫」とあり、元閑が二代目田代一幽を曽祖父に持つ人物であることがわかる。元閑は「本国下野」「生国伯耆」とあり、出生地は伯耆国であった。

【史料6】「列士録」田代元閑

一明和七庚寅年閏六月廿二日、以医術被召出、拾人扶持被下之、御医師並被仰付、

元閑は、明和七年(一七七〇)に一〇人扶持、「御医師並」として松江藩に召し出された。翌年には「御医師」に昇格し「御次寝番」をも勤めるようになった。安永五年(一七七六)には、天皇を診察したことのある京都の医師畑柳安の出雲での対応を任せられている。同十年には「御側医」に昇格し、たびたび江戸詰を果たした。

元閑が松江藩に召抱えられた時期は、三年前に十七歳の松平治郷が七代藩主となり、国元への入国を果たした翌年にあたる。治郷は、藩の医学振興に勤め、城下に漢医学「存済館」を創設し、医者の養成につとめた。松江ではこの時期、新たに田代元閑・足高文碩・高橋尚迪・山本逸記といった医者を召し抱えた(16)。元閑の召し抱えも、治郷による藩の医学振興の一環といえる。ただし元閑の事例は他の三人の医師に比べ早い。このことは、元閑が有能な人物であったことと、田代家自体に理由が考えられる。

⑵元閑が松江藩医に取り立てられた理由

元閑は伯耆米子の田代家当主田代仙親(元春)の弟であった。元閑が松江藩医に取り立てられた理由は、近年まで松江市石橋町墓地にあった恒親の墓碑銘(「田霞先生墓」)に詳しい。森納・安藤文雄共著『因伯杏林碑誌集釈(17)』収載「田

代恒親」による翻刻を基に検討する。

【史料7】「田霞先生墓」墓碑銘（前半）

田霞嶽先生墓

先生姓田代氏、諱恒親、字子達、号霞岳、又自称桃隠、其先以医世仕雲州侯、王父泰翁有故去、来寓于米子、以医為産焉、迨父仙親家声大振、有司奉命而聘之列医官、居亾何、雲州侯聘而復之、然既委質於我藩、義不可去矣、因以弟善長自代、今雲藩医官田代氏是也、

右は、墓碑銘冒頭部分である。恒親の先祖は、医者として松江藩松平家に仕え、祖父は泰翁で、故あって松平家を去り、米子に来て医業を続けた。父の仙親の代にその家声は大いに振るい、鳥取藩池田家は招聘して藩医に迎えた。しばらくして松江藩は田代家を招聘して再び藩医に迎えることを試みたが、仙親はすでに鳥取藩に仕官しており「義」があるため去ることができず、弟の善長を代わりに松江藩医とした、とある。

ここからは米子の田代家が泰翁・仙親・恒親と続いた家であること、および泰翁の代に松江藩を去り米子に至り、仙親の代に鳥取藩医となったが、松江藩が再度呼び戻そうとし、結局、仙親の弟善長が松江藩医となったことがわかる。善長は「列士録」の元閑にあたり、恒親の叔父になる。松江藩を去った泰翁は、「列士録」の一幽の事績と似ているが、一幽は享保十五年（一七三〇）に死去している。田代家に残っていた泰翁の位牌には、（表面中央）「（田代家家紋）（梵字）豁然堂広眼泰翁居士霊位」、（右側）「宝暦二壬申年」、（左側）「十月廿六日」、（裏面）「田代氏」とあり、「泰翁居士」が宝暦二年（一七五二）十月二十六日に死去していることが判明する。一幽・泰翁ともに松江藩を去ったとするのは、親子であったことによると考えられる。

また、松江の田代家に残っていた恒親の位牌は、（表面）「（田代家家紋）（梵字）霞岳堂広曜桃隠居士霊位」、（裏面）「文政四辛巳年（一八二一年）

三月十九日」とあり、「田霞先生墓」墓碑銘にある号名「霞岳堂」と自称「桃隠」の文字を入れたものとなっている。

(3)米子田代家から養子を求める

元祖元閑には子がなかった。そのため養子をとらざるを得なかったが、養子に対して元閑は、兄の仙親(元春)の息子たちにこだわった。「列士録」には次のように記している。

【史料8】「列士録」田代元閑

一同(天明)七丁未年十二月五日、如奉願、伯州米子松平相模守様御家中田代元春次男元叔甥養子被仰付、

天明七年(一七八七)十二月、元閑の願い出により、伯耆国米子に住む鳥取藩池田家中の田代仙親(元春)の次男「元叔」を養子にすることが松江藩に認められた。元閑は、甥を養子にして松江藩医の田代家の家を継がせようとした。米子の仙親長男が、本章で検討している薬師如来坐像の製作者恒親である(図2)。また元閑は伯耆生まれなので、父

図2　山陰地方の田代家略系図

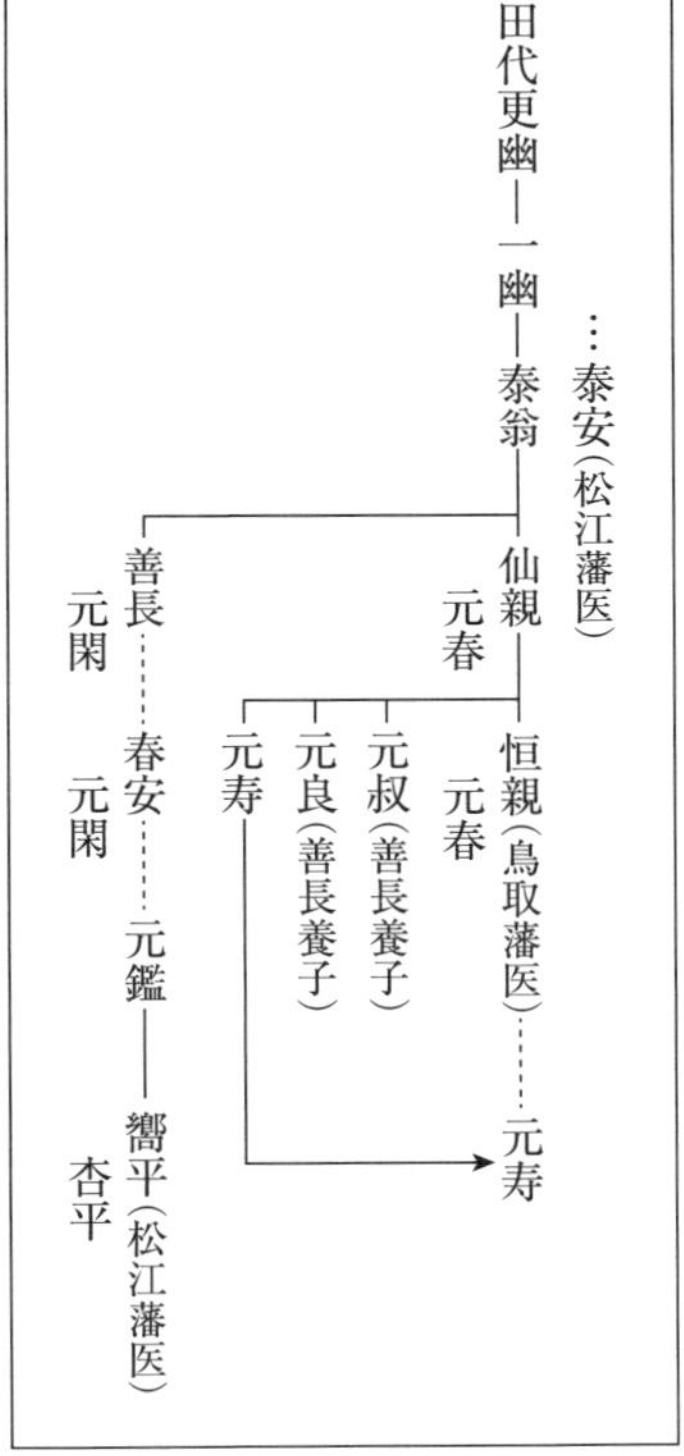

……養子

泰翁の代には伯耆国に住んでいたと考えられる。

三年後、元叔は病気となり、藩への願い出により米子の実家へ差し返され、代わりに仙親の三男「元良」を養子とすることが許された。しかし元良も文化五年（一八〇八）に病死した。

【史料9】「列士録」田代元閑

一同(文化)六己巳年十月朔日養子元良、去年令病死之処、嗣子無之付、再養子奉願之処、存寄之者可願出旨被仰渡ニ付、兄伯州米子松平因幡守殿御家中田代元春致養育置田代春安与申者、医術之儀、別而志厚、往々格別御用ニ可相立者之由、元来同家中栗木四郎左衛門与申者之四男ニ而、自分由緒茂有之旨、仍此者再養子仕度由願之趣、達御聞之処、他国養子之儀者、御法有之忌懸之外、不被為成事之処、自分事(松平治郷)御隠居様以来、年来御側医相勤者之儀、格別之以御憐愍、右春安事再養子被仰付、

元閑は、兄仙親（元春）の次男・三男から養子を迎え、家名を残そうとしたがうまくいかなかった。元閑の取った行動は、兄仙親が養育し、医術に志厚い春安を養子としたいと藩へ願い出たのである。春安は、鳥取藩士の栗木四郎左衛門の子（四男）で、仙親の実の子ではなかった。松江藩では他国養子は許されない決まりがあったが、前藩主松平治郷の側医として元閑が長年勤めを果たしたことをもって、春安の養子が許された。

元閑は当初一〇人扶持（明和七年〈一七七〇〉）から、二〇石五人扶持（天明三年〈一七八三〉）となり、最終的には一〇〇石取となった（文化三年〈一八〇六〉）。藩主松平治郷（不昧）のみならず、弟駒次郎（三助・衍親）、娘の五九姫・国姫（「御誕生様」「御匕」）にも付いた。文化三年には江戸の松平治郷の「御表御側医」として御用を勤めた。その後、元閑は文化十年九月二十三日に出雲で死去した。

(4)元祖元閑の木村蒹葭堂訪問

元祖元閑は、大坂の本草家である木村蒹葭堂の許を訪れている。原豊二氏は、『蒹葭堂日記』享和元年（一八〇一）四月八日条、同年十月四日条のみから、両日条に載る「田代元閑」を二代目元閑（春安）と推察するが、以下の史料から、元祖元閑に当たることがわかる。

『蒹葭堂日記』(18) 享和元年四月八日条は「田代元閑」、同年十月四日条は「雲州田代元閑 江戸ヨリ帰国来」とある。「列士録」掲載の「元祖田代元閑」の項を見ると、この年、藩主松平治郷は参勤交代で、五月一日に江戸を発ち二十五日に松江に到着したが、「御内用ニ付当月（三月）下旬」に江戸を発つよう藩から元閑は命じられており、藩主より一足早く江戸を出立した元閑は、四月八日に大坂の蒹葭堂の許を訪れたことがわかる。次いで、七月二十八日には「此度　三助様御帰府被遊ニ付、立帰御供被仰付 同九月御供仕参着、同十月帰」とあり、今度は三助（松平治郷弟雪川）が松江に帰国するというので、元閑は九月に江戸に戻り（「立帰」）、十月に三助の供をして帰国した。十月四日に蒹葭堂の許を訪れ、『蒹葭堂日記』に「江戸ヨリ帰国来」とあるのも、このことを指している。いずれも藩主の参勤交代に随行したついでに、大坂の蒹葭堂の許へ立ち寄っている。

『蒹葭堂日記』にはこの他にも、寛政十一年（一七九九）十月六日条と翌十二年三月二十二日条に元閑の名が載る。同十一年十月六日条は「雲州松江田代元閑 二十年ふり来訪、四日市行」「夜、田代元閑 夜話来、翌日発足ノ由」とある。藩主松平治郷が九月二十一日に江戸を発ち、十月十四日に松江に到着する間であり、「列士録」には記載が漏れているが、元閑は治郷の参勤交代に付き従ったものと考えられる。

十月六日の蒹葭堂宅来訪は二十年ぶりだった。二十年前は安永八年（一七七九）であるが、『蒹葭堂日記』安永八年分には元閑の名が見えず、翌九年分も記載はない。「列士録」によれば、元閑は同十年四月に江戸に行き、五月に殿様帰国の供をして松江に至っている。この年は『蒹葭堂日記』が欠落していて確認できないが、元閑が蒹葭堂の許を訪れたのは安永十年の可能性が高い。この年ならば元閑は藩「御医師」から二月に「御側医」となった直後ということになる。寛政十二年三月二十二日に元祖元閑が蒹葭堂の許を訪れたのも、藩主の江戸参府のため松江を三月十二日に発ち、江戸に四月六日に到着した行列に御供したからであった(「列士録」)。

以上、元祖元閑が参勤交代の御供に併せて大坂の木村蒹葭堂の許を訪れ、安永十年頃に一度、約二十年後の寛政十一年に二度、その二年後に二度訪れ、蒹葭堂と交流を得ていたことが明らかとなった。

(5)二代目元閑(春安)と養子の三代目元鑑

元祖元閑死去の二か月後、元閑の跡を継いだ二代目元閑(春安)は、一〇〇石の扶持を得て「御次泊番」を勤めたが、文政九年(一八二六)十二月朔日に出雲で死去した。死去の間際の末期養子が認められ、町御扶持医の坂本道益の次男が元閑の婿養子として三代目となった。元鑑と名乗り、「士列」として取り立てられ、「新番組」入りとなった。藩校の医学館に勤め、武蔵本牧の警衛に御供し、九代藩主松平斉貴の娘政姫(吉姫)が松江から江戸へ向かう道中にも御付医師として御供し、隠居後の斉貴(「御隠居様」)やその子直応(「若殿様」)の御用を勤め、文久二年(一八六二)三月十二日に江戸で死去した。

佐野正巳氏は「田代家の人びと」(19)の中で、三代目元鑑が蘭方医であることから、米子の田代家が国学者であるのに対し、松江の田代家が蘭学者であるという、「一家の中で国学と蘭学の集合が行われるのは稀だ」としている。しかし元鑑は、二代目元閑の末後養子に町医の次男が婿養子として迎えられたのであり、田代家の医術を直接に学んだ後継者ではなかった点は、元鑑が蘭方医となった理由の一つと考えられる。

(6)四代目杏平（嚮平）

元鑑が没した三か月後、子の杏平《きょうへい》が一〇人扶持で跡を継ぐ。翌年、「御次泊番」を勤めるようになるが、すぐに海防のため神門郡差海（「指海」）へと出張し、次いで国境の田儀口へ行った。元治元年（一八六四）四月には、「西洋馬術」「修業」のため長崎へ派遣され、二年後帰国した。長崎では「外科専務」に「修行」した。帰国の翌年（一八六八）「御次泊番」を免ぜられるとともに、この年開学した藩校修道館医学校の西洋医学世話人となっている。[20] 杏平は、父から蘭学を学び、長崎へ行き、さらに蘭学の知識を深めることとなったのである。

杏平は維新後、嚮平《きょうへい》と名乗る。明治二年（一八六九）七月に城下の横浜町に、松江病院の仮病院が設置され、医学所が併設された。嚮平は医学一等助教授兼病院副院長となったが、同四年の廃藩置県で病院は廃止となった。そのため嚮平は灘町に私立病院を建て、同九年に母衣町に公立病院が立つと主席院医となるが、翌年再び灘町の私立病院に戻った。[21] 以上、四代目嚮平（杏平）は、幕末から明治にかけての西洋医術や病院設置に重要な役割を果たした。

本節では、松江藩の田代分家をみてきた。七代藩主松平治郷の医学振興政策において、最初に召し抱えられたのが田代家（分家）であった。かつて松江藩を去った田代家が、因幡米子で鳥取藩医となっていて、名医として隆盛を極めていた。松江藩は田代家を養子により名跡を継がせていたが、山陰地方における田代三喜の直系で、米子で名を馳せている田代家を呼び戻そうとしたのである。結局、当主仙親の弟元閑（善長）が松江藩医に迎えられたが、元閑は子に恵まれなかった。そのため元閑は、直系である兄仙親の子を養子に迎えることにこだわった。しかし二度の養子は失敗し、仙親の弟子を養子に迎え、二代目元閑（春安）とした。さらに二代目元閑にも子はなく、末期養子で町医を迎えた。町医出身の三代目元艦は、田代家が受け継いだ漢方医学ではなく蘭方医となった。子の杏平（嚮平）は西洋医学を修得し、維新前後の出雲地方の病院設置に功績をあげることとなる。

第三節　田代恒親（元春）――鳥取藩医の田代家――

1　初代仙親（元春）

鳥取藩医となった田代家については、「田代元孝家家譜」（鳥取県立博物館所蔵）により明らかにできる。薬師如来坐像の製作を依頼した田代恒親（元春）もこの家である。同家譜によれば、鳥取藩に仕えた初代は「田代元春」（仙親）で、「江春」（泰翁）の嫡子だとする。松江を去った一幽・泰翁父子は、墓碑銘「田霞先生墓」（史料7）にあるように、泰翁が伯耆米子に移り住み医業を続け、泰翁の子仙親の代に名声を極めた。このことに依るのであろう、宝暦十一年（一七六一）十一月一日、鳥取藩池田家藩主重寛の時、「家業宜相勤」めているとして、五人扶持で仙親（元春）は鳥取藩に召し抱えられた。(22) それは藩の米子組医であった西村玄栄の代わりであった。元春が仙親であることは、「弟玄閑」（元閑・善長）が「松平出羽守《（治郷）》」に召し抱えられたと記していることによる。

「田代元孝家家譜」は、仙親（元春）が天明八年（一七八八）三月に没したとするが疑問である。その理由は二つある。

一つ目は、「田代元孝家家譜」は仙親（元春）の没年を天明八年三月とまでしか記さず、日付までは記していない点である。松江の田代家にあった位牌の一つに、（表面）「（田代家家紋）（梵字）有隣堂広徳爾戩居士霊位」（裏面）「天明二壬寅三月朔日」とある。これは泰翁の子仙親（元春）の位牌で、同じく田代家にあった恒親位牌の文字配列を参考にすると、仙親の号は有隣であることが読み取れる。没年は天明二年三月朔日で、墓碑「田霞先生墓」の銘文に「先生幼為孤」とあることとも符合し、恒親十六歳の時に父仙親が没したことになる。

二つ目は、「田代家列士録」を見たと思われる佐野・米田・森の三氏が全て元春（仙親）の没年を天明二年としている。(23)そのため、位牌にある天明二年三月朔日が仙親（元春）の没年月日と考えられる。

2　二代目恒親（元春）

初代仙親（元春）の跡を継いだのは実子の恒親（元春）であった。本章で検討している薬師如来坐像の製作依頼者である。恒親については、これまで山本嘉将・時山勇・佐野正巳・米田正治・森納・原豊二各氏の研究がある。これらの先学に導かれながら、隣国出雲との関わりや薬師如来坐像製作の背景を探る。(24)

先に掲げた墓碑銘「田霞先生墓」（前半）（史料5）には、次の文章が続く。

【史料10】墓碑銘「田霞先生墓」（後半）

先生幼為孤、及長慨然自奮誓、欲興箕裘之業、担簦適京都、遊和田氏門、既而又従鈴木先生、業成而帰、然猶不以為足、博渉古今方書、淘汰斟酌以成一家、遠近請診者重跡而至、其所施治奇験不尠、享和二年春二月、藩特増秩以褒之、於是乎家声益大振、先生為人、聰慧穎悟、刀圭之暇好習百技芸、苟有名一芸者常召致之、又有好古之癖、凡物有出古者、不愛財而購之、嘗獲大同類聚方、而前五十巻闕矣、先生謂、是我之古遺書而非若漢代残牒、更秦火者類、則何憂其廃燼也、或浚其闕者、猶存於人間、顧未遭識者収拾耳、捜索十余年、近果獲諸其氏之所、先生喜甚、欲刻而伝之、因具閲検而蔵諸家塾、宅有二三撰著及詩歌之什若干巻、文政六年春三月十九日、病歿于寝、実年五十有五、浮屠戒名、曰広曜、配加納氏、無子、養弟惟親為嗣、及没惟親主喪、葬于城北吉祥院先塋側、休美嚢受業先生、先生顧命使休美銘其碑、乃作銘曰、

角盤降神　生若先生　博綜衆芸

好古自鳴　祖徳聿脩　鴻術克明

寿域雖浅　不朽者名

文政六年癸未穐八月

門人　山内休美謹題

同　　片尾正之謹筆

十六歳（天明二年〔一七八二〕）で父を失った恒親は、先祖代々の職である医術を学ぶため京都へ赴き、古医方だけでなく諸方を折衷した医家である和田東郭（一七四四〜一八〇三）の門人となり、また鈴木氏（京都で開業した富山藩医の鈴木多門か）に学び、米子へ帰ってもさらに古今の医学書を読んだ。そして天明八年八月晦日、二十二歳の恒親は、家業を継ぎ藩から五人扶持を得た[25]。前年には松江藩医の田代元閑が、恒親の弟を養子としている。寛政七年（一七九五）十一月二十日には「出雲国意宇郡大庭新嘗会神事之記」[26]を恒親は著しており（二十九歳）、出雲国内の神事について「見きく《(聞)》ま丶をしるす」とする調査は、叔父元閑が松江藩医であったことにより実現したものと推察される。また後述するように、恒親弟の元寿が京都への医術修業の際、真っ先に向かったのが大坂の木村蒹葭堂であった（史料11）。恒親が上京した折に蒹葭堂を訪れた可能性もあるが、何よりも叔父元閑が十四年前に蒹葭堂を訪ねていたことが大きいと思われる。恒親にとって父亡き後、松江藩医の叔父元閑は大きな存在だった。

「出雲国意宇郡大庭新嘗会神事之記」を著した翌月に認めたと推定される元春書簡[27]（史料11）は、元春のこの頃の状況をよく示している。

【史料11】　寛政七年推定十二月九日付鷲見保明宛田代元春（恒親）書簡

尚々、元貞・直信《(後藤直満の初名)》・諫頼・美啓へ御加毫之趣申聞候所、猶序之節、宜申上呉候様申候、何れも不絶和歌ニ出精仕候、以上、

十月二十四日御認之尊書、漸当月上旬ニ相届辱奉捧読候、寒気之時分、先以愈御機嫌能被成御勤候条奉恭喜候、当地御縁衆始拙宅皆々無恙罷在之間、乍恐御安慮可被為下候、然ハ①前廉御願申上置候木葉名硯之銘、此度者御認被為下難候仕合ニ奉存候、最早年内者余日も無御座候得ハ、来春早々山新助へ相頼、石面ニ書呉候様可申と奉存候、出来仕候ハ、摺懸御目可申上候、②扨備ノ玉堂も会津へ引越候由、愈々遊歴之節者、米子へも立寄候様申ニ付、琴なとも調へ申置候得とも、左様之事ニ而ハ参リ申候程、無覚束奉存候、③且雲州平田村と申所ニ報恩寺と云法花寺之住僧至而、詩ヲ好ミ申候、只今ニ而者、隠居仕候而、聴松庵と号シ、毎度京許へも罷越之趣、小川蘆庵よりよミ遣之候うた（詩）覚居申候故、御慰ミに書加へ申上候、

　はらふへき塵なき庵のまつかせやすめるこゝろのともとなるらん

小子も米子妙興寺ニて一度出会仕候、猶当秋彼かたより遣候詩座右ニ御座候故、差上候、

一④僕弟元寿も当春正月より医事為修行京都へ遣し置申候、毎度彼ノ地之様子承リ申候、先頃者、於石山寺古器翫物之会御座候由、浪華之蒹葭堂なと第一ニ出かけ候由、猶其外近辺ノ好事者二三国之客子相会《あつま》り候様申趣候、ケ様之事なと承リ、何も自由成事と被存、兎角再遊之志止ミ不申上候、

一⑤同姓元閑も又々御供ニ而先頃御地（江戸）へ罷越申上候、未出会ハ不被遊候哉、承度奉存候、申上度御事も止々なから、世務紛々申残候、先ハ右御礼貴酬旁草々馳禿筆候、恐惶謹言

田代元春

（寛政七年）十二月九日　　恒親（花押）

（鷲見保明）鷲権之丞様

恒親は、江戸にいる鳥取藩士鷲見保明に宛てた書簡のなかで、木葉の化石を利用し葉脈の見える秋田産の木葉石で

製作した硯の銘について①述べた後、浦上玉堂を米子へ招聘しようとし、七絃琴を準備したものの玉堂の会津行きで叶わなかったこと②が記されている。原氏は、米子の文化的中心人物の一人であった恒親が琴を奏で、また自らも琴を製作させたことを明らかにしている[28]。次いで出雲平田の報恩寺の住職で、詩を好み、隠居して聴松庵と号してたびたび京都へも赴く人物、すなわち出雲三詩僧の一人日謙道光(一七四六〜一八二九)について記す③。恒親は、京都の歌人である小沢蘆庵(一七二三〜一八〇一)から聞いた日謙の和歌を、慰みのためと記す。京都の蘆庵を介して日謙の和歌を恒親は入手していた。恒親自身も米子の妙興寺(報恩寺と同じ日蓮宗)で日謙に出会い、その後、日謙から詩が送られてきて座右に置いているという。両者の交流は、文化五年(一八〇八)初冬、日謙が旅の途中米子で病気となり、恒親宅で療養していることにもうかがえる[29]。

次の一つ書からは、弟元寿を正月から医術修業のため京都へ遣わしたため、恒親は京都の様子をよく聞いていることがわかる④。元寿からの情報によると、近江石山寺で「古器翫物之会」が催されたことや、元寿が大坂の木村蒹葭堂へ真っ先に訪れ(「第一に出かけ候」)、近国の旅人(「客子」)と集まっている(「相会」)という。恒親は「何も自由」で、自分も京都への「再遊之志」が止まないと綴っている[30]。恒親には子がなかったため、後にこの元寿が養子となって家を継ぐこととなる。

最後の一つ書は、松江の叔父元閑について記す⑤。松江藩医の田代元閑が藩主一族の江戸参府に御供し、「先頃」江戸に着いたことについて、江戸にいた鳥取藩士で国学者の鷲見保明に、まだ会っていないのかと問い合わせている。寛政七年は十月に松平衍親《のぶちか》(松平治郷の弟三助)が松江を発ち江戸へ赴くが、これに元閑は御供を命ぜられ、付き従い、十一月には出雲へ帰っている(「列士録」)。恒親は自らが仲介して、鳥取藩士と松江藩医を引き合わせようとしていた。

寛政九年六月、本居宣長門下の千家俊信《としざね》が、出雲杵築から松江や伯耆米子へと国学講義に赴き、「古学志之人々」ができたことを宣長は喜んだ[31]。四年後と推定される恒親(元春)の書簡[32](史料12)は、宣長門人の米子来訪で、さらに熱気を帯びてきたことがわかる。

【史料12】享和元年推定六月二十八日付鷲見保明宛田代恒親(元春)書簡

当地(米子)ニも先頃ハ勢州本居春庵門人参リ候而、神代正語・伊勢物語等講談御座候而、中〳〵賑敷御座候、本居宣長近来京都ニて被読候うた覚申候分、御慰ミかた〳〵書加へ懸御目申候(歌二首略)、此上人のうた定而是迄数々御聞も可被遊候へとも、近頃のうたと申事ゆへ入御覧候、併馬渕(真)・契沖ハ国学之先達と相見へ申上候、古今余材抄・万葉代匠記、近来手写仕候、誤字等ハ多く御座候得とも、若御閑暇御慰ミに御覧とも被遊候ハヽ、可差上候、尤大都ニ而者、此写本も自由ニ可有御座候故、無是迄も御覧も可被遊候得共、田舎ニ而ハ稀ニ而、漸近年手ニ入手前是珍敷ニまかせ、乍序申上候、為指御儀も無御座候得とも、暑中御見舞旁草々馳禿筆候、世事紛々心緒後便と申上残候、恐惶謹言

田代元春

(享和元年)六月廿八日　恒親(花押)

(鷲見保明)鷲見権之丞様

この文書を山本嘉将氏は享和元年(一八〇一)と推定し、原氏もこれに倣う。宣長没年月日が享和元年九月二十九日なのでそれ以前であり、宣長が京都に滞在したのが同年三月・四月であることによる。米子に本居宣長(春庵)門人が来て「神代正語」「伊勢物語」等を講談した。この門人は、近頃京都で宣長が読んだ和歌を知っていた。元春は賀茂真淵や契沖を「国学之先達」とみて、契沖の「古今余材抄」や「万葉代匠記」を書写している。そして「大都」と違

い「田舎」ではこういった書物の入手が難しいことも述べている。本居門人の米子来訪は「中〳〵賑敷」く盛況だった。この年の十一月二十四日、三十五歳の恒親は伊勢の鈴屋を訪ね本居宣長の門下となる。[33]この時、後藤直満（直儔、米子の商人で歌人）や間宮正彦も入門した。宣長没後二か月後の入門ではあったが、彼らはその後、米子における国学振興を担う存在となっていく。

墓碑銘「田霞先生墓」（史料10）に「遠近請診者重跡而至、其所施治奇験不尠、享和二年春二月、藩特増秩以褒之、於是乎家声益大振」とあるように、恒親の医者としての家業は、遠近からの患者が跡を絶たないほど盛況で、治療の腕も確かなものであった。そのため翌二年十二月二十七日に二十五俵を加増（三十六歳）され、[34]その名声はますます高まった。

さらに墓碑銘「田霞先生墓」に「先生為人、聰慧頴悟、刀圭之暇好習百技芸、苟有名一芸者常召致之」とあるように、暇を見つけては「百技芸」を学び、一芸に名のあるものを招致した。「又有好古之癖、凡物有出古者、不愛財而購之」ともあり、古物の収集癖があった。恒親の文化活動の領域は、和歌・漢詩・学問・音楽（琴）と広い。[35]

翌三年に宣長の同族で鈴屋門下の衣川長秋が、鳥取藩の招聘をうけ京都から鳥取に来た。恒親はこの長秋と共に、大同三年（八〇八）に成った出雲広貞・安部真直の撰による日本最初の和方薬集成書「大同類聚方」全一〇〇巻の校合を行う。散逸していた同書の完本を目指したのである。墓碑銘「田霞先生墓」には、十年の捜索のうえ校合を完成させたとある。[36]田代家旧蔵（島根大学附属図書館所蔵）の「大同類聚方」写本一〇〇巻の序文に、長秋による経緯が記されている。

序文によれば、京都で高坐高庭が「大同類聚方」の二五巻から一〇〇巻を入手しすぐに死去するが、高庭の意思により同書は長秋へ贈られた。長秋は恒親に校合の援助を求めた。恒親らは欠巻を補い、諸本を校合し校訂本をつくり、出版を目指した。出版を依頼していた長秋の友人で京都に住む河南共利から、越後の佐藤某が不足分を所持しているると連絡があり、校合を完成させることができたという。この序文は文政三年（一八二〇）九月付である。二年前、出雲の杵築大社参詣の往復時、長秋は米子の恒親宅（霞岳亭）を訪れ、一年前にも長秋が米子へ赴いた折にも恒親宅で宿泊して「大同類聚方」の校合を行っている。(37) 結局同書は、恒親・長秋の死去により刊行されることはなかった。(38)

恒親は病気により、同四年三月十九日に五十五歳で没した。(39) 墓碑銘「田霞先生墓」には「葬于城北吉祥院先塋側」とあるから、吉祥院が米子田代家の墓所であり菩提寺だったものと考えられる。吉祥院は、いまでも米子市灘町にある真言宗寺院である。恒親に子はなく、弟の元寿が跡を継ぎ、葬儀の喪主となった。

3　三代目元寿以降

恒親の跡を継いだ弟元寿（元春・桃隠）であったが、嫡子元徳（元章）が家督相続の前に死去（嘉永六年〔一八五三〕）し、孫の元戩《せん》（元畿）が二十歳で家督を継いだ（安政二年〔一八五五〕）。しかし元戩（元畿）の「行跡」「不届」で「閉門」となり（文久元年〔一八六一〕）、翌年許されるも鳥取表での「蟄居」を藩から命ぜられ、結局、明治元年（一八六八）の「御一新《明治維新》」で許された。(40) 元戩（元畿）息子の民之助（新・元孝）は六歳で家業を継がねばならず、「家業御放」を藩へ願い出て、維新とともに許され、医者でなくなった。民之助弟の習（慶応元年〔一八六五〕米子生）が維新後、松江へ出てきて、明治十一年（一八七八）に島根県立病院副院長、同三十一年に開業し、以後代々医業を継いだ。(41) 薬師如来坐像を継承したのはこの家であった。

以上、田代恒親（元春）が山陰における田代家の嫡流であり、相伝の薬師三尊と十二神将を所持すべき人物であることが明らかとなった。

第四節　田代家にとっての薬師如来

本節では、田代家にとって薬師如来がどのような意味をもっていたのかを明らかにする。

田代三喜の著述のなかに初めて仏教的側面を見出したのは、一九九七年に発表された遠藤次郎・中村輝子・奈倉道治「田代三喜の新発見の医書『酬医頓得』の意義」であった[42]。中国明代の医学を日本に伝えた三喜であったが、三喜の著述『酬医頓得』からは、仏教医学の側面が多分に見られるとする。その後、一九九八年に遠藤次郎・中村輝子・梁永宣・奈倉道治「『酬医頓得』に見られる田代三喜の医説（一）」において、三喜の医学が「単に中国医学をそのまま受容したものではない」「仏教医学に根ざすもので」あったとした[43]。そして「人間が本来持っている自然治癒力」「だけでなく、さらに深い宗教的な仏の治療する能力」が「根源的な存在」としてあり、それは「薬師」であり「医王善逝如来」とも表現されているとする。

二〇一七年に発表された進藤浩司「医療の守護者としての仏」は、『酬医頓得』をさらに精緻に読解した[44]。それによれば、「医薬・医療の主催者としての仏の存在」を指摘し、「医の本源に「医王善逝」」、すなわち「薬師如来」がいる。「症状にあった適切な弁証の方法」（「牛八」）を用いることで、「薬師如来の徳と善をうかがい知る」ことができるという。すなわち「慈悲によって、薬を衆生に下す」のだとする（「天道者薬師也、薬師者、諸善諸徳源上也、非牛八、難測知至極也」）。

李朱医学を日本にもたらした三喜ではあるが、そこには仏教的な要素を多分に含んでいた。その医術は、施術の究極に、「医王」たる「薬師如来」の存在を見るところに特徴がある。これは三喜が僧医であったことが大きい。弟子

の曲直瀬道三は、三喜の仏教的な要素を除いていき、甥の玄朔とともに李朱医学を日本化していくのである。(45)

以上、田代三喜の医療は、仏教的要素を色濃く含んでいた。三喜にとって医療の守護者は「医王」「薬師如来」(「医王善逝」)であった。田代恒親が製作した薬師如来坐像の胴内銘には、「此医王之肖像、田代家相伝之薬師如来安置其中者也」とあり、恒親にとって「医王」は「薬師如来」であった。三喜の思想と恒親の認識は通じるものがある。三喜の弟子曲直瀬道三以降、仏教的要素を取り除いた医術が漢方医のなかで基本となるが、恒親は医療の守護者に「医王」「薬師如来」の存在を認識していた。そのため、恒親が製作した薬師如来坐像および相伝の体内仏の薬師三尊と十二神将は、三喜の思想を具現化したものであり、三喜の流れを受けついだ家ならではの仏像だと評価できる。松江の田代家では、この薬師如来坐像を背負って殿様に付いていったと伝え聞いている。(46)田代家にとって、薬師如来がいかに大きな存在であったかがわかる話である。

十五・十六世紀の中国明代の医学を日本に導入した三喜の医術は、弟子の曲直瀬道三により普及し、日本化して実践する後世派と呼ばれる勢力となった。その後、漢代の医学に立ち戻ろうとする古方派が隆盛を極める。薬師如来坐像を製作した田代恒親は、若くに父を失い、京都で古方派の和田東郭に学んでいる。そのためその医術は古方派だった可能性が高い。医術の流派は違えども、仏教的要素を含む三喜の思想は、相伝の薬師如来仏の中に受け継がれていたのである。

本居宣長の門人として古物を愛で、和歌や漢詩・学問・音楽を究め、米子の文化活動の中心人物の一人となった四十四歳の恒親は、田代家相伝の薬師三尊と十二神将を覆う新たな薬師如来坐像を製作した。平安時代後期に活躍した仏師定朝の流れを汲み、倉吉の仏師ではあるが主に伯耆・出雲国境周辺で名を馳せることとなる西尾文朝に製作を依頼した。これも古物を愛でる恒親の考えが影響しているものと考えられる。

松江・鳥取両藩医となった田代家が伝えた薬師如来坐像について考察を行った。その結果は以下のようにまとめられる。

おわりに

松江藩松平家初代の直政が田代更幽を召し抱えたが、子の一幽の代に松江を去ることとなった。藩は、法橋位まで上り詰めた久城春台の高弟であった岡泰安に名跡を継がせた。しかし家名は存続したものの、松江藩では田代三喜に連なる医術の流れは実質途絶えることとなった。

一方、松江を去った一幽の子泰翁が鳥取藩に藩医として米子で召し抱えられ、泰翁の子の仙親の代にその家声は大いに振るった。新たに七代松江藩主となった松平治郷は、藩の医学振興の一環として、真っ先に松江を去った山陰地方における田代本家筋で実力のある仙親に松江藩への復帰を打診した。しかし仙親は既に鳥取藩に仕えていたため、弟の元閑が松江藩医となった。

元閑は参勤交代で御供の最中、大坂の本草学者である木村蒹葭堂を訪ね、その文化活動は米子の甥田代恒親家の文化活動へも影響を及ぼした。子のない元閑は、二度までも恒親の弟を養子として家を継がせようとしたがうまくいかず、松江藩では他国養子が禁止されているにもかかわらず、米子の恒親の弟子春安を養子とし、何とか仙親・恒親父子の医術を継承させた。しかし春安が末期養子で町医者坂本道益の次男(元鑑)を婿養子としたことで、跡を継いだ元鑑以降は、田代家が受け継いだ漢方医学ではなく蘭方医となり、維新前後の出雲地方の病院設置に功績を遺す田代嚮平を生み出すこととなる。

結局、山陰地方における田代本家は米子の田代恒親の流れであり、そのことの証跡が田代家相伝の薬師三尊と十二神将であった。それは室町時代、中国明へ渡航し日本へ李朱医学をもたらし、後世派の元祖となった田代三喜の思想を具現化したものであった。僧医として仏教的要素を多分に持つ三喜ならではの「医王之肖像」が薬師如来であった。恒親はそのことを十分に意識していたと考えられ、田代家相伝の薬師如来たる薬師三尊と十二神将を覆う新たな薬師如来坐像を製作した。新たな薬師如来坐像は、体内仏である薬師三尊と十二神将と共に、室町時代の先祖田代三喜の思想が、十九世紀初めに至るまで生き続けていたことを示す、田代家ならではの仏像だったのである。

残された課題も多い。田代三喜の子孫は全国に存在するが、それらの家が田代恒親家のように薬師如来を「医王」とみて祀っていたかという点である。また、李朱医学は田代三喜の弟子である曲直瀬道三により、仏教色を除いて広く普及していくが、田代一族の間では、その後も薬師如来を「医王」とみる仏教的要素を継承していった可能性がある。本章でもみた通り、家の医術継承前の父の死去や、養子縁組よる家の継承で、受け継いできた医術の流れは途絶えることがあった。三喜以降の田代一族の医術の変遷も課題である。全ては後日を期し、田代家が伝えた薬師如来坐像の意義を明らかにしたことで、ひとまず擱筆する。

注

（1）山本嘉将『近世和歌史論』（パルトス社、一九九一年修正復刻版。初版一九五八年）第三部第四章第三節「山陰における鈴屋派」。

（2）時山勇「田代恒親」（『山陰研究』二、一九五五年）。

（3）佐野正巳①「田代家の人びと」（同『国学と蘭学』雄山閣出版、一九七三年）、②「和方家田代元春」（同『松江藩学芸史の研究』明治書院、一九八一年）。

（4）米田正治①「田代収氏方（松江）」（『島根県医学史覚書』報光社、一九七六年）、②「名医列伝1　松江の田代家」（『続島根県医家列伝』報光社、一九七八年）。

（5）森納①「田代元春（恒親）」（同『因伯の医師たち』私家版、一九七九年）、②「田代恒親」（森納・安藤文雄『因伯杏林碑誌集釈』私家版、一九八三年）。

（6）原豊二①「奇才・田代元春の人生とは？」（『米子市史だより』二五、二〇〇七年。のち同『スサノオの唄　山陰地方の文学風景』今井出版、二〇二〇年に収載）、②「山陰歴史館所蔵七絃琴に関わる近世・近代の〈学〉的体系の考察—国学・漢学・琴学の横断をめぐって——」（『物語研究』八、二〇〇八年）、③「山陰歴史館所蔵七絃琴の研究」（原豊二編『日本文学における琴学史の基礎的研究　論考編』米子工業高等専門学校原豊二研究室、二〇〇九年）、④「楽人としての田代元春」（『出雲文化圏と東アジア』勉誠出版、二〇一〇年）。

（7）田代三喜の研究は数多くある。代表的なものとして、大塚敬節・矢数道明編『近世漢方医学書集成1　田代三喜』（名著出版、一九七九年）、富士川游『日本医学史綱要』（一九三三年。小川鼎三校注、東洋文庫版、平凡社、一九七四年を使用）、服部敏良『室町安土桃山時代医学史の研究』（吉川弘文館、一九七一年）、酒井シヅ『日本の医療史』（東京書籍、一九八二年）などがある。近年の桜井謙介「三帰と道三　曲直瀬流医学の形成」（山田慶兒・栗山茂久編『歴史の中の病と医学』思文閣出版、一九九七年）や、大圖口承①「田代江春庵と医聖三喜斎（上・中・下）」（『埼玉史談』四二—二・四、四三—一、一九九五・九六年）、②「関東田代氏の基礎的研究（一・二）」（『埼玉史談』四四—一・三、一九九七・九八年）、遠藤次郎・中村輝子「「導道・三喜別人説」の検討」（『日本医史学雑誌』四四—四、一九九八年）、遠藤次郎・鈴木達彦「新発見の医書『江春記抜書』と田代三喜」（『同』五七—二、二〇一一年）など、三喜・三帰・導道が別人であるとする研究が登場したが、宮本義己氏の論考①「曲直瀬道三の「当流医学」の相伝」（二木謙一編『戦国織豊期の社会と儀礼』吉川弘文館、二〇〇六年）、②「「当流医学」源流考――導道・三喜・三帰論の再検討――」（『史潮』新五九、二〇〇六年）において、一次史料の検討から、桜井説、遠藤・中村説に批判が加えられている。

（8）『倉吉市史』（倉吉市、一九七三年）、八六四頁。

（9）銘「于時文化十一甲戌四月中旬　当国倉吉府住　西尾文朝倅　同正蔵作」。また大山寺洞明院には「文化十一年六月吉日　座光新刻伯州倉吉住　大仏師西尾正蔵造之」銘の作例があるという。

（10）平勢隆郎『亀の碑と正統』（白帝社、二〇〇四年）、一一五頁。

（11）（12）森、注（5）①論考。

（13）（14）松平文庫本。『福井市史』資料編4 近世二（福井市、一九八八年）に収載。

（15）『松江市誌』（松江市庁、一九三一年）、九八頁。大正十五年に整理された春台の手水鉢型墓石の左隣に泰安の墓石があるという（米田正治「松江藩の名医久城春台の墓」『日本医事新報』二三七八、一九六九年。同『続島根県医家列伝』報光社、一九七八年所収「久城春台」）。松江藩田代本家の名跡を継ぎながらも、田代家の墓地ではない点に、泰安が孤立した存在であったと読み取ることもできる。

（16）梶谷光弘①「『日本教育資料』所収「旧松江藩医学校」記述検討（前編）」（『島根大学教育学部附属中学校研究紀要』三五、一九九三年）、②「松江藩医学史において松平治郷（不昧）が果たした役割について」（『古代文化研究』一二、二〇〇四年）、③『松江藩における医学の進展』（私家版、二〇〇四年）。

（17）森納・安藤文雄『因伯杏林碑誌集釈』（私家版、一九八三年）。著者のひとり安藤文雄氏は、田代恒親の文化活動を、『新修米子市史』第二巻通史編近世（米子市、二〇〇四年）第二編第一章第一節「国学と漢学の諸相」にまとめている。

(18)　水田紀久・野口隆・有坂道子編著『木村蒹葭堂全集　別巻　完本蒹葭堂日記』(藝華書院、二〇〇九年)。

(19)(20)　佐野、注(3)①論考。

(21)　松江市医師会百年史編纂委員会編『松江市医師会百年史』(松江市医師会、一九九〇年)第一章第一節「田代嚮平」。米田正治『島根県医家列伝』(松江今井書店、一九七二年)収載「田代嚮平(松江)」。

(22)　「田代元孝家家譜」。

(23)　佐野、注(3)①論考。米田、注(4)②論考。森、注(5)①論考。

(24)　なお、薬師如来坐像胴内銘(史料3)では、伯耆における三代目(「於伯州三代目」)だと恒親は認識している。ここでは鳥取藩医となった仙親を初代とする「田代元孝家家譜」に倣い、代数を数えた。

(25)　「田代元孝家家譜」。松江田代家がかつて所蔵していた文書には、恒親の家督相続は天明八年三月一日とする(時山、注(2)論考)。

(26)　東京大学国文学研究所本居文庫所蔵。『古事類苑』神祇部二九　新嘗祭下(神祇部二、吉川弘文館、一九七七年、四四八～四五二頁)。原、注(6)③論考を参照のこと。

(27)　東洋大学附属図書館稲葉文庫所蔵(ト一―三一―二四)。国文学研究資料館「新日本古典籍総合データベース」に画像。年代推定は、原氏(原、注(6)③論考)と同様に、浦上玉堂の会津行きが寛政七年四月からと、文化五年(一八〇八)以降であること、鷲見保明の没年が文化四年であることの三点の他、書簡中⑤での元閑の参府時期とも一致する点から寛政七年と推定する。

(28)　原、注(6)③論考。山陰歴史館所蔵の田代元春が製作した琴は、洞内墨書に「文化四年丁卯二月日　於霞岳亭中造田元春」とあり、元春四十一歳の文化四年(一八〇七)に製作された。

(29)　伊達安朋「道光年譜」(伊原青々園遺稿『出雲国人物誌』伊原青々園博士顕彰会、一九五七年)「道光」項、二三八頁。
(30)　原氏は、元春(恒親)が元寿へ「まず第一に木村蒹葭堂へ出向け」と指示したとし、元寿が実際に訪れたかは不明とする(原、注(6)③論考)が、注意深く書簡を読解すると、元寿は春に京都へ出向いた折、真っ先に蒹葭堂の許を訪れたと記しているのである。元春の指示かどうかはわからないが、元閑と蒹葭堂とのつながりは注意すべきであろう。
(31)　寛政九年推定三月十一日付千家俊信宛本居宣長書簡(奥山宇七『本居宣長翁書簡集』啓文社、一九三三年、一七四号)、同年推定六月七日付千家俊信宛本居宣長書簡(佐野正巳『古代と国学資料』桜楓社、一九七二年、一三九頁)、同年推定霜月三日千家俊信宛本居宣長書簡(『本居宣長翁書簡集』一八二号)。および佐野、注(3)①論考を参照。
(32)　東洋大学附属図書館稲葉文庫蔵(ト一―三一―二四)。国文学研究資料館「新日本古典籍総合データベース」に画像がある。
(33)　「鈴屋門人禄」。時山、注(2)論考。佐野、注(3)①論考。
(34)　墓碑銘「田霞先生墓」。「田代元孝家家譜」。
(35)　原、注(6)④論考。
(36)　佐野、注(3)②論考、三三〇～三三四頁。
(37)　「田蓑の日記」「やつれみのの日記」。いずれも『新修米子市史』九　資料編近世二(米子市、二〇〇二年)に収載。
(38)　『鳥取藩史』第一巻(鳥取県立鳥取図書館、一九六九年)藩士列伝三「衣川長秋」、三五八・三五九頁。
(39)　墓碑銘は文政六年とするが文政四年に没したことは、時山、注(2)論考。森、注(5)①②論考を参照のこと。また恒親は、死の一年前(文政三年三月)に「元春」から「桃隠」に改名している(「文政三年辰御国日記」。時山、注(2)論考)。

(40)「田代元孝家家譜」。

(41)米田、注(4)②論考。

(42)遠藤次郎・中村輝子・奈倉道治「田代三喜の新発見の医書『酬医頓得』の意義」(『日本医史学雑誌』四三―三、一九九七年)。

(43)遠藤次郎・中村輝子・梁永宣・奈倉道治「『酬医頓得』に見られる田代三喜の医説(一)」(『日本医史学雑誌』四四―一、一九九八年)。関連する論考として鈴木達彦「田代三喜の察証弁治における刻と牛八の意義」(『日本歯科医史学会会誌』三〇―二、二〇一三年)がある。

(44)進藤浩司「医療の守護者としての仏」(『印度学仏教学研究』六五―二、二〇一七年)。この他、『酬医頓得』の読解を試みた進藤氏の論考に、①「理伝と承伝――『酬医頓得』における学びの方法――」(『天台学報』五九、二〇一七年)、②「『酬医頓得』の思想」(『東海仏教』六三、二〇一八年)、③「『酬医頓得』の身体論」(『名古屋大学中国哲学論集』一八、二〇一九年)がある。

(45)石原明『日本の医学――その流れと発展――』(至文堂、一九六六年)、一〇一頁。矢数道明『近世漢方医学史――曲直瀬道三とその学統――』(名著出版、一九八二年)、一〇五頁。

(46)小厨子に納まる薬師三尊と十二神将の場合、さらに持ち運びは容易となる。

〔追記〕　初出誌に入稿後、福井藩士田代家の「田代家文書」を福井県立歴史博物館が購入された。同館学芸員の大河内勇介氏の教示によれば、同文書のなかの系図の一つに、田代三喜の兄の家系で、三喜の父兼綱を初代と数えて十代目光綱の女子が「紅春」に嫁いだとある。その注記は「紅春元祖嫁、紅春光綱養子、号田代紅春、有子孫」とあり、光綱の女子が「紅春」に嫁いだ後、「紅春」は光綱の養子となり、「田代紅春」と名乗ったとする。紅春はその音から、「田代列士録」（史料4）の「江春」で、この人物が結城晴朝・秀康父子に仕えた可能性がある。この系図や「田代列士録」共に、同時代史料ではない点に限界があり、今後の精査が求められる。

〔謝辞〕　本章執筆にあたり、藤岡大拙、長野仁、梶谷光弘、根鈴輝雄、印牧信明、杉本喜一、大河内勇介各氏の教示を得た。記して謝意を表する。

〔補注〕　月照寺の松平宗衍寿蔵碑は亀首と判断したが、上に突き出た形でなく、横に少し浮き上がるようにして耳があると読者からの指摘を受けた。平勢、注(10)著書でも亀首とするが、獣首とすべきで、ここに訂正する。（二〇二四年八月）

Ⅲ　松江藩主松平治郷（不昧）の手紙と参勤交代

第六章　天真寺所蔵の松平治郷（不昧）自筆史料

第一節　江戸麻布の天真寺と松江藩松平家

(1)天真寺と松江藩松平家

東京麻布の佛陀山天真寺は、筑前福岡藩三代藩主の黒田光之（江龍院）が実母養照院と妻宝光院のために、寛文元年（一六六一）に創建した臨済宗（大徳寺派）寺院である。仙渓宗春を開山として、武蔵国豊島郡江戸麻布村（東京都港区南麻布）に建ち、現在も寺地は変わらない。光之の実母養照院は、久松松平家といわれる一族の出身で、松平忠良の女《むすめ》である。忠良の父康元は、将軍徳川家康の異父弟にあたる。養照院は家康の養女となり、黒田忠之（光之の父）に嫁いだ。[1] 養照院の実の妹が、久松松平家から松江藩松平家初代の松平直政《なおまさ》の正妻として嫁いでおり、名を「国《くに》」といった。「国」は元禄四年（一六九一）に没すると姉と同じ天真寺に葬られた。ついで三代松平綱近の正妻「国《くに》」も、久松松平家の松平忠良の子良尚（康尚）の女で、直政の正妻「国」は伯母にあたる。この「国」も天真寺に葬られた。

松江藩松平家の当主の墓所は、初代直政から三代綱近まで国元である出雲松江の月照寺にのみあり、四代吉透から江戸にも菩提寺（天徳寺）を設けた。[2] 江戸屋敷に常住していた藩主の妻たちは、国元とのかかわりは少なく、生前の縁者も江戸にいるため、出身の一族や、自らが帰依する寺院に葬られることが多く、直政・綱近の二人の妻「国」も、同様の理由により、出身の家に関わる地に葬られたものと考えられる。久松松平家を核として同家出身の女性たちが天真寺に葬られており、松江藩松平家と天真寺との関係は初代直政の代に始まる。

その後、四代松平吉透の子で夭折した長次郎の墓所も天真寺に設けられ、松江藩松平家と天真寺との関係は継続していく。

⑵禅学の師・大巓宗碩

七代藩主松平治郷（号不昧《ふまい》、寛延四年〔一七五一〕〜文政元年〔一八一八〕）は、そのような松平家と関わりのある天真寺の住職大巓宗碩《だいてんそうせき》を禅学の師とした。治郷は、父松平宗衍《むねのぶ》の隠居後に藩主となり、その二年後の明和六年（一七六九）から大巓のもとに参禅した。治郷十九歳の時である。三年後の安永元年（一七七二）に「不昧」の号を与えたのも大巓であった。その交流は、大巓の死（寛政十年〔一七九八〕）まで二十九年間にわたり続く[3]。治郷は、大巓の跡を継いだ天真寺住職の東陽宗冕《そうべん》とも交流を続けている。

⑶天真寺に残る治郷関係資料

天真寺には、治郷から大巓および東陽へ宛てた手紙が二五通あり、大巓・東陽と治郷の交流の内実をうかがうことができる。その文書群の伝来は確かなもので、うち一二通は大巓が受け取り開封した時のウブな状態で残されている。治郷の私信のほとんどが後世、表装や巻子仕立てとなり、受け手が開封した時の状態で残されたことは奇跡に近い。天真寺には治郷の子斉恒《なりつね》（月潭《げったん》）が住職に宛てた私信九通も残されていて、これら三四通は昭和五十四年（一九七九）に「松平不昧・月潭書状」として港区指定文化財に指定されている。また、禅板、「仏陀常住」の丸釜、出山釈迦図の箱書、大巓宗碩遺偈《ゆいげ》箱書、大巓禅師諡号《しごう》勅書箱書、七言詩、円相画賛、『武渓《ぶけい》集』、『捃拾《くんしゅう》録』の九点が「松平不昧関係遺品」として同五十八年に港区指定文化財に指定されている。その後、平成十五年（二〇〇三）に出山釈迦図も追加指定された。

第二節　松平治郷（不昧）と天真寺住職との交誼

1　大巓宗碩への手紙

天真寺が所蔵する治郷の手紙については、志水正司氏が内容からおおよそ編年順に配列した。(4) 以下、各書状の年代をさらに絞り込んだうえで内容と特徴を述べ、天真寺和尚と治郷との交流の内実に迫りたい。なお文書番号は『松平治郷（不昧公）関係史料集』(5) Ⅱ収載の文書番号（以下ゴチック数字で示す）であり、同書に文書の翻刻がある。

(1) 大巓隠居以前

1　七月六日付大巓宛書状では、治郷が入手した沢庵和尚の真筆は大巓が世話をしたことがわかる。珍しい名酒をもらったことについても礼を述べ、禅の公安工夫の返答を考えている最中だと記す。

2　三月一日付仏陀老和尚（大巓）宛書状では、大巓の来訪に対しその帰宅時間を心配し、三日後に五人ほどで天真寺を訪れることを告げ、四、五十日振りに到来した薩摩国から取り寄せた唐墨を大巓へ送るとしたうえで、後日の閑日に東海寺の妙解和尚の許へ大巓と共に訪問したいと記す。大巓と治郷が互いに行き来し、かつ共に東海寺を訪れる仲であったことがわかる。

3　七月二日付仏陀老和尚（大巓）宛書状では、洞山良价が川を渡ろうとし、水に写る自身の影を見て、悟りを開いた故事を画題にした、大巓好みの「洞山過水之簾」の画を治郷が描き大巓に送ったが、新たに二枚を描いて送ることを記している。

4　十二月五日付天真老和尚(大巓)宛書状では、所望の三十郎の裃・小袖など近日中に取り揃えて送ることや、暇をみつけて治郷の許へ来てほしいと記し、今は茶客の相手をしている最中だとも記す。

5　十月十八日付天真老和尚(大巓)宛書状では、明日は上使を勤めることが決まったため来訪を断り、明後日以降の閑日に玉泉と申し合わせて来るよう伝える。

6　安永七年(一七七八)推定二月一日付天真老和尚(大巓)宛書状は、国元の出雲国松江から差し出された。国元から差し出された書状には、書状の文面最後に差出と宛名を記す。端裏ウワ書もないため、もとは差出と宛名を記した封紙があったものと考えられる(文書番号6・7・8)。内容は豊富で、出雲松江の地は、とにかく寒いが江戸はどうかと問い、また松江では火事の話も聞かないが、江戸では通常この頃、日々火事があり面白いことで羨ましい。「御一笑、々々」と冗談を述べる。また治郷が作らせた大巓好みの朱飯汁椀が完成し、とても良い出来なので追って持参すると告げ、さらに大巓から拝借して作らせた椀も完成し、これまた良いという。治郷在国中のことなので、この朱飯汁椀などは、国元の木地師や塗師に製作させたものであろうか。去年、大巓からもらった維摩画の返礼にと思い、治郷が大汗を流して六、七枚描き作らせた椀の指図書を、お笑い種だとして送っている。一か月後に治郷は松江を発ち四月に江戸に着く。さらに治郷は、正月十一日付の大巓の極秘の別紙を見て、先年からの大巓の隠居の願いを叶えるために、大徳寺玉林院へ仲介を依頼し、さらにその隠居場所を心配し、隠居後も一、二か月に一、二度は治郷の許へ来訪くださいと記す。前年、治郷は多摩川の里(神奈川県川崎市宮前区菅生)に大巓のための隠居所・山庵を寄付していた[6]。大巓は安永七年の隠居後、この山庵に住むこととなる。大巓四十五歳、治郷は二十八歳の時である。

(2) 大巓隠居後

7　安永八年(一七七九)推定極月十一日付山庵老和尚(大巓)宛書状は、治郷が国元から差し出した書状である。年代推定の根拠は、大巓が山庵老和尚と呼ばれているため安永七年以降で、十二月の治郷（不昧）在国は、安永八年、天明元年（一七八一）、同三年で、以降隔年となるが、文中に「御住居如何御座候哉」と山庵の住み心地を聞いているところをみると、山庵へ移転後すぐの安永八年のものではないかと推定される。内容は、山庵の住み心地を問う寒中見舞いで、今年の冬は盗賊もなく、安楽に暮らしているとし、江戸は油断ならない場所なので難儀している。「御一笑、々々」と冗談を述べている。また大巓へ依頼し了承された出山釈迦図の賛の執筆について、先に依頼したのは私物ではないが、さらに私物のものへも賛を依頼している。出山釈迦図は、十九歳で参禅し六年で悟入した治郷と、釈迦が十九歳で出家し六年の苦行後に成道し山を出たこととの符号から、治郷が親近感を覚えたとされており（志水「松平不昧の手紙」）、同図を治郷は複数描かせている。

8　安永八年か天明七年推定十二月十一日付山庵老和尚（大巓）宛書状も、国元から差し出された。来年の江戸参府の時期は明確にできないが、幕府手伝を勧めた後なので七月中かそれ以降と伝えている。また、四字句が一句おきに韻を踏む漢詩（四言之詩）の添削を依頼している。年代は、大巓が山庵にいた安永七年から没年（寛政十年（一七九八））までの間で、治郷が秋から冬にかけて江戸へ参府しているのは、安永九年、天明八年、寛政四年の三回のみであり、かつ幕府から「手伝」を命ぜられているのは、安永八年の日光諸堂社修造手伝（十一月手伝終了）、天明七年の関東筋川普請手伝であり、そのどちらかということになる。

9　日付・差出・宛所もないが、その書体と天真寺にあることから、治郷から大巓へ宛てたものと考えられる。内容は、二字物は唐風の書体で書くが、近来は一向に唐風の文字を書かなくなったとし、珍しく別風（唐風）で認め進上したと記す。唐様書法の泰斗である細井広沢の子の九皐《きゅうこう》に七歳から学んだ治郷は、その後、定家流の書風に変わる。[7]

10　五月十二日付山庵老和尚（大巓）宛書状は、大巓の来訪時の法話につまらないことを言ってしまったことを悔い、別の工夫を別紙にしたため大巓の返答を待つと記す。

11　この別紙は、目覚めている時と眠っている時を指す寤寐《ごび》の論について、その境界は判断しないのだとする。

12　六月五日付書状は差出も宛名もないが、文中に「御帰山」とあるから大巓隠居後だとすると、大巓の跡を継いだ天真寺住職の東陽宗冕《そうべん》宛となる。また文中に出る東嶺円慈の没年の寛政四年(一七九二)以前のものである。内容は、先日、江戸湯島の麟祥院へ東嶺円慈による「虚堂録」の講義を聞きに行き、東嶺和尚は「カワユゲ」が少しもない男である。「御一笑、々々」と治郷は冗談を述べる。また大衆は四〇〇人集まったと記す。

13　四月二十日付山庵老和尚(大巓)宛書状は、以下のような内容である。大巓に書物の題簽(「書物銘」)を書いてもらい、すぐに装丁にかかった。これには江戸詰の松江藩士である萩野信敏(「喜内」、一七三三〜一八一七)が関わっていた。大巓が江戸へ来訪の際に詳しく話すとし、得二郎に口上の返事を託したので聞いてほしいとする。書状の遣り取りには、得二郎という使者がいたことがわかる。萩野信敏は、大槻玄沢が著した『蘭学階梯』や、福知山藩主朽木昌綱編纂の『泰西輿地図説』『彩雲堂蔵泉目録』などの序文を執筆した博覧強記の藩士で、治郷から信頼され、天愚孔《てんぐこう》平《へい》の筆名で千社札の元祖としても有名である。

14　天明二年か寛政二年推定正月十三日付山庵老和尚(大巓)宛書状は、「武渓集の儀、被仰下承知仕候」と治郷が返答しており、月船禅慧《ぜんえ》の偈頌《げじゅ》を月船の弟子が編集した「武渓集」が出てくる。「武渓集」の跋文を治郷が天明二年五月付で著し、この書は翌年正月に京都で刊行され、寛政二年にも再刊された。

15　八月十四日付山庵老和尚(大巓)宛書状は、天気や歯痛を理由に大巓への返事を延引している、言いわけの書である。また「三界唯心劫初之答」もまだ書けていないとする。

16　15に出る「三界唯心劫初之答」が本文書である。先年、大巓から口頭で聞いて、その際に治郷は口頭で返答した。これには月船和尚が認めた答語も大巓から呈示されていて、これ以上の答えはできないので、先年の口頭への返答ではいけないかと記す。

⑶東陽宗冕《そうべん》宛

17 八月二十六日付天真丈室和尚（東陽）宛書状は、大巓の跡を継いだ天真寺住職の東陽宗冕との遣り取りを記したものである。大巓のいる山庵のために貸していた書物の上覆の催促であるが、なかったらそれでもよいと治郷の気遣いが窺える。

18 寛政十年（一七九八）推定二月十日付天真丈室和尚（東陽）宛書状は、正月二十五日に没した大巓（「山庵和尚」）の遺書・遺偈《ゆいげ》をつぶさに拝見したので返却すると記す。遺書・遺偈ともに天真寺に現存し、箱書を治郷が記している。

19 七月五日付天真丈室和尚（東陽）宛書状は東海寺の妙解から博多和巾（博多織の袱紗《ふくさ》）をもらい、東陽からも礼を言ってほしいと頼み、また盆過ぎに妙解と東陽が示し合わせて来るよう伝えている。治郷・東陽・妙解の仲の良さが伝わる書状である。

20 年月日未詳山庵老和尚（東陽）宛書状は、竪紙両面に記されている。これは中国・南宋初期を代表する禅僧の大慧禅師墨跡（東京国立博物館所蔵の国宝）の文面を、治郷が写しとり、読めない字は読めないままで写し、「大恵録」に同文章がないかと問い、別に手紙を差し出すのも面倒なので写した竪紙に続けて書いたと記す。残暑の虫干しのついでに写したとあるので、治郷は晩夏に所蔵品の虫干しを行っていたことがわかる。

21 文化七年（一八一〇）推定三月二十四日付山庵老和尚（東陽）宛書状は、三日後に七十九歳で亡くなった治郷（不昧）生母の本寿院の看病を記す。文化三年に天真寺住職を一止和尚に譲った東陽は、かつて大巓のいた山庵に居住していた。治郷も同じ年に隠居し、代を子の斉恒《なりつね》（月潭《げったん》）に譲り八代藩主となし、自らは品川大崎の下屋敷に移り「不昧」を公称とした。不昧五十六歳の時である。この書状では不昧が東陽のいる山庵を訪れる日について、一止和尚から問い合わせがあったが、母の看病で難しく、母が回復すれば四月中頃までには訪れ、不幸となった場合は忌明け後になると返答している。

22　八月二十六日付山庵老和尚（東陽）宛書状は、東陽の病気を心配し気遣っている。病中にもかかわらず依頼の認め物の作成を謝し、熟覧して返答すると記す。「お互いに古家の悲しさ、少々の風も大風のように破損します。とにかく御加養してください（意訳）」と東陽・不昧ともに健康を気遣っている。

23　文化十四年推定九月十八日付山庵老和尚（東陽）宛書状は、有名な円相の賛の執筆について東陽へ問い合わせている。円相の軸の右下の「前出羽……治郷一々〇〇」の部分に「治郷何と認めたらいいでしょうか」と問い、「題」と記すか「書」と記すかも指図を仰いでいる。また円相の中に「不昧」の字を書くようにとの指示についても、右下に長い名書があるうえに、さらに円相の中に名前があるのは二重に見え「何やらおかしなやうニ」思うとする。名書を無しにして印のみもよいでしょうか、とも問うている。賛の部分でも、「一々霊明天真」[8]の部分を「一一霊明、一々天真」とするようにとの東陽の指示を確認している。実際に作成された円相の軸は右下の名書には「不昧」字を入れなかった。円相の軸制作にあたり、不昧は自らの名が何度も記されることに対し迷いがあったことがわかる。

24　二月六日付山庵老和尚（東陽）宛書状では、天気が悪いので不昧が品川の下屋敷から赤坂の上屋敷へ行くのを取りやめたことで時間ができたため、山庵の東陽へ昼前に来れば昼飯を差し上げると伝える。また二、三日中に去年冬以来の約束である「蕎麦」の馳走を伝え、天真寺住職一止和尚と共に来訪するよう伝えている。この「蕎麦」は、不昧のもとでなければ食べることのできないものと考えられ、それは出雲独自の出雲蕎麦である可能性が高い。

25　卯月十二日付山庵老和尚（東陽）宛書状は、受け取った手紙がよく読めないので再度の送付を依頼し、また不昧から絵と文章を送るのでその感想を東陽へ求めている。

2　治郷私信の作法

天真寺所蔵の松平治郷(不昧)書状二五通は、その伝来が確かであるだけでなく、うち一二通は大巓が受け取った時のままのウブな状態で保管されているという点で生々しく、そこからは治郷の手紙の作法を垣間見ることができる。

同寺所蔵の治郷(不昧)手紙の形態や法量を、表装されたものも含めて**表**「天真寺所蔵　松平治郷(不昧)書状の形態および法量」に示した。治郷の手紙の多くは切紙を継いだもので、継目はおおよそ二ミリから三ミリ幅で重ね(右上重ね)糊付けされている。ウブな文書に限ると、その縦幅は一五・一から一五・九センチの幅に収まる。全長も一〇センチ台の一枚物から、三枚を継いだ一メートルに及ぶものもある。第一紙も一〇センチ台から四〇センチ台までさまざまで、紙の幅にばらつきがある。ウブな文書からは封の仕方がわかる。封がなく巻いただけのものもあり、その場合、手紙本文に差出や宛名もないメモ程度の内容に用いられた(文書番号9・11・12・16)。これに対し、封のある手紙には、差出と宛名が記されることが多く、表書きに差出と宛名を記す場合、本文中での差出と宛名が省略される場合もあった。

なお国元からの手紙は本文中に差出と宛名を記し、べつに今は失われた包紙があったものと思われる。江戸滞在中のものは、切紙(続紙)で端裏にウワ書として差出と宛名を記し、本文中には差出と宛名は記さないのを特徴とする。また公案工夫の返答などは、差出・宛名・月日すら書かず、内容のみを記している。

さて治郷(不昧)は、本文の執筆が終わると手紙を丸め表書を認め封をする。具体的には、文書最後尾の幅がまちまちであるから、封部分の紙幅を残すために、最初から幅を決めて左から右へ巻いていくのではない。いったん、最後

表 天真寺所蔵 松平治郷(不昧)書状の形態および法量

番号	縦	全長	第1紙	第2紙	第3紙	巻幅	形態
	(単位cm)		(単位cm)				
1	15.2	50.8	22.2	28.6		3.5	ウブな文書、表書の端幅6mm分を左に巻き込み、その上部縦51mm分で切れ目を入れ、切れ目より上部を糊で付けし「〆」封を行う。
2	15.4	65	45	20			ウブな文書であるが巻き直され巻幅は不明。表書の端幅8mm分を左に巻き込み、その上部縦52mm分で切れ目を入れ、切れ目より上部を糊で付けし「〆」封を行う。
3	15.8	47.3	33.4	10.3		3.5	ウブな文書、表書の端幅12.5mm分を左に巻き込み、その上部縦53.1mm分で切れ目を入れ、切れ目より上部(右端から6mm幅)を糊で付けし「〆」封を行う。
4	15.8	40.7	31.2	9.5		3.5	ウブな文書、表書の端幅8mm分を左に巻き込み、その上部縦43mm分で切れ目を入れ、切れ目より上部を糊で付けし「〆」封を行う。
5	15.7	40.6	37.6	3		3.6	ウブな文書、表書の端幅8mm分を左に巻き込み、その上部縦47mm分で切れ目を入れ、切れ目より上部を糊で付けし「〆」封を行う。
6	15.1	107.2	44.1	43.8	18.9	3.3	ウブな文書。封なし。
7	32.2	46.7	46.7				軸装。折紙。
8	15.7	92.1	20.3	44.1	27.4	4.3	ウブな文書。封なし。
9	15.3	26.9	26.9			2.9	封なし。差出宛名なし。
10	15.5	34.7	34.7			4.4	ウブな文書、表書の端幅17mm分を左に巻き込み、その上部縦30mm分で切れ目を入れ、切れ目より上部(右端から7mm幅)を糊で付けし「〆」封を行う。
11	23.6	15.6	14.3	9.6		3.6	封なし。差出宛名なし。
12	15.6	84	45.2	39		4.2	封なし。差出宛名なし。
13	15.8	50.5	40.7	9.7		3.6	ウブな文書、表書の端幅8.5mm分を左に巻き込み、その上部縦5.4cm分で切れ目を入れ、切れ目より上部(右端から6mm幅)を糊で付けし「〆」封を行う。
14	15.3	67.4	38.2	21.0	8		巻子装。糊「〆」封。
15	15.8	100.0	25.8	45.3	28.1	4	ウブな文書、表書の端幅8mm分を左に巻き込み、その上部縦48mm分で切れ目を入れ、切れ目より上部を糊で付けし「〆」封を行う。
16	15.6	42.5	15.3	17.3		3.5	封なし。紙継重ね2～3mm。差出宛名なし。
17	15.9	77	24	45.8	7	4.3	ウブな文書、表書の端幅10mm分を左に巻き込み、その上部縦44mm分で切れ目を入れ、切れ目より上部を糊で付けし「〆」封を行う。
18	17.4	33.2	23.7	19.5			巻子装。糊「〆」封。
19	15.5	41.2	41.2				巻子装。糊「〆」封。
20	35.1	48	48				竪紙、両面に文字。
21	16.3	40.7	15.7				巻子装。糊「〆」封。
22	15.9	70.3	45.7	24.5			巻子装。糊「〆」封。
23	15.9	100.6	46.5	45.5	8.5		巻子装。糊「〆」封。
24	16	60.4	36.4	24.2			巻子装。糊「〆」封。
25	15.6	52.3	10.9	41.4		3.5	ウブな文書、表書の端幅75mm分を左に巻き込み、その上部縦41mm分で切れ目を入れ、切れ目より上部を糊で付けし「〆」封を行う。

尾から頭へと向かって紙を巻いて、封で使用する分の紙幅を残し、丸めた文書全体を押して形を整えたものと考えられる。巻幅は二・九センチから四・四センチまでの幅があるが、三・五センチ幅が最も多い。この時点で、表書きに宛名と差出を記す。表書き左部分の封のための紙の端は、六ミリから一七ミリの幅の間で手紙の裏へと折り返している。その折り返した部分の上部から三センチから五・三センチの間で横に鋏で切り込みを入れ、切込みより上部裏側に糊を塗り貼る。切込みは大巓・東陽宛共にあるので受け取り側でなく、差し出した治郷が行った行為であることがわかる。糊を塗る幅は明確なもので六ミリから七ミリ程度の横幅で、切り込みより上部に塗っている。そのため、切込みより下の部分は、少し浮いた状態となる。糊付したあと、糊付した部分の上から墨で〆封をして完成となる。封部分に切り込みを入れるのは、開封する者への配慮であるとともに、治郷(不昧)の几帳面さを示すものと言えよう。

第三節　松江藩松平家関係の位牌と墓地

「松江藩松平氏系譜」(9)によれば、天真寺に葬られたのは、①初代松平直政の正室「国」(慶泰院殿心月祖栢大姉)、②三代松平綱近の正室「国」(泰雍院真性妙観大姉)、③四代松平吉透(三代綱近弟)子「長次郎」(鍾秀院殿高英宗尚童子)、④八代松平斉恒(月潭院殿前出雲国主従四位下侍従兼出羽守露滴宗潔大居士)の四人である。

①は松平甲斐守忠良(久松)女で元禄四年(一六九一)九月十九日、江戸で没した。②は松平佐渡守守良尚(康尚)(久松、忠良の孫)女で享保三年(一七一八)七月二十二日に没した。①②共に久松松平家出身の女性であることは先に記した。③は正徳二年(一七一二)七月八日に夭折した。享年八。④は文政五年(一八二二)三月二十一日に没した。享年三十二。この四人の位牌は、今でも天真寺にある。

墓石については、関東大震災後、松平家が東京の関係墓地のある一四か寺を整理し、全てを国元松江の菩提寺である月照寺に移転させた[(10)]。そのため墓石は現存しない。ただ③鍾秀院殿高英宗尚童子(三代松平吉透子)の墓石は、笠部に桐紋五ツを配し、基礎部正面中央の戒名部分を抹消し、戒名両脇に「正徳二壬辰年」「七月初八日」銘がある五輪塔(高一四〇センチ)で、無縁墓塔の南奥に残る。

注

(1)『寛政重修諸家譜』第一、二八〇頁。『系図纂要』第八冊下、六〇三頁。
(2)西島太郎「松平藩松平家の墓所移転について」(同『松江藩の基礎的研究』岩田書院、二〇一五年)。
(3)『松平不昧傳』下(増補復刊、松平家編輯部編、原書房、一九九九年。原本一九一七年)、四三頁。
(4)志水正司「松平不昧の手紙」(港区の文化財第4集『麻布―その南西部』東京都港区教育委員会、一九六八年)。
(5)『松平治郷(不昧公)関係史料集』Ⅱ(松平治郷〔不昧公〕研究会編、松江市、二〇二三年)収載「天真寺所蔵の松平治郷(不昧)自筆史料」の文書番号および文書翻刻による。
(6)『天真寺の文化財』(佛陀山天真寺、一九八七年)、三頁。
(7)『松平不昧傳』下、一〇五頁。
(8)『松平治郷(不昧公)関係史料集』Ⅱ、収載「松平治郷(不昧)関係遺品(港区指定文化財)」文書番号5円相画賛。
(9)中原健次『松江藩格式と職制』(松江今井書店、一九九七年)。出雲市図書館所蔵「雲州松平家系譜」、島根県立図書館所蔵「雲州家系」を基に作成した系譜。
(10)西島、注(2)論考。

第七章　伏見—西宮間における松江藩参勤交代路の変更

はじめに

江戸時代に諸大名が交代で江戸へ伺候する参勤交代は、寛永十二年(一六三五)の武家諸法度で制度化された。毎年四月交代で江戸へ参勤し、幕末に至り三年に一度の江戸在府へと緩和された(1)。この制度は、有事の際の軍事力配備や幕藩領主の共同利害を守るための政策であったが、宝暦・天明期(一七五一～一七八九)以降、隔年参勤が守られなくなり変質した(2)。一八万六〇〇〇石の松江藩の参勤交代については、近年『松江市史』通史編4 近世Ⅱが、歴代の参勤交代の頻度、藩財政に占める費用の割合、路程、本陣や御茶屋、宿割など端的にまとめている(3)。現段階における到達点を示すが、詳細においてはさらなる実態の解明を積み重ねる必要がある(4)。

なかでも参勤交代の経路については、松江を発ち中国山地を越えて山陽道・東海道を経て江戸へ到達するのを通例とし、日光社参を兼ねる場合か、東海道を通るのに支障がある場合に中山道が選択されていた(5)。この他、松江藩の道中吟味役が記した「道中記」を根拠に、淀川右岸を通る経路を定例とし、左岸の枚方を通る場合があることや、伊勢—尾張間は海路を定例としつつも陸路を通る場合があり、出雲街道でも幕末に米子—二部《にぶ》間は川留めを避ける天万《てんまん》経由の経路に変更されたことが指摘されている(6)。しかし参勤交代路の具体的様相については明らかでなく、時期的な変遷や経路の選択理由など検討の余地がある。
そのため本章では、参勤交代の経路について検討を行う。具体的には、大阪府茨木市宿川原町(旧大字道祖本《さいのもと》)にある郡山《こおりやま》宿本陣に残る史料を中心に、松江藩の摂津・河内・山城における参勤交代の経路について検討する。そして、西宮から伏見へ最短距離で行くことのできる淀川右岸を通る西国街道(山崎通)が、七代藩主松平治郷治世期の寛政六年(一七九四)を最後に利用されなくなり、淀川左岸の神崎通《みち》・京街道を利用する経路に変更される事実を指摘する。さらに西国街道(山崎通)を利用した藩関係者や、同街道上にある郡山宿本陣の利用状況を明らかにする。

第一節　伏見—西宮間における二つの陸路

安永九年(一七八〇)八月に御小人方に属する道中吟味役足軽の神田助右衛門が藩へ提出した「道中記」[7]は、参勤交代の経路を示したものである。「道中記」に記された経路を松江から桑名まであげると、以下のようになる。

松江—出雲郷—安来—米子—溝口—二部—根雨—板井原—新庄—美甘—勝山—久世—坪井—津山—勝間田—土井—佐用—三ヶ月—千本—觜崎—鎊西—姫路—加古川—明石—兵庫—西宮—昆隅(陽)野(昆陽《こや》)—瀬川—郡山—芥川—山崎—伏見—大津—草津—石部—水口—土山—坂ノ下—関—亀山—荘納—石薬師—四日市—桑名—(以下略)

松江から姫路までは山陰道と中国山地を越える出雲街道を通り、姫路から淀川右岸を通る西国街道(山崎通)を通って伏見へと至り、伏見から京都中心部を通らず大津へ抜ける大津街道を通り東海道に入る。「道中記」を図面で示した「道中図」も同様である[8]。二年後の天明二年(一七八二)に神田助右衛門が編纂した参勤交代時の携帯用街道絵図である「寸里道絵図」にも同じ経路が描かれている[9]。藩主は七代松平治郷の代である。

注目したいのは、西宮から伏見までの道筋である。「道中記」では、西宮（西宮市）—昆陽（伊丹市）—瀬川（箕面市）—郡山（茨木市）—芥川（高槻市）—山崎（島本町・大山崎町）—伏見（京都市伏見区）とある。この道は江戸時代に「山崎通《みち》」といわれ、摂津・山城両国を通過する淀川右岸の西国街道を通る経路である。安永九年・天明二年の段階での参勤交代は、この経路が基本と考えられる。

十代藩主松平定安が、安政五年（一八五八）に江戸へ参勤した時の道中記録「御休泊並御立場附」[10]によれば、兵庫で宿泊、西宮で休憩、大坂で宿泊、枚方で休憩、伏見で宿泊という経路であった。これは西宮から大坂までの神崎通と、大坂から淀川左岸を通り伏見へ至る京街道を通る経路である。[11]また嘉永年間（一八四八～一八五四）以降に記され、参勤交代で利用する本陣の図面を集めた「駅々御本陣御間取絵図」[12]も、兵庫、西宮、守口、枚方、伏見の本陣図面が描かれており、幕末における松江藩の参勤交代は、淀川左岸を通る経路がとられていた。

以上、淀川右岸の西国街道（山崎通）を通る場合と、淀川左岸の神崎通・京街道を通る場合があり、江戸中期に西国街道（山崎通）、後期には神崎通・京街道という経路の変更があるようにみえる（図「西国街道（山崎通）と神崎通・京街道」）。次節では、西国街道（山崎通）の宿駅である郡山宿本陣の利用状況から経路の変遷について探る。

第二節　西国街道（山崎通）の郡山宿本陣宿帳

明治時代以降、参勤交代で利用された本陣の多くが失われた。西国街道（山崎通）や神崎通・京街道においても同様であるが、西国街道（山崎通）の郡山宿本陣は現存している。また郡山宿本陣の宿泊者名簿である「郡山宿椿之本陣宿帳」も残されている。「郡山宿椿之本陣宿帳」は八冊の宿帳からなり、元禄九年（一六九六）から明治三年（一八七〇）までの利用者がわかる。ただし、享和三年（一八〇三）から天保三年（一八三二）までの三十年間は宿帳に欠落があり、残存する宿割帳や「直段双庭付御跡証文控」から補塡し、『山崎通郡山宿　椿之本陣宿帳』(13)として活字化されている。「郡山宿椿之本陣宿帳」には、郡山宿本陣を利用した大名等の名が記されており、同本陣を利用した松江藩関係者の名前もある。以下、本宿帳から松江藩関係者の西国街道（山崎通）の利用状況をみていく。

表1「松江藩主の郡山宿本陣利用状況　その1」は、「郡山宿椿之本陣宿帳」記載の松江藩主の宿泊や休憩記事を一覧にしたものである。**表2**「松江藩主の郡山宿本陣利用状況　その2」は、松江藩主の居所を示す一覧に郡山宿本陣利用日を落とし込んだもので、松平家松江藩の全参勤交代のなかにおける郡山宿本陣の利用状況を、一目でわかるようにしたものである。**表1・2**からは、宿帳の残る三代藩主松平綱近以降の郡山宿本陣の利用状況が明らかとなり、すべて参勤交代の道中と一致している。

各代の郡山宿本陣利用の状況をみると、三代藩主松平綱近は六回、うち宿泊が五回で休憩が一回あり、綱近隠居後の帰国では利用していない。四代藩主松平吉透は家督を継いだ翌年に没したので参勤交代はなかった。五代藩主松平宣維《のぶすみ》は一一回の郡山宿本陣の利用があり、うち宿泊が一〇回、休憩が一回あり、郡山宿本陣を利用しない参勤交代の往路・復路が五回ある。

六代藩主松平宗衍《むねのぶ》は五回の郡山宿本陣利用があり、うち宿泊が三回、休憩が二回あり、同本陣を利用しない往路・復路が六回あった。ただ利用しなかったうちの一回は、延享二年（一七四五）の初入国の際で、五月二十一日に郡山宿本陣での宿泊を予定していたが、大井川の川越えで遅れたうえ、宗衍が不快となったために伏見に泊まり、翌日は芥川に泊まることとなったため郡山宿本陣は見送られた。逆に宝暦七年（一七五七）六月四日の宿泊は、郡山宿本陣側が宿の用意が整わないと断ったにもかかわらず、宗衍は宿泊三日前に関札を本陣へ届け、急に舟で来て宿泊した（「俄御

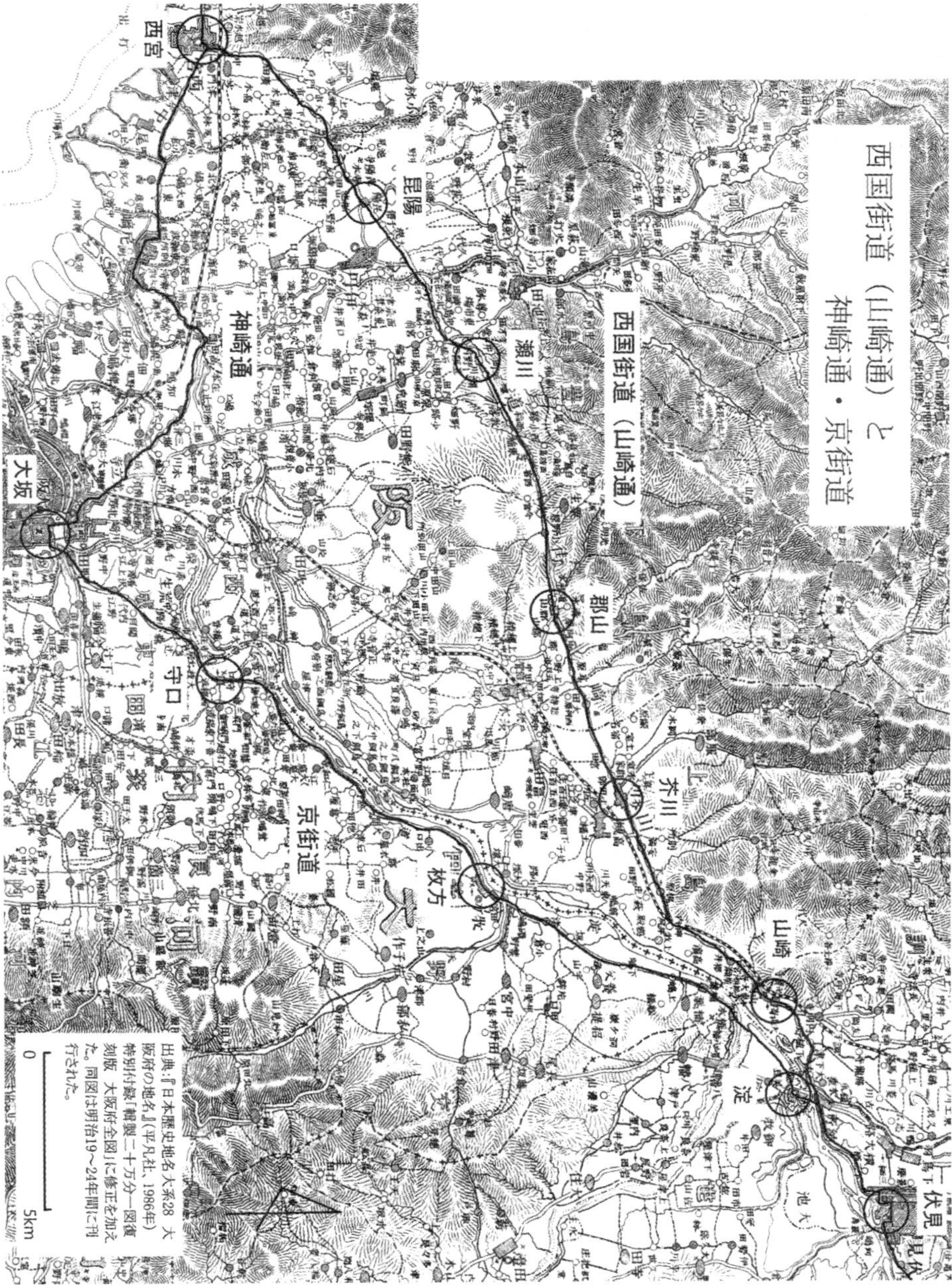

出典：『日本歴史地名大系28 大阪府の地名』（平凡社、1986年）特別付録「輯製二十万分一図復刻版 大阪府全図」に修正を加えた。同図は明治19～24年間に刊行された。

天明4.3.21	1784	松平出羽守	休	銀1枚、金100疋、書上、24人、90文ずつ、白米1升3合売、内1人私宅へ被下候、外ニ1人大坂七里衆分払取、御目見江有、御用人衆取次ニて御目録金之御礼御申上
天明5.2.2	1785	松平出羽守	休	銀1枚、金100疋、26人、80文宛、65文ノ触願、内1人分私宅へ、御馬、甚右衛門、三之助、甚兵衛
天明6.3.21	1786	松平出羽守	休	「朝五ツ前より先番御出、賄随分早ク拵置可申事、四ツ時御立」、銀1枚、金100疋、29人、75文、内1人私宅へ、馬宿2軒能ク、3人湯漬、40文ずつ、「独活献上殊外御悦」、「六拾文之御触ニて御役人相尋候へ共相知不申候ニ付、御台所払方ニて相願申七十五文に究、膳組2ツ建ル宜敷」
天明7.5.22	1787	松平出羽守	休	銀1枚、金100疋、24人、110文ずつ、内1人私宅へ被下候、「但御触ハ六拾文伏見迄願之書状遣し候て、馬甚右衛門、又二郎、百七十文外七八下直」、(貼紙)「百八十文ニて　能く」
天明8.9.9	1788	松平出羽守	休	「前々日御宿割御出之筈、川支ニて前日御出」、銀1枚、金100疋、書上、60文ノ御触ニ候へ共御願申ニ付、26人、75文ずつ、内1人私宅へ被下候、外ニ1人、湯漬45文取、35文之御触
寛政2.3.2	1790	松平出羽守	休	「前々日御宿割夕方ニ御出、当所へ御泊、御馬16疋有」、銀1枚、金100疋、書上、下陣札、馬札5枚御渡、32人60文之触願候て75文極、内1人私宅へ被下候、尼鯛10、湯漬35文触ニて願、40文ずつ、5人有
寛政3.11.18	1791	松平出羽守	休	「御宿割前日八時過ニ下陣札・馬札三枚、馬九疋」、銀1枚、金100疋、31人、75文ずつ、内1せん被下候、小赤貝10
寛政4.9.25	1792	松平出羽守	休	「前々日七ツ自分ニ御宿割、下陣札馬札三枚、九疋、宿甚四郎」、銀1枚、書上、金100疋、氷餅2返礼ニ、33人、70文ずつ、内1人分私宅へ被下候
寛政5.5.22	1793	松平出羽守	休	「前日御宿割」、書上、銀1枚、金100疋、氷餅2返礼、32人、70文ずつ、内1人分被下候、湯漬1人有、42文取
寛政6.3.12	1794	松平出羽守	泊	「御休之筈之処、俄ニ御泊ニ成、男働人多入用、殊ノ外姦マ敷候」、銀3枚、金100疋、献上返礼独活、8人、外ニ1人私へ被下候、上175文、下162文ニ究
9代　松平斉貴期				
天保1.3.15	1830	出雲少将	休	「五日前御関札弐枚、前々日御宿割弐人、下陣札布市兵衛、壱弐、馬宿甚四郎」、銀1枚、金100疋、氷餅2つ上ル、御家老之馬宿わら儀、旅籠85文ずつ、27人、手前江85文被下
嘉永2.5.11	1849	雲州様	泊	「弐枚十日前御関札方両人御出、酒三合出ス、前日宿割上下五人、酒九合出ス」、御泊、中1、下1、銀3枚、金100疋、献上物返礼氷餅2ツ、惣下宿数〆62軒、油紙37軒、本陣泊〆20人、旅籠上188文、下180文ずつ、旅籠触前広ニ参り上180文、下172文ニ候得共、当年限りニ道中方江願、前文之旅籠ニ相成申候、宿割帳より1冊置帳下リ、又判取帳下リ、夫江下宿名前差入上江上ル、手間ニハ大帳1冊ニて宜敷候、夜分状死者左程ニ無之、伏見用達小刀屋孫四郎宿1軒、来年より者内分ニて別ニ取置候事、惣人〆内外共9人ニて勤申候、松平駒治(次)郎様御同宿、金100疋、献上物返礼、若殿之御礼は無之候、「一、下陣宿布屋五兵衛、割(宿脱カ)伝九郎弐軒弐て御宿割納リ候様被仰付候ニ付、其心許ニて札打置候処、先越し方御出被下、両家ニて百十人所全納リ不申故、割宿手広之処可被取様被申、夫故段々と下宿膳落仕候得共一向無之候故、才之本本覚寺頼、夫江六十人納、かや、夜具之類は釘屋ニてかり、右之人数は旅籠ニては無之、白米ヲ買テ為焚、膳ニて汁古之物ニて拵、一々喰申候、右ニて心付金弐百疋、此内ニて味噌、醤油、古之物賄、白米は別ニ代物下リ申候、右弐軒ニて納リ候様被仰付、夫ニ俄ニ割宿取候故、段々と御本陣より願、夜具、蚊帳、人足賃ニて金百五拾疋下リ申候、乍併当年は俄故下リ候事、来年よりは心附置候て下陣手広之宿三四軒取置被申候事」、「殿様西宮御立触、一はん触四ツ半時、九ツ半時御供揃、雪いん格別ニ念入見改被成候」
10代　松平定安期				
安政4.⑤.2	1857	出雲少将	小休	「当日二時前宿取御出、内手ニて勤ル」、金100疋、御幕張被下、金100疋、御小休料被下、六尺15人、20人前拵5人不用、銭244文

⑤は閏月。

表１　松江藩主の郡山宿本陣利用状況 その１

年月日	西暦	利用者	形態	利用料や人数など
３代　松平綱近				
元禄10．３．21	1697	松平出羽守	泊	
元禄11．５．８	1698	松平出羽守	休	銀子１枚
元禄12．３．22	1699	松平出羽守	泊	銀子３枚、金子200疋、外ニ金子200疋被下候
元禄13．５．６	1700	松平出羽守	泊	金子200疋、銀子３枚被下候、御家老今村志摩、御用人稲葉孫惣
元禄14．３．23	1701	松平出羽守	泊	銀子３枚、金子200疋被下候、御家老三谷権太夫、御用人稲葉孫惣
元禄15．５．13	1702	松平出羽守	泊	銀子３枚、金子200疋、同100疋、伝四郎ニ被下候、御家老三谷権大夫、同団丹下、同仙石主水、御用人石丸杢、同星野三左衛門
元禄16．３．25	1703	松平出羽守	泊	「江戸へ御参勤」、銀子３枚、金子200疋被下候、柳多弾正、団丹下
５代　松平宣維				
正徳５．３．19	1715	松平出羽守	泊	銀子５枚被下候、旅籠夕50人、朝46人、御家老神谷兵庫、同今村平馬、御用人永田甚五右衛門
享保２．５．７	1717	出雲少将	泊	銀５枚、旅籠31人、金200疋、伏見ニて飛脚へ被御志
享保３．６．18	1718	出雲少将	泊	銀５枚、はたこ36人
享保６．５．４	1721	出雲少将	泊	銀子３枚、はたこ22人、御家老神谷備後、御用人斉藤久米
享保７．３．19	1722	出雲少将	泊	銀３枚、はたこ25人
享保８．４．３	1723	出雲少将	泊	銀子３枚、はたこ20人
享保９．８．19	1724	出雲少将	泊	銀３枚、はたこ25人
享保10．４．11	1725	出雲少将	泊	銀３枚、はたこ20人
享保11．８．19	1726	出雲少将	泊	銀３枚、同(旅籠) 20人
享保12．４．３	1727	出雲少将	泊	銀３枚、同(旅籠) 20人半、湯漬27人
享保13．８．14	1728	出雲少将	休	「十二日御泊之処、池田川越無之、十二日十三日小屋(昆陽野)御泊」、銀１枚、30人、55文ずつ
６代　松平宗衍期				
延享２．５．22	1745	松平出羽守		「芥川御泊廿三日御通り」「御初入ニ付」「右五月七日御泊之処大井川河支ニ付、廿一日御泊之処御不快ニ付伏見ニ御逗留、廿二日ニ相成、廿二日ハ建部様御請ニ罷成御断申芥川御泊二建部様又々相延統治御泊無之、万右衛門芥川へ遣し候処進物不納御理解被下候」
延享３．３．16	1746	松平出羽守	泊	銀３枚、25人昼飯60文、晩朝19人、上132文、下100文ずつ
延享５．２．14	1748	松平出羽守	休	銀１枚、27人、60文
寛延２．９．１	1749	松平出羽守	休	銀１枚、20人、60文ずつ
寛延３．３．２	1750	松平出羽守	泊	銀３両、夕26人、朝23人、(後筆)「未年130文、115文」
宝暦７．５．４	1757	雲州様	泊	「四日御泊之処、下宿御不行届之断申候処、俄御舟へ御越、関札三日前ニ御出」
７代　松平治郷期				
明和７．８．20	1770	松平出羽守	休	銀１枚、金100疋、31人、60文ずつ
明和８．５．16	1771	松平出羽守	休	銀１枚、100疋、27人、60文、内１人御本陣へ被下候
安永１．３．21	1772	松平出羽守	休	銀１枚、100疋
安永２．５．７	1773	松平出羽守	休	銀１枚、100疋、25人、60文ずつ、内１人御本陣へ
安永３．３．21	1774	松平出羽守	休	銀１枚、100疋、60文ずつ、26人、内１人内へ
安永６．５．８	1777	松平出羽守	休	銀１枚、金100疋、27人、60文ずつ、３人湯漬、28文ずつ
安永７．３．21	1778	松平出羽守	休	銀１枚、100疋、27人、60文宛、内１人内へ、９人湯漬、35文ずつ
安永８．５．12	1779	松平出羽守	休	銀１枚、金100疋、25人、60文ずつ、内１人私宅へ被下候
安永９．９．16	1780	松平出羽守	休	御宿割前日、銀１枚、金100疋、26人、60文宛、内１人被下候、５人湯漬、35文ずつ
天明１．５．10	1781	松平出羽守	休	銀１枚、金100疋、28人、60文ずつ、内１人分内へ、９人、35文ずつ
天明２．３．21	1782	松平出羽守	休	銀１枚、金100疋、38人、70文ずつ、内１人私宅へ、２人湯漬、40文ずつ
天明３．２．３	1783	松平出羽守	休	銀１枚、金100疋、書上、31人、内１人被下候、70文ずつ、56人湯漬、45文ずつ、御馬17疋内６疋甚兵衛一・三札、５疋又次郎二、２疋仁右衛門四、４疋五兵衛五

文政10	1827	8/6		9/5	
文政11	1828	4/4		3/1	
文政12	1829	4/23		5/20	
天保1	1830	4/2		閏3/1	
天保2	1831	4/23		5/20	
天保3	1832	3/27		3/1	
天保4	1833	4/23		5/17	
天保5	1834	4/8		3/7	
天保6	1835	4/23		5/20	
天保7	1836	4/4		3/7	
天保8	1837	5/4	5/16 休	5/26	
天保9	1838	4/6		3/11	
天保10	1839	4/23		5/21	
天保11	1840	4/12		3/11	
天保12	1841	5/1		5/25	
天保13	1842	4/1	3/15 休	3/7	
天保14	1843	9/8		閏9/4	
弘化1	1844	8/16 3/29 8/24		3/1	8/16〜24 日光参詣
弘化2	1845				
弘化3	1846				
弘化4	1847	9/2	9/17		京都「御使」
		10/12	9/晦		9/17 京都着 9/晦 京都発
嘉永1	1848				
嘉永2	1849	閏4/23	5/11 泊	5/24	
		9/29		9/4	
嘉永3	1850				
嘉永4	1851	12/14			
嘉永5	1852			1/14	
嘉永6	1853			9/5	9/5 隠居、瑤光翁
安政1	1854				
安政2	1855				
安政3	1856				
安政4	1857				
安政5	1858	4/18		3/24	
安政6	1859				
万延1	1860				
文久1	1861				
文久2	1862				
文久3	1863				3/4 卒去(直指庵)

10代　松平定安 (1835-82)

		江戸	郡山本陣	松江	備　考
嘉永6	1853	9/5			9/5 家督を継ぐ
安政1	1854	1/14		2/8	
		4/8		3/15	
安政2	1855	4/23		5/18	
安政3	1856	4/4		3/10	
安政4	1857	5/16	閏5/2 小休	閏5/11	
安政5	1858	9/19		8/23	
安政6	1859	5/1		5/24	
万延1	1860	4/6		閏3/11	
文久1	1861	5/1		5/29	
文久2	1862	4/6		3/11	
文久3	1863	1/23	2/12		2/12 京着
			3/23	4/4	3/23 京発
元治1	1864		1/22	1/10	1/22 京都着
			2/21	3/3	
慶応1	1865				1/28 帰城
慶応2	1866		8/19		7/7 平田へ宿陣 8/19 松江へ帰城
			10/18	10/5	10/18 京都着
			11/24	12/6	
慶応3	1867				
明治1	1868		1/29	1/19	1/29 京都着
			閏4/21	5/5	
明治2	1869	3/24（東京）	3/ー	3/18	3/ー 横浜 5/18 松江藩知事
		7/19	7/20	8/9	7/20 横浜
明治3	1870				
明治4	1871	2/3	2/1　1/晦(30)	1/19	1/晦 松江城を廃す 2/1 横浜
		5/8	5/11	5/21	5/11 横浜
		9/19	7/14	9/7	7/14 廃藩置県
明治5	1872				
明治6	1873				
明治7	1874				
明治8	1875				
明治9	1876				
明治10	1877				
明治11	1878				
明治12	1879				
明治13	1880				
明治14	1881				
明治15	1882	12/1			12/1 卒去(松江院)

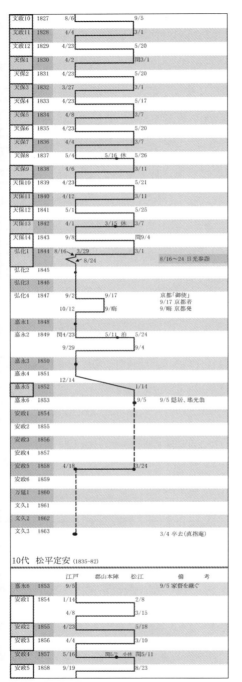

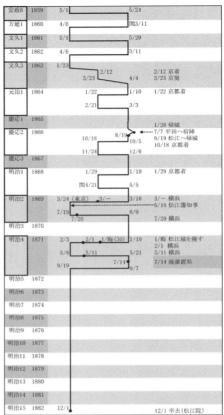

明和5	1768				
明和6	1769				
明和7	1770				
明和8	1771				
安永1	1772				
安永2	1773				
安永3	1774				
安永4	1775				
安永5	1776				
安永6	1777				
安永7	1778				
安永8	1779				
安永9	1780				
天明1	1781				
天明2	1782	10/4			10/4 卒去(天隆院)

7代　松平治郷 (1751-1818)

		江戸	郡山本陣	松江	備考
明和3	1766	8/5		8/28	
明和4	1767	3/1		2/9	
		11/27			11/27 家督を継ぐ(17歳)
明和5	1768				
明和6	1769	10/22		11/13	
明和7	1770	9/4	8/20 休	8/13	
明和8	1771	4/29	5/16 休	5/11	5/4京都
安永1	1772	4/4	3/21 休	3/13	
安永2	1773	4/24	5/17 休	5/14	
安永3	1774	4/4	3/21 休	3/14	
安永4	1775	4/23	神崎通へ	5/14	
安永5	1776	11/13		10/22	
安永6	1777	4/24	5/8 休	5/15	
安永7	1778	4/5	3/21 休	3/14	
安永8	1779	4/28	5/12 休	5/19	
安永9	1780	10/1	9/16 休	9/9	9/18伏見
天明1	1781	4/25	5/10 休	5/18	
天明2	1782	4/5	3/21 休	3/14	3/21摂津八幡山崎遊覧
天明3	1783	1/19	2/3 休	2/10	
天明4	1784	4/5	3/21 休	3/14	
天明5	1785	1/19	2/2 休	2/10	
天明6	1786	4/6	3/21 休	3/14	
天明7	1787	5/9	5/22 休	5/29	
天明8	1788	9/26	9/9 休	9/2	
寛政1	1789	4/25		5/16	
寛政2	1790	4/5	3/22 休	3/15	
寛政3	1791	9/18	11/18 休	11/25	
寛政4	1792	10/10	4/24 休	9/18	
寛政5	1793	5/9	5/22 休	5/29	
寛政6	1794	3/26	3/12 泊	3/5	
寛政7	1795	4/22		5/16	
寛政8	1796				
寛政9	1797	11/15		10/18	
寛政10	1798				
寛政11	1799	9/21		10/14	
寛政12	1800	4/6		3/12	
享和1	1801	5/1		5/25	
享和2	1802	3/18		2/14	
享和3	1803	4/27		5/27	
文化1	1804	3/21		2/24	
文化2	1805	4/21		5/13	
		10/26		10/1	
文化3	1806	3/11			3/11 隠居
文化4	1807				
文化5	1808	1/21		2/27	
		6/12		5/15	
文化6	1809				
文化7	1810				
文化8	1811				
文化9	1812				
文化10	1813				
文化11	1814				
文化12	1815				
文化13	1816	閏8/21		9/17	
文化14	1817	2/12		1/13	
文化15	1818	4/24			4/24 卒去(大圓庵)

8代　松平斎恒 (1791-1822)

		江戸	郡山本陣	松江	備考
文化3	1806	3/11			3/11 家督を継ぐ(16歳)
文化4	1807	5/1		5/28	
文化5	1808	4/8		3/10	
文化6	1809	4/21		5/16	
文化7	1810	3/21		2/29	
文化8	1811	8/5		8/27	
文化9	1812	3/21		2/27	
文化10	1813	5/13		6/6	
文化11	1814	3/21		2/28	
文化12	1815	9/11		10/4	
文化13	1816	4/1		3/8	
文化14	1817	9/4		9/26	
文政1	1818	2/29		2/11	
文政2	1819	閏4/11		5/6	
文政3	1820	3/22		2/29	
文政4	1821				
文政5	1822	3/21			3/21 卒去(月潭院)

9代　松平斎貴 (1815-63)

		江戸	郡山本陣	松江	備考
文政5	1822	5/23			5/23 家督を継ぐ
文政6	1823				
文政7	1824				
文政8	1825				
文政9	1826				

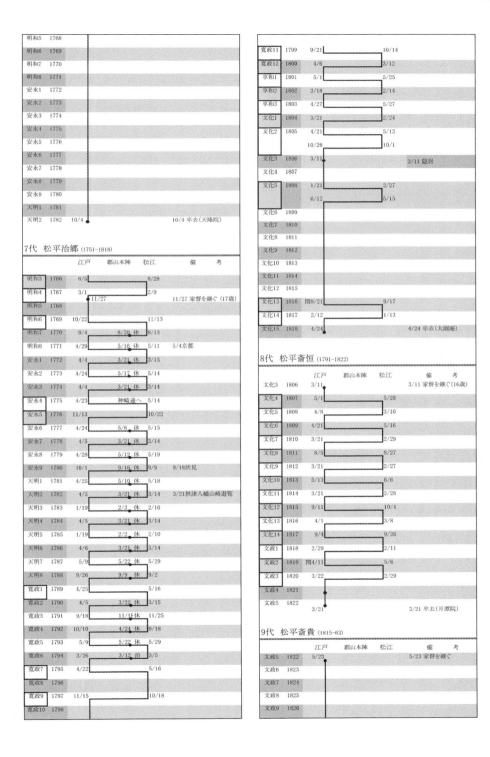

表2　松江藩主の郡山宿本陣利用状況 その2

年号部分の□枠は、郡山宿本陣を利用しなかった時の参勤交代を示す。

3代　松平綱近 (1659-1709)

		江戸	郡山本陣	松江	備　考
元禄10	1697	4/6	3/21 泊	3/14	
元禄11	1698	4/25	5/8 休	5/15	
元禄12	1699	4/6	3/21 泊	3/15	
元禄13	1700	4/22	5/6 泊	5/14	
元禄14	1701	4/6	3/23 泊	3/16	
元禄15	1702	4/晦 (30)	5/13 泊	5/21	
元禄16	1703	4/9	3/25 泊	3/18	
宝永1	1704	5/晦 (30) 8/9		8/晦 (30)	5/晦 隠居
宝永2	1705				
宝永3	1706				
宝永4	1707				
宝永5	1708				
宝永6	1709			11/15	11/15 卒去(隆元院)

4代　松平吉透 (1668-1705)

		江戸	郡山本陣	松江	備　考
宝永1	1704	2/22 5/晦			2/22 養子となる 5/晦(30) 家督を継ぐ
宝永2	1705	9/6			9/6 卒去(源林院)

5代　松平宣維 (1698-1731)

		江戸	郡山本陣	松江	備　考
宝永2	1705	10/21			10/21 家督を継ぐ
宝永3	1706				
宝永4	1707				
宝永5	1708				
宝永6	1709				
宝永7	1710				
正徳1	1711				
正徳2	1712				
正徳3	1713				
正徳4	1714	5/2		5/24	
正徳5	1715	4/3	3/19 泊	3/12	
享保1	1716	10/29 12/16	11/15 12/2		京都への「御使」 11/15京都着 12/2 京都発
享保2	1717	4/24	5/7 泊	5/18	
享保3	1718	7/4	6/18 泊	6/11	
享保4	1719	4/19		5/13	
享保5	1720	4/5		3/12	
享保6	1721	4/21	5/4 泊	5/12	
享保7	1722	4/5	3/19 泊	3/12	
享保8	1723	3/20	4/3 泊	4/11	
享保9	1724	9/4	8/19 泊	8/12	
享保10	1725	3/26	4/11 泊	4/19	4/9京都
享保11	1726	9/4	8/19 泊	8/12	
享保12	1727	3/20	4/3 泊	4/11	
享保13	1728	8/26	8/14 休	8/5	8/12-13昆陽泊
享保14	1729				
享保15	1730	2/5 9/8		2/24 8/12	
享保16	1731	8/27			8/27 卒去(善隆院)

6代　松平宗衍 (1726-82)

		江戸	郡山本陣	松江	備　考
享保16	1731	8/27			8/27 家督を継ぐ(3歳)
享保17	1732				
享保18	1733				
享保19	1734				
享保20	1735				
元文1	1736				
元文2	1737				
元文3	1738				
元文4	1739				
元文5	1740				
寛保1	1741				
寛保2	1742				12/11元服、14歳
寛保3	1743				
延享1	1744				
延享2	1745	4/23	5/23 通過	6/1	5/22芥川泊
延享3	1746	4/1	3/16 泊	3/8	
延享4	1747	4/22		5/15	
寛延1	1748	3/1	2/14 休	2/5	
寛延2	1749	8/13	9/1 休	9/8	
寛延3	1750	3/26	3/2 泊	2/25	
宝暦1	1751	6/1 11/4		6/29 10/17	
宝暦2	1752				
宝暦3	1753				
宝暦4	1754				
宝暦5	1755	11/13 12/21	11/28 12/9		京都への「御使」 11/28京都着 12/9京都発
宝暦6	1756				
宝暦7	1757	5/19	6/4 泊	6/12	
(宝暦7)		11/1		10/11	
宝暦8	1758				
宝暦9	1759	5/15		6/7	
宝暦10	1760	4/1		3/9	
宝暦11	1761				
宝暦12	1762				
宝暦13	1763				
明和1	1764				
明和2	1765				
明和3	1766				
明和4	1767	11/27			11/27 隠居

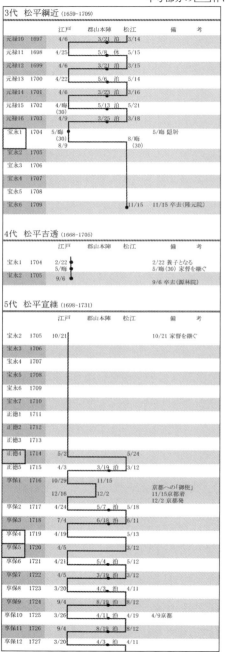

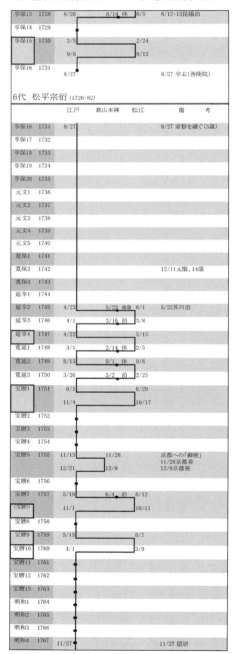

舟へ御越《ママ》」）。

七代藩主松平治郷は二二回の郡山宿本陣利用があり、歴代藩主のなかでは最も多い。ただ宿泊は最後の一回のみで、他の二一回が休憩である。一度の宿泊も「御休之筈之処、俄ニ御泊ニ成」と、本来は休憩の予定であった。また郡山宿本陣利用が寛政六年（一七九四）の宿泊を最後に、翌七年から一度も利用されなくなる。

八代藩主松平斉恒の代は「郡山宿椿之本陣宿帳」が欠落し、他の宿割帳などから補塡した部分ではあるが、一度も郡山宿本陣の利用がない。九代藩主松平斉貴もほとんど利用がなく、江戸―松江の往路・復路合わせて一〇回のうち三回の利用があり、うち宿泊が一回、休憩が二回となっている。十代藩主松平定安は一度だけ郡山宿本陣での小休憩（「小休」）があった。

ここから読み取れる松江藩の郡山宿本陣の利用状況は、当初、宿泊のために利用することが主であった。しかし七代松平治郷の代に至り休憩が主となり、さらに寛政七年以降はほぼ利用がなくなっていることが指摘できる。治郷期の安永九年（一七八〇）八月に作成された「道中記」には、西宮と伏見に「御泊」と注記しているが、西国街道（山崎通）途中にある昆陽・瀬川・郡山・芥川・山崎には「御下宿少シ」と注記しているので、治郷期は西宮と伏見に宿泊するのを基本としていたと考えられる。郡山宿本陣では前代以前に宿所としていたことや、西宮と伏見の中間点でもある関係から休憩することとなっていたのであろう。

第三節　淀川左岸を通る神崎通・京街道経路

松江藩主が郡山宿本陣に宿泊もしくは休憩していることは、その時の経路が西国街道（山崎通）を通っていたことを示す。郡山宿本陣を利用しない時は、他の本陣で宿泊や休憩をしている場合が考えられ、旅程の遅延や本陣の受け入れ態勢もあったと思われる。六代松平宗衍の代までは、郡山宿本陣を宿所とする場合が多いため、西国街道（山崎通）を通過する場合、郡山宿本陣を宿所と定めていたと考えられる。その後、七代松平治郷の代の前半は、ほとんど休憩での郡山宿本陣利用となるので、その頃作成された「道中記」に記載される通り、西宮・伏見で宿泊することを基本としていたとみられる。

「郡山宿椿之本陣宿帳」の安永四年（一七七五）四月と五月の間に「雲州様神崎通へ」と注記がある。郡山宿本陣では、この年、松江藩主松平治郷が西国街道（山崎通）を通らず、「神崎通」を利用していたことを示す。この時の帰国経路は、西国街道（山崎通）ではなく「神崎通」であった。「神崎通」とは、「道中記」の「西宮」の上部に横書きされた追記に「大坂へ尼崎通り、神崎通り、」として西宮から尼崎・神崎・大坂への道筋を示している。つまり「神崎通」とは、西宮から神崎を通り大坂へ向かう道筋を指す。大坂からは京街道を通って伏見へと至ることとなる。そのため安永四年の帰国では、淀川左岸の京街道と神崎通を通って西宮へと至ったものと考えられる。このように、寛政六年（一七九四）までの参勤交代の経路は、西国街道（山崎通）を主としながらも、大坂経由の山崎通・京街道を通る場合もあった。郡山宿本陣を利用していない時の道筋は、大坂経由の山崎通・京街道を通っていた可能性が高い。[14]

また、淀川を上下することもあったと思われるが、松江藩の淀川の舟運利用の詳細は不明である。安永九年成立の「道中記」には、「伏見」の上部に左から横書きで「大坂へ陸通り」と追記がある。この頃は、西国街道（山崎通）を主に通っていた。この追記からは、伏見から大坂へ下る京街道を通る場合があったこと、また「陸通り」の表現からは淀川の舟運を利用する道筋もあったことが想定できる。宝暦七年（一七五七）六月四日に、帰国途上の松平宗衍が、急に舟を使い郡山宿本陣を訪れ宿泊したが、この「舟」とは淀川の舟運とみてよいのではないか。[15]ただ「道中記」などには、淀川の舟運や運賃なども記していないことから、松江藩の参勤交代では基本的にその利用を想定していなかったものと考えられる。

松江藩の参勤交代の経路は、西国街道（山崎通）を通る場合と、大坂を経由する山崎通・京街道を通る場合があった。そのため七代松平治郷の代までは、西国街道（山崎通）を主に利用しつつも、神崎通・京街道を利用する場合もあったと考えられる。しかし寛政七年（一七九五）以降は西国街道（山崎通）を利用することを止め、淀川の左岸を通る神崎通・京街道の利用を主とする経路へと変更された。ただ稀ではあるが西国街道（山崎通）を利用する時もあり、その状況は幕末まで続いた。

第四節　経路変更の理由

では七代松平治郷は、伏見—西宮間の参勤交代の経路をなぜ変更したのであろうか。その理由を明確にすることは難しい。梶洸氏の研究[16]によれば、西国街道（山崎通）は脇街道であるが、伏見から西宮まで最短距離で行くことができ、内陸部の道であるので通行が容易であった。これに対し、京街道は東海道を延長した本街道であるが、淀川の左岸を通るため遠回りとなる。さらに京街道は西国街道に比べ物価が一割高く、淀川べりであるため洪水の影響を受けやすかったという。

宿場としても西国街道（山崎通）は脇街道なので、各宿は助郷が認められておらず困窮していた。そのため西国街道（山崎通）沿いの各宿は、安永三年（一七七四）に助郷許可を求める願いを道中奉行へ願い出た。同五年の道中奉行の申し渡しは、助郷は認められないとするものであったが、各宿の困窮に対し、大名の本街道（京街道）の通行を勧め、西国街道の各宿は人馬の継立てはしないこと、大名には伏見―西宮間を通し人馬として荷物を直送させることを命じた[17]。これにより諸大名の通行は文化年間（一八〇四～一八一八）まで少なくなったが、その後回復している[18]。

松江藩の場合、西国街道（山崎通）を通らなくなるのは、できるだけ本街道（京街道）を通るよう幕府の指示があってから数えて十九年後の寛政七年（一七九五）のことである。伏見―西宮間の通し人馬や幕府の本街道（京街道）奨励に対して、松江藩の本街道利用が遅れた理由として考えられることは、諸大名の西国街道（山崎通）利用が減少し、一般旅行者の利用も減ったことで宿場としての機能が低下したことや[19]、本街道（京街道）は大坂を経由するため、松江藩の蔵屋敷のある大坂の状況を知ることができたであろうことが考えられる。

また参勤交代の日数は、五代松平宣維までは最速で十七日、多くが二十日前後であった。六代松平宗衍は二十五日から一か月近くかけることが多く、途中で遊覧をすることも多い。七代松平治郷は二十日～二十五日間かけ、それ以降の藩主も二十五日前後の場合が多い[20]。諸藩が出費を抑えるため、節約や旅程を短くしようとしていたなか、松江藩では後期になるほど旅程が伸びている。

松江藩の参勤交代費用も、藩主の初入国は五〇〇〇～七〇〇〇両と多額の費用を要したが、通常の参勤交代の場合、十八世紀は二〇〇〇両、十九世紀は三〇〇〇～四〇〇〇両で推移し、時代が下るにつれて道中費用は増える傾向にあった[21]。松江藩の藩財政は治郷の代の後期から好転してくることから[22]、西国街道（山崎通）より遠回りとなり、かつ物価も一割ほど高いが、幕府が勧める京街道を通る経路を主とするようになったのではないか。この点については今後さらなる検討が必要である。

第五節　松江藩にとっての郡山宿本陣

享保十一年（一七二六）に五代藩主松平宣維が江戸へ参勤した際、西国街道（山崎通）を通り郡山宿本陣にも宿泊した。この参勤については、家老で仕置役を務めていた三谷半大夫の記録「午年御参勤日記」[23]がある。これによれば、八月十二日に松江を発った一行は十七日に加古川、十八日に兵庫に宿泊し、十九日寅の刻（午前四時）に兵庫を発ち、昼に西宮で休憩し、未刻（午後二時）頃に郡山宿へ到着した。

端長兵衛と谷口左輔の二人が、郡山宿町外まで出迎え、殿様に御目見えし、その後、この二人は本陣へ詰めた。京都留守居役を勤めていた藩士の雀部市郎兵衛[24]が、飛脚を遣わして「名酒」を届け、その飛脚に対して「御料理」が下された（「飛脚之者へ御料理被下」）。これは通例となっていた。これに端長兵衛が「奥津鯛《甘鯛》一籠」、谷口左輔が「御手洗酒一樽」、門宣三が「御茶碗一箱」、両替善五郎が「粽《ちまき》一籠」を届けている。谷口左輔は、「列士録」に載る京都呉服所で藩の御用を勤めた谷口三右衛門のことと推察され、子の民之丞は後に「京都銀主取扱」に優れているとして褒美を得ている。他の者の詳細は不明ながら、京都の藩関係者と思われる。

郡山宿は、松江藩の京都留守居や関係者が出迎える場所だった。この日は、本陣に二〇人が詰め、翌日一行は寅下刻（午前四時）に出立し、本陣へは銀三枚を支払っている[25]。この後、一行は伏見で宿泊した。そのためこの頃の宿所は、兵庫—郡山—伏見だったとみられる。

「三谷家文書」のなかには、天明元年（一七八一）に七代藩主松平治郷が帰国した際の道中記である「御道中附」[26]がある。この頃の郡山宿本陣は基本的に休憩で利用されていた。これによれば、東海道の関で宿泊した際に、「谷口、端、両替、町外辺罷出」とあるので、京都の松江藩関係者が関宿まで出向いていた。そして石部—伏見—西宮と宿泊していて、郡山宿本陣では休息するのみであった。かつては伏見—西宮間の郡山宿本陣で一泊していたが、郡山宿本陣での泊りがなくなったため、伏見を「七ツ半《午前四時》」に出て西宮に「七ツ過《午後四時》」に着くという、一日にしては長い時間の移動となっている。

第六節　郡山宿本陣を利用する松江藩関係者

「郡山宿椿之本陣宿帳」の最初に現れる松江藩関係者は、元禄十年(一六九七)三月二十一日に三代藩主松平綱近が郡山宿本陣に宿泊した記事である。これは江戸への参勤途上である。その年の八月十三日には、「松平出羽守様御姫様」が郡山宿本陣で休憩している。この女性は綱近の四女で、名を「須天《すて》」、後に「万」と名乗った女性と考えられる。彼女は元禄二年に松江に生まれ、同七年に将軍の命で長州藩主松平(毛利)吉広の許へ嫁ぐことが決まったが、嫁ぐ前の同十四年に没し、江戸の天徳寺に葬られた(27)。九歳の姫様が、松江から江戸へと向かう途中に郡山宿本陣に立ち寄ったものと考えられる。

享保元年(一七一六)に五代松平宣維が将軍名代として江戸から上京した折(十一月十五日～十二月二日)、郡山宿本陣当主は京都まで出向いて宣維に御目見えし、挨拶をしている(28)。直前の十一月九日に家老の乙部仲が郡山宿本陣に宿泊しており、情報を入手していたのであろう。しかし、以降の六代松平宗衍や九代松平斉貴が将軍名代として上京した際にはみられない本陣当主の行動である。松江藩が郡山宿本陣を宿所としていた頃の本陣側の対応といえる。

本陣を利用した時、本陣側が大名へ献上した献上品で興味深いものがある。天明六年(一七八六)三月二十一日に七代松平治郷が休憩した折、独活《うど》が献上されたが、治郷はことのほか悦んだという。独活は白独活の軟化物で、この地域の独活は「三島独活」「室独活」といった。近くの太田村で天保期（一八三〇～一八四四）に村を挙げて栽培されており、文政二年（一八一九）には隣村でも栽培されていた。白独活の栽培はさらに遡ると考えられている。[29] 軟化物とするのに手間のかかる地元の独活に治郷は悦に入ったものとみられる。また、天保八年（一八三七）五月十八日に九代藩主松平斉貴が休憩した際、鶴の卵一五個が献上されている。通常は氷餅や柿などの献上であるが、斉貴が無類の鷹狩り好きであったことを知っての選択と思われる。

また、嘉永二年（一八四九）五月十一日の斉貴の郡山宿本陣宿泊で利用された関札が二枚残されている。[30] 本陣や脇本陣に掲げられる木札を関札という。「郡山宿椿之本陣宿帳」には、宿泊の十日前に松江藩の関札方二人が本陣へ届けたとある二枚である。この時の総下宿数は六二軒あり、うち人夫宿（油紙宿）は三七軒あった。本陣には二〇人が詰めている。全体の人数は不明ながら、この日は旅籠など足りず、近くの正覚寺（茨木市豊川）に六〇人を宿泊させ、蚊帳や夜具を釘屋から借りて対応した。[31]

松江藩の行列人数については、文久三年（一八六三）の事例として、十代藩主松平定安一行が出雲街道の久世宿に宿泊した際に、本陣の宿泊者を含まない人数で、六四三人（うち藩士一五九人）が八〇軒の家々に泊まっている。[32] 宿の大きさや時期による違いもあるが、おおよその人数を知ることができる。

宝永元年（一七〇四）三月十一日の家老柳多四郎兵衛の休憩は、藩用で京・大坂へ出ていた際のものであった。[33] 藩用での家老たちの郡山宿本陣利用として興味深いのは、江戸にいた六代松平宗衍が三歳で家督を継ぎ、元服後、国元へ初入国するまで十四年の間、家老の三谷・高田・乙部・栂・大野各氏の郡山宿本陣利用がほぼ毎年見られることである（表3「六代藩主松平宗衍期の宗衍初入国までの郡山宿本陣利用状況」）。参勤交代で郡山宿本陣を宿所としていた時期

表3 六代藩主松平宗衍期の宗衍初入国までの郡山宿本陣利用状況

年月日	西暦	利用者	形態	利用料や人数など
享保18.6.24	1733	三谷半太夫	泊	銀2両、16人
享保19.2.晦	1734	高田極人	泊	銀2両、馬1疋、23人
享保20.10.7	1735	三谷半太夫	泊	銀2両、23人、110文、外に馬と2人 四郎右衛門
享保21.2.20	1736	乙部九郎兵衛	泊	金100疋、23人、132文、馬と1人、6人 弥兵衛
元文元.5.4	1736	栂式膳	泊	銀2匁6分、13人、100文ずつ
元文2.3.14	1737	三谷半太夫	泊	6匁4分5厘、16人、110文、馬下宿 四郎右衛門
元文5.1.18	1740	高田極人	泊	銀2両
元文5.1.20	1740	乙部勘解由	泊	銀2両
元文5.4.15	1740	大野舎人親子	泊	18人、120文ずつ
延享2.2.12	1745	栂式膳	泊	銀3匁、17人、100文ずつ

なので、藩士も宿泊が基本となっている。引き連れている人数の全容は不明ながら、本陣に詰めた者だけで一三～二三人いる。ここには江戸詰や国元へ帰国の人員が含まれているものと推察される。本陣への宿泊料も「銀弐両」を支払っており、藩主滞在時とほとんど変わらない。藩主が幼少で参勤交代がない時期においても、それなりの人数を引き連れて家老が江戸―松江間を往復していたことを示している。

表4「松江藩関係者の郡山宿本陣利用状況」は、**表3**の事項を除く松江藩関係者の郡山宿本陣利用状況を一覧にしたものである。出雲から江戸へ運ばれた「御用木」(享保十二年)や藩主判物(宝永八年、延享二年〔一七四五〕、天明七年)といったものもあるが、松平家「女中」の郡山宿本陣利用も一二回と多いことに気付く。「女中」の郡山宿本陣利用は、寛政三年(一七九一)～五年に藩主が郡山宿本陣を利用した前後に見られ、藩主の参勤交代に合わせてはいるが、前後して別に行動していた。女中の行列の全容も不明であるが、駕籠や乗物が用意され、郡山宿本陣に三〇人ほど詰めている。また寛政二年～四年の女中の宿泊では、郡山宿本陣への先触のない、急な宿泊(「俄ニ御頼」)をする場合も確認できる。

また、文久三年四月四日に郡山宿本陣に宿泊した十代藩主松平定安の「奥方」は、九代藩主松平斉貴の長女熈《ひろ》である(34)。これは、前年閏八月に幕

表4　松江藩関係者の郡山宿本陣利用状況

年 月 日	西暦	利用者	形態	利用料や人数など
3代　松平綱近				
元禄10.8.13	1697	松平出羽守様御姫様	休	
5代　松平宣維				
宝永4.3.11	1707	松平庄五郎様御家老柳多四郎兵衛	休	金子100疋、旅籠15人
宝永8.2.19	1711	松平庄五郎様御印物	泊	金子100疋、はたこ19人
宝永8.5.6	1711	松平庄五郎様御印物	泊	金子100疋被下候
享保元.11.9	1716	雲州乙部仲	泊	旅籠21人
6代　松平宗衍期				
延享2.12.24	1745	松平出羽守様御判物	泊	金100疋、上5人、120文、下14人、90文
延享3.3.4	1746	松平出羽守様御判物	泊	金100疋、銀3匁5歩、上分6人、150文、中通、124文、下15人、100文
宝暦1.6.21	1751	大野舎人	泊	銀1両「翌日昼過迄御座候ニ付」、人数〆13人上、3人下、上1人は木銭、馬1疋有
宝暦1.6.28	1751	雲州女中	泊	11人、150文ずつ、6人、100文ずつ
宝暦5.8.25	1755	高木作右衛門	泊	銀1両、21人、130文
宝暦9.6.14	1759	雲州御女中	泊	上下16人
7代　松平治郷期				
安永2.5.9	1773	雲州御女中	泊	2組、200文、茶代、上14人、185文、中4人、132文、下10人、100文
天明7.4.16	1787	雲州御判物	泊	金100疋、上2人、220文ずつ、16人、200文ずつ、下宿三之助6人有、内2人ハ160文ずつ払
寛政2.4.4	1790	雲州御女中	泊	「通し馬ニて先触不参、俄ニ下宿一軒又兵衛、日用三軒、外ニ西宮上下五十五人相対ニ泊リ」、青銅1メ目、19人上分、250文、上分弁当代300文、14人下、210文ずつ、弁当代共、出迎不致、献上不致候、引戸駕籠14挺、乗物3挺
寛政3.11.22	1791	雲州御先女中	泊	「俄ニ御頼」、日雇宿3軒、通し馬5疋、乗物并駕11挺、金2朱、上分11人、260文ずつ、下8人、100文ずつ、「右下旅籠下直ニ付、茶代達て願候、出迎等不致」
寛政3.11.23	1791	雲州御女中	泊	「出迎等不致」、日用宿2軒、通し馬2疋、外ニ伏見日用50人計相対ニて泊ル、銀2両、上分16人、260文ずつ、銀2両、下15人、124文ずつ
寛政4.9.27	1792	雲州御女中	泊	「俄ニ御泊ニ御出」、金100疋、出迎等不致、女中15人、侍中15人、平均200文ずつにて極内300文戻ス、乗物駕籠13挺、通し馬荷物7駄、陸尺ノ10人宿、西宮ノ者宿2軒
寛政4.12.20	1792	雲州御女中	泊	銀3両、出迎等不致、陸尺之者、又兵衛・仁右衛門、此分申付ル、西宮人足、籐七・半七・五兵衛、此分直ニ宿取、駕籠15挺有、荷物3駄、上分17人、300文ずつ、下17人、190文ずつ、〆34人、朝弁当9ツ頼、銭不払
寛政5.5.18	1793	雲州御女中	泊	「水風呂中ニ壱つ、庭ニ壱つ計リ、御上女中次ノ間ニ御泊リ、乗物駕籠共ニ六挺有、玄関ニ置候、両掛四荷有之計リ」、青銅700文、上分6人、224文ずつ、次分6人、164文ずつ、弁当6つ代、124文、帳面ニハ332文と付御頼ニて男働人不入、至極心安ク
寛政5.6.2	1793	雲州御女中	泊	「献上不致、出迎等不致候」、青銅1メ文、上分24人、280文宛、次分15人、150文宛、乗物6挺御玄関ニ、両掛21荷、荷物2駄、引戸駕15ヶ小屋へ入、陸尺17人有、重兵衛・義右衛門ニ泊、外ニ日雇相対ニて泊リ50人有
10代　松平定安期				
文久3.4.4	1863	出雲少将御奥方様	泊	「三日前御関札壱人御出、当日御宿割壱人御出」、銀2枚、金1両2朱と110文、旅籠上450文、下430文、上25人、下34人、〆59人、夕朝共、内女中20人、下宿15軒、油紙11枚、帳場共、女中駕籠8挺寺堂へ入ル、勲男1人雇

府が参勤交代の制度を緩和し、三年に一度の参勤、嫡子の居所の自由、妻子の帰国も自由としたことを受けてのことと考えられる。定安は正妻を帰国させた。熙が郡山宿本陣に泊った四月四日は、一足先に出発した定安が松江に到着した日である。

松江藩関係者の郡山宿本陣利用は、参勤交代で西国街道（山崎通）を主に通過していた時期に限られている。西国街道（山崎通）が主に利用されなくなると共に、藩士の利用もなくなった。藩関係者が利用する経路は、参勤交代で利用される経路が主に使われたものと判断される。

出雲国関係者では、明治二年（一八六九）二月十七日に「出雲大社国造北嶋殿」、翌十八日に「国造千家殿」、二十八日に「日御崎社務」が郡山宿本陣に小休憩し上京した。維新政権が各地の神職を京都へ招集した時のもので、翌月の帰国時に郡山宿本陣で小休憩した際の記事は、「御杖代《ミツヘシロ》千家殿」（二十日）、「御杖代北嶋殿」（二十一日）とあり、「是迄国造と唱」えていたものを、国造ではなく「御杖代」として勅許され（「此度御杖代と御勅許」）たためとする。その理由は「神代ニ立戻リ相唱候事」としている。

おわりに

本章は、松江藩の参勤交代の経路について、西国街道（山崎通）上にある郡山宿本陣に残された宿帳を中心に分析を行った。その結果、松平松江藩三代藩主の松平綱近、五代松平宣維、六代松平宗衍の代までは、西国街道（山崎通）にある郡山宿本陣を利用し宿泊していた。しかし七代松平治郷は、郡山宿本陣は休憩にとどめ、伏見・西宮に宿泊するのを基本とした。伏見から西宮までの経路は、最短距離で結ぶ淀川右岸の西国街道（山崎通）をとっていたのである。

ところが、寛政六年(一七九四)を最後に西国街道(山崎通)は通らなくなる。新たな経路は、伏見から京街道を通り、大坂を経由して西宮へ至る淀川左岸の道筋である。また一部には淀川の水運を使う場合もあったようである。

経路変更の理由は、脇街道である西国街道(山崎通)は助郷がなく、伏見から西宮間を通し人馬としなければならなかったことや、郡山宿に宿泊せず休憩地としたことで一日の行程が長くなっていたこと、幕府が本街道である京街道の利用を勧めたことが理由の一端である。これに松江藩の場合、江戸後期に参勤交代の日数が延び、途中で遊覧をする機会が多くなったこと、松江藩の蔵屋敷のある大坂の状況を知ることができるようになること等が考えられるが、直接的な理由は明確にできなかった。

郡山宿本陣に宿泊していた頃の事例からは、参勤時に京都留守居や関係者が出迎える場所が郡山となっていた。また参勤交代で西国街道(山崎通)を主に利用していた時期は、家老や女中も郡山宿本陣を利用していたが、西国街道(山崎通)を参勤交代の経路としなくなると共にその利用はなくなった。

明らかにできたことは少なく、課題を多く残している。松江藩の参勤交代の行列の規模や本陣の利用形態も、出雲街道上の久世宿で明らかにできる程度でしかない。参勤交代路変更の直接的な理由を探ることはもとより、史料の残る他の本陣の利用状況や断片的に残存する道中日記などを総動員して、その実態を明らかにしていかなければならない。後考を期し一先ず擱筆する。

注

(1) 丸山雍成①『参勤交代』(吉川弘文館、二〇〇七年)、②「参勤交代」(『国史大辞典』六、吉川弘文館、一九八五年)。

(2) 藤本仁文「徳川将軍権力と参勤交代制」(同『将軍権力と近世国家』塙書房、二〇一八年。初出二〇一二年)。

(3)　『松江市史』通史編4　近世Ⅱ(松江市、二〇二〇年)、第六章第一節「松江藩主の参勤交代と領内出郷」(小林准士氏執筆)。

(4)　松江藩の参勤交代についての研究は多くないが、以下の論考がある。藤澤秀晴「山陰諸藩主の参勤交代」(『島根県地方史研究』二〇、一九六四年)。山本博文『参勤交代』(講談社、一九九八年)、第四章「参勤交代と藩財政」。西島太郎「松江藩主の居所と行動──京極・松平期──」(同『松江藩の基礎的研究』岩田書院、二〇一五年。初出二〇一〇年)。出雲街道上の久世宿における松江藩の利用状況は、『久世町史』(久世町教育委員会、一九七五年)、第六章第一節「出雲街道と宿場町久世」(在間宣久氏執筆)や『久世町史』資料編第二巻、家わけ史料(久世町教育委員会、二〇〇五年)がある。また、弘化四年(一八四七)に松平松江藩九代藩主の松平斉貴が、将軍名代として江戸─京都間を往復した状況については、小山祥子氏の研究がある(小山〔松原〕①「「松平斉貴上京行列図」に見る大名行列の構造」『松江歴史館研究紀要』二、二〇一二年、②「松平斉貴の上洛道中記録に見る旅の姿」『同』三、二〇一三年)。他に、斉貴の二女政姫(五歳)が総勢二五人で松江から江戸まで至る道中を描いた、福島和夫『東海道今昔旅日記──お姫さま江戸へ』(新人物往来社、一九六九年)がある。

(5)　西島、注(4)論文。

(6)　『松江市史』通史編4　近世Ⅱ、第六章第一節、二一一頁。大島延次郎『本陣の研究』(吉川弘文館、一九五五年)、七四頁。来見田博基『鳥取藩の参勤交代』(鳥取県史ブックレット10、鳥取県、二〇一二年)、七二頁。

(7)(8)　『松平治郷(不昧公)関係史料集』Ⅰ(松平治郷〔不昧公〕研究会編、松江市、二〇二二年)に収載。

(9)　川村博忠「松江藩の天明二年『寸里道地図』について」(『歴史地理学』五三─二〔二五四〕、二〇一一年)。

(10)　「三谷家文書」(松江歴史館寄託)二三─三─一。関係史料を教示いただいた高橋真千子氏に謝意を表する。

（11）「御休泊並御立場附」には、西宮―大坂間の「立場」として尼崎・神崎・十三を記し、大坂と枚方の間の「立場」に野田町・守口・佐陀、枚方と伏見の間の「立場」に岩ヶ鼻・淀小橋を記す。

（12）「米村家文書」（松江市歴史史料集6『駅々御本陣御間取絵図』、松江市文化スポーツ部松江城・史料調査課、二〇二三年に収載。「解説」は小山祥子氏執筆）。

（13）梶洸・福留照尚編『山崎通郡山宿　椿之本陣宿帳』（向陽書房、二〇〇〇年）。

（14）「道中記」によれば、神崎―大坂間は、神崎（兵庫県尼崎市神崎町）から舟渡しで神崎川を渡り、今里村（大阪市淀川区十三今里）から十三川（中津川）を渡り、北野村（大阪市北区）を通り、大坂へ至る経路だった。江戸時代の淀川河口は、神崎川、中津川（十三川）、大川（旧淀川）の三川に分かれていた。大坂からは京橋口から京街道が北へ延び、伏見・京都へと繋がる。

（15）藩士単独の帰国では、松江藩士の石田貞順《さだのり》が記した「勤仕日記」（島根県立図書館所蔵石田家文書一六六）によれば、寛政七年（一七九五）四月の帰国の際、「伏見ゟ大坂へ夜船」（二十八日）、「大坂ゟ舟ニテ」「兵庫」（二十九日）と船で淀川を下りさらに兵庫にまで至る場合があった。

（16）梶洸①『国史跡郡山宿本陣――椿の本陣――』（茨木市教育委員会、二〇一六年）、②「関札・掛札についての一考察」（『茨木市立文化財資料館館報』二、二〇一六年）、③「北摂茨木市宿河原「ぼろ塚」考」（『郵政考古紀要』六四、二〇一六年）、④「近世の本陣における関札・掛札試論」（『同』七四、二〇二一年）。

（17）『新修茨木市史』二、通史Ⅱ、第二章第五節「交通の発達と郡山宿」（飯沼雅行氏執筆）、四四二頁。笹川隆平・石川道子・梶洸『椿の御本陣』（向陽書房、一九八六年）収載「郡山宿御用人馬――負担大きく窮状訴え出る――」（石川道子氏執筆）、一六一頁。『新修茨木市史』五、史料編近世（茨木市、二〇〇九年）収載「一四　郡山宿」一四号、安永三年十月

二十五日付馬借所困窮につき助郷願書。『箕面市史』史料編五（箕面市役所、一九七二年）収載、瀬川共有文書一六号、安永二年より諸願写日記帳写。大坂町奉行からの申し渡し日については諸説あるが、『新修茨木市史』二、通史Ⅱ、第二章第五節の見解に従った。

(18) 『新修茨木市史』二、通史Ⅱ、第二章第五節、表47、四二一・四四五頁。『椿の御本陣』、一六三頁。

(19) 『新修茨木市史』二、通史Ⅱ、第二章第五節、四四五頁。『箕面市史』二（箕面市、一九六六年）、第三章第五節「西国街道の整備とその影響」、二九二頁。

(20) 西島、注（4）論考。

(21) 『松江市史』通史編4　近世Ⅱ、第六章第一節、二〇七・二〇八頁。安澤秀一編『松江藩出入捷覧』（原書房、一九九九年）。

(22) 『松江市史』通史編3　近世Ⅰ（松江市、二〇一九年）、第二章第二節「松江藩財政政策の展開」（伊藤昭弘氏執筆）。

(23) 「三谷家文書」二三一―六―四。

(24) 「列士録」（島根県立図書館所蔵）二代目雀部市郎兵衛の項。

(25) 「午年御参勤日記」。「郡山宿椿之本陣宿帳」。

(26) 「三谷家文書」二三一―八―三。

(27) 中原健次『松江藩格式と職制』（松江今井書店、一九九七年）収載「松江藩松平氏系図」。「須天」の姉三人はいずれも夭折している。

(28) 「郡山宿椿之本陣宿帳」享保元年十一月条（「一、京都御入内御上使、松平出羽守様御越之時、御目見へ参、金弐百疋被遣候」）。

(29)『新修茨木市史』二、通史Ⅱ（茨木市、二〇一六年）、第二章第二節「農業と農産物の加工・流通」（中川すがね氏執筆）、三一八頁。

(30) 現在、郡山宿本陣に残る関札は三枚ある。五月十一日付「出雲少将」「泊」とあるものが二枚、二月十七日付「松平出雲守」「休」とあるものが一枚である。五月十一日付のものが斉貴の宿泊時の関札である（梶、注(16)②④論考では、「宿帳と年代が合致しない関札一覧」〔別表3〕に掲載されているが、宿帳に「雲州様」とあることからくる誤読と考えられる）。二月十七日付関札の年代は不明ながら、休憩とあるので郡山宿本陣が休憩で利用される寛政七年以降の可能性が高い。

(31)「郡山宿椿之本陣宿帳」嘉永二年五月十一日条。この日は、斉貴の舎弟信進《のぶゆき》（駒次郎）も同宿した。

(32)『久世町史』第六章第一節。『松江市史』通史編4 近世Ⅱ、第六章第一節。

(33)「列士録」四代目柳多四郎兵衛の項。

(34)『贈従三位松平定安公伝』（松平直亮著・刊、一九三四年）。熈は、文久三年正月八日に江戸で松平定安と結婚しており、婚直後の帰国だった。

Ⅳ　奥出雲の神社と信仰

第八章　奥出雲における愛宕信仰の普及
――関和彦氏「灰火山」小論の検討――

はじめに――問題の所在――

全国の風土記のなかでも完本として唯一残る『出雲国風土記』が、天平五年(七三三)の成立から慶長二年(一五九七)の奥書をもつ写本(細川家本)に至るまでの間、どのように伝えられてきたのかはこれまで大きな謎であった。しかし、松江城下の寺院の由緒として伝えられた文亀二年(一五〇二)に記された「灰火山社記」[1]に、「灰火見風土記」とあることから、戦国時代の出雲国において『出雲国風土記』が利用されていたことが明らかとなった。

「灰火山社記」は、松江市外中原町の灰火山を山号にもつ宝照院が所蔵していた紙継の紺紙一メートル八四センチの巻子で、金界を施し、八九四字の金字を刻む。戦国時代、奥出雲を支配した武士の馬来《まき》氏が、領内に愛宕山の神を祀る祠堂を建てた時、奥出雲の地を訪れた大江氏の末流にあたる人物に祠堂の由緒の執筆を依頼した。大江氏の末流にあたる人物は、現地にあるいにしえのことを記した一通の願書と古老の所伝を手掛かりに、「灰火山社記」を著したのであった。「灰火山社記」によれば、愛宕山の神を祀る祠堂は「東山」の「山腹」に建立され、「東山」の古名は「灰火山」であると記す(「東山初号灰火山」「山腹造祠堂」)。

「灰火山」は『出雲国風土記』に載る山名である。この山について、加藤義成氏は島根県仁多郡奥出雲町大馬木の仏山（標高一〇一二メートル）であるとし、これが通説となっている。(2) これに対し、関和彦氏は「灰火山」を同町の大谷と小馬来の間にある標高五三三メートル峰の山とする説を提唱した。(3)

私は「灰火山社記」そのものの検討を、①「転用される由緒「灰火山社記」――中世出雲国馬来氏の愛宕信仰――」(4)で行い、『出雲国風土記』との関わりを、②「戦国時代の「灰火山社記」にみる『出雲国風土記』」(5)で明らかにした。拙稿①②では、「灰火山社記」に載る「東山」は、馬来氏居館からみて東方の山を指すと考えられることから、それは大谷と小馬木の間にある標高六二五メートル峰の山にあたるとした。この山は北西へと舌状の裾野が延び、その先端に祠堂のあったと推定される場所が今もある。同町杭木のその場所は、戦国時代、祠堂に入った大江氏の末流にあたる人物が、同町の鬼舌震《おにのしたぶるい》にある「恋山《したいやま》の松風を感じ」、烏帽子山から北流し斐伊川に流れ入る現在の馬木川である「阿伊川の水の音が聞こえる」と「灰火山社記」に記した、同じ情景を追体験できる場であるとした。

しかしその後、『出雲国風土記』に載る「灰火山」を、大谷と小馬来の間にある標高五三三メートル峰の山と提唱していた関氏が、論考「『出雲国風土記』仁多郡「灰火山」小論」(6)において、再度自説の正しさを主張され、「灰火山」（「東山」）は大谷と小馬来の間にある標高六二五メートル峰の山ではないかとする私の説を批判した。

現在、奥出雲の村々には、小さい祠ではあるが愛宕神社が設けられ、火伏の神として愛宕信仰が継続している。関氏はこの村々の愛宕信仰と、戦国時代の馬来氏の愛宕信仰を一連のものとして捉えることで、三つの愛宕神社に囲まれた標高五三三メートル峰の山を灰火山ではないかとする。しかし、村々の愛宕信仰を示す愛宕神社の成立年代からは、そのように考えることができない。そのため関氏が示す根拠を検証し、奥出雲における愛宕信仰のあり方を明らかにして、「灰火山社記」の理解を深めることとする。

第一節　関和彦氏の批判

関氏の論点は二点ある。

一つは、『島根県仁多郡誌』(7)掲載の文政年間（一八一八～一八三〇）に描かれたとされる仁多郡内の村絵図「文政年間村々絵図」(8)に描かれた方角が、実際の方角とは違うとし、江戸時代の奥出雲に住んだ人々が、実際の方角とは違う方向感覚を持っていたとする点である。関氏は、大谷村と小馬木村の図面の東西が、実際より反時計回りに四十度分北側にずれているとし、そのことにより、「灰火山社記」中の「東山」が、馬木氏本拠地（菩提寺安養寺周辺）からみて真東から四〇度分北側に位置する標高五三三メートル峰の山なのだとする。関氏は早くに「『出雲国風土記』註論　その六　仁多郡条」(9)で述べているように、標高五三三メートル峰の山の地番が「川平《かわひら》」であることから、「平」は山を指す用語であるから、「灰火山」を「かいひやま」と読んで、「か（は）ひらやま」の訛りではないかとする。そのため標高五三三メートル峰の山を「川平山」と仮称し、これが「灰火山」だと比定する。

二つ目は、仮称「川平山」が「灰火山」であることの傍証として、仮称「川平山」（標高五三三メートル峰の山）を囲むように、東側の大谷、南西の杭木、西側の野土《のづち》の集落に、それぞれ愛宕神社（愛宕社）があることをあげる。この三か所の愛宕神社のうち、「灰火山社記」が記す「「灰火の祠堂」がそのどれに当たるか確証はないが、当該地域では「灰火山」信仰、愛宕信仰が長い年月を経て今も生き続けてきたことがわかる」と結論付ける。「はいかさん」が訛ったと推定した仮称「川平山」を取り囲む信仰の場(10)（愛宕神社）が現在にも存在することを見出し、「長い年月を経て今も」愛宕神社を祀り続けていると指摘する。

関氏の論点は、江戸時代の奥出雲の人々の方角感覚がずれているという点を起点にして、標高五三三メートル峰の山（仮称「川平山」）を取り囲む村々に愛宕神社を見出し、愛宕信仰の現在までの連続性を指摘する点にある。

以下、江戸時代の奥出雲の人々の方向感覚と村々の愛宕神社について検討し、関氏の論拠が恣意的な読解のうえに成り立っているものであることを明らかにする。

第二節　奥出雲の人々の方向感覚の検証

関氏が、江戸時代の奥出雲の人々の方向感覚が真東から北へ四〇度分ずれているとしたのは、仁多郡内の村絵図「文政年間村々絵図」に基づく。関氏は同絵図のうち、「大谷村」と「小馬木村」の二枚の村絵図を掲出し、そこから方角のずれを読み取る。しかし関氏は、この村絵図の作成目的を意識していない。そのため方角にずれがあると見える部分を、そのまま実際の方向感覚であると誤読してしまっている。

「文政年間村々絵図」の村々の絵図を見ると、「的場輪」や「井手上輪」など輪名とその範囲が記されており、この村絵図が村内の「輪」の位置を明らかにするために描かれたものであることがわかる。「輪」とは、松江藩が定めた作柄がほぼ同一の水田を区画したもので、その区画（輪）ごとの収穫状況を調査により実態にあった年貢を賦課した。(11)松江藩領内では、「輪」の面積や土地柄を記した帳簿（輪切帳）と、場所を記した絵図（輪切絵図）が作成された。輪切絵図は、「村内の相対的な位置の把握がめざされたものであり、測量図のような詳細さは持ち合わせていない」のを特徴とする。(12)「文政年間村々絵図」も「輪」の位置を明らかにするための輪切絵図であり、村内の道に朱線を引き、また村内を流れる川を大きく描くことで、「輪」の位置をわかりやすく示している。そのため村絵図の方角を確認するには、村内を流れる川と道が基準となってくる。

そこで村絵図の方角が正しいかを調べるために、国土地理院の二万五千分の一地形図を用い、村絵図で描かれている範囲の川と道をトレースし、村絵図と重ね合わせたものが、**図1・2**である。現在の川を太い濃い線、現在の道を細い濃い線で表記した。重ね合わせてみると、現在の川や道ときれいに一致する部分は少ない。川の流路や道のありかたが変化している可能性も十分ある。しかし川の合流地点など今と変わらない部分も多くあることに気付く。

一方、村の範囲を一枚の四辺の紙のなかに収めなければならない制約から、誇張された部分もあることに気付く。とくに、**図1**の大谷村南西部は、万才峠《ばんじょうだわ》を越えて杭木へと至る部分を極端に縮めて描く。村の中央を流れる川の流路も、実際より誇張して描いている。**図2**の小馬木村も、南へ延びる川の上流部分を長方形の図面に収めるために流路を極端に縮め、西側に曲げて描き込む。この西側に流路を曲げて描き込まれた部

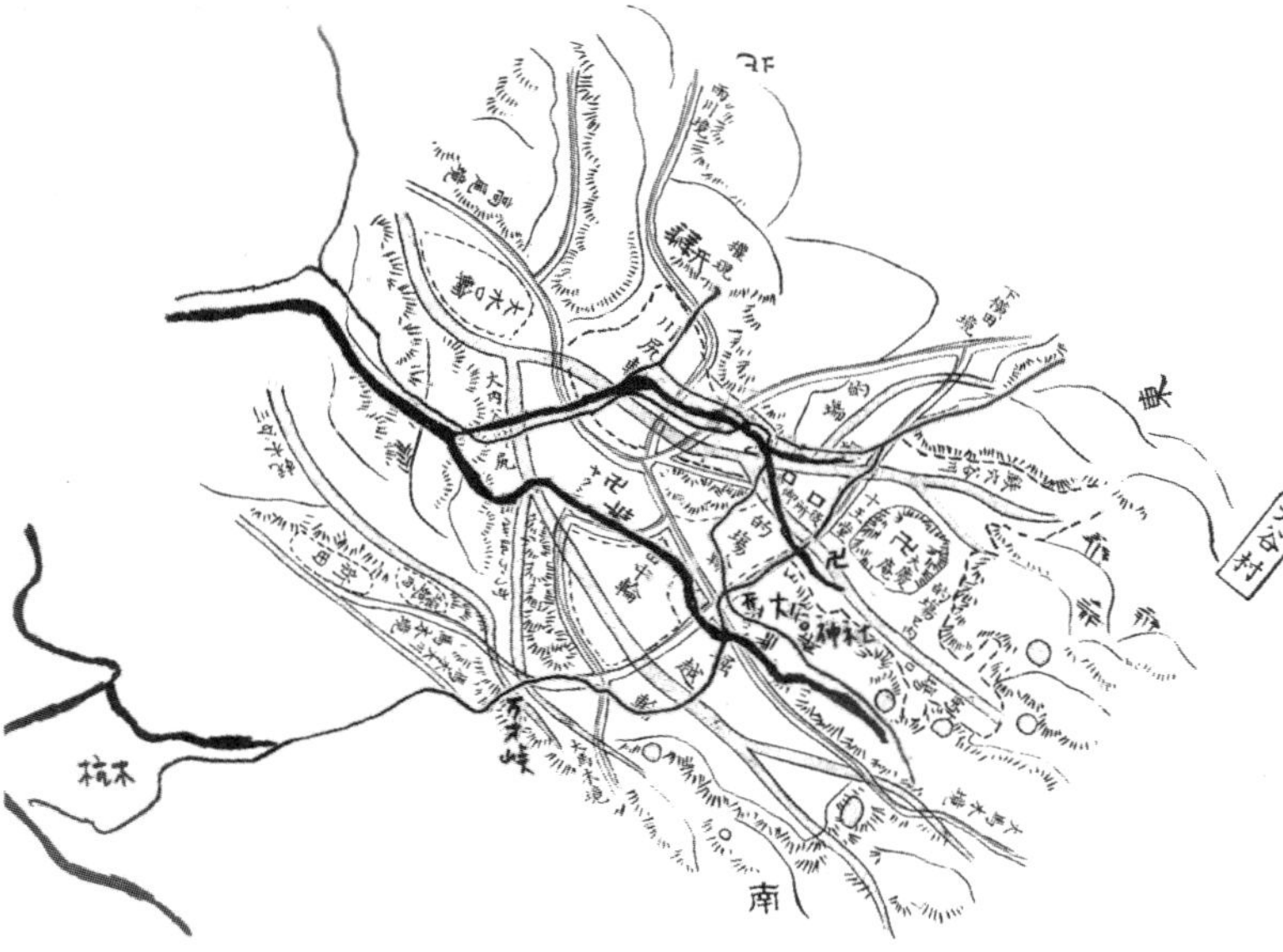

図１　『島根県仁多郡誌』収載「大谷村」絵図に 現代の流路・道（濃黒線）を重ねた図面

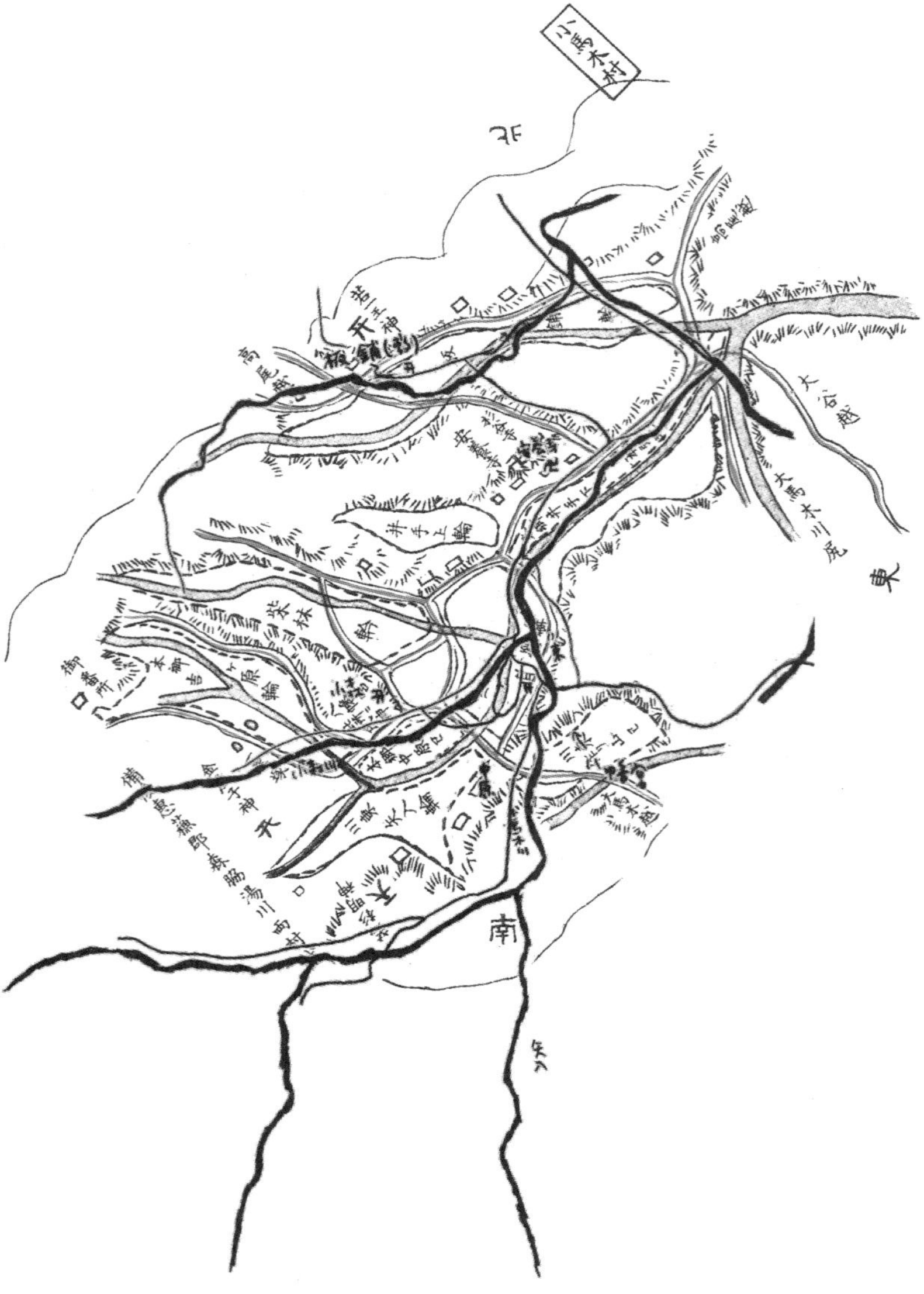

図２　『島根県仁多郡誌』収載「小馬木村」絵図に 現代の流路・道（濃黒線）を重ねた図面

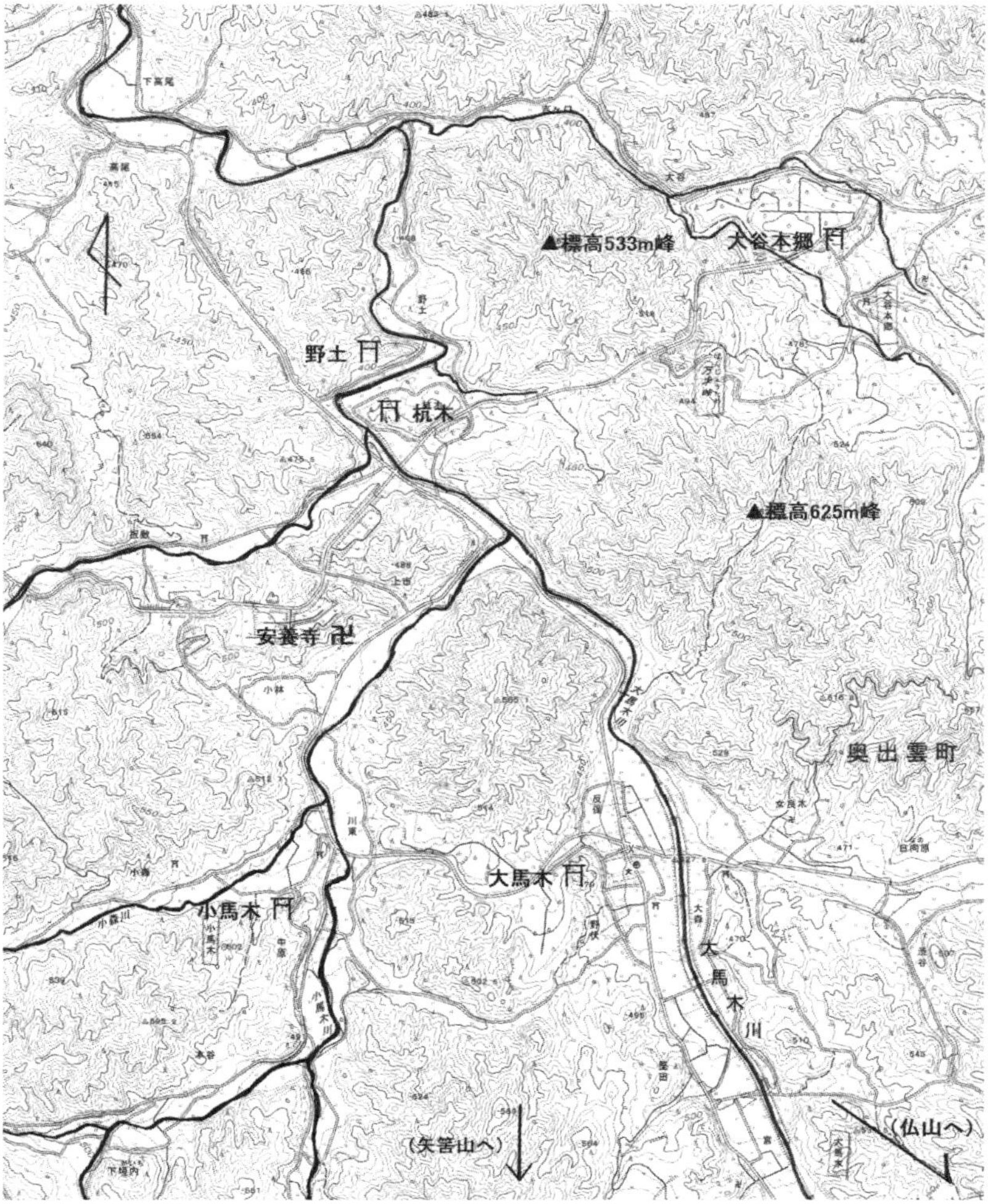

図３　奥出雲　大谷本郷・杭木・野土・大馬木・小馬木の愛宕神社分布図
（国土地理院2500分の１地形図を縮小し加工）

分だけを見るならば、関氏の言う通り真東が北側に四〇度ずれているようにも見える。図1についても同様で、長方形の紙面に収めるために流路や道路を無理に描き込んだ結果であり、部分的なものでしかない。

そのためこの村絵図は、正確に東西南北を認識したうえで描かれたものであると言わざるを得ない。江戸時代の奥出雲の人々の方向感覚は実際の方角と同じで、ずれてはいないのである。関氏の見解は、「灰火山社記」中の「東山」が、馬木氏本拠地からみて四〇度分北側に位置する標高五三三メートル峰の山(仮称「川平山」)だとする、それまでの自説に引き付けすぎたことによるものと考えられる。

第三節　村々の愛宕信仰

次に、二点目の論点である奥出雲の村々の愛宕信仰について検討する。ここで扱うのは、奥出雲とはいえ旧出雲国の最南部にある、①大谷本郷・②杭木・③野土・④大馬木・⑤小馬木(いずれも島根県仁多郡奥出雲町)の五か所についてである(図3)。関氏は、①②③の地区にある愛宕神社を検討し、この三社が標高五三三メートル峰の山(仮称「川平山」)を取り囲んで存在することから、「灰火山」比定地に「長い年月を経て今も」愛宕神社を祀り続ける愛宕信仰の継続性を主張する。

果たして愛宕信仰は連綿とこの地に継承されてきた信仰だったのだろうか。関氏は①②③の愛宕神社の存在を指摘するのみであるが、近隣にはこの他に大馬木地区(④)と小馬木地区(⑤)にも愛宕神社があり、愛宕信仰は標高五三三メートル峰の山(仮称「川平山」)周囲に限られるものではないのである。

以下、これらの愛宕神社の由緒を、現地に残る棟札の調査から明らかにして、奥出雲における愛宕信仰の普及について検討する。

まず愛宕神社は、①大谷本郷・②杭木・③野土・④大馬木・⑤小馬木の小森の各地区に一社ずつ計五社あり、③野土地区の愛宕神社は関氏も述べるように廃祠となっている[13]。

はじめに、①大谷本郷の愛宕神社には、棟札が七枚（宝暦十三年〔一七六三〕、寛政元年〔一七八九〕、嘉永六年〔一八五三〕、明治三十五年〔一九〇二〕、昭和九年〔一九三四〕、同三十年、同五十一年）残る。最古の宝暦十三年八月六日付棟札（**史料1**）には「奉建立愛宕堂壱宇村中　火盗　潜消之攸」とある。「本願主」は糸原善右衛門と梅木伝七の二人である。「供養」として大谷本郷にある寺庵の大慶庵も加わっている。これ以降の棟札はいずれも再建・補修文言である（寛政元年「奉再建立」、嘉永六年「奉再建」、明治三十五年「奉修膳〔繕〕」、昭和九年「奉再興」、同三十年および同五十一年「奉補修」）。そのため大谷本郷の愛宕神社は宝暦十三年に勧請され、堂舎が建立されたものと考えられる。それは「村中」の火災予防（火除け。「火盗　潜消」）を願ってのことだった。

【史料1】宝暦十三年八月六日付愛宕神社棟札（大谷本郷）

（表）

宝暦十三〔一七六三〕癸□〔未〕年

奉建立愛宕堂壱宇村中　火盗　潜消之攸

八月初六日

（裏）

供養師大慶庵　本願主　糸原善右衛門

梅　木　伝　七

②杭木の愛宕神社には、棟札が六枚（明治二十一年、同三十一年、同四十二年、昭和二十八年、同四十九年、平成八年（一九九六））残る。このうち昭和二十八年の棟札（史料2）には「口碑により明治初年ニ現地に奉斎せられたる」と記されており、杭木の愛宕神社が明治初年（一八六八）に勧請されたことがわかる（以下、棟札銘文の傍線は西島による注記。括弧記号〈　〉は原文のまま）。

【史料2】昭和二十八年八月三日付愛宕神社棟札（杭木）

（表）

維時昭和二拾八年（一九五三）　奉仕者 宇佐八幡宮々司 大谷神社宮司　第三拾六第之孫阿部眞幸

奉修築愛宕神社正遷座之攸

八月三日〈旧六月廿四日〉執行　本願　杭木中組中 世話人 当家　福田永之助 中林文太郎

（裏）

（一段目）

当愛宕神社創立年代は不明なれども
口碑により明治初年（一八六八）ニ現地に奉斎せられたる
ものヽ如し、爾来組人の康敬厚かりしも、殿屋
由緒　の修覆は杭木前と大馬木屋の二家にて奉仕せり、
然るところ今回の修築に当りては、組人相謀り相議
して組中奉仕することに一決、今日の吉日を選び
て盛大に執行せり、時局柄その意義最も深く

神明の御加護、屢々厚きを思う

棟の餅寄附者　安部伝三郎

部落住人氏名

（二・三・四段目）

材料一切寄附　勝部恒芳

大工　横山寿右エ門

渡部繁蔵

役務　組中一同

勝部恒芳　福田永之助
中林文太郎　中林捨市
山根熊市　渡部繁蔵
安部伝三郎　蔦川ルイ
渡部安夫　山根順悦
岸本義雄　内田定雄
横山寿右エ門
和泉君義
渡部金市

以上十五名家

④大馬木の愛宕神社には、棟札が三枚（昭和八年七月三十一日、同年八月十四日、同二十三年）残る。このうち昭和八年八月十四日の棟札（**史料3**）には、「大宝年間僧泰澄ノ創建デ天応年間僧慶俊鷹ケ峰ヨリ阿太古山権現ニ移シ祭《（祀）》ルトイウ」と、中興の僧慶俊が京都北西の鷹峰から現在洛北にある愛宕神社の地へ移したという由緒の引用に続き、「寛延元年分霊ヲ拝受シコ、ニ祭《（祀）》ル」とあり、大馬木の愛宕神社が寛延元年（一七四八）に勧請されたことがわかる。(14)

【史料3】昭和八年八月十四日付愛宕神社棟札(大馬木)

奉納

宮殿 壹宇

願主 本笹屋

于時昭和八年(一九三三)八月十四日新調

祭神 伊弉諾命 大産霊尊外数神祀ル

〈府社〉大宝年間僧泰澄ノ創建デ天応年間

僧慶俊鷹ケ峰ヨリ阿太古山権現ニ

移シ祭(祀)ルトイウ

寛延元年(一七四八)分霊ヲ拝受シコ、ニ祭(祀)ル

⑤小馬木小森の愛宕神社(愛宕山公園内)には、棟札が三枚(明治二十一年、昭和十年、年未詳)ある。このうち昭和十年の棟札(**史料4**)に「文政十三年丑建立」とあり、その時の本願は荒木伊兵衛で小馬木村中も加わったと記す(「本願荒木伊兵衛、随願小馬木村中」)。小馬木小森の愛宕神社が、文政十三年(一八三〇)に勧請されたことがわかる。文字が擦り切れほとんど読むことのできない年未詳の棟札にも、微かに「右文政十三年」と読むことができ、文政十三年という年はこの神社にとって画期となる年であった。

【史料4】昭和十年八月五日付愛宕神社棟札(小馬木)

(表)

副本願 小森上中下邑中

昭和十年（一九三五）八月五日執行　本願　糸原善徳　崇敬者　小馬木中

村社八幡宮

奉再建愛宕神社正遷宮成就之攸　斎主　社掌　阿部驍登（モリタカ）

石原秀蔵

大工

田食義一

陰暦七月七日卯節句　世話人　小森青年団　木挽　長谷川広一　荒木正中

代表　森山秀芳

（裏）

（上部横書）「御遷宮御由来」

当社現存御梁簡

一天保六（一八三五）□□□□□四日

記載事項中ニ文政十三年（一八三〇）丑建立、人別書キアリ、本願荒木伊兵衛、随願小馬木村中トアリ、往古ヨリ小馬木一円ノ崇敬者、

二明治二十一年（一八八八）七月二十日

三大正十年（一九二一）十月二日　山上殊ニ風雨激甚ナルニ因リ、社□□（殿屋）根大ニ破損セルヲ以テ、本願幷ニ副本願 当時区長、上区青木善太郎、中区山根吉次郎、下区三原栄次郎 協議ノ結果、此機会ニ一層新築スルコトニ議ヲ□□□青年団ヲ世話カカトシテ専ラ本葬セシコトトシ、即チ工事費祭典碑等ヲ小馬木一円ヘ割当シに来月余ニシテ竣成シ、本日ヲ以テ正遷宮ヲ執行諸事滞リ□□□□御鎮座アラセラレル、因ニ社殿坪数ニ於テハ、従前ト異ヲ□□□□他ノ材料ハ特ニ精選シ、殊ニ玉殿ノ新調、内部ノ模様替 神座ノ前方ヘ更ニ御扉ヲ設ケ、内外二重ノ扉トナル ヲナシ、社殿ノ屋根ハ山上高処ノ風雨ニ□□□□新ニ瓦葺トシ、社殿ノ礎ハ亀腹石ヲ布設シ、尚従前何等ノ設ケナカリシ境内入口ヘハ新ニ鳥居ヲ建設セル結果、地主糸原

善徳氏ノ承認ヲ得テ□□□ヲナシ（後方柴草山ヲ拓キテ、社殿建立ノ敷地トス）、其他、翠簾ニ幔幕ニ幟ニ等々設備シ、大ニ面目ヲ改メタリ、斯ク結構壮麗ヲ見ルニ□□□□本願・副本願・其他有志一般ノ至誠ニ出デタルハ勿論ナレドモ、専ラ小森青年団ノ労力奉仕ト熱誠ナル活動トニ、因由スルモノニテ、就中青年団代□□□（表森山秀）芳幷ニ有志石原秀蔵等ノ活躍ニヨリ、特別寄附者ヲ勧誘スル等、其功蹟（續）甚大ニシテ実ニ奇特ノ行為ト云ハザルベカラズ、

以上ノ次第ヲ略記シテ、後世□□□□主阿部驥登誌

付記、加勤神職仁多郡温泉村加茂神社々掌勝部博道

上記ノ如ク社殿其他旧来ノ面目ヲ一新セルコトハ頬（頗）ル賞スベキコトナレドモ、只御屋根ヲ葺トセルハ遺憾ナリ、徒ラニ永久ノ堅牢ノミヲ思ニ、体裁、荘厳上、或ハ今後百年ヲ俟タザレハ、御遷座ノ盛儀ナキヲ思ヘバ深慮反ツテ失態ヲ招ケリ、

以上、現地に残る愛宕神社の棟札からその勧請年代をみてきた。同時代史料ではないものの、大馬木の愛宕神社が寛延元年（一七四八）、大谷本郷の愛宕神社が宝暦十三年（一七六三）、小馬木の愛宕神社が文政十三年（一八三〇）、大谷杭木の愛宕神社が明治初年（一八六八）に勧請されたと考えられる。この地域の村における愛宕信仰は、早いところで十八世紀半ばに勧請され、以後約百年をかけて徐々に広がっていった。その勧請理由は、大谷本郷の棟札から、火除けの神として勧請したのであった。

第四節　馬来氏と村々の愛宕信仰受容時期の相違

現存する村々の愛宕神社の勧請年代を調べていくと、江戸時代中期の十八世紀半ばから勧請が始まり、徐々に広がっていったことが明らかにできた。それでは村々の愛宕神社勧請が始まる二百五十年も遡る十六世紀初頭に、この地域を治める馬来氏が建立した愛宕山の神を祀る祠堂との関係を、どのように考えればよいであろうか。

この祠堂の由緒書である「灰火山社記」は、愛宕山の神の神威を説く。具体的には領土が安穏となる理由を説く。軻遇突智《かぐつち》は雷神にも変化し、雷で家を焼くこともあれば、雨を降らし大地を潤すこともある。人が真心で国・民のために神を敬い祀れば、雨が降り、苗が生え、田を耕し、食料は十分に得られ、苦労せずとも暮らしていけると説く。そして神を疎んじる行為は身を亡ぼす行為であり、罪の誅伐を祈れば叶い皆服従する。領地を治める武士は、神を敬うことで自らの領土が無事に治まるのだと作者は説く。そして神への崇敬を行動に示したのが、古い考えに囚われないで祠堂を建てた馬来氏であり、愛宕の神を祀ったことで、その福を受けることができるのだと説く。

つまり「灰火山社記」の作者は、神を敬う心が今の平安をもたらしていることを強調するのである。それは、単に火除けの神としてではない。愛宕山の神は雷にもなり雨を降らすこともでき、領土の無事と安寧をもたらすものであった。馬来氏は領地守護として火の神(「愛宕山」)を祀っていたのである。

奥出雲の灰火山にあった祠堂は、領主馬来氏が経営する社殿であった。その後、尼子氏が滅びると出雲国は毛利氏の支配下となり、馬来氏も毛利氏家臣となって、最終的には長門国萩へと移住していく(15)。祠堂は保護者の不在により、衰頽もしくは廃絶し、ついには祠堂の場所も忘れ去られた。勧請の主体が領主馬来氏であったため、馬来氏の不在と共に、この地における愛宕信仰は、いったん途絶えたものと考えられる。

馬来氏が勧請した愛宕山の神を祀る祠堂の由緒「灰火山社記」は、その後、戦国大名尼子氏の居城富田城下の古川村にある一乗院に受け継がれた。江戸時代初頭に出雲国の領主堀尾氏が富田から松江へと拠点を移した際には、一乗院も松江城下へと移転し、堀尾氏によって寺名を宝照院と変えて、以後、藩の祈願所となった。また藩は、愛宕米の常灯明料を同寺へ寄進した(16)。「灰火山社記」を由緒にもつ宝照院は、堀尾氏の拠点松江城下を守護する存在として火の神を祀った。「灰火山社記」を受け継ぐ寺院は、領土の無事と安寧を願う領地守護として機能していたのである。

いっぽう馬来氏の去った奥出雲では、愛宕信仰はいったん途絶えたと考えられ、その後、再度この地へ愛宕信仰がもたらされたのは、十八世紀半ばであった。それは村の火伏の神として勧請されたもので、馬来氏のように領土の無事と安寧を願う領地守護としてではなかった。さらにそれは村単位のものであり、最初の村の勧請から、約百年をかけて徐々に周囲の村へ面的に広がっていった。

夏の三成愛宕祭で有名な三成(仁多郡奥出雲町三成)の愛宕神社は、正徳元年(一七一一)に京都から勧請されており(17)、仁多郡最北西端に位置する三成においても、愛宕神社は十八世紀に入ってから勧請されたものであった。

宗教学者の堀一郎氏は、「地方の武士土豪の帰依勧請のみによって」愛宕信仰が普及したのではないことを指摘している(18)。堀氏は、愛宕信仰の普及に民間念仏団の存在を指摘するが、その後の研究で江戸時代初頭から愛宕山の回国使僧や五坊山伏によって全国へ広められたことが指摘されている(19)。本章の検討から、奥出雲の地でそれは十八世紀半ばであり、おそらくは回国使僧や五坊山伏といった人々によりもたらされたものではないかと推察される。

関氏は、古代『出雲国風土記』編纂時の「灰火山」を「かいひやま」と読み、さらにそれが訛ったと推定した仮称「川平山」を取り囲む信仰の場(愛宕神社)が現在にも存在することを見出し、「長い年月を経て今も」愛宕神社を祀り続けていると指摘する。しかし、古代の『出雲国風土記』編纂時の「灰火山」は、戦国時代にはすでに古老の記憶のなかにとどめる存在であり、愛宕信仰も領主馬来氏が領地守護のために将来したものであった。馬来氏退去後には、この地の愛宕信仰はいったん忘れ去られるが、十八世紀に入り、地域の村々で村の火伏の神として愛宕神社が勧請され、それは十九世紀半ばにかけて徐々に面的に広がっていく。

　愛宕信仰が「長い年月を経て今も生き続け」たとする関氏の見解は、『出雲国風土記』の時代から戦国期を経て、一足飛びに現代にまで一続きに愛宕信仰がこの地域に根付いていたかのように叙述する。しかし本章の検討からは、灰火山信仰や愛宕信仰は連綿と受け継がれてきたものではなかったと考えられる。また愛宕神社は、標高五三三メートル峰の山（仮称「川平山」）を取り込む、①大谷本郷・②杭木・③野土だけではないことから、この三社および標高五三三メートル峰の山を特別視する必要もないのである。

第五節　「灰火山」をめぐる『出雲国風土記』と「灰火山社記」

　最後に、これまでの検討結果を踏まえ、「灰火山」の位置について見解を述べる。

『出雲国風土記』は、「室原山」「灰火山」「遊《ゆ》託《た》山」の順で記しているので、三国山（標高一〇〇四メートル峰）と考えられている「室原山」と、烏帽子山（標高一二二五メートル峰）と考えられている「遊託山」の間の山が「灰火山」であることは確実である。加藤義成氏は、「灰火山」を仏山（標高一〇一二メートル峰）にあてる。確かに三国山や烏帽子山と並ぶ標高一〇〇〇メートル級の山として、『出雲国風土記』の「灰火山」を仏山に比定するのは正しくみえる。しかし天和三年（一六八三）に岸崎左久次が記した「出雲国風土記抄[20]」は、「灰火山」について「大谷村と小馬木との中路の山名なり」と記しており、約四キロ南の仏山のことではない。『出雲国風土記』と「出雲国風土記抄」の「灰火山」は違う場所を指していると考えられる。

違う場所ではあるが、ともに「灰火山」であることを整合的に説明するには、仏山山頂から北に向かい「大谷村と小馬木との中路の山」までの約四キロの大馬木川右岸の山々を「灰火山」と呼んでいたと考えざるを得ない。それは標高一〇一二メートル峰の仏山山頂から、いくつかの七〇〇、六〇〇、五〇〇メートル級のピークを抱えながら「大谷村と小馬木との中路の山」へと至る山稜全体を指す。仏山以外のピークには山名がない(21)。また「灰火山」という名の山名が移動したとも考え難い。

愛宕山の神の祠堂が建つ「東山」は、文字通り東方の山を指すと考えられる。それは祠堂の建立者である馬来氏の居宅からの方角とみるのが妥当である。馬来氏の居宅は、享保十一年(一七二六)完成の『萩藩閥閲録』(22)馬来九郎左衛門家の馬来上野介氏綱の項に「従将軍義満公、賜出雲国仁多郡阿井村、於神目山築城居住」とあり、室町時代前期に将軍足利義満から馬来氏綱が「阿井村」(大馬木・小馬木)を与えられ、「神目山」を築城して居住したとする。また延享元年(一七四四)頃に書かれた「糸原家古代ヨリノ聴書」(23)には、馬来道綱のこととして「大馬木感ノ目ノ城ヨリ小馬木村へ下城ハ天正八年」とあり、天正八年(一五八〇)に大馬木の「感ノ目ノ城」から小馬木へと拠点を移したとする。「感ノ目ノ城」は「神目山」城のことで、夕景城《ゆうげ》(要害山城の音韻転化)とも言い、現在の矢筈山のこととされている(24)。

この山は標高九三六・五メートル峰の山(比高は四七〇メートル)であり、山頂には山城遺構がある(25)。この高さの山頂に馬木氏が常時居住していたとは考えられず、山麓か周辺に平時の居宅があったものと推察されるが、居宅の確定は難しい。しかし大馬木・小馬木両村は、仏山から「大谷村と小馬木との中路の山」にかけての稜線の西側に位置している。そのため、文亀二年(一五〇二)成立の「灰火山社記」に記載する、かつて「灰火山」と呼ばれた「東山」は、いまの仏山から「大谷村と小馬木との中路の山」にかけての山と考えられる。そこには、大谷村と小馬木の間の標高六二五メートル峰の山も含まれるのである。

おわりに

本章の検討結果を以下にまとめる。

関氏が見出した江戸時代の奥出雲に住む人々の方角感覚が四〇度ずれているとの指摘は、その根拠とした「文政年間村々絵図」の作成意図を考慮せずに描写方法を信じたことによるものである。この絵図は、松江藩独自の「輪」制度のために描かれ、「輪」の位置がわかるように川と道路を、多少の歪みを伴いながらも四角形の限られた紙面に収めたものだったのである。

旧出雲国の最南部にある大谷本郷・杭木、野土・大馬木・小馬木の各地区に鎮座する愛宕神社のうち、棟札のない野土の祠を除いた四か所の棟札を調査し検討した結果、大馬木の愛宕神社が寛延元年(一七四八)、大谷本郷の愛宕神社が宝暦十三年(一七六三)、小馬木の愛宕神社が文政十三年(一八三〇)、大谷杭木の愛宕神社が明治初年(一八六八)に勧請されたと考えられ、この地域の村における愛宕信仰は、早いところで十八世紀半ばに勧請され、以後約百年をかけて徐々に広がっていった。その勧請理由は、火除けの神として勧請したのであった。

文亀二年(一五〇二)に奥出雲の在地領主馬来氏が祀った愛宕山の神の祠堂は、領土の無事と安寧を願う領地守護としてで、村々の火除けの神としてではなく、主催者も祀る理由も違った。(26)

奥出雲の灰火山にあった祠堂は、領主馬来氏が経営する社殿であったため、馬来氏が毛利氏家臣となり長門国萩へと移住するとともに廃絶し、この地における愛宕信仰はいったん途絶えた。その後、京都愛宕山の回国使僧や五坊山伏により、奥出雲南部の地の村々へ十八世紀半ばから十九世紀半ばにかけて愛宕信仰が徐々に面的に広がっていったと考えられた。

関氏は奥出雲の地に住む人々の方向感覚のずれと、灰火山信仰や愛宕信仰がこの地域に古来より連綿と続いてきたことを根拠に、『出雲国風土記』や「灰火山社記」に載る「灰火山」を標高五三三メートル峰の山(仮称「川平山」)に比定した。しかし、方向感覚のずれは確かめられず、灰火山信仰も古老の記憶のなかでしか見出せず、かつ愛宕信仰は領地守護として在地領主により祀られたのちに断絶した。愛宕信仰は、馬来氏がこの地を去った約百年後に火伏の神として村々へ徐々に勧請された。この地域では愛宕信仰の断絶と新たな勧請があり、主催者も祀る目的も違え現在に至ったのである。

「灰火山」の場所は、標高一〇一二メートル峰の仏山とする説が有力である。しかし「出雲国風土記抄」は仏山の北へ約四キロ離れた「大谷村と小馬木との中路の山」を「灰火山」としており、このことを整合的に理解するには、仏山から「大谷村と小馬木との中路の山」にかけて緩やかに標高が低くなっていく一連の山全体が「灰火山」であると考えられた。それは馬来氏が住んだ大馬木・小馬木両村の東方にある「東山」だったのである。

残された課題も多い。愛宕神社を調査できたのは奥出雲の南端部のみであり、地域を広げることで、奥出雲全域の信仰圏域の広がりを歴史的に解明することができると考えられる。また調査を行った愛宕神社はいずれも小さな祠であるが、大事に棟札が残されており、丹念に調査し比較検討すれば地域の歴史を探る手掛かりとなる。今後、小さい祠に残された棟札の活用が望まれる。関氏の「灰火山」小論に導かれ、愛宕信仰の普及の様相を一部でも明らかにできたことで、本章をひとまず擱筆したい。

注

（1）「灰火山社記」（松江歴史館所蔵）。
（2）加藤義成『修訂出雲国風土記参究』（松江今井書店、一九八七年）仁多郡の項。
（3）関和彦「『出雲国風土記』註論　その六　仁多郡条」（『古代文化研究』九、二〇〇一年、三九頁。のち同氏著『出雲国風土記』註論』明石書店、二〇〇六年に収載）。
（4）西島太郎「転用される由緒「灰火山社記」――中世出雲国馬来氏の愛宕信仰――」（同『室町幕府将軍直臣と格式』八木書店、二〇二四年。初出二〇一七年）。
（5）西島太郎「戦国時代の「灰火山社記」にみる『出雲国風土記』」（島根県立古代出雲歴史博物館開館一〇周年記念企画展図録『出雲国風土記――語り継がれる古代の出雲――』同館編・刊、二〇一七年）。
（6）関和彦「『出雲国風土記』仁多郡「灰火山」小論」（『古代文化研究』二六、二〇一八年）。
（7）『島根県仁多郡誌』（上野富太郎編、島根県仁多郡刊、一九一九年）。
（8）『島根県仁多郡誌』には、絵図名および景観年代等の注記が一切ない。「文政年間村々絵図」の名称は、関和彦氏が「『出雲国風土記』註論　その六　仁多郡条」（注（3）論考）で使用されたもので、同論考の別の個所には、「文政年間の『仁多郡村々絵図』」（四二頁）とも記しているので、関氏が絵図名を考案し、年代推定も行ったものと考えられる。その年代推定の根拠は不明であるが、松江藩が使用した田地の単位「輪」を使用しているので、江戸時代であることは間違いない。

(9)　関、注(3)論考。
(10)　関氏のいう「灰火山」信仰とは、その後も松江市の宝照院由緒として「灰火山社記」が機能していた点を指す可能性もあるが、引用文の直前に「大谷地域の各集落」と記していることから、大谷地域のことを指すものと考えられる。
(11)　高木幹雄「松江藩における「輪」の地理的性格」(『人文地理』一八―三、一九六六年)。「輪」についての研究は、原伝「松江藩の田祖方と「輪」」(同『松江藩経済史の研究』日本評論社、一九三四年)、上杉和央・大矢幸雄・石倉舞美「松江藩領全域をおおう「輪切絵図」――安定的な年貢確保を目的に――」(『松江歴史館研究紀要』一一、二〇二一年)がある。
(12)　上杉・大矢・石倉、注(11)論考。
(13)　③野土の愛宕神社は、宮司を呼ぶことをやめ、現在では村人たちで祀っている。また祠には棟札はない。傍らに「大上神社」と陰刻された石柱があり、地元では「大仙《だいせん》さん」と呼び、牛を祀ったものである(二〇二一年二月二十八日調査)。なお①②④⑤の村々の愛宕神社棟札の現地調査では、いずれも宮司を兼務されている阿部等氏の協力を得た。記して謝意を表する。二〇一六年四月六日に②④⑤の愛宕神社を、二〇二〇年十二月七日に①の愛宕神社を調査した。棟札はいずれも祠の中に納められている。
(14)　「神祇拾遺」(『続群書類従』巻五八〔第三輯上〕所収)。
(15)(16)　西島、注(4)論考。
(17)　日本歴史地名大系三三『島根県の地名』(平凡社、一九九五年)三成町の項、四四九頁。
(18)　堀一郎『我が国民間信仰の研究』一(東京創元社、一九五五年)第九編第四章「将軍塚と勝軍地蔵の由来」。堀氏は、村境における邪悪なものの侵入をふせぐ役割を果たす「村々の塞神信仰」や将軍塚信仰との関わりも指摘するが、奥出雲ではそのまま当てはめることは困難である。

(19) アンヌ・マリ・ブッシイ「愛宕山の山岳信仰」(五来重編『山岳宗教史研究叢書十一　近畿霊山と修験道』名著出版、一九七八年)。この他、京都愛宕山とその信仰については、八木透編著『京都の夏祭りと民俗信仰』(昭和堂、二〇〇二年)、『火伏の神愛宕さん　亀岡の愛宕信仰』(亀岡市文化資料館編・刊、二〇〇三年)、八木透編『京都愛宕山と火伏せの祈り』(昭和堂、二〇〇六年)等がある。

(20) 「出雲国風土記抄」(島根県立図書館複写本)。

(21) 「出雲国風土記抄」も「大谷村と小馬木との中路の山」と記すように、江戸時代においても山名はなかったものと考えられる。

(22) 『萩藩閥閲録』第三巻(山口県文書館、一九七〇年)、四一九頁。

(23) 「糸原家古代ヨリノ聴書」(島根県立図書館所蔵謄写本)。

(24)(25) 『島根県中近世城館跡分布調査報告書第2集　出雲・隠岐の城館跡』(島根県教育委員会、一九九八年)。高屋茂男編『出雲の山城』(ハーベスト出版、二〇一三年)夕景城跡(寺井毅氏執筆)。

(26) 同時期(十六世紀初頭)の在地領主による愛宕信仰の事例に、石見小笠原氏をあげることができる。馬来氏が愛宕山の神を祀った祠堂を建立した二年後(永正元年(一五〇四))、隣国石見国邑智郡川本(島根県邑智郡川本町)の在地領主小笠原長隆は、京都から愛宕社を勧請したという(『川本町誌』歴史篇、一九七七年、一一八四頁)。勝軍地蔵を神体とする。長隆の孫の長雄は、弘治二年(一五五六)、邑智郡飯山を攻める佐波氏軍勢を追い払えたのは「将《(勝)》軍地蔵之御情力」だとして、愛宕社のある仙岩寺へ五〇貫文を寄進している(弘治二年卯月四日付小笠原長雄寄進状案〔『中世川本・石見小笠原氏関係史料集』川本町教育委員会編、川本町・川本町教育委員会、二〇二一年、一九〇号〕)。わずか二例ではあるが、山陰地方の在地領主による愛宕社勧請と祠堂建立の事例が、十六世紀初頭に揃ってみられる点は、この時期の愛宕信仰がどの層に受け入れられたかを知る上で興味深い。

〔追記〕　私が「灰火山社記」について詳細に検討を行ったのは、二〇一七年五月公表の①「転用される由緒「灰火山社記」」(注4)であったが、その要点と『出雲国風土記』研究史との関わりを、二か月前の三月二十五日から始まった島根県立古代出雲歴史博物館開館一〇周年記念企画展「出雲国風土記――語り継がれる古代の出雲――」の展覧会図録に、②「戦国時代の「灰火山社記」にみる『出雲国風土記』」(注5)と題し解説していた。関和彦氏は、翌二〇一八年三月に「『出雲国風土記』仁多郡「灰火山」小論」を『古代文化研究』(注6)に発表され、もっぱら拙稿②を取り上げ「灰火山」の位置について批判された。

関氏論考の存在を私が知ったのは、発表から一年後の関氏が亡くなられる直前であった。私は関氏論考を一読して、論証に問題の多さを感じた。地名の語音変化(「かいひ」から「かわひら」へ)もその一つであり可能性でしかない。とくに疑問に感じたのは、中世の愛宕信仰と現代の愛宕神社の存在から、両者を結びつけて現代に至るまで愛宕信仰が現地で連綿と継続していたとして論を展開された点である。

私は①②論考を執筆するに際し、この地域の愛宕神社の棟札調査を行っていた。最初の調査では、大谷本郷のみは調査の当日に鍵の保管者が不在で確認できなかったが、他の愛宕神社の棟札文面からは、江戸時代中期以降に勧請されたものであることを突き止めていた。そのため、愛宕信仰が中世から連綿と続いたとする前提での関説は、無理があると感じたのである。村々の愛宕信仰が江戸時代中期からであることを知っていたため、関氏の論考をそのままにしておくわけにもいかず、稿を起こし、関氏の反論を掲載する『古代文化研究』に投稿した次第である。

その後の調査で、大谷本郷の愛宕神社の棟札からは、村が火伏の神として勧請したことが明確にできた。関氏論考を知った直後の二〇一九年三月三十一日、関氏は帰らぬ人となった。死者に鞭打つつもりは毛頭ないが、学問の進展を信じ、関氏の論考に批判を行った。拙論に対し、関氏はどのように受け止められたであろうか。きっとさらなる反論を用意されたに違いない。だがその検証は全て後進に委ねられた。ご冥福をお祈りする。（二〇二一年三月）

第九章　明治維新期の神社政策と地域社会
――佐世家発祥地における前原一誠――

はじめに

明治九年(一八七六)十月、熊本で神風連の乱、福岡で秋月の乱が立て続けに起こった。いずれも明治新政府に不満をもつ士族たちによる反乱であった。これに呼応し、二十八日、山口県萩では前原一誠(一八三四〜一八七六)が、奥平謙輔らと共に総勢約五〇〇人で挙兵した。萩の乱である。

一誠は、萩で生まれた萩藩士で、近代日本の夜明けを牽引した吉田松陰のもとで学んだ維新十傑の一人である。高杉晋作らと共に、下関で四か国連合艦隊と戦い、奇兵隊にも入った経験がある。維新後は、越後府判事や兵部大輔を歴任する。しかし一年で辞職して、病気を理由に萩に帰っていた。

挙兵した一誠らは、当初、山口を目指すが警備が固く断念した。三十一日に再び萩に引き返し、大区役所を襲撃して鎮台兵と戦った。弾薬が尽き、一誠ら七人は天皇へ直訴するため船で萩を発った。境港(八月に鳥取県は島根県に併合。現在の鳥取県境港市)を目指し、十一月三日、宇龍(島根県)に到着した。説得に応じ、一誠らは上陸した。一誠らは船宿の藤村仁之助宅で宿泊し歓待を受けた。翌日、平田(島根県)の本木佐家で一泊し、松江(島根県)に至り、松江刑務所へ入獄となった。そして十六日に松江から美保関経由で萩に護送され、十二月三日、一誠らは処刑された。萩に残っていた前原軍は、政府軍により十一月六日に壊滅した。わずか十日間の反乱だった(1)。島根県で捕縛され、松江刑務所で入獄した一誠であったが、同県との関わりはこれだけに止まらない。一誠は萩藩士佐世家の出で、この佐世家は出雲国(島根県)出身であった。

前原家に伝わる「前原氏系図」によれば、その先祖は、出雲国出東郡(出雲市斐川町)にある高瀬城を拠点とした米原氏に繋がり、尼子氏再興戦で共に戦い没落した「米原綱広(湯原氏から養子に入った)の娘徳が、母の実家佐世氏を頼った後、主君毛利秀就の乳母となり、その縁で子孫が扶持を受け、やがて大組の佐世氏となった」という(2)。一誠は、「佐世ヲ改メ原姓ニ復シ、米ヲ前ノ字ニ換ヘ名ヲ一誠ト称」した(3)。一誠にとって米原氏や出雲の地は十分意識されていたと考えられる。

本章では、佐世家発祥の地と前原一誠を繋ぐ一枚の扁額を検討する。扁額は一誠らによる「永代御神灯」奉納を記す。この扁額を、明治維新期の維新政府による神社政策のなかに位置付ける。そのことで郷社設定をめぐる佐世地域の神主と氏子たちの思惑、および佐世家発祥の地に残る扁額のもつ意義を明らかにする。

第一節　前原一誠ら「永代御神灯」奉納を記す扁額の復原

1　一誠ら「永代御神灯」奉納の扁額をめぐる論点

明治四年(一八七一)二月、一誠とその父佐世経一は、その他の佐世一族二人と共に、先祖の地の神社に灯明料(「永代御神灯」)を寄進した。ちょうど前年九月に一誠は、兵部大輔を辞任し、病気を理由に萩に帰っていた時期にあたる。この寄進の事実を記した扁額が、島根県雲南市大東町下佐世にある狩山八幡宮に所蔵されている。島根県と一誠との関係を語る史料として、近年注目を集めており、以下、これまでの論点をまとめておく。

一九九〇年に刊行された白神尚彦・白神敏玲共著『獅子頭は語る——佐世家の謎を追う』[4]は、大東町佐世地区と佐世氏の歴史を追った地域史である。同書には佐世家系図の改竄や、佐世神社の神宝に改竄を行い、狩山八幡宮のものとして由緒を創り出した、と狩山八幡宮「宮司」家を糾弾する内容となっている。そのなかで、一誠ら寄進の「永代御神灯」扁額は、佐世神社に関わる内容であるのに、狩山八幡宮の由緒として語られていると指摘する。そして昭和二十一年(一九四六)に島根県が作成した『大原郡神社明細帳』[5]に「大正十三年六月十八日学第三〇五号ヲ以テ「八幡宮」ヲ狩山八幡宮ト社名改称ス」とあるのを根拠に、大正十三年以前は「狩山八幡宮」という社名すらなく、氏子もないと同書は強く主張する。[6]

これに対して宍道正年氏[7]は、一誠と島根の関わりを追うなか、この扁額の存在を知り、「新発見の前原一誠扁額」として『山陰中央新報』文化欄(二〇一五年十二月二十二日付)に寄稿し、扁額の「裏面に残る断片的な文章」から、「明治4(1871)年、神社改正の命令によって狩山八幡宮は〝無社格〟になった。そこで宮司晴木親子は、前年10月に東京から萩に帰郷していた偉大な人物、前原(一誠)を頼って自社の命運をかける。2月17日に佐世を出発し萩に到着。25日に前原の父、佐世彦七宅で対面した。格上げに欠かせぬ神社の由緒が記された古い書物の写しが入手できるよう懇願した。その申し出は了承され、翌3月には宮司の手元に送られてきた。早速、同月7日、松江藩庁(後の島根県庁)へ届け出ている」とし、扁額表面にある「「社柄」(神社の強い力)によって①「国土静謐」(国土太平)と②「家運長久」のため、と明記」した点に、前原一誠の「平和を愛する、そして深い祖先崇拝の、温かい人間性の一側面がうかがえる」とする。

宍道氏の寄稿の一月半後、『獅子頭は語る』の著者の一人である白神尚彦氏が『山陰中央新報』文化欄(二〇一六年二月十日付）に寄稿した「萩と雲南の佐世家を結ぶ扁額」は、扁額の「裏面記述に非整合性」が認められ、佐世神社にあるべき扁額が、狩山八幡宮の由緒として語られている点を再論した。

以上がこれまでの扁額をめぐる主要な論点である。白神氏は、佐世神社にあるべき扁額が狩山八幡宮の由緒として語られている点を問題とし、宍道氏は扁額裏面を読解して、前原一誠の人間性にまで迫ろうとした。両者共にこの扁額が、前原一誠と島根県や佐世とを繋ぐ貴重な資料であるという点では一致している。

ただ、白神・宍道両氏は共に、扁額そのものを詳しく観察することで見出されるスリ消シ痕や、四枚の杉板の順序が変更されていることを考慮に入れていない。また、明治維新前後から昭和二年に狩山八幡宮が「無格社」から「郷社」へと昇格するまでの、時の政府による神社政策や佐世村における人々の動き等、同時代史料に基づいた事実関係を明らかにしていない。そのため、この扁額の理解は一面的なものにとどまる。

本節では、まず扁額そのものをじっくりと観察することから始める。

2 扁額板面のスリ消シ痕と配置順序の改変

現状の扁額（写真1・2）は、縦の杉板四枚を並べ、その周囲を木枠で囲っている。杉板一枚ごとに杉板番号（①〜④）を振り、左に活字を示す。

【史料1】扁額表面（現状） 写真1

①「奉寄付永代御神灯 」

②「当社旧記仁佐世家者深由緒有之、依
社柄仁為国土静謐家運長久乃永代

写真1　扁額　表面(現状)

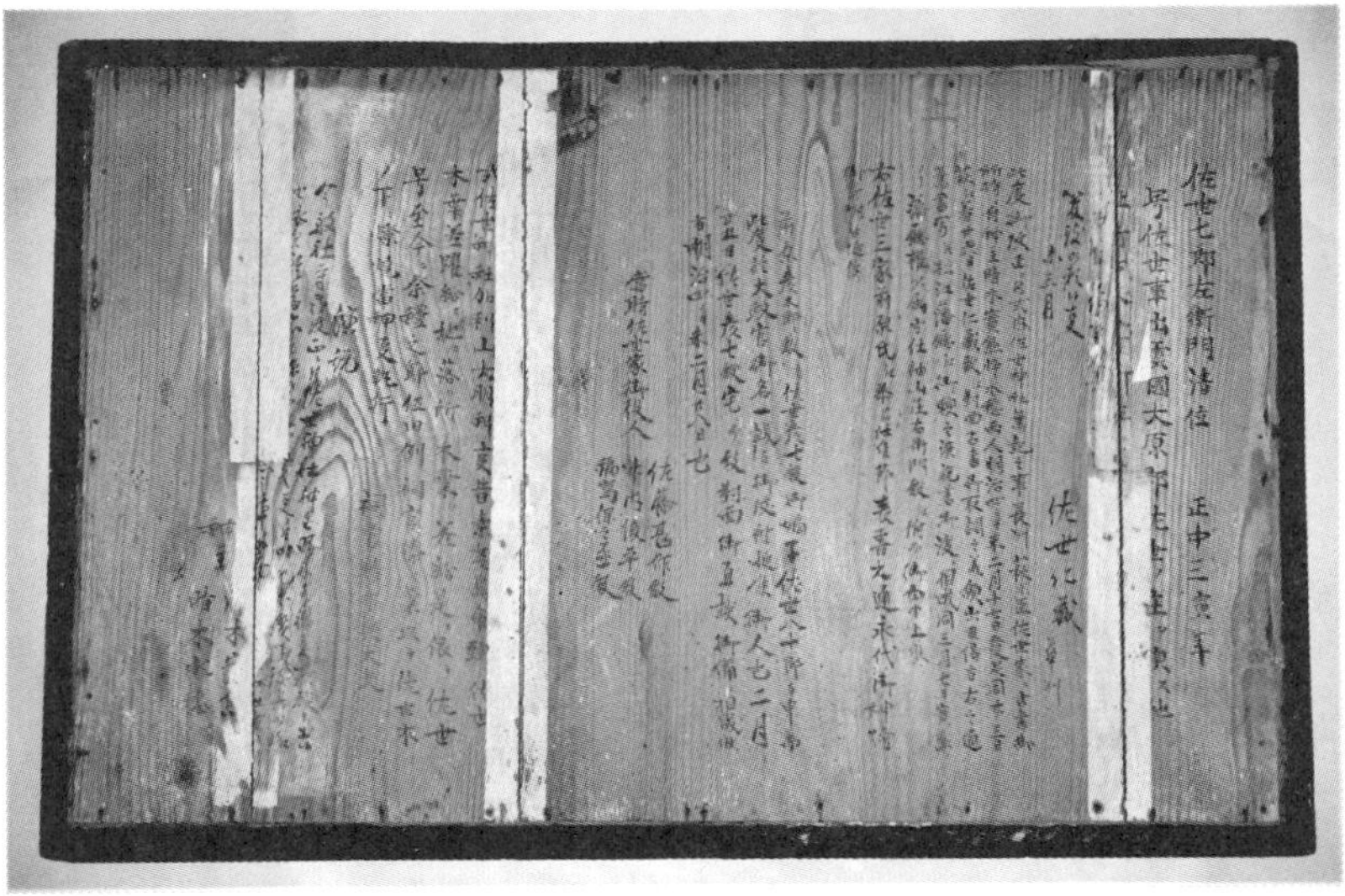

写真2　扁額　裏面(現状)

(西島撮影)

御神灯奉寄付者也、□□(スリ消シ痕)
明治四辛未二月廿八日」

③「　防州山口藩
(朱色葉模様)佐世仁蔵源親建　申年男
(朱色葉模様)佐世彦七源経一　酉年男
(朱色葉模様)佐世弥三源直清　戌年男
(朱色葉模様)前原彦太郎源一誠　午年男」

④「　(スリ消シ痕)
（スリ消シ痕）」

扁額の木枠の大きさは縦八三・五×横五六・〇センチ、杉板四枚を並べた扁額本体の大きさは縦四九・八×横七六・二センチである。木枠とは背面か四方を釘で打ち付けている。板の表面と裏面に墨書がある。墨書面は幅の違う四枚の板を並べて作られている。以下、文頭(右)から一枚目を①(幅一一・二センチ)、二枚目を②(幅一六・九センチ)、三枚目を③(幅三八・二センチ)、四枚目を④(幅九・六センチ)と表記し、裏面の文字は文頭(右)から、一枚目を⑤、二枚目を⑥、三枚目を⑦、四枚目を⑧と表記する。また②と③については、表面・裏面の文字の大きさやつながり方から、ある時点で逆(③②の順)に嵌めなおされており、翻刻では元の順に戻した。裏面は板継目を和紙で補強しており、この部分の判読は難しかった。

また裏面の文字は、⑤と⑦四行目までが大きめのはっきりした字体で、⑦五行目の「演説」から⑥三行目まで、つまり演説書は草書に崩した字体で記され、⑥四行目から⑧まで、より小さな字で記されている。また⑥七行目の上部には、薄く「上」と記され、板の上下を識別するために記されたものと考えられる。順序を正しく直した文面を左に示す。

【史料2】扁額表面（復原）

①「奉寄付永代御神灯」

③「　防州山口藩

（朱色葉模様）佐世仁蔵源親建　申年男

（朱色葉模様）佐世彦七源経一　酉年男

（朱色葉模様）佐世弥三源直清　戌年男

（朱色葉模様）前原彦太郎源一誠　午年男」

②「当社旧記仁佐世家者深由緒有之、依

社柄仁為国土静謐家運長久乃永代

御神灯奉寄付者也、（スリ消シ痕）□□

明治四辛未二月廿八日」

④「

（スリ消シ痕）

（　ス　リ　消　シ　痕　）」

【史料3】扁額裏面（現状）　写真2

⑤「佐世七郎左衛門清位〔信〕　正中三寅年

号佐世事、出雲国大原郡佐世ノ庄ヲ領ス地

此所□□□⎾　　　　　　　　　　　　」

⑦「式佐世神社加利山大明神事、昔素戔烏〔尊〕命頭佐世
木葉差躍給ヒ地ニ落ル所ノ木葉ヲ差給、是ニ依テ佐世
号至今ニ、祭礼之節、任旧例祠官榛ノ葉以テ佐世木
ノ下ニ燎焼当神事執行　祠官晴木与大夫」

A

演説

今般社寺御改正ニ付、佐世神社神主晴木水穂事嘆願申出候
由依而ハ於□〔為カ〕⎾　　　⎿之事ニ付旧記等讃談致呉候様
⎾　　　⎿之事ニ御座⎾　　　⎿拙者」

⑥「茂相頼候間、何卒彼者申出候通⎾
管致御願候事

未三月　　　　佐世仁蔵 華判」

B

此度御改正ニ付、式内佐世神社旧記之事、長州萩之臣佐世家ニ
古書御所持ニ付、神主晴木実熊・倅水穂両人、明治四辛未二月
十七日発足、同廿三日萩江着廿六日佐世仁蔵殿江対面古書
御取調之義願出候得者、右之通旧書写幷松江藩庁江御願之演
説書御渡ニ相成、同三月七日実熊ヨリ藩庁権少属昔仕袖山荘右
衛門殿江附而御届申上候、右佐世三家前原氏江参上仕候節、

表書之通、永代御神灯御寄付被遊候、
前原彦太郎（一誠）殿者佐世彦七殿御嫡子佐世八十郎与申而
此度於太政官御名一誠与御改被遊候御人也、二月
廿五日佐世彦七殿宅ニ而致対面御直談、御備ニ相成候
者、明治四辛未二月廿八日也、
佐藤甚作殿
当時佐世家御役人　竹内俊平殿
福嶌保之丞殿　」
晴木実熊
⑧「
神主　晴木水穂　」

C

この扁額には、スリ消シ痕があり、さらに杉板の順序が変えられている。いつ、いかなる理由によるものなのか。まず、②のスリ消シ痕の文字は不明である。④のスリ消シ痕は、大正十一年（一九二二）四月付で晴木松亀が記した『狩山八幡宮　棟札古文書、社殿工作物、宝物古記録　調査』と題する綴り(8)に、この扁額の表面のみ文字が写し取られている。それによれば④の部分は、左の様に記す。

【史料4】扁額表面④スリ消シ部分の文字

「　神主晴木水穂　謹白
額寄付佐世家之旧臣山方村細木権八郎」

大正十一年段階では、この部分の記載があったが、それ以降に何かの理由でスリ消されたものと考えられる。この

冊子には、②部分のスリ消シ痕、および扁額裏面について何も記していない。そこで扁額のスリ消シ部分を、赤外線写真で解読を試みた。その結果、④の一行目冒頭は、確かに「神」字であり、(9) 大正十一年段階の文字の読みは正しいと判断される。

また、文面に登場する「細木権八郎」の墓石は、島根県雲南市木次町山方の細木家墓地に夫妻の墓が現存する。(10) その墓石には、「細木権八郎」とその妻について文字が刻まれているが、「細木権八郎」部分に刻まれた文字は、「(正面)安済良養居士」「(右側面)明治十年丑正月二十八日／俗名細木権八郎／行年六十三才」とある。権八郎は、明治十年に六十三歳で没したため、同四年時は五十七歳であった。この扁額は、「細木権八郎」が没する同十年までに奉納されたものと考えることができる。(11)

同四年に明治政府が全国神社を序列化し社格を決めた際、狩山八幡宮は「無社格」とされた。その後、同宮は、大正時代に社格の昇格運動を展開し、大正十三年六月に県へ書類を提出し、昭和二年(一九二七)十二月に「郷社」に昇格することに成功した。昇格を目指した理由を、狩山八幡宮が所蔵する『自大正拾参年六月至昭和弐年拾弐月　狩山八幡宮社格昇進関係書』一綴(以下、『社格昇進願』と略記)によれば、次のように説明する。

> 氏子の信仰が明治維新後も継続してあり、かつ「開運、長寿、武運長久、勧学、安産、生業守護ノ大神トシテ、地元民ノ崇敬益々厚」く、「現在ノ無格社ニテハ、社会教化上遺憾尠カラス、実ニ慨歎ニ堪ヘサル所ナリ、是ニ於社格ノ昇進ヲ出願スルニ至リシ所以ナリ」。

この大正十三年に県へ提出した書類の扣(『社格昇進願』)に添付された扁額を写した写真は、現在みることができる扁額の状態である。そのため、同十一年から十三年の間に、扁額文面のスリ消シ、および杉板の順序を入れ替えることで、文面が変えられたものと考えられる。

同十三年に県へ提出した書類（扣）には、扁額裏面の写真は添付されず、裏面の文面にも触れていない。文字のスリ消シおよび文面の順序を入れ替えた後の状態の、扁額表面のみの写真を申請書に添付したのである。さらにこの申請書類には、明治四年（一八七一）に佐世仁蔵や前原一誠らがこの地へ来て、この扁額を奉納したとも記している。これは、扁額裏面に神主が佐世から山口萩まで出向いたとする記述と大きく異なる。このことは、佐世氏が扁額を奉納したとするためには、扁額の文面に神主の名や、扁額を寄付した細木氏の名があると佐世氏らの奉納とはならないため、文字のスリ消シを行ったと考えられる。(12)そして、②と③の順序を入れ替えることで、扁額の奉納は佐世一族によるものだとしたのである。

以上から、扁額の文面（板面）の順序入れ替えは、大正十三年の社格昇格申請の際になされたことが明らかとなった。文面の順序を入れ替え、一部文字をスリ消すことで、扁額の奉納者を佐世一族であるように見せることを意図したのである。

3　扁額裏面書付による奉納過程

奉納当初の扁額について明らかにするためには、扁額文面（板面）の順序を改変前の状態にして検討しなければならない。

まず、復原した順序で扁額裏面を読み込むこととする。(13)扁額裏面は大きく三つの部分からなる。「旧書写」のA部分、佐世仁蔵が作成した「松江藩庁江御願之演説書」のB部分、これに続き作成経緯を記したのがC部分である。C部分には、「旧書写」（A部分）と「演説書」（B部分）について言及があり、その意味することが明らかとなるためC文頭から読み進めることとする。まず左に意訳を記す。

「此度御改正」（維新政府による全国神社の序列化）で、「式内」（式内社。延長五年〔九二七〕に成立した『延喜式神名帳』に載る神社）である「佐世神社」の「旧記」（「式内佐世神社旧記」）について、長門国萩（山口）藩士の佐世家が「古書」を持っているので、（佐世神社の）「神主」の晴木実熊とその倅の水穂の二人が、明治四年二月十七日に（出雲国佐世を）発ち、（六日後の）二十三日に萩へ到着した。（その三日後の）二十六日に（実熊・水穂の両人は）佐世仁蔵と対面を果たし、（佐世神社の「旧記」に関わる）「古書」を調べてほしいと願い出た。そして「旧書写」（A部分）並びに（佐世仁蔵が作成した）「松江藩庁江御願之演説書」（B部分）を、仁蔵から両人は受け取った。（そして両人は佐世へ帰り）三月七日に実熊から（AB部分を）松江藩庁の権少属であった袖山荘右衛門へ届け出た。右の（萩で）佐世三家（佐世仁蔵・彦七・弥三）と前原氏（彦太郎〔一誠〕）へ参上した時、（扁額の）表面（「表書」）の通り、「永代御神灯」の寄付を受けた。

前原彦太郎（一誠）は、佐世彦七の嫡子で佐世八十郎といって、この度、太政官において名を一誠と改名した人である。二月二十五日に佐世彦七宅で（実熊・水穂両人は）彦太郎（一誠）と対面して、直談し、（「永代御神灯」の）寄付（「御備」）の申し出を受けた。明治四年二月二十八日のことである。この時の佐世家の役人は、佐藤甚作・竹内俊平・福嶌保之丞の三人である。（佐世神社の）神主は晴木実熊と水穂である。

以上がC部分である。明治政府による全国神社の社格の序列化に際し、「佐世神社」の「神主」である晴木実熊・水穂父子が、同社の「旧記」を求めて、長門国萩の佐世家まで出向き、その由緒（「旧書写」）と佐世仁蔵の演説書を入手したことが明らかとなる。また交渉の途中、前原一誠と会い、「永代御神灯」の寄付を受けたこともわかる。佐世から萩までの往路は六日かかり、復路は一誠と対面した二十八日の翌日に萩を発ったとしても、藩庁への提出まで九日ある。(14)

「佐世三家」とは、萩藩寄組の佐世仁蔵親建（主殿・与惣）と、大組の佐世弥三直清（於菟槌《おとつち》・旅）、同じく大組の前原彦七経一（彦太郎）の三家の事で、仁蔵家が嫡流家であった。(15) 一誠は彦七経一の嫡子である。そのため、佐世家を代表して仁蔵が「演説書」を記したものと考えられる。

次に実態・水穂両人が入手した「旧記」（「旧書写」、扁額A部分）を検討する。まず左に意訳を記す。

正中三年（一三二六）に（出家した）「佐世七郎左衛門清位〔信〕」が、「佐世」と号したのは、出雲国大原郡佐世庄を領したからである。（途中文字不明）式内社（「式」）の「佐世神社加利山大明神」は、昔、素戔嗚命が佐世の木葉を頭に挿して踊り、地面に落ちた木葉を（再び）挿した。これにより佐世と号し今に至る。祭礼の時は、旧例に任せて、「祠官」が「榛ノ葉」を佐世の木の下で焼いて神事を行う。「祠官」は晴木与大夫である。

佐世家に残る「佐世神社旧記」（「古書」「旧書写」）からの引用は短い。前半では、佐世氏が大原郡佐世庄の領主となったことに始まることを述べる。書き出し一行目の「佐世七郎左衛門清位〔信〕　正中三寅年」は、明治五年八月付晴木水穂由緒年歴届（後掲【史料18】）によれば、佐世清信が佐世庄の領主となった時を指し、「旧記」文面もそのように記す。(16)

後半では、式内社である「佐世神社」の「加利山大明神」の由緒を載せる。素戔嗚命が佐世の木葉を頭に挿し、木葉が落ちて佐世と号すようになったとするが、これは天平五年（七三三）に成立した『出雲国風土記』大原郡佐世郷に、古老が伝えたこととして載せる内容を基にしている。(17)

注目されるのは、「佐世神社加利山大明神事」と、佐世神社の加利山大明神を主題としている点である。これについては、松江藩士で神門郡奉行であった岸崎左久次が、天和三年（一六八三）に完成させた『出雲国風土記』の研究書『出雲風土記抄』(18)に、「佐世社者《ハ》、佐世郷加利山大明神而《ニシテ》、祭須佐能表〔袁〕命《ヲ》也」とある。「須佐能表〔袁〕命（素戔嗚命）」を祀る佐世郷の「加利山大明神」が「佐世社（佐世神社）」だとする認識が、十七世紀後半にはあった。さらに、出雲国国造の千家清主（俊信、一七六四～一八三一）が著作し、天保十四年（一八四三）に岩政信比古が校訂増補した『出雲国式社考』[19]にも、佐世神社と加利山大明神（「假山大明神」）とを結びつける記事がある。

【史料5】『出雲国式社考』佐世神社

佐世神社

風土記同じ、下佐世村の假山大明神をいふ也、神殿二間に三間、拝殿あり、今八幡宮を合せ祭る、八幡宮は文禄四年佐世伊豆守正勝建立すといへり、故に祭日八月十五日なり、○佐世は、風土記云々、古老伝云、須佐能袁命佐世乃木葉頭刺而踊躍為時、所刺佐世木葉墜地故云佐世とあり、

佐世神社に「今八幡宮を合せ祭る」とする八幡宮は、文禄四年（一五九五）に佐世正勝が建立し、祭日が八月十五日であるとする。享保二年（一七一七）に松江藩士の黒澤長尚が編纂した『雲陽誌』大原郡下佐世の「假山八幡」の項に、「石清水より勧請す。本社二間に三間拝殿あり、文禄四年佐世伊豆守正勝建立す、祭礼は八月十五日」と同文である。『雲陽誌』の「假山八幡」は、現在の狩山八幡宮に当たることから、『出雲国式社考』佐世神社の項に記す「八幡宮」が「假山八幡（狩山八幡宮）」であることがわかる。『出雲国風土記』に載る佐世神社が、下佐世村の「加利山大明神」で、文禄四年に佐世正勝により石清水八幡宮から勧請された「八幡宮」を合祀しているというのである。

この「八幡宮」が八月十五日を祭日としているという点についても、宝永三年（一七〇六）正月に作成された『大原佐世郷白神社書出帳』[20]が参考になる。同帳によれば、もともと八月十五日は白神八幡宮の祭礼日であったが、毛利元就家来の「佐世与（ママ）三右衛門（元嘉）」が、同宮の祭田を召し上げたうえに、養安寺を建立し、「假山」と名付けて宇佐八幡宮を勧請し先祖の廟所とした。祭礼日が無かった「假山八幡」（別の箇所では「假山八幡宮」と記載）は、「佐世殿」の命に

より八月十五日を祭礼日とした。そのため白神八幡宮は祭礼日を八月二十七日にせざるを得ず、同宮の「検校」は深くこれを恨んだという。(21)

「假山八幡」勧請者を、「佐世与三右衛門(ママ)(元嘉)」とするか、佐世正勝とするかの違いはあるが、(22)『出雲国式社考』に載る佐世神社に合祀された「八幡宮」が「假山八幡」であることは、その祭日からも確かめられる。「旧記」(A部分)に「祭礼之節、任旧例祠官榛ノ葉以テ佐世木ノ下ニ燎焼当神事執行　祠官晴木与大夫」とあるから、「佐世神社加利山大明神」の神事は「祠官晴木与大夫」が執り行ったことがわかる。

「假山八幡」「假山八幡宮」と表記された八幡宮は、明和九年(一七七二)十月から安永二年(一七七三)三月までの間に「狩山八幡宮」と改名する。祭神「假山大明神」「加利山大明神」の表記は変わらなかったが、以後、社名は「狩山八幡宮」と表記された。(23) そのため以下、安永年間以降は、「狩山八幡宮」と表記する。

B部分に「佐世神社神主晴木水穂」、C部分に「神主晴木実熊・倅水穂両人」とあるのは、狩山八幡宮を合祀する「佐世神社」の「神主」であることから、「佐世神社神主」と表記したものと考えられる。これは第二節で述べるように、維新政権の神社政策が、地域において式内社を中心として編成しようとしていたから、意図的に「佐世神社」と表記したものと考えられる。

最後に「旧記写」と共に松江藩庁へ提出された「演説書」(B部分)の検討に移る。「演説書」は、明治四年三月(「未三月」)に佐世家の嫡流家の仁蔵が認めた。その内容は次のようである。

「今般」の「社寺御改正」では、「佐世神社」の「神主晴木水穂」が嘆き願い申し出てきたので、(文字不明)「旧記等」も取り扱ってもらえるよう(文字不明)私(仁蔵)も頼むので、「彼者」(水穂)の申し出の通り(文字不明)願う。判読できない文字が多いが、佐世神社の神主晴木水穂が佐世仁蔵に願い出て写しとった(佐世神社の)「旧記」等も参考にして、「社寺御改正」を行ってほしい、とする内容だということは読み取れる。これにより晴木父子は、佐世家当主からも嘆願の同意を得たうえで、佐世家の佐世神社に関する由緒（「旧記」）と佐世仁蔵の演説書を松江藩庁へ提出することができたのである。

以上から、佐世神社神主の晴木父子が萩を訪れ、佐世家の「旧記」と当主の「演説書」を手に入れ、これらを「社寺御改正」の審議で参考とするよう、松江藩庁へ提出したと読むことができる。大正十三年の社格昇格申請時の書類に記すような、前原一誠らが佐世の地を訪れた事実はなかったのである。

では、扁額裏面に記された経緯を踏まえたうえで、扁額の表面について検討する。裏面C部分には、明治四年二月二十八日に実熊・水穂らが佐世七彦宅で前原一誠と対面し、直談して「永代御神灯」の寄付を受けたとある。このことは、佐世神社への「永代御神灯」寄進が一誠の意思によりなされたことを示している。「旧記」および「演説書」が佐世家嫡流の仁蔵を中心としていたのに対し、佐世神社への「永代御神灯」寄進は、扁額表面には佐世三家と一誠の連名をとりつつも、一誠が主導したものだった。

扁額表面は、①で事書、次に③で寄付者を載せる。その次の②と④は、④のスリ消シ痕を復原し読解すると、佐世神社神主晴木水穂が寄付の意図を記したものであることがわかる。表面を意訳すると、以下のようになる。

「当社旧記」によれば、佐世家は（佐世神社と）浅からぬ関係があり（「深由緒有之」）、神社の力による国土静謐と家運長久のため、（佐世神社に）「永代御神灯」を寄付する。明治四年二月二十八日。（佐世神社の）「神主」である晴木水穂が謹んで白す。額を寄付したのは佐世家の旧臣である山方村の細木権八郎である。

ここに言う「当社旧記」は、晴木水穂が神主を勤める佐世神社の「旧記」のことで、具体的には、萩まで行って手に入れた佐世家が持つ「式内佐世神社旧記」（C部分）のことである。佐世神社神主である水穂自身が経緯を記したものである(「神主晴木水穂　謹白」)ため、「当社」と表記されたと考えられる。日付は、前原一誠らと直談し、寄付の意向を受けた日付としている。そして、④スリ消シ痕に「額寄付佐世家之旧臣山方村細木権八郎」とあるように、扁額を作成し寄付したのは、佐世家の旧臣である細木権八郎であった。佐世神社神主の晴木水穂が、萩の佐世家に由緒(「旧記」)を求めて出向き、その際、前原一誠の意向で「永代御神灯」の寄付の話が出た。C部分で、一誠と水穂らが直談した際、「御備に相成候」と記すのは、「寄付する用意がある」との意であろう。おそらくその後、実際に寄付がなされ、これを機に、出雲国に住む佐世家旧臣の細木権八郎が扁額作成の費用を捻出して、扁額が作られたものと考えられる。

注目されるのは次の点である。晴木父子が佐世家へ「旧記」を求めたのは、あくまでも「佐世神社加利山大明神」と佐世家との由緒であった。ここでの「佐世神社」は、狩山八幡宮を合祀した「佐世神社」のことである。晴木父子が「神主」とするのは、同宮を合祀する「佐世神社」の「神主」としての立場からであった。佐世家を巻き込んでの晴木父子の行動は、あくまでも狩山八幡宮を合祀しているのが『延喜式神名帳』に載る「佐世神社」であるとすることを主張するためであったと考えられる。

以上、本節では、前原一誠らが奉納した「永代御神灯」についての扁額を詳細に検討することで、内容の検討および扁額の作成過程の復原を行った。その結果は、次の点にまとめられる。

扁額文面は、大正十一年から同十三年の間に、狩山八幡宮の社格昇進書類記載のために同社「社司」晴木松亀により改変が行われていた。改変以前の扁額文面からは、明治四年の神社「御改正」にあたり、『延喜式神名帳』に載る神社(式内社)が優遇されるとみられたことから、狩山八幡宮を合祀し、かつ『延喜式神名帳』に載る「佐世神社」の「神主」であった晴木父子が、八幡宮を勧請した佐世家の持つ「旧記」を根拠に、佐世家からの口添え(演説書)を得て、自らの立場を主張した。扁額自体は、佐世家旧臣の細木権八郎が明治十年までに作成し、当初から「佐世神社」たる「加利山大明神」に合祀された狩山八幡宮に奉納されたものと考えられる。

第二節　神職による郷社設定の誘導

扁額文面のスリ消シや杉板の順序入れ替えが、大正十三年（一九二四）の狩山八幡宮の社格昇格申請の際になされたこと、復原した扁額の文面からは、明治四年（一八七一）の佐世神社の社格を決める際に、周防山口藩萩に住む佐世家が持つ由緒を利用し、狩山八幡宮が合祀されている「佐世神社」を郷社にしようと、「神主」晴木父子が活動を行ったことを述べてきた。しかし、明治四年十二月に「郷社」として定められた「佐世神社」は、狩山八幡宮と同じ下佐世村内にある白神八幡宮内にあった「本宮」であった。晴木父子の活動は実を結ばなかったのであろうか。本節では、「郷社佐世神社」決定に至る経緯を検証する。

『出雲国風土記』（「佐世社」）や『延喜式神名帳』に載る「佐世神社」を由緒に持つ神社は、先に述べた狩山八幡宮を合祀した「佐世神社」の他、佐世地域に二社ある。「月根尾社」と「本宮」である。江戸中期の地誌『雲陽誌』は、下佐世にある「月根尾大明神」を「風土記に載る佐世社なり」とみている。また江戸後期の出雲国内神社の案内書『出雲神社巡拝記』は、「月根尾大明神」と「白神大明神」を『出雲国風土記』に載る「佐世社」とし、『延喜式神名帳』に載る「佐世神社」のことだとする。

1　維新政府の神社政策と地域

(1)維新政府の神社政策と松江藩

慶応四年(明治元年〈一八六八〉)閏四月二十一日、維新政府により神祇官が再興された。五月九日には伊勢両宮・大社・勅祭神社以外の神社は各府県の支配に委ねられた(24)。九月八日に「明治」と改元し、一世一元の制が定まり、十二月二十日の太政官布告では、各府藩県へ現存・衰退にかかわらず『延喜式神名帳』記載の大小の神社の取り調べを命じている(25)。

【史料6】明治元年十二月二十日付太政官布告(部分)

一延喜式神名帳ニ所載諸国大小之神社、現存分は勿論之儀、衰替廃絶之向等、所部之府藩県ニ精精取調確定之上可申出事、

一式外ニテモ大社之分、且即今府藩県側近等ニテ崇敬之神社ハ是又可申出事、

この布告内容の意味を汲み取れない藩もあり、松江藩は翌二年三月五日付で伺を出して九か条にわたり内容を確認している。例えば「式外ニテモ大社ト申ハ如何様ノ社柄ヲ申候哉」とあり、藩は式外大社の意味が理解できていなかった。また同二年正月九日布告の「各藩部内ノ社寺領人民ノ管理方ヲ定ム」の条文も、松江藩は四月十三日に伺を

佐世地域の神社配置
(現、島根県雲南市大東町。
国土地理院　木次5万分の1地図を縮小)

立て四か条を問うている。(26) このような状態を解消するため、明治二年六月十日に「神職規則」が定められ、神社調査が命じられるが、便宜的なものであったため効果をあげなかった。(27)

この間、明治二年一月三十日に藩主松平定安は上表して版籍奉還を請い、六月十七日に維新政府は諸藩主の版籍奉還を許し各藩知事に任命するなか、定安も松江知藩事に任命された。府藩県による大小神社調査は遅々として進まなかった。そのため、明治三年二月二十九日に「官幣神社」のみを対象に九月までを期限に由緒等の調査を府藩県に命じた。(28)

【史料7】明治三年二月二十九日付太政官布告

延喜式神名帳所載諸国大小之神社、現在之分者勿論衰替廃絶之向、式外ニテモ大社之分、或ハ即今府藩県側近等ニテ崇敬之神社取調可届出ハ、兼テ御布令之通ニ候処、差向官幣神社之分詳細取調、当九月限リ無遅滞神祇官へ可届出候事、

但、各社同名所在混雑不分明之社ハ、精精遂穿鑿、其上難相分向ハ巨細書取ヲ以テ同官へ可伺出事、

そして同三年閏十月二十八日、「今般国内大小神社之規則御定ニ相成候条、於府藩県左之箇条委詳取調当十二月限可差出事」と、大小神社の規則を定めて府県藩に調査させ、十二月までに結果を提出するよう布告がなされた。(29) 布告時、すでに「神祇官には神宮官員改革案や官幣・国幣社の候補神社、格社・郷社の創設ならびに各社格の神官職制・禄制などについておおよその素案ができあがっていた」という。(30) 実際に、神祇官は十一月に全国の神社や神職を規定する規則案を太政官へ上申し、この規則案は、翌四年五月十四日に布告されることとなる。(31)

次に示すのは、同三年閏十月二十八日布告の調査項目である。(32)

【史料8】明治三年閏十月二十八日付太政官布告の調査項目

某国某郡某村鎮座

某社　但式内、式外、或ハ府藩県別段崇敬之社等之別

一宮社間数　拜大小ノ建物

一祭神幷勧請年記、附社号改替等之事

　但神仏旧号区別書入之事

一神位

一祭日　但年中数度有之候ハヽ、其中大祭ヲ書載スヘシ

一社地間数、附地所古今沿革之事

一勅願所幷ニ　宸翰　勅額之有無御撫物御玉串献上等之事

一社領現米高　所在之国郡村、或ハ廩米幷神官家禄分配之別

一造営公私、或ハ式年等之別

一摂社末社之事

一社中職名位階家筋世代、附近年社僧復飾等之別

一社中男女人員

一神官若シ他社兼勤有之ハ本社ニテハ某職他社ニテハ某職等之別

一一社管轄府藩県之内、数箇所ニ渉リ候別

一同管轄之庁迄距離里数

右の詳細な項目を、わずか二か月で行うことは諸府藩県にとって難しく、またその余裕もなかった(33)。松江藩も同様

で、次のような提出期限の延長を願い出ている。[34]

【史料9】松江藩提出期限延長願

大小神社ノ規則御定相成候ニ、廿ケ条委詳取調ノ儀、当月中御猶予奉願置候所、精々取調可差出旨、御付札御座候ニ付、早速藩地へ申遣シ置候ヘトモ、取調行届兼候訳カ今以テ何等ノ儀モ不申越候間、何卒三月中御猶予奉願候、以上

辛未（明治四年〔一八七一〕）二月二十九日　　松江藩

弁官御中

「（朱字）願之通聞届候ヘトモ、精々取調可差出事、

三月二日」

明治三年閏十月二十八日の布告では、その年の十二月を調査書の提出期限としていたが、松江藩は提出することができず一度延期を許可されていたとみられる。二か月延長を許可されていたが、明治四年二月二十九日、結局「取調行届兼」ね、「今以テ何等ノ儀モ不申越候」と、現地の社寺からの報告がないことによるとしている。さらに一か月の猶予を願い出て、三月中の提出が認められている。調査項目が二〇か条となっている理由は、閏十月二十八日布告の後、松江藩からは一六か条の伺が提出され、それに基づいた「指令」が十一月十八日に一六か条で出されるなど、藩からの伺により条数は増えていったことによると考えられる。[35]

松江藩は同じく、明治四年二月二十九日付で藩内社寺領の六年間の平均収納額を調査する期限の延期も求めている。[36]

【史料10】松江藩提出期限延長願

府藩県管内社寺領収納六ケ年平均取調、往復日数ノ外、五十日ヲ限リ可届出旨、先般御達御座候所、取調行届兼候訳カ今以藩ヨリ不送越候間、三月中御猶予奉願候、以上

辛未（明治四年（一八七一））二月二十九日　　松江藩

弁官御中

御指令欠

松江藩は社寺に関する取り調べが順調に進んでいない理由を、「今以藩ヨリ不送越候間」と記す。[37]「送り越す」は「送ってよこす」という意味であるので、ここでは「藩から送った返答がない」と読むべきであろう。

⑵大原郡における社司たちの報告

明治三年閏十月二十八日の布告に対し、大原郡内の社司たちは比較的早く報告を行った。雛形と同じ一四か条の項目に沿って、郡内の社司たちが松江藩へ報告を行っている。島根県立図書館所蔵の『出雲国大原郡神社取調帳』[38]は、大原郡内の社司から提出された報告を、松江藩関係の文書であることを示す二本の黄線を斜めに引いた同一規格の紙に、藩が楷書で清書したものである。この報告書によれば、佐世村からは三人（白神・晴木・長妻）の社司が報告している。

【史料11】白神検行本宮社報告書

佐世村　社司　白神検行

本宮社（式云佐世神社）

一宮社間数

本社　五尺　四尺八寸　三方椽

一祭神並勧請年紀、付社号改替等之事、但神仏旧号区別書入之事
　須佐之男命
　稲田比売命
　　勧請年代不明ニ候得共、弘安二年ノ棟札御座候、但仏号等無御座候、
一神位
　無御座候、
一祭日
　八月二十六日
一社地間数、付地所古今沿革之事
　東西六十間　南北八十間
　社山　東西百八十間　南北百六十間
　馬場　百八十間　三間
　地所沿革無御座候、
　　但境内ニ圍二丈五尺余ノ老樹アリ、佐世ノ森ト申候、又神代ヨリ五タビ生代リ候由ニテ、里俗五代ノ
　　森トモ申候、
一勅願所並宸翰勅額之有無御撫物御玉串献上等之事
　右等之儀一切無御座候、
一社領現米高　所在之国郡村或ハ廩米並神官家禄分配之別

社領無御座候、

一造営公私或ハ式年等之別

氏人造営ニテ年限無御座候、

一摂社末社

別記差出候、

一社中職名位階家筋世代、付近年社僧復飾等之別

長職一人

位階頂戴之例御座候、

下職二人　晴木水穂

長妻宮之進

元祖不明　中興久輝宝治年間　此間年代不明　勝高建武　重勝応安、従五位下　重徳明徳　輝重正長　良高文安　高持長禄　政勝文明

重持明応　重頼永正　博政享禄　豊勝天文　俊高弘治　道勝元亀　久輝天正　正勝慶長　高勝寛永　久勝慶安　久次寛文　定勝貞享

正重寛保　正秀明和　慶勝天明　勝久文化　当司道高

但復飾等之家ニハ無御座候、

一社中男女人員

人数六人

内男四人

女二人

鍵預一人

社人六人

合十三人

一神官若シ他社兼勤有之ハ本社ニテハ其職他社ニテハ其職等之別

他社兼勤無御座候、

一一社管轄府藩県之内数ケ所ニ渉候別

他藩下ニ渉候儀無御座候、

一同管轄之庁迄距離里数

松江藩迄子丑方六里

別記

仝村

(付箋)「明細帳書出し佐世神社ノ境内社ニ致し趣候分哉」

八幡宮

祭神 誉田別命 足仲彦命 息長足命

一本社 一丈六尺 一丈 四方椽

一拝殿 二間 四間

一御供所 二間 三間

一右大将頼朝卿ノ勧請ニテ当国八社八幡宮ノ一社ニ候、棟札ハ慶安五年ヨリ御座候、
一祭日　八月二十七日
一社領　高十一石九斗一升五合
　内
四石四升五合　長職家禄
三石一斗二升　褄取大褄取鍵預村人神人掃除番給
四石七斗五升　年中祭祀料
一氏人造営ニテ年限無御座候、
一佐世神社ヨリ未方十町(39)

【史料12】晴木水穂月根尾社報告書
　佐世村　社司　晴木水穂

月根尾社
一宮社間数
　本社　二尺七寸　三尺一寸（三方椽、御拝出一尺五寸）
　拝殿　一間半　二間半
一祭神並勧請年紀、付社号改替等之事、但神仏旧号区別書入之事
　月夜見命
　須佐之男命

　　大国主神
　　勧請年代不明ニ候得共、延享元年ノ棟札御座候、但仏号等無御座候、
一神位
　無御座候、
一祭日
　九月九日
一社地間数、付地所古今沿革之事
　東西十五間　南北二十五間
　地所沿革無御座候、
一勅願所並宸翰勅額之有無御撫物御玉串献上等之事
　右等之儀一切無御座候、
一社領現米高 所在之国郡村或ハ廩米並神官家禄分配之別
　社領無御座候、
一造営公私或ハ式年等之別
　氏人造営ニテ年限無御座候、
一摂社末社
　別記差出候、
一社中職名位階家筋世代、付近年社僧復飾等之別

社司一人

位階之之例無御座候、

元祖不明　中興晴木与太夫（正中年間）　善左衛門（大永）　与大夫（永禄）　右門大夫（文禄）　左大夫（寛永）　市之丞（延宝）　筑後（天和）　甚兵衛（元禄）　釆女（宝永）　戌若（正徳）　大隅（延享）　甲斐（安永）　玄蕃（天明）　能登（寛政）　大弐（文政）　常陸（天宝）　当司水穂

但復飾等之家ニハ無御座候、

一社中男女人員

人数六人

内男三人

女三人

一神官若シ他社兼勤有之ハ本社ニテハ其職他社ニテハ其職等之別

月根尾社並狩山八幡宮ニテハ司職ニ候得共、仝村白神八幡宮ニテハ下職ニ御座候、

一一社管轄府藩県之内数ケ所ニ渉候別

他藩下ニ渉候儀無御座候、

一同管轄之庁迄距離里数

松江藩迄寅方六里

別記

仝村

「狩山ト見テ」(付箋)
八幡宮
　祭神　誉田別命　帯仲彦命　息長足姫命
一本社　一丈一尺二寸　三方椽
　　一丈三尺四寸　御拝出三尺七寸
一通殿　七尺二寸　八尺
一拝殿　二間　三間
一勧請年代不明ニ候得共、大永八年ノ棟札御座候、
一祭日　八月十五日
一社地　東西五十間　南北八十五間
一氏人造営ニテ年限無御座候、
一月根尾社ヨリ卯方六町

史料11の白神検行は、白神八幡宮ではなく、白神八幡宮内にあった本宮社を最初に記載し、式内社の佐世神社とし、白神八幡宮(「八幡宮」)は本宮社の「摂社末社」に位置付けて報告している。江戸時代に刊行された『雲陽誌』や『出雲国巡拝記』には、白神八幡宮内に本宮社があると記載されているにもかかわらず、ここでは本宮社を中心に記している。これは、布告に式内社であるかの有無を問う項目があり、式内社を中心に神社編成が図られることを、白神家はすでに知っていたためと考えられる。また「摂社末社」の「別記」部分では、本宮からの距離を示す項目に「佐世神社」からの方角・距離が記されており、「佐世神社」という言い方をこの時点ですでに使用していることがわ

かる。

史料12からは、「社司」の晴木水穂も狩山八幡宮を表に出さず、月根尾社を中心に、その「摂社末社」に「八幡宮（狩山八幡宮）」を位置付けている。これは、江戸時代の『雲陽誌』や『出雲国巡拝記』に月根尾社は式内社であると記されていることによると思われるが、この報告書には月根尾社が式内社であることを載せていない。これは佐世村のなかに式内社の由緒を持つ社が、本宮社しかないようにと、白神・晴木ら神職が示し合わせた結果とみられる。それは、本宮社の「社司」を白神検行が勤め、その下の「下職」には晴木水穂と長妻宮之進の二人がいたからである。

水穂は、月根尾社・狩山八幡宮では「社司」であったが、本宮社では「下職」を勤めていた。同じく長妻宮之進は、佐玉社の「社司」であったが、水穂と同じく本宮社では「下職」を勤めていた(40)。佐世地域の神職三人は、本宮社の神職を勤めていた。だからこそ松江藩からの神社調査に対し、本宮社にのみ『延喜式神名帳』に載る佐世神社の由緒を載せ、「佐世神社」として申告していたと考えられる。佐世地域では、神職による郷社設定の誘導が行われていたのである。

(3)「郷社定則」布告と佐世神社の「郷社」決定

晴木父子の周防山口藩萩行きから二か月半後、同四年五月十四日の太政官布告において、「神社ノ儀ハ国家ノ宗祀ニテ一人一家ノ私有ニスヘキニ非サル」とする世襲による私有を止め、「祭政一致ノ御政体」に合わせて「改正」し、「天下大小ノ神官社家ニ至ル迄、精撰補任可致」しとして、「官社以下定額及神官職員規則」が定められた(41)。

この神社制度の「改正」は、羽賀祥二氏がまとめるように、「①神職への叙爵停止、②神職の統一戸籍への編成、地方貫属化、③社格の設定、④社格相応の神職職員の規定、⑤神社財政の規定など」で、「国家による神社の認定・管理、身分としての「神官」の廃止、神職の官吏化が実現し、国家祭祀を各神社で実施するための制度的前提が形成され」ることとなった(42)。このとき神祇官が管轄する官幣社・国幣社の一部を除き、神職の任免は府県藩が担うこととなった。また官幣社・国幣社を除く地方では、「府社」「藩社」「県社」と、その下位に位置付く「郷社」と社格を設け、「郷社」の神職は「祠官」と「祠掌」（「郷社祠官ノ下席」）となることが決められた。

七月四日には「郷社定則」が定められた(43)。

【史料13】郷社定則

布告 四年七月四日

先般被　仰出候神社御改正郷社ノ儀ハ別紙定則ノ通取調可致事、

定則

一郷社ハ凡戸籍一区ニ一社ヲ定額トス、仮令ハ二十箇村ニテ千戸許アル一郷ニ社五箇所アリ、一所各二箇村五箇村ヲ氏子場トス、此五社ノ中、式内カ或ハ従前ノ社格アルカ又ハ自然信仰ノ帰スル所カ、凡テ最首トナルベキ社ヲ以テ郷社ト定ムベシ、余ノ四社ハ郷社ノ附属トシテ是ヲ村社トス、其村社ノ氏子ハ従前ノ通リ社職モ亦従前ノ通リニテ、是ヲ祠掌トス、総テ郷社ニ付ス 郷社ニ付スト雖モ、村社ノ氏子ヲ郷社ノ氏子ニ改メル、ニハアラス、村社氏子元ノマヽニテ郷社ニ付スルノミ 郷社ノ社職ハ祠官タリ、村社ノ祠掌ヲ合セテ郷社ニ祠官祠掌アルコト、布告面ノ如シ 但祠掌ハ村社ノ数ニヨレハ幾人モアルヘシ （略）

「郷社」を戸籍一区に一社とし、一区内の他の神社を村社として郷社に付属させた。「郷社」は『延喜式神名帳』に載る神社か、古くからの社格か、自然信仰によるものかなど考慮され、「最首」たる神社を「郷社」に設定するとある。また各神社の氏子はそのままとするとしながらも、「郷社に付す」とあり、誤解を踏む表現であった。布告されはしたが、多くの府県の村社格の設定は遅々として進まず、大多数が明治六年以降に設定された(44)。「郷社定則」と同時に発布された「大小神社氏子取調規則」「大小神社神官守札差出方心得」で、氏子調により政府は統一的な「戸籍」の完成を急いだ。氏子調は私生児の把握を期待したものであったが、結局、明治六年五月に廃止された(45)。「郷社定則」布告の十日後の七月十四日には、廃藩置県の詔書が出され、松江・広瀬・母里の三県となり、十一月十五日には三県が合併し島根県となった。島根県ではこれまでの調査に基づき、その年の十二月に郷村社設定が行われた(後掲の史料16)。「郷社定則」に則り、先に松江藩へ提出された調査報告書を基にして、佐世地域では本宮社が「郷社」「佐世神社」となった。そして他の月根尾社・狩山八幡宮・佐玉社等は「無社格」となり、社格のない神社に位置付けられた。晴木水穂が県へ提出した佐世仁蔵の「演説書」および「旧記」による訴えは、受け入れられなかったものと考えられる。

2　郷社決定直後の地域住民の嘆願

(1)維新期における上佐世・下佐世両村の産土神

翌明治五年(一八七二)になると、郷社設定をめぐり各地から嘆願書が県へ提出された。島根県立図書館が所蔵する『神社　社寺部文書科』(46)はそれら提出された嘆願書を綴じたもので、佐世村の村人からも三通の嘆願書が提出されていて、当時の神社・氏子の状況を詳しく知ることができる(表1)。

まず二月三日に、上佐世村の長妻宮之進(元佐玉神社神職)と年行司の内田事男・勝部瓶比古が「元松江藩御伝達所」に宛て「奉願口上之覚」を提出した。これによれば、佐世村内にある佐玉神社の「産子」(産土神の氏子)たちが、同社の「上葺等」を二年前に終えたばかりであり、「後年修復」までは「産土神」であることを認めてほしいと、かつて佐玉神社の神職であった長妻宮之進に訴え、これを長妻と年行事が県へ訴え出たのであった。これは上佐世・下佐世両村の「産土神」を佐世神社に一本化したことに対する訴えである。この「奉願口上之覚」には、明治五年時の上佐世・下佐世両村内の「産土神」とその「産子」数が明記されている。

【史料14】　奉願口上之覚（部分）

今般御改正戸籍御規則被仰出白神八幡宮社内本宮神社、郷社幷佐世両村産土神与奉唱候様被仰付、奉得其意候、然処佐玉神社産子者共、是迄白神八幡宮産子者七拾軒辻、狩山八幡宮産子者百三拾軒辻、佐玉神社産子者百軒辻、夫々産子者勿論、万端田地之輪切ニ至迄、分別ニ御座候処、前科之通本宮一社ヲ郷社産土神与奉唱候儀、誠ニ以歎ケ敷（略）

白神八幡宮の「産子」は七〇軒、狩山八幡宮の「産子」は一三〇軒、佐玉神社の「産子」は一〇〇軒で、それぞれの社が「産土神」であった（表1A）。最も多くの「産子」をもつのが狩山八幡宮で、白神八幡宮の倍近くあった。佐玉神社の「産子」は、次の屋根の葺き替えまで同社を「産土神」として認めてほしいと嘆願したが、県は却下した（「難聞届候」）。

次いで三月に、「上佐世村佐玉神社産子惣代頭百姓」らが、大庄屋・中庄屋を通じて「元松江県御伝達所」へ嘆願書を提出し、佐玉神社の復活を歎願した。

【史料15】　上佐世村佐玉神社産子惣代頭百姓等嘆願書（部分）

先般戸籍御規則被為御申出、下佐世村白神社内本宮神社、郷社与御定被為在上、佐世村中ニ一社有之佐玉神社御廃止之社ニ罷成、是ゟ本宮神社産土神与奉唱候旨、罷為御定奉得其意候、然上佐世村与分別ニ罷成居候戸数百四拾四軒之内百弐軒往古ゟ佐玉神社産土神ニ而御神恩を戴相続罷在候処、此度右社御廃止ニ相成候ニ付而者、（略）

「上佐世村佐玉神社産子惣代頭百姓」一二人、年寄二人、庄屋一人が、大庄屋・中庄屋を通じて「元松江県御伝達

表１　佐世内の神社氏子・産子数（明治４年）

A上佐世村　長妻宮之進の嘆願		
白神八幡宮	産子	70軒
狩山八幡宮	産子	130軒
佐玉神社	産子	100軒
B上佐世村　佐玉神社産子惣代頭百姓らの嘆願		
上佐世村	惣戸数	144軒
佐玉神社	産子	102軒
C下佐世村　月根尾社・狩山八幡宮　氏子惣代の嘆願		
下佐世村	惣戸数	144軒
月根尾社・狩山八幡宮	氏子	132軒

所」へ訴えた内容は、県から「白神神社（白神八幡宮）」内の「本宮神社（本宮）」を「郷社」に定め、佐玉神社を廃止し、同社を産土神とする「産子」は、以後、郷社たる「本宮神社（本宮）」を産土神とするようにと達しであった。しかし、上佐世村一四四軒の内一〇二軒が佐玉神社の「産子」であった(47)（表１B）。そのため「郷社本宮神社（佐世神社）」を「大産土神」とすることで、佐玉神社の産土神は残してほしいと歎願したのであった。しかし、この要望が県により聞き入れられることはなかった(48)。

上佐世村の佐玉神社の「産子」らが訴えた同じ月、今度は下佐世村の月根尾社と狩山八幡宮の氏子らが「産土神」のあり方を県へ嘆願した（傍線、西島注）。

【史料16】　月根尾社・狩山八幡宮氏子等嘆願書

（異筆）「□（三）月十八日朱書之通談済」、（朱筆）「難聴届候」

乍恐奉歎頼御事

大原郡佐世村白神八幡宮、狩山八幡宮、佐玉神社、本宮社、以下四社を産土神与唱居候処、以来本宮一社を以両村之産土神与相定、尚同社を佐世神社与改称可仕様、去十二月御布告之趣、奉行其意候、然処、本宮社者是迄大氏神与唱候訳者毛頭無御座、尚又村内人家所ゟ道法壱里余茂相隔居候ニ付、社参仕候ニ茂大ニ手間取、農業等之差障不少儀ニ御座候、且下佐世村惣戸数百四拾四軒之内百三拾弐軒、月根尾社、狩山八幡宮両社之氏子ニ而、日夜奉尊敬御神恩を受罷在候儀、往古ゟ之産土神ニ離レ去者、御神慮江対し不相済、甚以苦々敷、氏子一同家内ニ至迄、日夜残念至極之旨、相歎罷在候趣ニ御座候、依之恐多御頼ニ御座候得共、月根尾社・狩山八幡宮両社之内一社を、下佐世村戸数百三拾弐軒之産土神ニ而御差置被為下候様、氏子共一同偏奉願上候、台〔大〕体月根尾社之儀者、往古ゟ式内与申伝居建立、屋根修復等之節、棟札ニ茂相認有之儀、勿論御神前之額面ニ茂有之事故、全式内ニ相違無御座儀与相心得罷在申上候、扨又当郡〔大原郡〕内ニ而茂村社之分者、一村ニ弐社与氏子分有之分者、是迄之通与御定ニ相成候振リ合茂有之儀ニ御座候得者、前文ニ奉歎願候通、両社之内何連成共一社を産土神ニ而御差置被為下候様、幾重ニ茂奉願上候、此段宜敷御願達可被下候、以上

月根尾社

狩山八幡宮

明治五壬申三月

下佐世村氏子惣代

石右衛門（黒印）
喜兵衛（黒印）
甚六（黒印）
万右衛門（黒印）
弥三右衛門（黒印）
林三郎（黒印）
才蔵（黒印）
保蔵（黒印）
幾右衛門（黒印）
元洞（黒印）

亀三郎　（黒印）
惣兵衛　（黒印）
年寄　七郎右衛門　（黒印）
年寄　助市（黒印）
庄屋　全三郎（黒印）

大庄屋　半十郎殿
中庄屋　幾左衛門殿

右之通願出候間、取次差上申候、宜敷御裁判之程奉願候、以上

申三月十三日

中庄屋　幾左衛門　（黒印）
大庄屋　半十郎　（黒印）

県庁
御伝達所

もともと佐世村に「産土神」は、白神八幡宮・狩山八幡宮・佐玉神社・本宮社の四社あったが、そのうち本宮の一社を上佐世・下佐世両村の産土神と定めて、本宮社を「佐世神社」と改称するよう、明治四年十二月に「御布告」があった。しかし、本宮社はそれまで「大氏神」と「唱」えたこともなく、また村内の人家のある場所から一里余も離れているため、参詣に手間取り、農業などに差し障りがでてくる。さらに、下佐世村の戸数一四四軒のうち月根尾社・狩山八幡宮の氏子は一三二軒あり（表1Ｃ）、日夜尊敬し、神恩を得ており、古くからの産土神を離れるのは、神慮に対し申しわけが立たず残念である。そのため月根尾社・狩山八幡宮のうち、どちらかを下佐世村一三二軒の産土

神にしてほしい。このように、月根尾社と狩山八幡宮の下佐世村氏子惣代（総代）らが、大庄屋・中庄屋を通じて島根県庁へと訴えたのである。

ここで注目されるのが、月根尾社と狩山八幡宮の内、月根尾社については古くから「式内」（式内社）であると伝えられ、屋根修復の際の棟札や神前の額にも記されており、式内社に間違いないと氏子たちは考え、月根尾社を下佐世村の産土神にしてほしいとしている点である。二月の上佐世村の長妻宮之進の嘆願書には、狩山八幡宮の「産子」が一三〇軒とあり、三月の月根尾社と狩山八幡宮の氏子が共同での嘆願書では一三二軒とし、佐世村にある「産土神」は白神八幡宮・狩山八幡宮・佐玉神社・本宮社の四社とするから、月根尾社は狩山八幡宮の下で管理された状態だったとみられる。そのため、月根尾社・狩山八幡宮両社の氏子として嘆願したものと考えられる。(49)

下佐世村のなかでも白神八幡宮・本宮は村の南部にあり、月根尾社は最北部にある。佐世神社を産土神とすることで参詣に時間がかかり農業に支障をきたすとして、村の最北部にある月根尾社をその由緒とともに産土神にする案は、村人としても合理的な訴えであった。しかしこの下佐世村の氏子たちの願いは、県に受け入れられることはなかった。

明治四年十二月の布告により、本宮社は「佐世神社」と改称し郷社となり、佐世村の産土神と定められた。全国的には「郷社定則」布告後も、時間をかけて郷社の設定が行われ、明治五年一月の神祇省布達「府県社郷社社格区別調査提出」から選定が本格化して、翌六年に多くが設定された。(50)そのため島根県の郷社の設定は、全国的にも早い段階のものと言える。

以上、上佐世・下佐世両村では、明治四年十二月に下佐世村の白神八幡宮内にあった本宮が郷社に定められ「佐世神社」と改名した。「郷社」となったので上佐世・下佐世両村の「産土神」（「大氏神」）とするよう達しがあったが、両村内にあった白神八幡宮・佐玉神社・月根尾神社・狩山八幡宮それぞれを「産土神」として祀っていた「産子」たちは、佐玉神社を「産土神」として存続させることや、佐世神社に加え、月根尾神社か狩山八幡宮のどちらかを「産土神」に加えてほしいと嘆願したが、悉く却下された。

明治四年七月四日の太政官布告「郷社定則」には、各神社の氏子はそのままとしながらも、氏子を「郷社に付す」としており、この「郷村社制度のあいまいさによる混乱」は、廃藩置県直後だけでなく、明治十年代まで一部で続いた。[51] 慣行上の氏子は認めつつも、国家制度として郷社へ登録される氏子が別に付されたのである。氏子調は郷社への氏子登録により人民を把握しようとした国家政策であったが、貫徹することはできず、明治六年五月二十九日、大小神社の氏子調は中止された。[52] これにより、郷社に区内の住民全てを氏子として登録することもなくなった。

(2)元神官たちの由緒

明治四年（一八七一）一月五日の上地令により神社領は全て収公となった。そして、同年五月十四日の太政官布告（第二三四・二三五）による神官の世襲廃止は、多くの社家が神社から離れることとなった。[53] 七月四日には「郷社定則」の布告、十四日の廃藩置県で松江県が誕生し、十一月十五日に島根県となった。その後、社家の救済措置が徐々に取られていくが、郷社の祠官・祠掌を決めていく必要からも、島根県は旧神官家の由緒と年歴の調査を行った。その結果、各旧神官家から由緒と年歴が、翌五年八月から十一月にかけて県へ提出された。佐世村からは白神・晴木・長妻の旧神官家が、由緒と年歴を八月に提出している[54]（傍線、西島注）。

【史料17】白神検行由緒年歴届

第五大区小四区
出雲国大原郡佐世邨

元神官
白神検行（ママ）（黒印）

一元祖被補神官候、起元（ママ）ハ不明ニ候得共、中興久輝、宝治（一二四七～一二四九）年間神職相続仕候テヨリ以来、二十五代累世神職相承罷在候、

一位階証□之儀ハ、寛文十一（一六七一）年亥四月十日宮社及居宅回禄之時致焼失候得トモ、建武（一三三四～一三三八）年間小野勝高従六位下、応安年間小野重勝従五位下、明徳（一三九〇～一三九四）年間小野重徳従五位下拝任之儀、系譜ニ現存罷在候、

一応安年中、江州佐々木京極家当国領主之時ヨリ堀尾家之時迄ハ、社領二百貫之地ヲ寄ラレ、国主ヨリ格別之会釈モ有之シ由ニ候得トモ、旧藩管下ニ相成候テヨリ、代々幣頭相勤、神官十七家之指揮致候家柄、将亦一社立之神官ニテ諸願伺等直出シ致シ、平神官之上席仕、社領モ郡中ニテノ高禄ヲ被下置候故、旧社寺奉行所并旧社頭ニヲイテモ格別之御扱向御座候、

一白神八幡宮元社領高十石九斗一升立合之内四石四升五合ヲ以、家禄ニ相定居申上候、

右之通ニ御座候、以上
壬申（明治五年（一八七二））八月

「元神官」の白神検行（本来は「検校」）は、鎌倉中期から神職を二十五代勤め、寛文十一年（一六七一）の社殿・居宅の火災で古文書はないが、南北朝・室町初期に位階をもつ人物がいたと系譜を根拠に記す。そして室町時代には出雲守護京極家、江戸初期には松江藩主堀尾家から社領二〇〇貫を与えられ、格別な存在であったとする。松平家が藩主となって以降は、代々郡内の神職の取り締まりや取次を行う「幣頭」を勤め、「神官十七家」の「指揮」を執る家柄で、「一社立」の「神官」として諸願を藩へ直接出すことができ、「平神官」の「上席」であったという。また白神八

幡宮の元社領高は一〇石九斗一升で、うち四石四升五合が白神家の家禄だったとする。ここからは、白神家が「幣頭」[55]を勤め、「平神官」の「上席」として「神官十七家」を束ねる存在であったと、同家が認識していたことがわかる。

【史料18】晴木水穂由緒年歴届

第五大区小四区
出雲国大原郡佐世郁
元神官
晴木水穂（黒印）

一元祖不明、①中興正中三丙寅年（一三二六）佐世七良左衛門清信、佐世庄ヲ領ス、其時祠官晴木与大夫祭礼神事相勤候、其旧記今ニ防州山口県佐世仁蔵殿方ニ有リ②、其由緒ヲ以、今ニ旧縁深懇心不絶、依テ当代迄十七代ニ相成申上候、

一旧藩ヨリ御扱向之儀、従来社頭幣頭幣老有之候節、天保五午年（一八三四）先職幣老役奉承候、其後慶応元乙丑年（一八六五）幣老役奉承、同明治三庚午年（一八七〇）迄勤申上候、

右之通ニ御座候、以上

壬申（明治五（一八七二））八月

「元神官」の晴木水穂は、自らの先祖は不明ながら晴木家十七代目とする。正中三年（一三二六）に佐世清信が佐世庄の領主となった時に「祠官」の「晴木与大夫」が、佐世家の祭礼や神事を勤めたという。この由来を記した「旧記」は、山口県の佐世仁蔵が所持し、その「由緒」から佐世家とは今も「旧縁深懇不絶」状態だと記す。江戸時代は、神社の代表である「社頭」や、郡内の神職の取り締まりや取次を行う「幣頭」、幣頭を補佐する「幣老」を務め

ることもあり、天保五年（一八三四）、慶応元年（一八六五）～明治三年（一八七〇）には「幣老」役を務めた、と記す。「社頭」「幣頭」等の名称は「私唱」であるとして、明治三年二月に松江藩民政局により廃止され、郡に一～二人の「年行事」が投票にて選任された。[56] 晴木家が勤めた神社名は記していないが、佐世家の祭礼・神事を行っていたことが読み取れる。

さらに注目されるのは、①「中興正中三（一三二六）丙寅年佐世七良左衛門清信、佐世庄ヲ領ス、其時祠官晴木与大夫祭礼神事相勤候」とする部分と、②「其旧記今ニ防州山口県佐世仁蔵殿方ニ有リ、其由緒ヲ以、今ニ旧縁深懇心不絶」とする部分である。①は明治四年の扁額裏書にみえる「旧記」の内容（A部分）と同一であり、②も扁額裏側ＢＣ部分にみえる、実熊・水穂父子が周防山口藩萩の佐世仁蔵が持つ「佐世神社旧記」を求めて萩を訪れ、旧記写しを手に入れた記事と酷似する。前年の明治四年二月に、周防山口藩萩の佐世家へ赴いて実見した「旧記」の存在を知らなければ書けない文言である。ここでは、扁額にあるように、山口県萩の佐世家との関係を強調し、佐世家が佐世庄を支配して以来、十七代を数える「祠官」として晴木家があることを記している。

【史料19】長妻宮之進由緒年歴届

第五大区小四区
出雲国大原郡上佐世村
元神官
長妻宮之進（黒印）

一元祖不明、中興高橋五郎左衛門、天正十八年（一五九〇）庚寅之頃ヨリ神職相勤、其後、宝永二年（一七〇五）姓ヲ長妻ニ改、世数十二代相成申上候、

一位階之例無御座候、
一旧藩ヨリ御扱向等別段無御座候、
一社領等無御座候、

右之通ニ御座候、以上
(明治五年)
壬申八月

上佐世村に住む「元神官」長妻宮之進は、佐玉神社の神職を勤めた家であった。もとは高橋氏で、天正十八年(一五九〇)頃から神職を勤め、宝永二年(一七〇五)に長妻に姓を改め、十二代になるという。

以上から、明治五年八月に県へ提出された「元神官」家の由緒・年歴は、佐世村からは白神・晴木・長妻の三家のみで、かつて一七家あった神官家は明治五年時、三家に減少していたことがわかる。また、下佐世村の「元神官」晴木水穂は、周防山口藩萩の佐世家が所持する「旧記」を前面に押し出すことで、佐世出身の佐世家と「祠官」晴木家との関わりを強調している。このことは、「旧記」の一部を裏面に記した前原一誠等佐世家からの「永代御神灯」寄進を記す扁額の記述を裏付けている。

「郷社」となった佐世神社は、明治八年作成の『県社以下神賑届書』(57)に、三月二日付で「第十六区祠官白神幸麿」が署名し、同神社の祭礼等の報告を行っており、白神幸麿が「郷社」の「祠官」を勤めていた。

明治十七年に島根県下の各神社が県へ提出した社寺宝物や文書の調査目録(58)からは、この時点の神主や氏子等の情報が明らかとなる。それによれば、「佐世神社」は「佐世神社祠官　権少講義　白神幸麿」と「氏子総代」が名を連ねている。「白神八幡宮」は「白神八幡宮受持佐世神社祠官　権少講義　白神幸麿」と「信徒総代」が名を連ね、「狩山八幡神社」は「狩山八幡神社受持佐世神社祠掌　教導職試補　晴木水穂」と「信徒総代」が名を連ねる。また「月根尾神社」は「月根尾神社受持佐世神社祠掌　教導職試補　晴木水穂」と「信徒総代」が名を連ねている。すなわち明治十七年時、佐世神社の「祠官」白神幸麿が、佐世神社内にある「白神八幡宮」を「受持」ち、佐世神社の「祠掌」晴木水穂が「狩山八幡神社」および「月根尾神社」を「受持」っていた。そして佐世神社には「氏子」が、白神八幡宮・狩山八幡神社・月根尾神社にはそれぞれ「信徒」がいたことが明らかとなる。

以上、二節にわたり「郷社佐世神社」決定に至る経緯と、「郷社」に定められて以降の地域社会の反応や元神官たちについてみてきた。地域社会にとって「郷社」設定とともに「産土神」の統一は混乱を招いた。佐世村の産土神を佐世神社のみに限ったことにより、住民からは、参拝に時間がかかり農作業にも支障を来すため、月根尾社か狩山八幡宮を「郷社」にして産土神をもう一社設けてほしいとする機運があったのである。

第三節　大正期の狩山八幡宮「郷社」昇格運動

明治四年（一八七一）に佐世神社が郷社と定められ、他の狩山八幡宮・月根尾社・白神八幡宮等の諸社は無格社となったが、大正十三年（一九二四）に狩山八幡宮の「社掌」晴木松亀は、島根県へ『社格昇進願』を提出し、昭和二年（一九二七）に同宮は「郷社」に昇格した。この願書作成時、前原一誠等「永代御神灯」奉納を記す扁額は、杉板の順序を変えて文面の改変が行われた。本節では、なぜ松亀がそこまでして狩山八幡宮社格の昇格を目指したのか、という点について検討する。

1　氏子制度の解体と郷社並立の許可

明治六年(一八七三)五月二十九日、大小神社の氏子調が中止されたことで、郷社に区内の住民全てを氏子として登録することはなくなった。氏子と神社の関係は従来の関係に戻ったのである。郷村社の社格についても、見直しが図られ、明治十年四月二十三日付の島根県から内務省への伺いに端的に示されている。[59] この件に関わる第一・二・四・六条を左に記す。

【史料20】島根県から内務省へ伺(部分)

第一条　一区ニ両社アリ、祭神并勧請年代氏子区内ノ崇敬等甲乙ナキモ、最前成規ニ照シ、甲ハ郷社、乙ハ村社と相定メ、乙社ニ於テハ頻ニ苦情相発居候向有之、右様甲乙ナキハ一区ニ郷社併立、又ハ郷社ヲ省キ村社ノミ相定置候テモ不苦哉、

第二条　一村ニ数箇ノ神社アリ、甲社ハ式外ニテ何タル由緒モ無之従前産土神トシテ村民格別ニ崇敬シ、乙社ハ式内ニテ由緒モ正敷(ママ)ケレトモ人民ニ於テ左ノミ信仰セラルモ、旧社ニヨリ旧県氏子調ノ際、乙社ヲ以テ郷社等ニ相定メ、甲社ノ氏子ヲ乙社ニ付シ、甲者(社)ハ雑社トナセシアリ、右等村民ノ情願ニ依リテハ、甲社モ更ニ村社トシ、氏子ハ其信仰ニ任セ、或ハ甲社ヘ復シ、或ハ甲乙ヘ分割スルモ不苦哉、

第四条　前条ノ如キ旧社ノ故ヲ以テ郷村社等ニ定メタル社モ、他ニ信仰ノ社アリテ、村民格別信従セサルニ於テハ、社格更正ノ見込ヲ付シ相伺可然哉、

第六条　一村ニ産土神アリ、該村其他数村ヲ併テ大産土神ト唱フル社アリ、又一村ノ内ヲ部分シテ小産土神ト唱フルアリ、全ク産土神重複スルヲ以テ、旧県ニ於テ大小産土神ノ名ヲ廃シ、其一村ニテ産土神ト称セシ社ヘ氏子ヲ付シ、郷村社ヲ定メ、無氏子ノ社ハ総テ雑社トナセリ因伯ニテハ数村ヲ併セテ大産土神ト唱ル社ヘ氏子ヲ付シ、郷村社ト定メ、村村産土神ノ如キハ、摂社ノ部ニ編入有之、出雲国トハ

反対、セリ　右ハ人民ノ情願ニ因リ氏子厚正又ハ両社ノ氏子ト為致置候テモ不苦哉、

右条文はいずれも、内務省から「伺ノ通」と認める返答がなされている。

まず第一条では、祭神・勧請年代・氏子の崇敬などに差のない場合でも、先に甲社を郷社、乙社を村社と定めたが、乙社から苦情が出たため、由緒などに差のない場合は、一区に郷社が併立もしくは郷社をやめ村社のみと定めてもよいかと問い、認められた。ここからは一区に郷社が複数あってもよいと内務省は認識していたことがわかる。

次に第二条では、以前から産土神として崇敬を得ていたが、式外社で由緒のない甲社と、式内社であるが信仰されていない乙社のうち、先の郷社設定の際は、乙社を「郷社等」として、甲社は雑社とした。しかし村民の願いにより、甲社を村社として、氏子はその信仰にまかせて、甲社に復し、甲乙両社へ分割してもよいかと問うものであった。これは村民の意志により産土神を決めてよいかと問うもので、これも認められた。

第四条では、先に決めた郷村社も、村民の信仰次第で社格を変更することも可能であることを問い、認められた。

第六条では、まず以下の点を記す。数村を併わせて大産土神とする神社や、一村の内に小産土神とする神社があり、産土神の重複がみられたが、先の決定では大小産土神を廃止し、一村に一つ産土神の神社を決め氏子を付け、郷村社と定め、氏子のない神社は雑社とした。これは旧出雲国の場合で、旧伯耆・因幡国では、数村を併わせて大産土神とする神社に氏子を付けて郷村社とし、村々の社は摂社とした。出雲と伯耆・因幡では産土神の扱いが真逆であった点は興味深い。さらに人民の願いにより氏子を変更し、郷村社となった一つの社の氏子ではなく、人々はいくつもの社の氏子となってもよいかと問い、これも許可された。

以上から、島根県では明治十年頃から、民の意向にあわせて、一村内に郷社が複数存在することや、社格の変更を可能とし、産土神を複数社に認め、複数社の氏子となることも認められたことがわかる。これらは、明治六年五月の

大小神社の氏子調中止から四年を経た段階で、県から内務省へ伺いを立てることで、確定したのである。

2　大正期の「郷社」昇格運動

先述の如く、明治十七年(一八八四)には白神幸麿が、佐世神社の「祠官」として白神八幡宮を兼務し、晴木水穂が佐世神社「祠掌」として狩山八幡宮と月根尾神社を兼務していた。大正十三年(一九二四)六月十三日に島根県知事へ提出した狩山八幡宮の『社格昇進願』は、「右神社社掌　晴木松亀」が行っており、狩山八幡宮「社掌」晴木松亀が大正年間の社格昇格運動の中心であった。松亀は、白神八幡宮の神職である白神田鶴の弟で、白神家から晴木家に養子に入った人物である。田鶴の子の尚夫が小学校教員となったため、昭和二年(一九二七)に狩山八幡宮が「郷社」に昇格すると、翌三年には松亀が白神八幡宮を兼務するようになった(60)。

大正五年(一九一六)作成の『神社台帳　大原郡役所(61)』に拠れば、松亀は明治五年(一八七二)十一月二十三日生まれで、同三十一年五月五日に狩山八幡宮の神職となった。晴木二十六歳の時である。水穂の養子として白神家から晴木家に入り、同宮の神職になったものと考えられる。松亀は、大正三年五月八日には佐世神社の神職となる。同史料の「適用」欄に「本務」とあることから、郷社である佐世神社を本務とし、狩山八幡宮を兼務としたものと判断される。その二か月後の七月二十日には、佐世村大字大ケ谷にある置谷神社と素鵞神社の神職も松亀は兼務する。時に四十二歳の松亀は、佐世地域の神社神職を次々と兼務していった。

そして大正七年十一月十一日に島根県の許可を得て、翌八年十二月二十二日に月根尾社(月根尾大明神)を狩山八幡宮に合祀した(62)。松亀は、『延喜式神名帳』に載る「佐世神社」である由緒をもつ月根尾神社を狩山八幡宮に合祀することで、『延喜式神名帳』に載る「佐世神社」の由緒を狩山八幡宮に付与したのである。このことは五年後、県へ提出された狩山八幡宮の『社格昇進願』のなかに、「合祀神タル月根尾神社ニ関スルモノ左ノ如シ」として『雲陽誌』と『出雲神社巡拝記』を載せている点からも明らかである。

松亀がいつ頃、狩山八幡宮を「無社格」から「郷社」格への昇格を目指そうと考え始めたのか。直接の理由を語るものはないが、その背景はいくつか指摘できる。

その一つは、府県郷村社が明治四十四年以降、国費もしくは公費の供進(補助)が認められるようになったことである。この神饌幣帛料供進の制度化は、同年の市町村制の改正に合わせて法律に明文化された。その額は地域によって違い、昭和五年時では、府県郷村社総収入の八・五パーセントが神饌幣帛料および補助金であった。(63) そのため、無社格であった狩山八幡宮が神饌幣帛料供進の制度を活用するには、郷社もしくは村社に昇格する必要があった。

さらに神饌幣帛料供進の制度化を進め、市町村の財政負担を軽減するため、政府は全国の神社の整理合併を推進した。三重・和歌山・大阪・愛媛・山口等の諸県では、半数以上の神社が廃合された。政府は、明治四十三年と大正七年の二度、「神社の廃合整理は地方の実情に鑑みて慎重に実施するやう」地方長官会議で指示した。(64) 大正八年に月根尾社が狩山八幡宮に合祀されるのは、このような神社を取り巻く機運のなかでなされた。また、すでに佐世村に郷社を複数設定することは、氏子調の中止により可能となっていた。

大正十三年六月十八日、松亀は狩山八幡宮の郷社昇格について、島根県を通じて国へ申請した。この『社格昇進願』には、明治四年二月の「永代御神灯」寄進の扁額裏面に記された「佐世神社加利山大明神」の記事はない。「佐世神社加利山大明神」の根拠となる『出雲風土記抄』や『出雲国式社考』の引用もない。松亀は、「加利山大明神」が式内社の「佐世社(佐世神社)」で、狩山八幡宮が合祀されているとする見方は採用していない。佐世神社はすでに郷社になっており、これに連なる由緒を記す必要はなかったのである。あくまでも松亀は、「開運、長寿、武運長久、勧学、安産、生業守護ノ大神トシテ、地元民ノ崇敬益々厚」く、「社会教化上」の観点から昇格を目指している。社格昇格申請時には、同宮の崇敬者は五六四戸となっていた。三年後の昭和二年十二月二十六日、同宮の昇格は認められ郷社となった(65)。松亀は、自らが初めて神職となった狩山八幡宮を「郷社」に昇格させることに成功した。

おわりに――前原一誠ら「永代御神灯」奉納を記す扁額の意義――

本章では、前原一誠ら「永代御神灯」奉納の扁額をめぐり、維新前後から昭和前期にかけての政府の神社政策と関わらせて検討を行ってきた。今一度、時系列に沿ってまとめることで、扁額の意義について明らかにしたい。

明治元年(一八六八)に始まる、維新政府による『延喜式神名帳』記載の大小神社の取り調べは遅々として進まず、同三年閏十月に大小神社の規則を定めて府県藩に調査を命じた。期限は十二月までであったが、松江藩は期限が守れず翌四年三月までの猶予を認められた。

大原郡内の社司たちも報告を行った。佐世地域では、白神検行・晴木水穂・長妻宮之進の三人の元神官が報告書を提出しているが、「本宮社」のみを『延喜式神名帳』に載る佐世神社だとして報告した。月根尾社や狩山八幡宮にも『延喜式神名帳』に載る佐世神社だとする由緒があったが、記されることはなかった。白神・晴木・長妻の三人は、いずれも「本宮社」の神職として関わり、「長職」を勤める白神検行が、長年、同地域の平神官の上席者として神官を束ねてきたことによる。佐世地域では、神職による郷社設定の誘導が行われていたと考えられた。

しかし、狩山八幡宮の「神主」晴木水穂は、狩山八幡宮を合祀した加利山大明神を祀るのが、式内社「佐世神社」であるとする由緒を捨てきれず、同宮を勧請した佐世家が持つ「旧記」を根拠に、佐世家からの口添え(演説書)を得て、自らの立場を主張した。それは白神・晴木・長妻の三人が県へ提出した由緒とは別に作成された。佐世家の口添えと「旧記」を、水穂は提出期限が迫る同四年三月七日に県へ提出した。しかし同年十二月に「本宮社」が佐世神社と改名し郷社に定められ、「加利山大明神」を佐世神社だとする水穂の主張は採用されなかった。水穂は翌五年八月に提出した、旧神官家の由緒と年歴の報告で、山口県萩の佐世家所蔵の「旧記」に基づく自らの由緒を主張しており、萩へ赴き「旧記」を手に入れたことを前提とする主張を行った。

「旧記」を手に入れるため萩へ赴いた際、思わぬ副産物があった。それは維新の功労者であり、越後府判事や兵部大輔を勤めた佐世家出身の前原一誠が中心となり、佐世家から「永代御神灯」の奉納があったことである。奉納先は、水穂が主張する狩山八幡宮を合祀する「佐世神社」である。この奉納を記念して、佐世家旧臣の細木権八郎が扁額にした。扁額は、権八郎が没する同十年一月までに作成され、その裏面には、奉納に至る経緯と関係文書の写しが記された。

明治三十一年、狩山八幡宮の神職は白神家から晴木家に養子に入った松亀が継いだ。松亀は、佐世神社や佐世村内にある置谷神社、素鵞神社の神職も兼ね（いずれも大正三年〔一九一四〕）、佐世地域の神社神職を次々と兼務した。政府による神社の整理合併が推進されるなか、大正八年には月根尾社を狩山八幡宮へ合祀した。松亀が無格社であった狩山八幡宮の郷社昇格を思い立ったのは、明治六年の氏子調の中止により、一区に一郷社という原則が崩れ、かつ同四十四年に府県郷村社への公費供進（補助）が認められ制度化されたこと、さらに地域の諸社神職兼務によって、狩山八幡宮が地域の中核神社となりつつあったことが、きっかけではないかと考えられた。

大正十三年に松亀が県へ提出した郷社昇格のための申請書では、狩山八幡宮が「加利山大明神」を祀る式内社佐世神社に合祀された八幡宮であったという由緒は伏せられた。すでに、「本宮社」が佐世神社として郷社指定されていたためである。このことを記す前原一誠ら「永代御神灯」奉納の扁額は、裏面を伏せ、表面の杉板の順序を入れ替え、佐世家との関わりのみを示す資料として作り替えられた。松亀は社格昇格を、式内社佐世神社に求めず、地域の人々から古くから崇敬を得ていること、および「社会教化上」の観点に求めた。崇敬者五六四戸という数を集め、昇格運動は実を結び、昭和二年（一九二七）に狩山八幡宮は郷社に指定された。しかし、太平洋戦争が終わった翌二十一年二月二日、神社の国家管理廃止に伴い社格制度は廃止された。これにより、佐世神社・狩山八幡宮共に郷社の社格はなくなった。

前原一誠ら「永代御神灯」奉納の扁額は、二度の社格をめぐる神職の動向をうかがうだけでない。明治維新の功労者である前原一誠が、祖先の地を十分意識していたことを示し、また佐世家本貫地である佐世の地においても、一誠を含む佐世家を顕彰したことを示す唯一の歴史資料なのである。

触れられなかった課題も多い。とくに白神氏が『獅子頭は語る』で指摘した佐世地域をめぐる諸論点は、一部を一次史料で検討したにすぎない。扁額の意義を確認したことで、全ては後日を期し、ひとまず筆を擱くこととしたい。

注

（1）　前原一誠に関する代表的研究に、妻木忠太『前原一誠伝』（積文館、一九三四年。マツノ書店、一九八五年復刻）、松本二郎『増補萩の乱』（マツノ書店、一九九六年）、田村貞雄「萩の乱に関する史料的研究」（『近代日本研究』一八、二〇〇一年）、同「前原一誠一行を捕縛した清水清太郎」（『山口県地方史研究』八八、二〇〇二年）等がある。また、史料集であると共に詳細な文献目録も載せる田村貞雄校注『前原一誠年譜』（マツノ書店、二〇〇三年）があり、前原家史料としては、『前原家寄贈史料目録』（松陰神社、二〇一八年）がある。

（2）『前原一誠年譜』解説、一九頁。

（3）『前原一誠年譜』収載「前原一誠伝」、四三四頁。

（4）白神尚彦・白神敏玲『獅子頭は語る――佐世家の謎を追う』（有賀書房、一九九〇年）。

（5）『大原郡神社明細帳』（島根県立図書館所蔵）。

（6）白神、注（4）著書、一二七・一六七頁。白神家は、同地にあった白神八幡宮の「検行（検校）」を歴代勤めた家である。

（7）元松江歴史館専門官。

（8）『狩山八幡宮棟札古文書、社殿工作物、宝物古記録調査』（狩山八幡宮所蔵）。

（9）島根県立古代出雲歴史博物館の沢田正明氏の協力による。

（10）「細木権八郎」墓石については、宍道正年氏の調査および協力を得た。

（11）扁額裏面A部分は「旧記」の内容を写したものであるが、佐世氏中興の「佐世七郎左衛門清信」とあるべき所が「佐世七郎左衛門清位〔信〕」と人名の誤記がある。この誤記は、扁額寄進者である細木権八郎の手によるとみるべきであろう。

（12）②の三行目末尾二文字も、同様の理由であろう。

（13）白神氏は、扁額裏面に文字を記すことを「参拝者」を「冒瀆」するものとする（白神「萩と雲南の佐世家を結ぶ扁額」〔『山陰中央新報』二〇一六年二月十日〕）が、扁額や棟札・仏像などの裏面に、作成経緯を記すことは多くなされる行為で、なんら珍しいことではない。また扁額裏面文字については、これまで白神氏が解読を試みたことがあったが、①扁額の文面（板面）の順序入れ替えを全く考慮していないこと、②解読できる文字を読み切れていないため、正確に解読できていない。

(14)　この年の二月は三十日まであった。また、松江藩庁の袖山荘右衛門は実名を訥夫といい、明治四年三月四日に藩庁の権少属になっていることが、自身の「履歴書」(松江市南田町の袖山史士氏所蔵)に記されている。そのため、権少属になって三日後に晴木実態の「演説書」を受け取ったことがわかる。
(15)　樹下明紀・田村哲夫編『萩藩給録帳』(マツノ書店、一九八四年)、四・九三・二五〇頁。
(16)　ただし「佐々木系図」(浅羽家蔵本、『続群書類従』巻一三二所収)には、「清信　号佐世七郎左衛門、正中三年三月廿六日出家、法名十覚」とあり、清信が出家した年とする見方もある。
(17)　加藤義成『修訂出雲国風土記参究』(松江今井書店、一九八一年、改訂第三版)、四三三頁。「佐世郷。郡家の正東九里二百歩なり。古老の伝へに云へらく、須佐能袁命、佐世の木の葉を頭刺して踊躍りたまふ時に、刺させる佐世の木の葉、地に堕ちき。故、佐世と云ふ」。
(18)　『出雲風土記抄』(島根大学附属図書館所蔵、桑原文庫本)。
(19)　『出雲国式社考』(『神祇全書』第五輯、神宮奉斎会、一九〇八年)収載。
(20)　『大原佐世郷白神社書出帳』(島根県立図書館所蔵)。
(21)　原文は次の通り。

一八月十五日、假山之御祭礼ニ而御座候、昔ゟ十四日之晩ニ毎年明日祭礼仕候、為案内造酒ヲ持セ指越申候、此造酒を以検校、門ニ暮竹弐本左右ニ立注連引奉り、十五日朝祭申候、

古老伝云、白神八幡宮御祭礼、昔ハ八月十五日ニ而御座候、尼子殿御逝去之後、元就之御家来佐世与三右衛門、祭田迄佐世殿被取上、自分知行所ニ被仕候、養安寺ト申寺地開、假山ト名付、宇佐八幡宮ヲ勧請被仕候而、先祖廟祭迄被致候、此宮ニ祭礼無之、則風雨ニ已後者可捨由、依之佐世惣百姓洞割帳ヲ作、白神祭礼日ヲ、右假山八

幡へ御取候由也、其時検校深ク是を恨候得者、佐世殿御申被成候者、然者八月十五日八幡之祭礼日ハ日も又子ノ日ニ廻り候間、白神八幡之祭礼日ハ八月廿七日ニ相定可申由被仰後、夫ゟ此かた八月廿七日ニ罷成申候と申伝候、假山社司洞帳棟札指上ケ可申候、右洞割帳ニも六人社人ヲ除、往古ゟ白神神事在来旨可勤由、然共社領無之故、先年祭法不罷来となり、然共市屋希〔敷〕五町弐拾壱歩、只今も御免、假山妙見市白神如蘷取神楽奉指上ケ候、

(22) 佐世元嘉と佐世正勝については、白神、注(4)著書、第九章第三・四節に言及がある。

(23) 狩山八幡宮の社名の変遷は、**表2**を参照のこと。大正十三年に晴木松亀が県へ提出した『社格昇進願』を利用せず、同時代史料の表記を採用した。とくに安永二年三月付晴木甲斐訴状は、藩へ提出した正文であり、「神主晴木甲斐」自身が「狩山八幡宮」と表記している。後掲の**史料12**では、甲斐を安永期の月根尾社「社司」としており、「狩山八幡宮」「神主」でもあった甲斐が、「假」から「狩」へ変更したと考えられる。白神氏はその著書『獅子頭は語る』(一二七頁)で、大正時代に初めて「狩山八幡宮」に改名されたと説くが、その根拠とする『大原郡神社明細帳』の記載は、あくまでも島根県の登録上の名称の問題とみるべきである。**史料12**別記「八幡宮」は、まさに狩山八幡宮のことで、「社司」晴木水穂自身が申告した社名(「八幡宮」)に、島根県は従い、それを大正十三年に修正申告したと考えられる。

表2　狩山八幡宮社名の変遷

和　暦	西暦	社　名	出　典
宝永3年	1706	假山八幡宮	大原郡佐世郷白神神社書出帳(島根県立図書館影写本)
享保2年	1717	假山八幡	雲陽誌
明和9年10月	1772	假山八幡社(「狩山」八幡「宮」と貼紙)	大原郡寺社差図(島根県立図書館所蔵)
安永2年3月	1773	狩山八幡宮	晴木甲斐訴状(大原郡寺社差図「狩山八幡宮」頁挟み込み文書)
明治5年2月3日	1872	狩山八幡宮	史料14
明治5年3月	1872	狩山八幡宮	史料16

(24)『増補改訂近代神社神道史』(神社新報政教研究室編、神社新報社、一九九一年増補改訂第四版)、三三二頁。
(25)『法規分類大全』第一編、社寺門一、神社一(内閣記録局編輯、一八九一年)、七九～八一頁。
(26)『法規分類大全』第一編、社寺門一、神社一、三四頁。
(27)羽賀祥二『明治維新と宗教』(筑摩書房、一九九四年)、九五頁。阪本是丸『国家神道形成過程の研究』(岩波書店、一九九四年)、二四頁。
(28)『法規分類大全』第一編、社寺門一、神社一、八二頁。羽賀、注(27)著書、九六頁。阪本、注(27)著書、二四頁。
(29)『法規分類大全』第一編、社寺門一、神社一、八七頁。
(30)阪本、注(27)著書、二六頁。
(31)『法規分類大全』第一編、社寺門一、神社一、九五～一一四頁。羽賀、注(27)著書、九七頁。
(32)『法規分類大全』第一編、社寺門一、神社一、八七頁。
(33)羽賀、注(27)著書、一一一頁、注五九。
(34)『公文録』第一八一巻、松江藩伺。松江藩が藩内の神社を、どのようにして調べたのかは明らかではない。新潟県では、社祠方が明治四年三月～六月にかけて郡内を巡廻し、名古屋藩では明治三年～四年にかけて廻村して調査を行ったことが知られる(羽賀、注(27)著書、九七頁)。
(35)『法規分類大全』第一編、社寺門一、神社一、八八～九三頁。
(36)『公文録』第一八一巻、松江藩伺。
(37)「御指令欠」とあるので、国からの返答は無かったと考えられる。
(38)『出雲国大原郡神社取調帳』(『寺社史料目録』一四七、島根県立図書館所蔵)。

(39) 以下、高良社、下佐世厳島社・与都彦社、上佐世八幡宮・稲葉社が続くが省略する。いずれの項目も「佐世神社ヨリ」と「佐世神社」からの距離を示す。
(40) 注(38)『出雲国大原郡神社取調帳』に、「上佐世村　社司　長妻宮之進」による「佐玉社」が続いて掲載されている。
(41) 『法令全書』第一巻、明治四年太政官布告第二三四・二三五。
(42) 羽賀、注(27)著書、九八頁。
(43) 太政官布告第三二一。
(44)(45) 阪本、注(27)著書、一八二・一八三頁。上田藤十郎「氏子改制度について」(『経済史研究』二一―二、一九三九年)。
(46) 『寺社史料目録』三七〇。
(47) 先の長妻宮之進らの訴えより二件多い。なお佐玉神社は、昭和二十一年に島根県が作成した『大原郡神社明細帳』によれば、旧号を「三体妙現社」といい、明治二年に小比叡神社を合祭し「佐玉神社」と改称したとする。
(48) 異筆で「□《〔三〕》月十八日朱書之通談済」、朱筆で「難聴届候」とある。
(49) その後、月根尾社は大正八年に狩山八幡宮に合祀される。
(50) 阪本、注(27)著書、九七頁。
(51) 阪本、注(27)著書、四四頁、注24。なお「氏神」と「産土神」の概念が当時においてはっきりしないものであったことは、米地実『村落祭祀と国家統制』(御茶の水書房、一九七七年)、二一八・二三三頁、および阪本、注(27)著書、四二頁、注4参照。また政府は、「氏神」を「産土神」のことと当時考えていた(阪本、注(27)著書、八三頁)。
(52) 明治六年五月二十九日付太政官布告第一八〇。この間の事情については、米地、注(51)著書、二一二頁参照。

(53)　阪本、注(27)著書、三七二頁。
(54)　『雑款　神官原由及年歴調書』(『寺社史料目録』四八八)。
(55)　『松江市誌』(上野富太郎著、松江市、一九三一年)、八八六頁。
(56)　『松江市誌』、八八四・八八五頁。
(57)　『寺社史料目録』三七七。
(58)　『明治十七年調　社寺宝物文書目録　島根県大原郡　上』(『寺社史料目録』三八)。
(59)　『法規分類大全』第一編、社寺門一、神社一、一四七・一四八頁。
(60)　『式内社調査報告』第二一巻、山陰道4(皇学館大学出版部、一九八三年)「佐世神社」(加藤義成氏執筆)。
(61)　『寺社史料目録』二五三。松亀自身も、大正十年一月一日付で各社の俸給二円から五円に「増俸」となった。
(62)　合祀される前の月根尾社跡地には、「(正面)月根尾大明神」「(左側面)合祀大正八年十二月廿二日／奉斎昭和十年九月九日」と刻まれた石碑が残る(二〇一九年八月十二日調査)。合祀の許可日は、『社格昇進願』および『中筋自治会史月根尾の里』(『月根尾の里』編さん委員会編、中筋自治会史刊行委員会刊、一九八九年)、一六七頁による。
(63)(64)　以上、注(24)『増補改訂近代神社神道史』、一四六・一六五・一六六頁。森岡清美『近代の集落神社と国家統制』(吉川弘文館、一九八七年)。
(65)　以上、『社格昇進願』。

V　西洋化と前近代的なものの残存

第十章　山陰写真史の黎明
——森田禮造の研究——

はじめに

山陰地方における写真業の開祖として、森田禮造《れいぞう》の存在は大きい。長崎の写真師上野彦馬《うえのひこま》に学び、松平家松江藩九代前藩主の斉貴《なりたけ》(斉斎《なりよし》)が購入した写真機の払い下げを受け、文久三年(一八六三)に松江城下の殿町に森田写真館を開業したとされている。[1]前年、横浜で下岡蓮杖《しもおかれんじょう》が営業写真館を、長崎では上野彦馬が上野撮影局を開業しており、日本の写真館開業では最初期にあたる。

この禮造の事績については、昭和六十三年(一九八八)に刊行された『島根県写真史』収載の梶谷実「島根県写真史——幕末・明治・大正——」が唯一といっていい研究である[2](以下、梶谷氏の見解は同論考による)。梶谷氏は、五十六年前の昭和七年に美術史家である桑原羊次郎氏(一八六八〜一九五五)が発表した「松平齊齋公の写真術」[3](以下、桑原氏の見解は同論考による)を手掛かりに、明治時代の『山陰新聞』に掲載された森田禮造の広告を使い、山陰地方における最初期の写真界について考察した。桑原氏の論考は、伯父である北尾漸一郎が伝える口伝(「口碑」)を基に、西洋における写真の発明から説き起こし、上野彦馬や下岡蓮杖による日本の写真館開業時期や、前藩主斉貴の没年などから、松平家菩提寺の月照寺に残る斉貴肖像写真(アンブロタイプ)の撮影時期や、その意義について考察している。桑原・

梶谷両氏により明らかにされ、現在、通説として語られる山陰写真史の黎明期は次のようにまとめることができる。

北尾家の伝承のとおり、松平斉貴は侍医の北尾徳庵に命じて、横浜の外国人から写真機一式を購入し、斉貴が没する文久三年三月直前の同二年か三年に、徳庵によって斉貴肖像写真が撮影された。そして斉貴が亡くなる前の同三年早春に、北尾徳庵の門人の太田豊蔵と町人の森田禮造が長崎へ派遣され、上野彦馬のもとで写真術を学び、斉貴の死去後に出雲国へ帰国した。この年の八月、徳庵は藩へ、生前の斉貴が蒐集したエレキテルや「写真鏡道具類並薬品」などの医者道具類を仕舞い込まずに利用するよう意見書を提出する。これに基づき、藩から禮造は、斉貴が購入した写真機一式を七〇〇貫文で払い下げを受け、同年（文久三年）八月に松江に写真館を開業した。その後、大正九年（一九二〇）五月十五日に禮造は死去した（章末「森田禮造年譜」参照）。

梶谷氏が、禮造の開業を文久三年八月とする根拠の一つに、明治二十五年（一八九二）十一月五日付『山陰新聞』に載る広告に、「弊舗開業以来本年八月を以て三十年を継続す」とする禮造の文面があり、その三十年前はちょうど文久三年であることによる。

梶谷氏の研究から三十年の間、通説と化した右見解には、疑問とすべき点がある。一つは、北尾家の口伝（「口碑」）が根拠となっている点である。口伝を裏付ける別の史料からの検証が必要であろう。二つ目に、藩が所有している道具を、侍医からの意見書が提出されたからといって、前藩主没後、すぐに町人である禮造に払い下げられることがあるのか、という点である。禮造は藩命で長崎の上野彦馬に写真術を学びに行ったとはいえ、一町人に払い下げられるにしては、いささか性急にすぎる。桑原氏は先の論考のなかで、禮造の営業写真館の開業時期について述べてはいないが、明治二年頃、藩のものが多く払い下げとなり、写真レンズである「鏡玉」も二〇円程で禮造に払い下げられた、とする北尾家の口伝を載せている。払い下げの時期を、明治二年頃とする北尾家の口伝は誤伝だったのだろうか。

また昭和十年(一九三五)刊行の郷土雑誌『シマネ文化』(二号、島根文化社)掲載の御舟屋棹人「開化の魁物語　文化・マツエ行進曲」には、松江の営業写真館は「森田禮造氏が明治五年前後に開業したのに始まる」と、明治五年前後とする説もある。

右の疑問に対し、本章では、斉貴の写真機について明治三十四年・三十五年頃から気にかけて調べていた桑原氏ですら見過ごしていた、松江の郷土誌『彗星』に掲載された禮造自身による述懐と、禮造への取材記事から検討していくこととする。

第一節　森田禮造自身の述懐による山陰写真史

森田禮造自らが語った文章がある。大正時代の松江の郷土雑誌『彗星』に、「地方史談」として「元祖ハイカラ物語　森田禮造翁談」が、大正二年(一九一三)八月から十月にかけて四回に分けて掲載された(4)。『彗星』(彗星社刊)は、「大阪新報」や「山陰新聞」の記者経験のある岡田建文(一八七五?〜一九四五)が主催する雑誌で、月二回、松江を中心にした時事・社会・歴史を多く掲載する。無記名の記事のほとんどは建文自身が執筆した。その筆致は記者として取材に基づいた、極力主観を廃した文章である点に特徴がある(5)。「元祖ハイカラ物語　森田禮造翁談」は、禮造六十五歳時のもので、記憶に基づくものであるため、記憶違いと思われる部分もあるが、なによりも本人の述懐である点で貴重である。まず『彗星』各号を①〜④に分けて原文を掲載する(以下、出典箇所を①〜④の番号で示す)。原文は、段落冒頭の字下げや改行、句点の無い部分もあるが、適宜これらを補い、旧字体を常用漢字に改めた。

①『彗星』第一七号（大正二年八月二十五日）、七・八頁「地方史談　元祖ハイカラ物語　森田禮造翁談」

森田翁は松江人なるが、目下大阪にて盛んに写真業を営み、傍ら工場を設けて多数の職人を使役し、各種印刷用製版業に従事しあり、翁は明治維新前より長崎、神戸等の開港地に遊学して、泰西の応用化学を修め、松江に帰りて、慶応元年に写真業を開始し、又西洋雑貨店を開き、次いで洋服店を開き、又店頭の模様を所謂明治式に為したる等、すべて松江に於ける否、山陰道に於ける西洋物輸入の最先鋒として奮闘したる実業家にして、その経歴は頗る面白きものあれば、乞ふて左に記す（一記者）

私は本年六十六才の老耄《ろうもう》で、別段何更《なにさら》手柄話も無いですけれど、若い時の事なら少しはお笑艸《わらひぐさ》の材料もありませう。私が長崎に行き、日本で有名な写真創業者上野彦馬《うへのひこま》先生に就て、写真術を修業した動機といふては別に無いけれど、最初医学《ゐがく》修業の目的を以つて、十六才の時、田代嚮平《きようへい》、中川清蔵などの同輩五六人と一緒に長崎に行きました。私は元来薬種屋《やくしゆや》の二男で、雨森精翁先生の塾《じゆく》で漢学を修めて居ましたが、家《うち》の向ふに坪内俊道《しゆんどう》といふ医者があつて、其所で可愛がられて居た為に、自然に自分も医者に成つて見たいといふ志望《しばう》があつたのです。然るに長崎へ行いて見ると街は殷《にぎ》やかにあるし、西洋人は沢山来て居るし、其居留地などは、今頃の洋館よりもモット美事な家が建つて居り、港も繁昌して居るし、どうも医者より商人になつて見たい気になつたが、商業をするには何をするが好いかと段々《だんだん》考へた末、当時のハイカラ業第一たる写真業《しやしんげふ》に目が附いたのです。夫で一旦《たん》国へ帰り親の許しを得て再び長崎へ行くことになつたが、其頃は長州征伐などで、物騒な折であつて、長州路は諸所に関所《せきしよ》を据えて、他国人の往来が甚だ厳重であるから、到底《とて》も普通《たゝ》の身態《みなり》では通られぬに依つて、清光院へ行き経文を習ひ、俄修業の坊主となり、坊主姿で長州を通過した奇談もあります。夫から長崎で上野に就て四ケ月計り修業をした頃に、上野の弟に同しく写真の上手な人があつて、夫が兄の命令で神戸で開業をすることになつたから、上野が私に対《むか》つて、君は遠い長崎に居るよりも神戸にて修業をする方が便利《べんり》であらうから、弟の所へ行けといふので、翌年《よくねん》は神戸へ行きましたが、神戸に暫時居て夫から松江に帰つて写真業を始めたのが、今より丁度五十年前で慶応《けいをふ》元年でした。

その頃全国で上野先生の弟子は僅か六十人で、写真師は珍らしいから諸国から引張紙鳶《ひつぱりだこ》になり、私も薩摩藩《さつまはん》から来て呉れんかと所望されたけれど、松江へ帰りました。松江へ帰つて蔵《くら》の前へ可なりな写真場を建て愈よ開店をして見ると、写真をすると寿命《じゆめう》が縮《ちゝ》むといつて、明治になつても撮影者《うつして》が甚だ少い、唯だ執政の乙部勝三郎といふハイカラ人丈けは、毎々来《き》て撮《と》影《つ》て呉れいと招かれました。

（記者曰く、山陰道人にて営業的に写真を学びしは森田翁なれど、物数寄《ものすき》にて、写真術を最も先きに学ひしは九代目の松江侯松平出羽守齊貴《なりたけ》であつた。公は島津齊彬公等と前後して、既に文久年間に原書《げんしよ》を訳読せしめ、夫に拠りて自身で写真術を研究し、殿中にて数次庭園、近臣などを撮影し居たり、西洋癖の顕著なりし齊貴公の事蹟は別に掲載すべし。）

②『彗星』第一八号（大正二年九月十日）、七～九頁掲載「地方史談　元祖ハイカラ物語（続）　森田禮造翁談」

夫から松江で西洋雑貨店《せいようざつくわてん》を真先きに出したのも私でしたが、夫には一寸奇談《きだん》があります。或る時若殿瑤彩麿《ようさいまる》（直応《なほたか》）さんのお附きの役人《やくにん》から口が懸つて、今度若殿が洋式調練《てうれん》をなさるに就て、靴《くつ》が《〔を〕》穿《（は）》いて見たいとの事であるが、お前《まへ》の方の店にあるなら大急に一足《そく》差出せとの命令でした。然るに私の店には適当《てきたう》のものがないから、唯今品切れですが、是非御入用なら神戸《かうべ》へ取寄せに参ゐりませうかといふと、デワ左様《さう》致して呉れい、成るべく至急《しきう》にとの事ですから、直ぐ身装《みじたく》をして一刀を腰《こし》に差し、若い最中ではあり昼夜《ちうや》兼行の態飛《わざび》になつて、作州路に向けて飛出しましたが、三日目に神戸に着し、短靴《たんぐつ》を買ふて松江藩の蔵屋敷《くらやしき》に行き、事情を話して藩用の人馬帳《にんばてう》を貰らひ、是を以つて又々昼夜兼行で帰藩をしました。此人馬帳なるものは、道中の宿々《しゅくしゅく》で朝であらうが真夜中《まよなか》であらうが、勝手に人馬を徴発し得るものです。

然るに松江では、町人《てうにん》の森田が恣《ほしいま》まに人馬帳を使つたのは、不都合千万であるとでも訴人《そにん》をした者があつたと見へて、或る日北堀に在る寺社奉行《じしゃぶぎょう》の高井兵大夫の方から呼出されたから何事かと思ひ、直ちに其役宅《やくたく》に伺うと、白洲《しらす》へ廻はされ、高井以下数人の役人儼然《げんぜん》着座して訊問にかゝり、其方今度恣まに道中《どうちう》人馬帳を使用したる由、甚た不都合なり、言訳《いひわけ》あらば申せとの事であつたから、私は何事のお呼出しかと思つて心配をして居たが、其事なら斯《か》く〳〵の次第であるとて、若殿の御命に基《もと》いて急使に立つたものであるとて、事実《じじつ》ありのまゝ申立てると、寺社奉行は大に驚《をどろ》いた色があり、左様な次第であるか、夫では当方《とうほう》にても少し協議をする事があるから、今日は是限《これぎ》りで引取、追つて沙汰《さた》をするであらうが、先づ当度の事は暫らく内密にせよとて、私を突放《つっぱな》しました。何故こんなに寺社奉行が狼狽《ろうばい》したかといふと、事情も取調べずに迂濶《うくわつ》に法廷へ呼出した過失があるのみならず、私の御用の筋《すぢ》が若殿関係といふ訳《わけ》であるから、若し是が表沙汰になると、高井の落度《をちど》になるから、藪蛇《やぶへび》だ、夫で大に周章《あはて》たのだが、彼は内々伺つて見ると如何にも私のいふた通りであるから、今度は高井の方から秘密に揉消《もみけし》運動をしました。

一タイ私は少し平民主義《へいみんしゅぎ》を好んで居たものでしたが、其頃私に扶持《ふち》をやるから軍用方の方へ勤めぬかとて、軍用方から申込まれたことがあつたけれど、私は商人になるのが本望《はんもう》である、刀を差すのは嫌《きら》ひだとて夫を辞退をしました。其当時はまだ武士の尊重《そんちょう》される時勢であるから、私も藩《はん》に勤務の身となつて居たなら、明治維新《いしん》の時に或は今少し立身をする機会《きくわい》があつたかも判《わか》りませぬけれど、当時で言へばハイカラ思想が勝《か》つて居た私でしたから、平民で押通す考へでした。尤も何故《なぜ》そんな考が強かつたかといふと、軍用方の役人が時折《ときを》り私方へ来て、当座《とうざ》借りをしたもので、その関係で表面上は武士と町人、固より非常な階級的《かいきうてき》懸隔がある筈ですけれど、私がその役人の邸宅などに行くと、マア此方《こつち》へ這入れとて同座をさせられ、彼《か》の与力同心などが家中《かちう》の人と対する時、次《つぎ》の室《ま》で拝伏するやうな次第でないから、金力《きんりよく》といふものは武権にも恐るゝ訳のものでない事が、自然に私に自由思想を養成したのでせう。私が後に板垣伯の大傘下《たいさんか》に県下の新思想家園山勇、故野口敬典《のくちけいてん》、福岡世徳諸氏等と同く、真先きに自由党に入つたのも其遠因《えんいん》は其所等にあつたものでせう。

③『彗星』第一九号（大正二年九月二十五日）、六・七頁掲載「地方史談　元祖ハイカラ物語（続）　森田禮造翁談」

さて私が松江へ帰つて写真《しやしん》を初めて開業して見ても、皆が写真は寿命《じゆめう》を縮めるものであるといつて写《うつ》すものが無いやうなありさまである処へ、イの一番に撮影《さつえい》をしたのは旧藩士の雀部《さゝべ》順太《じゆんた》といふ人であつた。無論その頃は硝子写《がらすうつ》しで、手間もかゝらず直《す》ぐ出来たのを渡すと、喜んで持つて帰つたが、翌日早々《さうさう》に持つて来ていふには、昨日《きのふ》から家族が写真をとると其人のフが抜《ぬ》けるといつて大騒《さわ》ぎをして怒鳴《どな》るから、どうかこの写真を消《け》して呉れいとの事で、馬鹿々しいけれど、其れに応《をう》じて白硝子を入れて淡《うす》く消してやつたら、是で大丈〔夫脱〕だとてもつて帰ると、家族《かぞく》どもも安心をして礼《れい》をいひに来たなどの滑稽がある。此頃の料金は二歩〔分〕でしたが、一番先きに弟子入りをしたのは旧藩士中のハイカラ党であつた内中原の酒井《さかい》多膳《たぜん》といつて、廃藩置県の際、小属《セウサクワン》に成つて居た人物である。又婦人《ふじん》では誰が一番先きに撮影《うつ》したか記憶をせぬけれど、彼の執政《しつせい》乙部勝三郎の細君《さいくん》などであつたらうと思ひます。

私の写真に関してはまだ一つの御噺《はな》しがある。彼の松江侯瑤光《ようくわう》さんの使用になつた写真機械《しやしんきかい》は、瑤光さんが元治元（ママ）年に死なれてから後に誰も使ひてがなく其まゝ御殿《ごてん》にあつたのを、明治三年頃になつ〔て脱〕今の商業学校の所に松江病院が出来てから（院長田代《たしろ》嚮平《きようへい》）其所へ下げてあつたのを、私が払下げてもらつた。此写真機械《しやしんきかい》は実に精巧なもので、英国のダルメ（イ脱）ヤ製造で、現今に於ても優《すぐ》れた機械であるから、当時に於いては尚更に貴重されたものである。私が払下げてもらつた値段《ねだん》は眼鏡《レンズ》が二寸八分で七十両附属品が残らずで十五両であつたが、夫を使用《しよう》して見ると、如何にも精巧な機械であるけれど、私は後《のち》に之を神戸の丹波謙三氏の紹介で、同所の写真業元祖である市田写真館主人に売つて十四五両ほど儲けた。売るのは実に惜《を》しかつたけれど、金の入用な頃であつた（の脱）で、其利益を〔と〕した十四五両で直ぐに西洋《せいよう》雑貨《ざつくわ》の買足《かひた》しをして、又々儲《もう》けたといふやうな訳であつたが、後年私は市田氏に会ふたとき済まぬことであるが、アノ機械を買戻《かいもど》したいから売つて呉れぬかといふと、市田氏は、夫は今では我方の家宝《かほう》として居るから、誰にでも遣ることは出来ぬけれど、松平家と縁故のある君のことであれば、五百円なら安いものであるから、後日金《かね》を持つて来たら間違ひなく売《う》つて呉れることに堅《かた》い約束をして帰り、それから安心をしてまだ其ま丶にして居るが、遠からず約束を実行《じつこう》する考へです。

右の市田写真館に売《う》つた機械《きかい》は、安政年間の舶来物《はくらいぶつ》であるけれども、今日之れを使用して見てもまことに無類《むるい》のものであるから、市田氏が愛蔵《あいぞう》して居る訳である。昔しの製造物といへども、決して侮られぬ。

次にまた私が西洋雑貨を始めると前後《ぜんご》してランプ一個と石油二三合を神戸から買ふて帰つたが、夫を完全に灯《とも》すことがわからぬ。（未完）

④『彗星』第二〇号（大正二年十月十日）、七～九頁掲載「元祖ハイカラ物語（続）　森田禮造翁談」

ランプを買うて帰《かへ》つたけれど、実は夫を灯《とも》す方法を知らないから、何時も上芯《あげしん》にして灯《つ》けるから、忽ち火が大きくなり、油煙で火屋《ほや》も一室も真黒になるといふ失敗を繰返へしたものです。

夫から洋服仕立《ようふくしたて》も私方が一番最初でした。初めは妻《さい》が手縫《てぬひ》をして居ました。士族の兵隊の服《ふく》を盛んに縫ひ、夫から廃藩置県《はいはんちけん》になり、役人の服をこしらへ、追々には巡査《じゅんさ》や看守の服も一手に請負《うけお》つて儲《もう》けました。盛んなときには、東京から職人を七八人も引寄せて居りましたが、私が儲《もう》けるといふ評判を聞いて、競争者《けふそうしゃ》が起りました。競争者の中には、山本誠兵衛君などもありました。

松江で店つきを当世風《とうせいふう》にするのも、私が最初でした。硝子戸《がらすど》を立て陳列戸棚す《(を)》据《(す)》へなどして、盛んにハイカツて居ました。帽子《ぼうし》でも蝙蝠傘《(こうもりがさ)》でも、私の店でなければならぬやうな事でしたが、蝙蝠傘でもランプでも、最初に買ふた人は例《れい》の乙部で、乙部《をとべ》は珍しいものを持つて帰れば、何物でも先ず買《か》つてくれるといふ人物で(金の懐中時計なども、此人は恐らく山陰道《さんいんどう》で最初の持人であつたらしい)あつた。

私が明治元年、即ち雑貨店を初めて開いた時、神戸から仕入れて帰つた商品《せうひん》の控《ひか》えがあるから、其中より主もなるものを左に抜《ぬ》き上げる。随分皆高価なものですけれど、能く売れました。買人《かいで》は皆御近侍衆《おきんじしゅ》や家老その他高禄の人、ハイカラ人など大抵士族《しぞく》の人に限つて居ました。

四両二朱　白絹縁《へり》とりシヤツ半打《だーす》
五両二朱　絹洋傘二本　　二両　同上一本
二　両　胴衣《ちょつき》金釦《ぼたん》一打　　一歩〔分〕　南京釦卅五
一　歩〔分〕　鬢《(びん)》入西洋菓子壹　　三朱三百　紙襟《カラー》一打
三　朱　香水一瓶　　二歩〔分〕三百　硝子鏡一
一両一歩〔分〕六百　帽子六　　三歩〔分〕　ペン百四十四
一両二歩〔分〕　上々燐寸《マッチ》十二個入二十四箱
二　両　普通燐寸百四十四個

三歩《〔分〕》一朱　舶来紙一打　一両二朱　馬刷毛《はけ》二
六両一歩《〔分〕》二朱　帽子六　一歩三朱　調練笛百五十
八両二歩《〔分〕》　銀時計鎖《くさり》十二本　九両　時計　壹
一両三歩《〔分〕》　上々銀鎖一本　一両二朱　鰐口十二
三歩《〔分〕》一朱　歯研揚枝十二本　十六両　上時計一
四両三歩《〔分〕》　古物ヅボン一・胴衣二
二歩《〔分〕》二朱　靴《くつ》墨一打　二両　菓子八壜《(びん)》

次の年《とし》、明治二年五月に仕入れたものでは、毛布、襟巻《えりまき》、羅紗マンテル、合羽類、洋服《ようふく》など之は大阪にて注文《ちうもん》しましたが、主もなるものは、

七両二歩《〔分〕》　ゴム靴三足　一両　酒類《アルコール》半瓶
三両二歩《〔分〕》　絹ゴム三ヤル（靴製造用）
百六十両　時計十個　磁石七十二個

値段は右のやうなもので、其時に同時に仕入れたものは、五分芯《しん》のランタリ（ランプ）一個、石油（ブラスコ入り）四貫五百目、額四枚、長靴三足、石筆ゴム帯締《おびじめ》、刀吊《かたなつ》り、馬鞭、海綿《かいめん》などでした。

明治元年頃の貨幣の価値は、今に比して甚だ高いものです。今では慶長《けいてう》小判一両は二十円余りの市価がありますが、当時中国の主もなる市場《しでう》には、柳川金といつて、銀台に鍍金《めっき》をした悪貨が流行して居ました。夫は細川藩《ほそかははん》などで造るといはれたもので、正しい小判一枚で夫を三両から五両まで買へる。之は盛に西洋人に売つたもので、別名《べつめい》をガラ金ともいひ、是で盛んに儲《もう》けた人がありました。皆二歩《〔分〕》金です。正貨一両は元は七貫二百であつたのが、後に三十

六貫《くわん》になつた事もあり、種々変遷《へんせん》しました。(完)

第二節　森田禮造への取材による山陰写真史

いま一つの史料は、大正七年(一九一八)七月十日発行の『彗星』第一二五号(二〇～二三頁)掲載の「五十年前の写真の話」である(以下、⑤と表記する)。無記名である。『彗星』の無記名記事は、基本的に編者の岡田建文が執筆しており、本記事は、建文による禮造への聞き取り取材によるものと考えられ、禮造七十一歳時のものである。まず左に原文を掲載する。原文は、段落冒頭の字下げや改行、句点の無い部分があるが、適宜これらを補い、旧字体を常用漢字に改めた。

⑤『彗星』第一二五号(大正七年七月十日)、二〇～二三頁掲載「五十年前の写真の話」

日本で一番最初に写真営業を遣《や》つた人は、文久の頃の長崎人の上野彦馬と云《い》ふ人であつた。この人は町人であつたが蘭語や仏語が出来《でき》るので役人の通事《つうじ》をもして居た人だ。元来科学好きの人間であるから西洋《せいやう》の書籍によつて理化学を研究し、写真術にかけては彼の有名な下〔岡〕村蓮杖《れんぜう》よりも一日の長《てう》たるものであつた。

当時、我国にては写真を魔法《まはふ》とも思つたほどで非常に重宝がッたが、機械《きかい》が高価であるから普通人の業《わざ》にか丶らぬ、先づ大名とか素封家中の特〔篤〕志の学術好きの人間が使用をして居たものであつた。然るところ前記《ぜんき》の下〔岡〕村蓮杖の世《せ》話《わ》で、松江侯松平齊貴《なりたけ》公と伊予の宇和島侯とが英国製の写真機械を一組《くみ》づ丶買つたが、鏡《レンズ》ばかりでも三百六十両(径二寸五分計りで、四枚を累ねたものであつた)、鏡の外の附属機械が五十両とかであつた。此松江侯《まつえこう》は大名中に於てのハイカラ人で、島津齊彬《しまづなりあき》公と共に舶来の書籍に依つて写真機械をいぢり出《だ》した最初の人間《にんげん》であつたが、今や上等の写真機械を買入れたので、藩中の誰かを撰抜《せんばつ》して長崎の上野の方へ写真の修行〔業〕にやれと云ふ命令《めいれい》をした。恰好《てうど》その頃、松江から長崎へ医者の修行〔業〕に行いた田代嚮平《けうへい》、森田禮造外《(ママ)》（当時玉川仁逸）一人の青年があつたので、長崎勤めの松江藩の人参《にんじん》役人が、この三名の青年中から森田を適任《てきにん》として、之に交渉をした。森田は松江末次の小目代《こもくだい》田儀屋勝四郎と云ふ薬種屋の二男仁市と云《い》ふて居た若者で、藩儒雨森精翁の門弟《もんてい》であつたが、前年も人参の宰領《さいれう》をして長崎へ来て西洋文明の気の十分に漾《ただよ》うて居る光景に接触して居たから、写真師となるのは将来甚だ面白《おもしろ》からうと云ふ気になり、当初の目的《もくてき》たる医学の修業から転じて上野の門弟となつて其道を勉強中《べんけふちう》、師匠から写真を研究《けんきう》するには、将来は神戸の方が便利が多からう、幸ひ神戸には我が弟が往つて居て、写真営業をして居《い》るから弟の家《うち》へ行くか宜いと勧められ、夫に随つて神戸に転《てん》じて、又一《ひと》かどの研究を積み、翌年松江に帰つたのが慶応元年であつた。松江へ帰つて自宅《じたく》の裏に写真場を設けて営業を始めて見《み》ると、迷信の深い時代《じだい》で、写真をしたものは精《せい》を取られて寿命が縮むと言はれたもので、仲々《なかなか》に撮影に来る者が無かつたが、一番最初《さいしよ》に来たのが南田町の雀部《さゝべ》順太といふ侍であつた。然るにその親が見て立腹したから、之を消《け》して呉れと駄々を捏ねて、とう〳〵其写真をつぶさせられた。

さうこうする内に、武家や町家の方からボツボツと撮影《とり》に来るやうになつたが、武家の大家《たいけ》へは機械を提《さ》げて此方から撮影《とり》に行つたもので、諸大家では写真師《しやしんし》を珍しがつて、森田が来ると奥へ招いて種々に馳走《ちそう》をして、長崎や神戸の事情《じぜう》などを語らせて、喜んで聴《き》いたものだ。森田は或る時、中老の小田要人《おだかなめ》の方へ撮影に行くと、要人の新婦が、白粉コテ塗り襦袢《うちかけ》を引摺りながら二三人の女中を随へ、傾城《けいせい》のやうに片ツ方の手を張肱《はりひじ》で悠々と書院の縁側へ出て、レンズに対《(むか)》つた姿に美しくあつたには驚いたもので、その美容《びそう》と美装とは、今に見るが如く盛んなものであつたが、明治の中年《ちうねん》に士族が一般に零落《れいらく》したときに、該小田の夫人が、お焼売《やきう》りになつて森田方へ来た姿は惨《みじ》めなものであつたさうな。

慶応二年の長州征伐《せいばつ》のときに、松江の藩兵が雲石国境の田儀へ出兵をしたときに、藩侯の命で森田は早籠《はやかご》に乗つて陣場の撮影《さつゑい》に行かせられたことがあつたが、森田は重宝《てうほう》がられて藩庁から五人扶持《ふち》を与へて、藩のお抱写真師とならせようと云つて来たら、どうぞ堪忍《かんにん》して下さい、私は食米などを貰《も》らつて窮屈《きうくつ》な目をするよりも一平民で自由《じゆう》に営業をしたいのです、とて辞《じ》して了つたのも見識《けんしき》であつた。

森田は田儀の陣場を撮影《さつえい》してから、杵築へ往つて千家や大村・藤間などの豪家《ごうか》でも写真を撮つたが、千家国造館では国造夫人《こくぞうふじん》(故尊福男の母堂)を撮影《さつえい》するのであるが、同夫人は有栖川宮より降嫁された婦人で、固より人目にか、られぬ掟《おきて》であるから、写真をするにも、写真師《しやしんし》に見られぬ様に、幕へ穴《あな》をあけて、その穴から鏡《レンズ》を向けてとの国造家からの注文であつたけれども、森田は高襟党《ハイカラとう》である上に、国造夫人を見てやらうと云ふ念慮《ねんりよ》があるので、写真をするのに当人を見ない様《やう》にと云ふ様なことは出来ませぬと言張《いひは》つたから、デワ已むを得ないと云ふので、国造館《こくぞうくわん》では二本の竹に四五尺幅の布《ぬの》を張つて二人の家来が両手《れうて》で夫を提げて出ると、国造夫人が其幕の蔭《かげ》にかくれて奥《おく》から玄関先《げんくわんさ》きへ出御になつた。今日から考へると滑稽《こつけい》なことであるが、夫人《ふじん》はさうして人目にか、らずに出御《しゆつぎよ》になつても、鏡に対《むか》はれるときには、已むを得ず全身を森田の眼《め》に晒《さ》らされねばならなかつた。夫人《ふじん》は下げ髪で、袴を穿いて居られたが、丸顔《まるがほ》で肥満《ふとつ》て目尻の少し下つた四十歳計りの婦人に見《み》へたが、森田は撮影を終つてモウ宜《よ》ろしうとて一礼をすると、侍臣《じしん》が例の臨時急造の竹張《たけは》りの小幕で夫人を隠いて入御《にふぎよ》といふわけであつたさうな。

▲写真機械の払下

話しは前に戻《もど》るが、森田が長崎の上野に就て修業中に、松江侯は死去《しきよ》されたので、折角《せつかく》の写真機械は松平家で不用《ふよう》に帰したので、森田は神戸から帰つてから、その頃松江で病院を創設した田代謦平《たしろけうへい》の肝煎《きもいり》で松平家に交渉し、右の写真機械一式を僅《わづ》か廿一両で払下《はらひさ》げてもらつた(葵御紋《あおひごもん》の附いた本幕一張と小幕《こまく》が三張、薬瓶が六十本と乾板《かんぱん》などの入つた桐箱《きりばこ》が七個も添《そ》ふてゐた)が、レンズの如何にも稀世《きせい》の良品たることを知つたのは、或る日、日の暮方前に、その父親を撮影《さつえい》したことがあつたが、とても駄目《だめ》だらうと思つて撮《と》つたに、意外にも羽織《はをり》まで鮮《あざや》かに写つたことであつた。

▲母里侯へ伝習

また或る時、江戸から帰藩中《きはんちう》の出雲の母里侯(松平直哉)から招《まね》かれて写真術の伝授《でんじゅ》に往つて来たことがあつた。そのとき森田はその新婦と店員とを連れて行つたが、母里村に着《つ》いたときには日が暮《く》れて居り、小役人が迎《むか》ひに出て居るし、宿は指宿《さしやど》で門脇屋と云ひ、其家には母里侯の紋《もん》のついた高張提灯《たかはりてうちん》が二張テーンと燭《つ》けてあつたのには驚いた。翌日《よくじつ》は御殿で母里侯に拝謁《はいえつ》をしたが(御殿《ごてん》と云ふのも実は家老市川豊章の邸宅《ていたく》である、母里侯は一万石の小名であるので、領地には居館が無く、帰藩中は市川邸を臨時《りんじ》の居館にあて、居た) 此日、森田は町人の資格《しかく》で羽織の着流で御殿の下《しも》の間《ま》に行くと、その上《かみ》の間《ま》には市川以下の諸臣《しょしん》が多数列座《れつざ》をして居り、その上壇の間《ま》(三畳敷位で壇の縁《えん》は黒塗《くろぬ》りであつた)に侯が出て坐《す》はられたので拝伏《はいふく》すると、御側用人の神谷誠と云ふのが、近《ちか》う〳〵と言つた。森田は小言でどうするのですかと訊《き》くと、モツトお側《そば》へ進むのだと云はれたので、上壇《ぜうだん》の間から三枚目あたりへ進んで拝礼《はいれい》をすると、殿は軽く会釈《えしゃく》をする。そのとき神谷が、玉川仁逸、此度写真を御伝授《ごでんじゅ》致すに就て、御目通り仰付けられ難有存じ奉ると披露《ひろう》をする、その披露が済《す》むと侯は直ぐに立つて奥《おく》へ入つたが、夫から市川や神谷《かみや》が、写真のとりかたを訊《たず》ぬるから、先づ暗室を拵《こしら》へなさいと云ふと、暗室《あんしつ》とはどう云ふことかと云ふ様なことで、暗室《あんしつ》とは、太陽《ひ》を入れない暗《くら》い室《ま》のことであるが、屛風を立て廻《ま》はして上に赤毛布《あかげつと》を被ぶせ、その中へ赤布を被ぶせた提灯《てうちん》を燭《つ》けて下さいと説明《せつめい》をしたら、判かつたと言つて、次の室《ま》の槍《やり》の間が好からうとて、槍《やり》などを片付けて金屛風《きんべうぶ》を三双まで持出して暗室を作《つく》ると、その隣《とな》りの六畳の間には、大きな卓子が据《す》えて椅子《いす》などの設備があり、そこへ母里侯が平服《へいふく》で数人の小姓を率《ひき》ゐて出て来られた。

侯は二十七八歳《さい》のキビ〳〵した人で、最前の御目見えのときとはガラリと異《ちが》つて、森田を対手にして森田持参の写《しゃ》真機械《しんきかい》に依つて、ア、か斯うかと写真術を質問《しつもん》する。此方はそのとき侯の小姓を使ひ廻はし、如才《じょさい》なく侯の手を取つて撮影法《さつえいほう》を教授したが、前後五日間御殿《ごてん》に行いて、懇切《こんせつ》に伝授をしたので、侯は大に満足《まんぞく》し、写真器械は上方《かみがた》から購入すること〻し、森田には数脚の籐椅子《とういす》の製作を依頼された。森田は門脇屋に滞在中には毎日侯から美酒佳肴《びしゅかこう》を送られたので、宿にも分ちて共々にい〻馳走《ちそう》に会つたが、帰るときに侯からの謝礼《しゃれい》として母里藩の二十二貫連判《れんばん》五十枚(明治初年の金にして約百円、現今の通貨《つうくわ》として五百円前後)を貰つた。

森田は母里《もり》に行つたとき、母里侯館のみで仕事をしたのでなく、柴田、西村などの豪家《ごうか》へも招待されて撮影《さつえい》をしたのであるが、其頃写真師といつたら山陰道八ヶ国にはタツタ一人《にん》の森田で、独占事業の御蔭でい〻金は挙《あ》がるし、若盛りの遊《あそ》び時代で、才気《さいき》はあるし、金使ひも奇麗《きれい》なところから、仕事先きで到る所で飲む、随分と女郎や芸妓杯にももてたもので、杵築《きずき》などでは散々に艶種《つやだね》を残したものだが、明治になつてから、写真業の傍《かたは》ら洋服裁縫店や舶来雑貨店をも開《ひら》いた(彼れは松江に於て斯業《しげふ》の元祖《ぐわんそ》であつた)。

▲貴重視せられたるレンズ

其後、彼れは写真機械を神戸《かうべ》の写真師市田と云ふのに売つたが、例《れい》のレンズは七十円になつた。然るに市田はそのレンズが意想外《いさうぐわい》の尤物であるのを確認《かくにん》し、今日では我国のレンズの国宝《こくほう》として愛蔵し、数年前森田が買戻《かひもど》しを交渉したときに、市田は他人《たにん》になら如何《いか》なることがあつても売渡さぬけれど、森田君《もりたくん》になら最初から時価で売戻《うりもど》す契約があるから、五千円で我慢をしようと言つた位な逸品《いつぴん》である。森田は該レンズは買戻《かいもど》したいけれど、五千円も大金であるから、目下尚考慮中《かうりょちゅう》と云ふ様な状態であるそうな。

上野彦馬の直接《ちょくせつ》の門弟は六十八人あつたさうな（ママ）が、森田は本年七十一歳で、自身《じしん》は松江に在り、養嗣子安次郎と云ふのは大阪に在り、両々《れうれう》写真営業を盛んにやつて居る。この人《ひと》は恐らくは現今我国に於ける写真師《しゃしんし》の最も古き経験者で、また西洋的商業者としても稀《ま》れなる古参者であらう。

本題の写真の話しは、是で一段落をつけて置かうが、森田氏の話によると、氏が長崎に往つて最も深き印象を受けたのは「西洋文明」であつた。氏は必竟〔畢〕我国は西洋文明の刺戟を受けて、政体や社会の組織に大改革が起るべく将来の立身は実業にあつて、帯刀者に非らずとの見込みをつけたさうだ。当時長崎は実に盛んなもので日本一のハイカラ土地で、西洋人の居住する一区画の如きは、今の神戸横浜の居留地を凌ぐの盛況であつたとのことである。

第三節　黎明期の山陰写真史再考

①〜④は森田禮造自らが執筆し、⑤は元新聞記者であった松江の岡田建文が禮造への取材した記事である。いずれも禮造存命期に公表された。①〜④の自伝では、他の史料でみられる、松平斉貴の命により上野彦馬へ弟子入りしたというエピソードが無い。自らの意思で上野彦馬へ弟子入りしたように記している。禮造は自らに都合の良いことを述べたであろうし、記憶違いもあると考えられる。そのため、同時代史料による傍証や、桑原・梶谷両氏の研究とも突き合わせて批判的に検討を行って、禮造の事績を復原する必要がある。以下、時系列に沿って考証を行う。

1　山陰初の写真師　森田禮造

⑴出生と名前

森田禮造の戸籍によれば、禮造は嘉永元年（一八四八）七月四日生まれで、森田勝四郎の次男である。禮造自身、「私は元来薬種屋の二男で」と①で語り、⑤ではさらに詳しく「森田は松江末次の小目代田儀屋勝四郎と云ふ薬種屋の二男仁市と云ふて居た若者」とあるから、禮造は、松江末次の小目代で薬種屋の田儀屋勝四郎の次男、初め「仁市」と称したことがわかる。

さらに⑤では、禮造が長崎に行っていた文久三年（一八六三）頃を「（当時玉川仁逸）」と記し、明治初年頃の母里藩主松平直哉撮影の際も、「神谷が、玉川仁逸、此度写真を御伝授致すに就て」と発言している。執筆者岡田建文は⑤のなかで、初め「仁市」であるとした後の表記は全て「玉川仁逸」と記す。「仁市」は「仁逸」の誤記の可能性もあるが、初め「仁市」、その後「玉川仁逸」として知られていたとみたい。また薬種屋の「田儀屋」は、その名から、出雲国神門郡田儀村（島根県出雲市多伎町口田儀）出身の商人とみられ、今でも口田儀には「玉川」の名字が数軒ある。

明治初年頃まで「玉川仁逸」が確認でき、明治六年（一八七三）の「沽券大帳[6]」に「森田禮造」とあるから、同年までには「森田禮造」を名乗り出していた。戸籍によれば、同十八年に苧町九三屋敷の「戸主森田勝四郎」家から分家したとある。「森田勝四郎」はその名から「田儀屋勝四郎」と同一人物だと考えられる。このことから禮造は、田儀屋＝森田勝四郎の次男として生まれ、その後、田儀屋に関係のある玉川家に入り、玉川仁逸と名乗り、明治時代に入ったある時点で、元の森田の家に戻り、森田禮造と名乗り出したものと推定される。勝四郎のいる苧町の家では、森田謙造が西洋洗濯を営業している[7]。謙造は長男で森田家を継ぐ人物だったと考えられる。

⑵医学を志し、長崎へ

①では禮造自身、「雨森精翁先生の塾で漢学を修めて居ました」と記し、松江藩儒の雨森謙三郎(精翁、一八二二〜一八八二)が、嘉永四年(一八五一)に松江城下の内中原に開いた養正塾で、禮造は漢学を学んだ。たまたま居宅の向いに坪内俊道という医者がいて、「其所で可愛がられて居た為に、自然に自分も医者に成つて見たいといふ志望があった」という。

①に「最初医学修行の目的を以つて、十六才の時、田代嚮平、中川清蔵などの同輩五六人と一緒に長崎に行きました」とあることから、禮造は十六歳の時、すなわち文久三年(一八六三)に医学修行のために長崎に行ったと考えられる(8)。医学修行が目的だったとはいえ、⑤に「前年(文久三年)も人参の宰領をして長崎へ来て」とあるように、最初の長崎行きは、松江藩が長崎から中国大陸へ売り出す藩の特産品である御種人参(薬用人参)の運送・管理に関わる形で長崎に来た。これは、禮造が薬種屋の田儀屋の息子であったことが関係しよう。長崎には西洋人が多く、港も繁昌していた。禮造は、「どうも医者より商人になつて見たい気になったが、商業をするには何をするが好いかと段々考へた末、当時のハイカラ業第一たる写真業に目が附いた」(①)という。「夫で一旦国へ帰り親の許しを得て再び長崎へ行くことになった」(①)と禮造は語る。

(3)松平斉貴の写真機購入

⑤によれば、前藩主松平斉貴が、「上等の写真機械を買入れ」たため、「藩中の誰か(玉川仁逸)を撰抜《せんばつ》して長崎の上野(彦馬)の方へ写真の修行(業)にやれと云ふ命令をした。恰度《てうど》その頃」長崎に医学修業に来ていた田代・森田・他一人の青年がいて、長崎勤めの藩の人参役人が森田禮造を適任者として声をかけたという。

ここで松平斉貴が購入した写真機について述べておく。斉貴が購入した写真機は、「安政年間(一八五四〜一八六〇)の舶来物」の英国ダルメイヤ製で(③)、径二寸五分(直径約七・五センチ)のレンズ(鏡)を四枚累《かさ》ねたものだった。値段は、レンズが三六〇両、附属機械が五〇両した(⑤)。このレンズは「如何にも稀世《きせい》の良品」で、日暮れ前に撮影しても「意外にも羽織《はをり》まで鮮《あざ》やかに写った」という(⑤)。北尾家の口伝では「此鏡玉の元価何百両」とのみであったが、より具体的に判明する。

斉貴が写真機を購入した時期は明確にはできない。ただ梶谷氏が、徳庵の在江戸期間（安政五年〔一八五八〕十月〜文久元年〔一八六一〕十月、同二年十月〜同三年四月）、および斉貴の面前で撮影した肖像写真が残る羽山平七郎が、斉貴の「御付御用」を命じられ、その後江戸を発つまでの期間（安政五年四月〜文久三年六月）、および斉貴の没年（文久三年三月）等から、文久二年か三年とする指摘は傾聴に値する。

新たな情報として⑤では、横浜の「下村（岡）蓮杖の世話で、松江侯松平斉貴《なりたけ》公と伊予の宇和島侯とが英国製の写真機械を一組《くみ》づゝ買った」という。下岡蓮杖は、文久元年十二月末に写真機材を手に入れ、翌二年初頭に横浜駒形町（相生町）で写場を開いたことが明らかにされている[9]。文久元年では、蓮杖自身が写真機を手に入れるのに精一杯の時期で、さらに同三年の禮造の一度目の長崎滞在時に写真修業の誘いがなされていることから、梶谷氏と同様に文久二年か、斉貴死去の同三年三月以前に写真機が購入されたとみられる。

桑原氏が紹介した北尾家の口伝では、斉貴が侍医の北尾徳庵に命じ、横浜在留の外国人から写真機を購入したとする。他に徴すべき史料がなく、断定はできないが、横浜で開業し始めた下岡蓮杖を通じて徳庵は、横浜在住の外国人から写真機を購入した可能性を指摘しておきたい。

なお同時に、伊予宇和島藩八代藩主の伊達宗城が英国製の写真機を買ったとあるが、これに関する記録は残されていないようである[10]。

(4) 斉貴肖像写真の撮影者

ここで菩提寺月照寺に残る松平斉貴肖像写真について触れておく。外箱に「瑤光翁様／写真御像　一」と、内箱に「御写真」と墨書のあるガラス写真は、梶谷氏の調査に詳しい。斉貴は文久三年（一八六三）三月に死去するので、それ以前に撮影されたものである。梶谷氏は、侍医の北尾徳庵が写真術を学び撮影したと推定している。しかし購入まもなく、俄に写真術を学び、撮影・現像までの技術の取得が徳庵にできたのか疑問が残る。

ただ文久二年十二月には、福井藩士で松平春嶽の側用人見習の中根牛介が、春嶽らを撮影したが、撮影技術が未熟であったため、江戸両国の写真師である鵜飼玉川が手伝って撮影している。玉川は文久元年八月には横井小楠の肖像写真を撮影した写真師である。(11)

同じ頃、福井藩と同様に松江藩でも購入した写真機で、藩士に写真技術を学ばせて撮影を行ったとしても不思議ではない。北尾家の口伝で、徳庵が斉貴を撮影したとは伝えられていないことから、徳庵撮影ではないと考えられる。また①末尾で岡田建文が指摘するように、斉貴自身の撮影の可能性もあるが、これ以上の詮索は難しい。写真機購入に関わった蓮杖の可能性もあるが、斉貴肖像写真の大きさが一〇・八×八・〇センチと、蓮杖や玉川使用の硝子板より少し大きいたため、蓮杖や玉川でもなく、今のところ撮影者は不明とせざるを得ない。(12)

(5)二度目の長崎行き

人参方役人から誘いを受け、また自身も写真業に関心を持ち、本格的に修行をするために禮造は、親の許可を得ようといったん帰国した。再度の長崎行きにあたり、長州路が物騒となっていた。そのため禮造は、城下外中原の清光院で俄修行の坊主となり、坊主姿で長州路を通過した。(13)第一次長州戦争が起こるのは元治元年（一八六四）七月であり、長州路が物騒になっているとの禮造の認識とも重なるため、再度の長崎行きは同元年のことと考えられる。すなわち禮造は文久三年（一八六三）に長崎に行き、人参方役人から写真修行の誘いを受けた後、親の許可を得るためいったん松江へ帰国し、翌元治元年に再度長崎へと到ったのである。

二度目の長崎行きの目的は、写真を学ぶためであった。禮造の述懐には出てこないが、このとき同じ写真を学ぶ同行者に北尾徳庵の門人の太田豊蔵がいる。[14] 桑原氏は、「文久三年公(斉貴)は侍医北尾徳庵門人太田豊蔵に命じて、長崎に至り(略)森田禮蔵(造)も同行しました」と北尾家の口伝を載せ、これに基づいて梶谷氏は文久三年に禮造が長崎に向かったとする。しかし、禮造が「長州征伐(長州戦争)」で長州路が物騒だったと記憶していることから、豊蔵の長崎行きも元治元年か、もしくは禮造の述懐には出てこないことから、禮造とは別に長崎へ行っていた可能性がある。

梶谷氏は、豊蔵が「後、元治元年～慶応三年頃に医学修業者として、長崎病院へ派遣」されたと、文久三年に続いて翌元治元年頃の二度目の長崎行きを注記しているが、禮造と共に長崎へ行ったのなら、元治元年の長崎行きは豊蔵にとり二度目でなく一度目だったことになる。桑原・梶谷両氏とも、長崎行きを命ぜられた年＝長崎に到着した年とみているが、長崎滞在時に命を受けたという禮造の証言からも、豊蔵が長崎に到着した年は再検討が必要である。

(6)上野彦馬のもとで写真修業ののち神戸へ

さて、長崎で上野彦馬に就いて「四ケ月計り修行をした頃」(①)禮造は、彦馬の弟が兄の命令により神戸で開業するというので、上野彦馬から「君は遠い長崎に居るよりも神戸にて修行をする方が便利であらうから、弟の所へ行け」と勧められ、そのことにより「翌年」に神戸へ行ったと語る(①)。彦馬の弟とは幸馬のことである。文久三年(一八六三)に「商人として写真機、薬品、レンズなどを輸入販売し巨額の利益を得」[15]、後に東京に出て明治天皇の肖像写真を撮影した内田九一と共に、幸馬は慶応元年(一八六五)に神戸で開業したことが明らかにされている。[16] 幸馬の写真館は、「倚屋式《さしかけ》の露天写場」の簡単なものだった。[17] 禮造は、幸馬のもとで写真修業をした。禮造が「翌年」と語る神戸へ行った年は、幸馬が神戸で開業した慶応元年と考えられる。そのため、禮造が彦馬に神戸行きを提案されたのが元治元年(一八六四)となる。この時、彦馬の下で学びだして四か月程だと証言しているから、やはり禮造の長崎再訪は同元年で、かつ夏頃に長崎に到着したものと考えられる。

(7)慶応元年の松江での開業

禮造は「神戸に暫時居て其から松江に帰つて写真業を始めたのが、今より丁度五十年前で慶応元年でした」(①)と語っているため、神戸滞在は短く、すぐに松江へ帰り、その年の内、即ち慶応元年(一八六五)に松江で写真館を開業したと考えられる。(18) 当時、彦馬の弟子は全国に六〇人程しかおらず、写真師が珍しかったこともあり、全国各地から声がかかった。禮造も神戸時代に薩摩藩からスカウトされたというが、それを断り郷里松江へと帰った。

梶谷氏が、禮造の松江での写真館開業を文久三年(一八六三)とした根拠は、明治二十五年(一八九二)十一月五日付「山陰新聞」の「写真広告」に「弊舗開業以来本年八月を以て三十年を継続す」とあることによる。しかし、本章での検討結果を踏まえるならば、文久三年は松江での写真業の開業年ではなく、禮造が写真に興味関心をもち、写真修行を決意した年とみるべきであろう。禮造が「写真広告」に「弊舗開業以来」としたのは、より古くから開業しているように見せるためなされた表現とみられる。

松江に帰った禮造は、「蔵の前へ可なりな写真場を建て愈よ開店」(①)したと自ら語り、また⑤でも「自宅の裏に写真場を設けて営業を始め」たとあるため、当初は自宅の裏の蔵の前に写真場を建て営業を始めた。禮造十八歳の時である。この写真場の場所ははっきりしない。後に写真館を開き本籍とする殿町六三番地は、家老神谷家の上屋敷で、明治四年の廃藩置県まで武家地の売買は禁止されていた。しかし、翌五年四月に禁止されていた地所の売買が許可された。(19) 翌六年に作成された「沽券大帳」第一区殿町の地番二六〇には、「商」すなわち商人の「森田禮造」の屋敷地として、表口・裏口各三間(五・四メートル)、奥行二〇間(三六メートル)の長方形の六〇坪が記載されている。同時期に作成された地籍図「松江市街二分間図」（広島大学附属図書館所蔵）によれば、地番二六〇は現在の殿町四一二番地（ごうぎんカラコロ美術館）の一部で、同地番最北部の東西に長い区画にあたり、同図には「森田禮造」の注記がある。この地は、家老三谷家の屋敷跡である。

廃藩置県で武士が広大な屋敷地を維持できなくなり、土地の売買ができるようになると、武家地は売却され細分化した。禮造はこの機会を捉え、京橋北詰の家老屋敷跡の城下一等地に店舗を移したのである。なお禮造の本籍は、明治十八年に分家して殿町六三番屋敷に移すまでは、父勝四郎が住んでいた苧町九三番屋敷（表口・裏口各二間〔三・二四メートル〕、奥行一三間〔二三・四メートル〕の二六坪〔「沽券大帳」〕）であったので、殿町に移るまでの写真場は苧町にあった可能性がある。

(8)開業時のエピソード

幕末から明治時代の初めにかけて、写真に写ると寿命が縮まるとの迷信があった。禮造も当初、だれも撮影に来るものがなかった。最初に撮影に来たのは、松江藩士で南田町に住む雀部《ささべ》順太《じゅんた》だった（③⑤）。料金は二分。順太の肖像をガラス板に撮影し、すぐに手渡した。しかし順太の家族が「写真をとると其の人のフが抜ける」と言って大騒ぎして、翌日、写真を消してほしいと持ってきた。そのため白ガラスを用いて淡くして消したところ、その翌日、順太の家族が礼に来たという。松江での営業写真第一号ならではのエピソードである。

武家の大家へは、撮影機材一式を持ち屋敷へ撮りに行った。写真機は珍しく、禮造が来ると屋敷の奥へ招かれ馳走され、長崎や神戸の事情を喜んで皆が聞いたという（⑤）。藩の中老である小田要人《かなめ》の屋敷へ撮影に行った時には、要人の新婦が「白粉コテ塗り襦袢を引摺りながら二三人の女中を随え、傾城のやうに片ツ方の手を張肱《はりひじ》で悠々と書院の縁側へ出て、レンズに対《（むか）》つた姿に美しくあつたには驚いた」という（⑤）。しかし明治中頃には士族は零落し、この小田夫人がお焼きを売りに森田宅へ来た姿は惨めだった。

禮造に弟子入りした最初の人物は、藩士の「ハイカラ党」、内中原に住む酒井多膳である（③）。また家老（「執政」）の乙部勝三郎という「ハイカラ党」は、いつも撮影に来てほしいと、禮造を屋敷に招き入れた（①）。その勝三郎の夫人が、松江で最初に撮影した女性であった（③）。

⑼第二次長州戦争の陣場および杵築での撮影

慶応二年（一八六六）の第二次長州戦争では、松江藩兵が出雲・石見国境の田儀（出雲市多伎町口田儀）まで出兵した。この時、藩主松平定安の命令で、禮造は早籠に乗り田儀の陣場に行って写真を撮影した。禮造は重宝され、藩から五人扶持の禄でお抱え写真師となるよう勧められたが、「どうぞ堪忍してください、私は食米などを貰らつて窮屈な目をするよりも一平民で自由に営業をしたいのです」と言って辞退した（⑤）。

このことは②において禮造自ら「私に扶持をやるから軍用方の方へ勤めぬかとて、軍用方から申し込まれたことがあつた」と述懐することを指すと考えられる。禮造は「私が商人になるのが本望である。刀を差すのは嫌ひだ」と言って断っている。さらに続けて本当の理由を述懐する。それは、武士尊重の時代であったが、軍用方の役人がたびたびやってきて当座借りをして、その役人宅へ訪れることがあると、「マア此方へ這入れと同座させられ、彼の与力同心などが家中の人と対する時、次の室で拝伏するやうな次第でない」ことから、「金力といふものは武権にも恐るゝ訳のものでない」と悟り、「自然に私に自由思想を養成」したのだという。禮造はその後、島根県下の新思想家の園山勇・野口敬典・福岡世徳と同じく自由党に入っていく。

さて、田儀の陣場を撮影した後、禮造は杵築へ行って、社家の千家家や、「豪家」の大村家・藤間家で写真を撮影した。この時、千家国造館で国造夫人（千家尊福《たかとみ》母）を撮影したが、有栖川宮から降嫁された方なので、人目にかかることができないという決まりがあり、写真撮影も写真師に見られないようにしなければならなかった。具体的には、撮影の暗幕に穴を開けて、その穴からレンズを向けるよう国造家から注文された。禮造は「考襟党《ハイカラとう》」で夫人を見てやろうと考えていたから、被写体を見ないでは撮影できないと言い張り、結局、やむを得ないとのことで、二本の竹に四・五尺(一二〇～一五〇センチ)幅の布を張り、二人の家来が両手で布を提げて、その幕の蔭に夫人が隠れて、奥から玄関先まで出てきた。しかし撮影の段になり、全身を禮造に晒さなければならなかったが、撮影が終わると、家来が先の竹張り幕で夫人を隠して下がるというものであった⑤。

⑽母里藩主松平直哉へ撮影方法を伝授

維新前後のエピソードとして、母里《もり》藩主松平直哉《なおとし》に写真撮影術を伝授した話が⑤に記されている。母里侯から拝領した金額を、二二貫分の連判札五〇枚を、「明治初年」の価値で約一〇〇円と換算している点、および母里侯へ紹介された時の名が「玉川仁逸」である点から、維新前後の話と考えられる。

この時「森田はその新婦と店員とを連れていった」⑤とあるので、玉川仁逸を名乗っていた時、禮造はすでに結婚していた。新婦とは、禮造の戸籍に載るケンのことである。島根郡東茶町三三番屋敷の今岡為助とヨシ夫妻の次女として、嘉永三年(一八五〇)十月十五日にケンは生まれた(大正十一年〔一九二二〕九月九日没)。禮造より二歳年下である。

さて維新の頃、禮造は江戸から帰藩中の母里藩主松平直哉に招かれた。写真術の伝授のためであった。禮造は新婦と店員を連れて能義郡母里村(安来市)に到着した。日暮れで小役人が迎えに来ていた。宿は門脇屋であった。宿には母里藩松平家の紋付きの高張提灯二張が灯っていた。

翌日、臨時の藩主居宅である家老市川豊章宅の御殿で直哉に拝謁した。禮造は、町人の資格なので羽織の着流しで、御殿の下の間に行くと、上の間に豊章以下の家臣が多数列座していた。その上壇の間に藩主直哉が出てきて座ったので禮造は拝伏したところ、側用人の神谷誠が、「近う〳〵」と言うので、禮造はどうするのか小声で訊くと、もっと側へいくのだと言われたので、上壇の間から三枚目あたりまで進み拝礼した。直哉も軽く会釈した。この時、神谷誠が「玉川仁逸、此度写真を御伝授致すに就て、御目通り仰付けられ難有存じ奉る」と直哉へ披露した。披露が終わると、直哉は直ぐに立ち奥へ入った。それから豊章や誠が写真の撮り方を禮造に訪ねた。禮造は、「先ず暗室を拵へなさい」と言うと、「暗室とはどう云ふことか」と尋ねるので、「暗室とは、太陽《ひ》を入れない暗い室《ま》のことであるが、屏風を立て廻はして上に赤毛布を被せ、その中へ赤布を被ぶせた提灯を燭《つ》けて下さい」と説明をした。豊章等は「判かつた」と言って、次の部屋の槍の間がよかろうと、槍などを片付け、金屏風を三双も出して暗室を作り、その隣の六畳間に大きな卓子を据えて、椅子などを置いた。そこへ直哉が平服で数人の小姓を率いて出てきた。

直哉は、「二十七八歳」（実際は二十歳前後）のキビキビした人物で、先の御目見えとは異なり、禮造を相手に写真機械を見て「ア、か斯うか」と写真術の質問をされた。禮造は、松平家の小姓を使い廻し、懇切に写真術を伝授し、それは五日間に及んだ。直哉は大いに満足し、写真機材を上方から購入することとなり、禮造には数脚の籐椅子の製作を依頼された。

禮造が門脇屋に滞在中は、毎日美酒佳肴を送られ、さらに松江に帰る時には、直哉から謝礼として母里藩の二二貫文分の連判札二二枚を貰った（明治初めで一〇〇円、大正七年時で五〇〇円前後）。さらに母里へ行った序に、紫田家や西村家などの「豪家」へも招待されて撮影をしたという。

⑾斉貴購入の写真機の払い下げ

江戸にいた松平斉貴が、横浜の外国人から購入した写真機一式はどうなったのであろうか。斉貴は文久三年（一八六三）三月十四日に中風で死去したが、この頃江戸藩邸では、西洋医学の研究が行われていた。侍医の北尾徳庵は、その年の八月二十三日に斉貴が所持していたエレキテルや写真道具一式を医師方へ預けて、活用するよう藩へ建言している。

側用人の羽山平七郎の記録した「御用頭書」(20)文久二年八月二十三日条には、次のように記されている（傍線、西島注）。

一徳庵《（北尾）》より左之通申出之儀ニ被存候旨、一同申合、
直指庵様《（松平斉貴）》御在世中、越列幾的児《（エレキテル）》溌腸器、写真鏡道具類並薬品其外色々医者道具類、御買上げ被為在候御品々、当時如何相成候哉、長く御仕舞相成候ては、損候品も可有之奉存候、何卒御医師之方へ御預けに相成仕舞不置品は、折々相用候様、被　仰付ては如何可有御座候哉、左様得ば却て御道具之為宜敷様奉存候云々、
御側医

梶谷氏はこの意見書をもって、北尾徳庵ら側医師が譲り受けた写真機を、その年のうちに禮造が払い下げを受けて写真館を開業したとする。果たしてそうであろうか。右の意見書を丁寧に読めば、生前、斉貴が購入したエレキテルや「写真鏡道具類並薬品」等の医者道具類を医師方へ「預」けてほしいと言っている。

禮造の証言からこの間の事情をみよう。③では「彼の松江侯《（松平斉貴）》瑤光さんの使用になつた写真機械は、瑤光さんが元治元年《（ママ）》に死なれてから後に誰も使ひてがなく其まゝ御殿にあつたのを、明治三年頃になつ《（て脱）》今の商業学校の所に松江病院が出来てから（院長田代嚮平）其所へ下げてあつたのを、私が下げてもらつた」とある。

松江病院は、明治二年（一八六九）七月に城下の横浜町に仮病院が設置され、医学所が併設された。嚮平は医学一等助教授兼病院副院長となったが、同四年の廃藩置県で病院は廃止された。そのため嚮平は灘町に私立病院を建て、同九年に母衣町に公立病院が建つと首席院医となるが、翌年再び灘町の私立病院に戻った。(21)このことから、③で禮造が

嚮平を松江病院の「院長」としたのは、「副院長」の記憶違いだと考えられる。斉貴死後の徳庵意見書は、功を奏したようで、斉貴の写真機材は医師方へ預けられ、同二年七月に横浜町に仮病院が出来ると、そこに移され保管されていた。

これに関して、⑤では、「森田《（禮造）》が長崎の上野《（彦馬）》に就て修業中に、松江侯《（松平斉貴）》は死去されたので、折角の写真機械は松平家で不用に帰したので、森田は神戸から帰つてから、その頃松江で病院を創設した田代嚮平の肝煎で松平家に交渉し、右の写真機械一式を僅か廿一両で払下げてもらつた」とある。ここで禮造が彦馬のもとで修業中に斉貴が死去した、と記すのは誤解を生む表現である。これまでの検討からは、禮造が一度目の長崎にいる間に、藩の人参方役人から見込まれて、彦馬の下で学ぶことを決めた後に斉貴が死去（文久三年三月）したのであって、彦馬の下での写真修行の最中ではなかった。

また⑤で禮造が斉貴の写真機を譲り受けるのが、嚮平が松江で病院を創設した頃としており、①と時期が符合する。松江病院は明治二年創設であり、翌三年「頃」に、嚮平の肝煎で松平家に交渉してもらい、禮造は斉貴の写真機一式を、わずか二一両で払下げを受け手に入れた。⑤によれば、払い下げを受けた写真機には、「葵御紋の附いた本幕一張と小幕が三張、薬瓶が六十本と乾板などの入つた桐箱が七個も添ふてゐた」という。

さらに桑原氏は、北尾家の口伝として、「明治二年頃旧松平藩より沢山のものが御払いになり、例の時計も勿論其内でありますが、此鏡玉の元價何百両、今なれば何千円と申すべき鏡玉が七百貫即ち二十円ばかりにて森田禮造に払下げられ」たと紹介している。明治二年頃、藩から多くのものが民間に払い下げが行われた最中に、禮造が旧知の嚮平を通じて写真機の払い下げを望んだものと考えられる。

以上から、斉貴の写真機が禮造のもとへ払い下げとなったのが、文久三年のことではなく、明治三年頃のことであったことが明らかになった。禮造の写真館開業は、斉貴の写真機を手に入れたことにより始められたのではなかった。斉貴の写真機は、禮造が松江に開業してから五年後のことだったのである。斉貴が死去して直ぐに民間に払い下げられたとする梶谷氏の見解は、やはり無理があった。エレキテルなど医者道具とともに写真機は医師方に預けられ、その後、使用されることもなく保管されていた。明治二年頃から藩所有物の多くが払い下げられた。禮造は、保管されるままの状態の写真機の払い下げを望んだ。そこで共に医学修行に長崎へ行き、事情をよく知る田代嚮平を通じて、松平家と交渉し、明治三年頃に払い下げを受けることに成功したのであった。

⑿明治元年の西洋雑貨店の開業

⑤によれば、幕末、山陰道に写真師は禮造一人で、独占事業であったため、収入は多く、また「若盛りの遊び時代」とのことで、金遣いも綺麗で、仕事先で大いに飲み、女郎や芸妓にもモテたという。その余業で禮造は「明治になつてから、写真業の傍ら洋服裁縫店や舶来雑貨店をも開いた」という。いずれも松江での元祖に位置付く事業である。

禮造が西洋雑貨店（舶来雑貨店）を開業したのは明治元年（一八六八）のことであった。(22) 神戸から仕入れた商品の主なものは衣類・靴・時計・マッチ・香水・舶来紙・アルコール・西洋菓子・磁石など様々なものを扱った。

白絹縁《へり》とりシャツ、胴衣《ちよつき》金釦《ぼたん》、南京釦、紙襟《カラー》、帽子、絹洋傘、古物ヅボン、胴衣、石筆ゴム帯締《おびじめ》、靴《くつ》墨、ゴム靴、靴製造用絹ゴム、長靴、銀時計鎖《くさり》、時計、上々銀鎖、上時計、上々燐寸《マッチ》、普通燐寸、五分芯《しん》のランプ、ブラスコ入り石油、香水、硝子鏡、ペン、舶来紙、馬刷毛《はけ》、酒類《アルコール》、罎《びん》入西洋菓子、菓子、歯研揚枝、調練笛、鰐口、刀吊《かたなつ》り、磁石、額、馬鞭、海綿《かいめん》、

これらは高価なものばかりであったがよく売れ、買ったのは、皆、殿様の側近衆や家老、高禄の者、「ハイカラ

人」など、たいてい士族の者に限られていたという（④）。翌二年には、大阪から毛布・襟巻・羅紗マントル（マンテル）・合羽類・洋服などを仕入れた。

⒀西洋雑貨店でのエピソード

②では、西洋雑貨店の奇談を禮造自身が語っている。ある時、若殿の瑤彩麿、すなわち後の松平直応《なおたか》のお付きの役人から声が掛かり「今度、若殿が洋式調練をするというので、靴を履いてみたい」とのことで、「お前の店にあるなら大急に一足差出せ」との命令があった。禮造の店に適当なものはなく、「唯今品切れですが、是非御入用なら神戸へ取寄せに参ゐりませうか」と禮造が答えると、「デワ左様致して呉れい、成るべく至急に」とのことであった。禮造は直ぐに身支度をして、一刀を腰に差し、若かったので昼夜兼行し三日目に神戸に到着した。短靴を買って松江藩の蔵屋敷に行き、事情を話し、藩用の人馬帳をもらい、自由に人馬を徴して昼夜兼行し松江に帰った。

その後、町人の禮造が藩の人馬帳を使ったことに対し、訴えたものがあり、城下北堀にある寺社奉行の高井兵大夫方から呼び出された。すぐに高井の役宅に伺うと、白洲へ廻され、訊問を受けた。禮造がほしいままに人馬帳を使ったことは不都合とのことであった。禮造は若殿の命令に基づいて急使に発ったためと事実をそのまま述べると、兵大夫は大いに驚き、そのような理由なら協議が必要とのことで、追って沙汰することとなり、口留めされたうえで釈放された。兵大夫の狼狽は、事前の取り調べをせずに法廷に連れ出したことが兵大夫の落度となるためであった。

⒁洋服裁縫店の開業

洋服裁縫店の開業も明治初年頃から始めた。松江で最初の開業だった。「初めは妻が手縫をし」、「士族の兵隊」の服を多く縫っていたが、廃藩置県後は「役人の服」や「巡査や看守の服」も一手に請け負い、東京から職人を七、八人連れてきて商売した。しかし、儲かるとの評判から山本誠兵衛のように競争者が現れたという（④）。山本誠兵衛（一

図1　明治20年(1887) 4月に刊行された『山陰道商工便覧』の森田禮造の店先
「洋服裁縫調進並時計写真業　松江殿町　森田禮蔵(造)とあり、店先の屋根に「森田禮造」と書かれた肖像画が掲げられ、入り口上にランプを据え、左手にはガラス戸越しに洋服の裁縫場が、右手には掛け時計や服の生地と思われるものが描かれている。

八五〇～一九二三）は、明治七年（一八七四）に松江で洋服や靴の製造を始め、同二十七年には松江商工会議所を設立した実業家である。

⒂当世風の店構え

「松江で店つきを当世風《とうせいふう》にするのも、私が最初でした」（④）と禮造が語るように、その店構えは奇抜であった（図1）。ガラス戸を立て、陳列棚を据え、「盛んにハイカツて居」たという。ちなみに「ハイカラ」という語は、西洋風の身なりや生活様式をする様などをいうが、明治三十一年（一八九八）頃から「東京毎日新聞」で主筆の石川半山が使いだし流行した言葉で、その後「ハイカる」という動詞も派生し、「ハイカった人」などと用いられた。①～④で禮造が、⑤では岡田建文が「ハイカラ」を使うのは、幕末・明治前期に実際使われていた言葉ではなく、あくまでも執筆された大正時代から振り返っての表現である。

禮造の店構えが「ハイカツて居」たので、帽子・蝙蝠傘も禮造の店でなければならないという贔屓の客もできた。とくに家老家の乙部勝三郎は、蝙蝠傘もランプも最初に購入した人物で、禮造が珍しいものを持って帰ると何でも買って行った。金の懐中時計も山陰道で最初に所持した人物だったという。

以上をまとめると、禮造は慶応元年(一八六五)に写真館を開業すると、明治元年に西洋雑貨店、洋服裁縫店もあわせて開業し、西洋雑貨は神戸や大阪から仕入れた。洋服裁縫店は禮造夫人の協力で始まり、その後、東京から職人を引き入れて経営を行うほど繁盛した。

⒃斉貴の写真機のその後

明治三年(一八七〇)頃に禮造が払い下げをうけた松平斉貴の写真機は、その後どうなったのであろうか。禮造自らが語るように、「夫(斉貴の写真機、西島注)を使用してみると、如何にも精巧な機械」(③)であったというが、禮造は売り払ってしまう。「私(禮造、西島注)は後に之を神戸の丹波謙三氏の紹介で、同所の写真業元祖である市田写真館主人に売つて十四五両ほど儲けた。売るのは実に惜《を》しかつたけれど、金の入用な頃であつたので、其利益を〔と〕した十四五両で直ぐに西洋雑貨《せいようざつくわ》の買足《かひた》しをして、又々儲《もう》けたといふやうな訳であつた」(③)という。

神戸の丹波謙三は、村医者の家に生まれ、長崎で西洋医学を学び、大阪で通訳と蔵書売却で儲け、その儲けで洋薬を仕入れ薬店に売る、神戸で最初の洋薬店「橘観光堂」を明治四年に開業し、同十五年に舶来織物・西洋雑貨商店「丹波雑貨店」を開いた人物である。(23) 神戸で西洋雑貨を仕入れていた禮造とは、早くから知り合いだったと考えられる。

謙三の紹介で斉貴の写真機を売ることとなった神戸の「写真業元祖である市田写真館主人」とは、市田左右太(一八四三~一八九六)のことである。左右太は、慶応四年(一八六八)頃に京都で写真館を開き、明治三年五月に神戸西之町(元町通三丁目)に移転し、写真館を開業した。(24)

禮造は市田左右太に斉貴の写真機を売却して一四、五両ほど儲けたという。禮造は藩からの二一両で払い下げられているので、左右太に売ったのは三五、六両だったと考えられる。(25) 明治四年五月の「新貨条例」交付により貨幣の単位「円」が始まるが、禮造は「両」の単位で売却したと記憶しているので、売却の時期は明治四年頃だったのではないだろうか。そうだとすれば、禮造が斉貴の写真機を所持していたのは、わずか一年ばかりだったことになる。売却しなければならなかった理由を禮造は、「金の入用な頃で」、儲けた利益一四、五両ですぐに西洋雑貨を買い足し、さらに利益を挙げたと証言する。

明治元年に開いた西洋雑貨店は、乙部勝三郎のように「ハイカラ」な人々が何でも買って行った。同二年頃に藩の多くのものが払い下げとなるなか、いち早く斉貴の写真機の払い下げを願い出て、わずか二一両で手に入れ、一年程で売り捌いて利益をあげるという、禮造が商売人としての経営能力に長けていたことがうかがえる事例である。

これについては後日談があり、後年、禮造が左右太に会ったとき、(26)「済まぬことであるが、アノ機械を買戻したいから売つて呉れぬか」と問うと、左右太は、「夫は今では我方の家宝として居るから、誰にでも遣ることは出来ぬけれど、松平家と縁故のある君のことであれば、五百円なら安いものであるから、後日金を持つて来たら間違ひなく売」ると語り、禮造と約束した。(27)禮造は、③を執筆した大正二年（一九一三）段階で「遠からず約束を実行する考へ」だと言っている。しかし七年後、七十九歳で禮造が死去した。昭和七年（一九三二）に発表した桑原氏の論考「松平齊斎公の写真術」で、「即ち今日市田氏方に現存する英国ダルイーヤ製のレンズは即ち是であります」と記しているので、結局禮造は市田家から写真機を買い戻すことはできず、昭和七年の段階でも斉貴の写真機は市田写真館にあったことがわかる。

市田写真館は、明治十五年に元町通二丁目に新築した洋館に移り営業し、(28)昭和三十年（一九五五）頃まで神戸にあったという。(29)しかし昭和二十年の神戸大空襲で、元町通の東半分（一～三丁目）と南京町が壊滅しており、(30)この時に斉貴の写真機は焼失した可能性がある。

⒄その後の森田写真館

禮造は、明治十八年（一八八五）一月十三日に苧町の父勝四郎家から分家する（禮造戸籍）。禮造と妻ケン、長女カナの三人は殿町六三番地を本籍とし、禮造は新たな家の戸主となった。明治六年時は地番二六〇の屋敷であったから、同十八年までの間に禮造は、道を挟んだ少し北の六三番地へと居宅を移転していた。分家した年の七月十五日には、殿町六六番地に和洋服裁縫・洋服シャッポ等洗濯の支店を開業した。[31]さらに殿町六三番地の居宅兼店舗は、同二十年三月十四日に移転する。居宅はそのままにして、その北側の六七番・六八番の両屋敷へ本支店共に移転し、「改良写真場」もこの屋敷の中で「新築落成」した。[32]禮造の事業は拡張していく。

また、明治中期から大正初めまでの森田禮造は、多くの弟子（「写真生徒」）を育てた。明治二十四年に神門郡今市町で開業した片岡政太郎や、大正時代、アメリカのニューヨークで有名となった堀市郎などがいる。

明治二十三年から一年三か月の間、松江に滞在したラフカディオ・ハーン（小泉八雲）も禮造を贔屓にした。[33]例えば、有名な松江時代のハーン（八雲）肖像写真（**写真1**）は、森田禮造により撮影されたと考えられる。その理由は以下のとおりである。

後に内閣総理大臣となる若槻禮次郎の養父（叔父）若槻敬と奈美夫妻のガラス板写真（**写真2**、松江歴史館所蔵）は、その桐箱の記載から、明治二十三年二月一日に森田写真館で撮影された。蓋裏に朱印で「松江市／殿町写真師／森田」とある（**写真4**）。この写真の背景が、松江滞在期に撮影されたハーン（八雲）の肖像写真と酷似する。背の高いハーンを撮影するため、やや高めに据えたカメラにより映し出された絨毯の模様は、中央に丸型の模様があり、その上にハーン（八雲）が立つ。若槻夫妻が立つ場所も、絨毯中央の丸型の模様の上である。よく見ると、絨毯の端の枠線や模様も同じである。人物の背景に目をやると、壁面の最下部に、床との間に据えた、表面が波型の横木の模様も同じで

写真１　小泉八雲　松江時代(小泉家所蔵)明治23年８月～明治24年11月撮影

写真２　若槻敬・奈美夫妻(若槻家旧蔵)明治23年(1890) ２月１日撮影

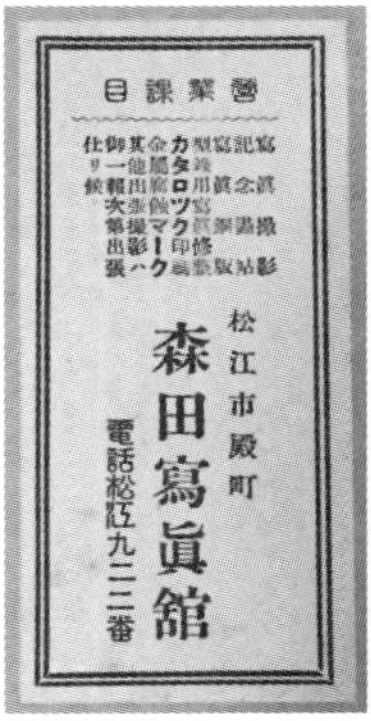

写真３　タグ

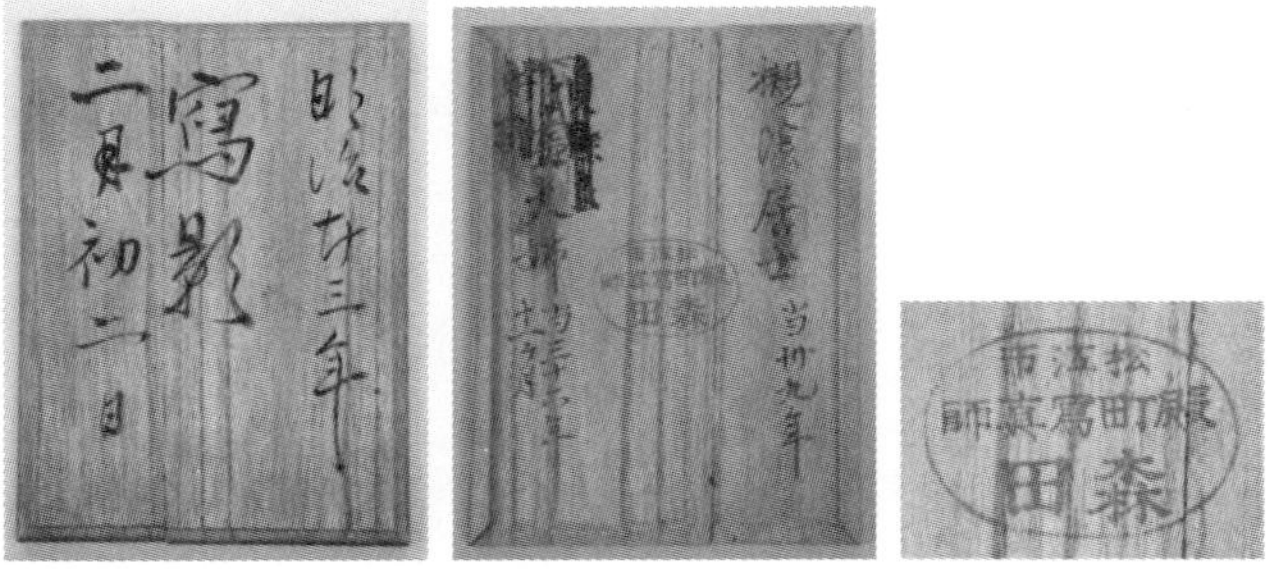

写真４　ガラス板写真を保存した桐箱(蓋表・蓋裏・同部分)

写真５　明治30～40年代の森田写真館ロゴマーク

左：(明治37年１月)「第二回商業研究所証書授与式」写真台紙

右：(明治40年)「第五回商業研究所証書授与式」写真台紙

所蔵者名のないものは全て松江歴史館所蔵

ある。夫妻を撮影した年の八月から翌年十一月まで、ハーン（八雲）は松江に滞在しており、両写真の撮影時期も近い。
この両写真とも、築三年の殿町六七番・六八番の新店舗で撮影され、禮造は被写体の立ち位置を、中央に円形の模様のある絨毯を用いて決めていたものと考えられる。また明治三十年〜四十年代の森田写真館のロゴマークは、森田禮造の頭文字MとRを重ねてデザイン化し、禮造存命期は「R. Morita」と禮造個人を示す文字が入っていた（写真5）。

大正九年（一九二〇）五月十五日午前九時三十分、禮造は松江殿町の自宅で亡くなった(34)。享年七十三であった。その亡骸は、かつて禮造が長崎へ行くため坊主修行をした外中原の清光院に葬られた。墓地はその後、昭和十五年（一九四〇）頃に大阪市天王寺区六万体町の太平寺に移された(35)。

大正七年時の⑤の記事では、「森田（禮造）は本年七十一歳で、自身は松江に在り、養嗣子安次郎と云ふのは大阪に在り、両々写真営業を盛んにやつて居る」とあるので、禮造の写真館は松江に大正七年においても存在し、大阪では養嗣子の安次郎（元治元年（一八六四）二月二十一日生）が写真館を開いていた。安次郎の次女カメヲが明治三十五年に松江で、三女安子が同三十八年に大阪で生まれているため、大阪での開業はこの間ではないだろうか。なお安次郎は、昭和四年五月に大阪府大阪市東区本町一丁目二一に転籍している（戸籍）。禮造没後、松江市母衣尋常高等小学校の大正十五年三月卒業紀念写真帳（松江歴史館所蔵）の奥付には、森田写真館のタグが貼り付けてあり（写真3）、大正末年までは確実に松江で開業していた。

現在、森田写真館の名跡を受け継いだ森田美知子氏が、大阪市中央区上本町西に株式会社森田写眞館を経営している。美知子氏によれば、安次郎は禮造の長女カナの婿養子で、大阪市西区の西條家の出だったため、出身地の同市東区本町に写真館を移したという。安次郎の長男英一や次男正徳は写真業を継がず、次女カメヲの婿養子昇が写真業を継いだ。昇は、旧姓を佐々木、八東郡森山大字森山七八番屋敷（松江市美保関町森山）の出身である。美知子氏はこの昇を養父にもつ。

2 山陰および日本における営業写真師 森田禮造の位置

禮造の松江での写真館開業を、山陰地方および日本のなかで位置付けてみる。

山陰地方において、慶応元年(一八六五)の禮造による営業写真館の開業は最も早かった。禮造に続き写真館を開業したのは、松江の末次本町に店を構えた吾郷重治郎で、禮造から遅れること七年、明治四年(一八七一)には開業していた。県西部では同六年に梅田某が浜田蛭子町で写真館を開業した(36)。鳥取県では、同六年(島根県併合時下)に藤尾長次郎が米子麹町(米子市)で(37)、県東部では同十三年に山本久造が藪形原町(鳥取市)で写真館を開業している(38)。そのため禮造の写真館は、山陰地方における写真業の草分けといえる。

また山陰地方に限定しなくても、日本国内の営業写真館の歴史においても禮造の事績は特筆される。外国人では、万延元年(一八六〇)には横浜で開業していたフリーマンや、文久三年(一八六三)には横浜でパーカーやベアドなどの存在を見出すことができるが、日本人で営業写真館を開業したのは数えるほどである。

具体的には、文久元年に江戸で鵜飼玉川がすでに写真館を営業しており、翌二年には横浜で下岡蓮杖、長崎では上野彦馬が営業を開始した。元治元年(一八六四)頃、北海道箱館(函館)で木津幸吉が開業し(39)、翌慶応元年には、神戸で彦馬の弟幸馬が開業、幸馬と共に神戸へ来た内田九一はすぐに大坂へ行き、大坂で守田来三と共に写真館を開業した(40)。禮造が開業した慶応元年までの全国の写真館開業状況を一瞥してわかることは、禮造の松江での写真館開業は、全国的にみても早く、江戸・横浜・長崎・函館・神戸・大坂に次ぐものであった。開港地や大都市から開業されていくなかで、一人禮造が日本海側の地方都市で開業するのである。そして翌慶応二年には、京都で堀内信重や堀与兵衛が開業し、柳川では冨重利平が開業する。(41) 地方都市での写真館開業の流れは、松江で開業した禮造から始まったといえよう。

山陰地方へは長崎・神戸・松江へと至るルートで写真業が入ってきた。しかしすぐに同業者が増えることはなく、禮造に続く写真業者はその後七年を待たなければならなかった。このことは、禮造がいかに進取の気性に富んだ人であったかを知らせてくれるのである。

おわりに

本章では、山陰写真史の元祖である森田禮造について、新たに見つかった禮造本人の証言を中心に、その事績の検証を行った。かつて梶谷実氏によって旧松江藩主の松平斉貴が購入した写真機を、斉貴死去に伴い払い下げを受けた禮造が、文久三年(一八六三)八月に松江で写真館を開業したとする見解が通説となっていた。しかし斉貴の死の直後に、一介の町人である禮造に写真機が払い下げられるか疑問であること、北尾家の口伝に基づく叙述であることから、口伝を別の史料から検証する必要があり、新たに見出した禮造自身の自伝①〜④と、禮造への取材をまとめた元新聞記者の岡田建文の記事⑤を検証し、禮造の事績を明らかにした。以下、検討結果を時系列に沿ってまとめておく。

森田禮造は、嘉永元年(一八四八)七月四日、出雲国の松江城下末次の小日代で薬種屋を営む田儀屋の森田勝四郎の次男として生まれた。初名は仁市で、当初、田儀屋と関わりのある玉川家に入ったとみられ、明治初め頃まで玉川仁逸と名乗り、その後、森田家に戻り森田禮造と改名した。

禮造は、松江藩儒の雨森精翁が城下の内中原で開いた私塾の養正塾に学び、たまたま居宅の向かいに住む医者の坪内俊道に可愛がられたために、医者志望となった。文久三年の十六歳の時、禮造は医学修業のため田代轡平らと長崎へ行く。医学修業と言っても町人の禮造は、松江藩が特産として長崎を通じて海外へ売り出していた、御種人参の運送・管理に関わる形で行くことができた。

この頃(文久二か三年)、江戸にいた前藩主の松平斉貴は、横浜の外国人から安政年間(一八五四〜一八六〇)の舶来物で、イギリスのダルメイヤ製の写真機材一式を購入した。購入には、横浜で開業していた写真師の下岡蓮杖の紹介による可能性が指摘できた。写真機を購入した斉貴は、藩中の者を選抜して写真術を学ぶよう命じる。選ばれたのは、侍医の北尾徳庵の門人の太田豊蔵と禮造であった。禮造が選ばれた経緯は、長崎勤めの藩の人参方役人が、長崎に来ていた禮造を適任だと判断して声をかけたことによる。禮造は、長崎の繁栄ぶりから、医者ではなく商人になる決意をし、なかでもハイカラ業の最たる写真業に目をつけていた。

豊蔵と禮造の二人に決定した後、斉貴が死去(文久三年三月)した。しかし両名の写真修業の計画は継続された。禮造は、親の許しを得るためいったん帰国した。その頃、第一次長州戦争のために長州路が物騒になり、禮造は外中原の清光院で俄に坊主修行をし、坊主姿で長州路を抜けて長崎への再訪を果たした。その年は元治元年(一八六四)の夏頃と推定された。

禮造が彦馬の下で学びだして四か月程した頃、彦馬の弟幸馬が神戸で開業するのに合わせ、彦馬の勧めで翌慶応元年(一八六五)に神戸へ行った。幸馬の下で写真修業したのは短期間であった。禮造は薩摩藩からのスカウトを断り、その年のうちに松江へ帰り、松江で写真館を開業した。その場所は不明(苧町か)ながら、自宅の蔵の前に写真場を建て写真館とした。禮造十八歳の時である。山陰地方では最初の開業であった。

写真は寿命を縮めるとの迷信があるなか、最初に撮影にきたのは南田町の雀部順太であった。小田要人屋敷など武家の屋敷へ出向いての撮影も多かった。最初に撮影した女性は乙部勝三郎夫人、最初に弟子入りしたのは内中原の酒井多膳である。

慶応二年の第二次長州戦争では、出雲・石見国境の田儀にある松江藩陣場を撮影した。この時禮造は、藩の軍用方でのお抱え写真師の誘いを受けたが断った。田儀からの帰り杵築へ寄り、国造千家家や大村家・藤間家で撮影をした。また母里藩主松平直哉へも写真術伝授のため、母里(安来市)まで出向いたこともあった。この地の名家の柴田家や西村家でも撮影した。この時禮造は、「新婦」も連れて行っており、明治元年(一八六八)頃に開業した洋服裁縫店も禮造の妻が手縫いしていたことから、慶応末年頃には禮造は結婚していた。禮造夫人は、今井為助の次女で禮造より二歳年下のケンである。

明治元年、禮造は西洋雑貨店を山陰地方で初めて開業した。独占事業だったので、神戸や大阪から仕入れた西洋雑貨は飛ぶように売れた。同じ頃、洋服裁縫店も開業し、当初は妻が手縫いで士族の兵隊の服を縫っていたが、廃藩置県後は役人の服を一手に請負い、東京から職人を七、八人連れてきて商売するほどの繁盛ぶりであった。禮造の開いた店構えは、この地方で初めて「当世風」にした奇抜なもので、ガラス戸を立て陳列棚を据えたものであった。

文久三年三月に前藩主松平斉貴が亡くなると、斉貴が購入した写真機や薬品などは、侍医の北尾徳庵の建言により藩の側医方で預かることとなった。明治二年に松江城下の横浜町に松江病院ができると、この病院に斉貴の写真機は移され保管されていた。この頃、藩の多くの物が払い下げとなるなか、禮造は共に長崎に医学修業に行き、松江病院の創立に関わった医師の田代嚮平を通じて松平家と交渉し、同三年頃に写真機材一式の払い下げを受けた。その額は、わずか二一両であった。

払い下げを受けた禮造であったが、その頃、大きな利益を出していた西洋雑貨業で金が入用だったので、わずか一年ばかりで手放した。売却先は、神戸の丹波謙三の紹介で、同地の写真業元祖である市田左右太である。売却により一四、一五両の利益を上げ、その利益でさらに西洋雑貨を仕入れ儲けた。後に、禮造は市田家と交渉して買い戻しを約束するが、果たされることはなかった。

禮造は大正九年（一九二〇）五月十五日、殿町の自宅で死去した。享年七十三であった。清光院に葬られたが、昭和十五年（一九四〇）頃に大阪の太平寺へと墓は移された。大阪の西條家出身の安次郎が養嗣子として禮造の後を継ぎ、大阪に写真館を移し、現在に至る。

最後に、今後の課題を述べて括りとする。

まず本章で扱った史料が、禮造晩年の回顧録および禮造本人への取材によるものである点である。いずれも幕末・明治時代の同時代史料ではない。本人の回顧談なので、都合のいい部分のみ述べることや記憶違いもあるだろう。同時代史料を見出して事実を確定していくことが求められる。このことは、例えば⑤に記載される宇和島藩主の伊達宗城も写真機を購入したという事実を調べる作業である。宗城の事績をまとめた「藍山公記」に関係記事は無かったが、「藍山公記」は、宇和島藩の藩政記録である「大扣」と宗城自筆の日記「御手留日記」を、後に宗城関係部分のみ抽出してまとめたものである。そのため、「大扣」「御手留日記」は膨大な量があるとはいえ、調べる価値はあろう。

次に禮造が育てた弟子や同業者の活動から、山陰地方の写真界や洋品販売業界における禮造の影響を明らかにすべきであろう。また禮造自身の肖像や、初期の撮影写真を探し出す努力は続けなければならない。(42)

以上、雑駁な課題の整理となったが、全て後日を期さざるを得ない。山陰写真史の黎明期の状況を、少しでも明らかにできたことをもって、一先ず擱筆する。

明治元	1868		禮造、西洋雑貨店を開店する。神戸から仕入れる。 この頃、禮造、結婚する。 この頃、禮造、母里村（安来市）で母里藩主松平直哉に写真術を教える。また安来の柴田家・西村家で撮影する。	21	
2	1869	5月	禮造、大阪から洋品を仕入れる。	22	
3	1870		この頃、禮造、松江病院を創設した田代嚮平を通じて松平家と交渉し、前藩主松平斉貴が購入した写真機の払い下げを受ける。	23	神戸元町に市田左平太、写真館を開く。
4	1871		この頃、禮造、払い下げを受けた写真機を、丹波謙三の紹介で神戸の写真師・市田左平太に売る。	24	5．1「新貨条例」公布により「円」が始まる。 吾郷重治郎、松江末次本町に写真館を開業。
6	1873		この頃、松江殿町地番260に移転し、その後、殿町63番地に店舗を移す。 これ以前、森田禮造を名乗る。	26	藤尾長次郎、米子麹町で写真館を開業。 梅田某、浜田蛭子町で写真館を開業。
9	1876			29	千賀定人、松江天満宮内で写真館を開業。
11	1878			31	立花善満、松江白潟天満宮内で写真館を開業。
13	1880			33	山本久造、鳥取（鳥取市）で写真館を開業。
18	1885	1．13 7．15	禮造、分家する。 禮造、殿町66番地に和洋服裁縫・洋服シャッポ等洗濯の支店を開業する。	38	
20	1887		禮造、殿町63番地を居宅とし、本支店共殿町67・68番地に移転する。 『山陰道商工便覧』に「洋服裁縫調進並時計写真業松江殿町森田禮蔵（造）」と店先の風景が掲載される。	40	
23	1890		この頃、堀市郎、森田写真館で修行を始める。	43	
24	1891	1．1 3月 4．8	禮造の弟子・片岡政太郎、神門郡今市町で写真館を開業する。 禮造、ヘルン（小泉八雲）の依頼により城山稲荷神社の狐を撮影する。 禮造、写真生徒募集の広告を新聞に掲載する。	44	
大正元	1912	8～10月	『彗星』に「元祖ハイカラ物語　森田禮造翁談」が掲載される。	65	
7	1918	7．1	『彗星』に「五十年前の写真の話」が掲載される。	71	
9	1920	5．15	禮造、自宅で死去。外中原の清光院に埋葬される。	73	

森田禮造年譜

和暦	西暦	月日	事　　項	年齢	その他
嘉永元	1848	7．4	森田禮造(仁市。玉川仁逸)、松江末次の小目代で薬種屋を営む田儀屋の森田勝四郎の次男として生まれる。	1	
4	1851		雨森謙三郎(精翁)、松江内中原に養正塾を開く。これ以降のある時期、禮造、精翁の塾で漢学を学ぶ。また医者・坪内俊道に可愛がられる。	3	
安政6	1859			12	横浜開港。
万延元	1860			13	横浜で開業していた米国人雑貨商フリーマン、大築尚志を撮影。
文久元	1861			14	江戸薬研堀で開業していた鵜飼玉川、横井小楠を撮影。
2	1862		この頃か、前松江藩主松平斉貴、横浜の外国人から英国ダルメイヤ製写真機1組を購入する。レンズは径2寸5分、4枚累。安政年間の舶来物。	15	桜田久之助(下岡蓮杖)、横浜で写場を開き、暮れ横浜野毛へ移る。 上野彦馬、長崎で上野撮影局を開業。
3	1863	 3.14 8.23	禮造、医学修行のため、田代嚮平・中川清蔵らと医学修業に長崎へ行く。 松平斉貴、死去。 北尾徳庵、斉貴が購入した「写真鏡道具類並薬品」などを、医師方へ預けるよう意見書を藩へ提出する。 禮造、一旦帰国する。	16	英国人パーカー、横浜で写真館を開く。 英国人ベアト、横浜で写真館を開く。
元治元	1864		禮造、清光院で坊主となり、坊主姿で長州路を越え、長崎へ行く。同行者は北尾徳庵門人の太田豊蔵。 禮造、4か月間、長崎の写真師・上野彦馬の下で写真修行する。 禮造、上野幸馬が神戸で開業するにあたり、兄彦馬から神戸へ行くよう勧められる。	17	7.24第一次長州戦争。 木津幸吉、箱館(函館)で写真館を開業。
慶応元	1865		禮造、しばらくの間、神戸で幸馬の下で写真修業する。 この頃、禮造、薩摩藩から写真師として招かれるが断る。 禮造、松江に帰る。 禮造、自宅の裏に写真場を設け、写真館を開業する。	18	5.12第二次長州戦争。 内田九一、大坂で写真館を開業。
2	1866		禮造、第二次長州戦争にあたり、雲石国境田儀の松江藩陣場を撮影する。 禮造、藩のお抱写真師となるのを断る。 禮造、田儀の陣屋からの帰り、杵築で千家家・大村家・藤間家などで撮影する。	19	堀内信重・堀与兵衛、京都で写真館を開業。 冨重利平、柳川で写真館を開業。
3	1867			20	

注

（1）梶谷実「島根県写真史――幕末・明治・大正――」（『島根県写真史』島根県写真作家協会写真史編集委員会編・刊、一九八八年）。蔦谷典子「米子の写真史」（『新修米子市史』一三、資料編写真、米子市、一九九六年）。
（2）梶谷、注（1）論考。
（3）桑原羊次郎「松平齊齋公の写真術」（『島根評論』九―七、一九三二年）。
（4）『彗星』一七号（彗星社、大正二年八月二十五日刊）、一八号（同年九月十日刊）、一九号（同年九月二十五日刊）、二〇号（同年十月十日刊）。
（5）西島太郎「松江の郷土誌『彗星』主幹・岡田建文の霊怪研究」（『島根史学会会報』五五、二〇一七年）。なお、本章で新たに提示する①～⑤の史料は、岡田建文を研究するなかで見出したものである。①～④は著者所蔵の『彗星』で、島根県立図書館も所蔵している。⑤は、大本本部・亀岡宣教センターで調査させていただいた。
（6）「沽券大帳」（広島大学附属図書館所蔵）。
（7）『山陰新聞』明治二十年八月二十日付「西洋服洗濯非常安価広告」に「殿町裁縫店森田禮造方マテ御持参被下トモ迅速調達仕候、松江苧町森田謙造」とある。
（8）これまで田代郷平の長崎留学は、元治二年（一八六五）とされていた（米原正治『島根県医家列伝』松江今井書店、一九七二年収載「田代郷平」の項）が、禮造の証言が正しいなら、その二年前にも郷平は長崎を訪れていたことになる。
（9）森重和雄「幕末明治の写真師下岡蓮杖」（東京都写真美術館監修『下岡蓮杖　日本写真の開拓者』国書刊行会、二〇一四年）。斎藤多喜男『幕末明治横浜写真館物語』（吉川弘文館、二〇〇四年）、一三二頁。なお、後に蓮杖は、松平家松江

藩の十代藩主定安の肖像写真を撮影している（石黒敬章『幕末・明治おもしろ写真』平凡社、一九九六年収載「第三章　下岡蓮杖写真鑑定術」）。

（10）伊達宗城の編年体伝記資料である『藍山公記』（藍山は宗城の号）安政四年八月二十一日条に「亜米利加風写真鏡前原喜市《（巧山）》へ、製作方　仰付ケ置カレシ処、今日差出シタルニ至極精巧ニテ御感心遊バサル」（原典は宗城自筆の「御手留日記」）とあり、安政四年（一八五七）という早い段階で宗城が写真技術に興味もっていたことを知ることができる。ご教示いただいた宇和島市立伊達博物館学芸員の志後野迫希世氏には、記して謝意を表する。

（11）以上、西村英之「福井写真史考」（『福井市立郷土歴史博物館研究紀要』六、一九九八年）。斎藤、注（9）著書、二七・二八頁。

（12）また、桑原氏が羽山家で発見し紹介した、桐箱に「御前に於て撮影す」と墨書のある、斉貴の御付御用役の羽山平七郎の肖像写真と考えられるガラス板を、現在、羽山家から寄贈を受けて松江歴史館で所蔵している。梶谷氏の調査時は見つけ出すことができなかったものである。桐箱は紛失しており、確実に桑原氏が見たものと同じかは断定できないが、この写真の寄贈時の調書によれば、東京都写真美術館の三井圭司氏に鑑定していただいたところ、「コロジオン湿板によるガラス写真」で、「ピントの合わせ方（顔のピントは合っているが、下半身はボケている）やガラスの切り方、ガラスの裏側にコールタールを塗っている」ことから、羽山家から寄贈された他の明治初期の「ガラス写真より古い可能性がある」とのことである。

「御前」即ち斉貴の面前で撮影された平七郎肖像写真は、斉貴が新たに購入した写真機の試用の可能性が高く、このガラス板の大きさも月照寺所蔵の斉貴肖像写真とほぼ同じ大きさ（一〇・八×八・三センチ）である。なお蓮杖が初めて弟子をとったのは、元治元年（一八六四）の横山松三郎が最初だった（『下岡蓮杖　日本写真の開拓者』、一八頁）。そのため文久二、三年頃に写真術を学ぶには、日本人では長崎の上野彦馬を頼るしかなかったものと考えられる。

(13)　①に依る。後に禮造は清光院に葬られている。

(14)　桑原、注(3)論考、および梶谷、注(1)論考。

(15)　姫野順一「九州における写真技術の導入と伝播」(マリサ・ディ・ルッソ、石黒敬章監修『大日本全国名所一覧』平凡社、二〇〇一年)。

(16)　姫野、注(15)論考。慶応元年に上野幸馬が神戸で開業したことは他に、森重和雄『幕末・明治の寫眞師　内田九一』(内田写真株式会社、二〇〇五年)、二〇頁も参照。

(17)　梅本貞雄「上野幸馬雑考」(緒川直人編『写真師たちの幕末維新』国書刊行会、二〇一四年。初出一九三五年)。

(18)　大正二年(一九一三)二月十日発行の『彗星』四付録の「雲州松江商工業創業年代見立鑑」にも、「世話方」として「写真師　慶応元年　殿町　森田禮造」とでる。

(19)　『松江市誌』(松江市、一九三一年)、九五四頁。

(20)　「御用頭書」(野津敏夫氏所蔵)。

(21)　松江市医師会百年史編纂委員会編『松江市医師会百年史』(松江市医師会、一九九〇年)第一章第一節「田代嚮平」。

(22)　④に「私が明治元年、即ち雑貨店を初めて開いた時」とある。

(23)　安井裕二郎『識る力―神戸元町通りで読む70章』(ジャパンメモリー、二〇〇七年)一七三・一七五頁。

(24)　田井玲子「神戸の写真師・市田左右太とブルガー&モーザーコレクション」(東京大学史料編纂所古写真研究プロジェクト編『高精細画像で甦る150年前の幕末・明治初期日本』洋泉社、二〇一八年)。谷本正編・刊『市田幸四郎小伝』(一九七九年)、五頁。島岡宗次郎編『月乃鏡』(一九一六年。筑紫紙魚の会。一九九八年復刻)「市田写真館」。なお、梅本、注(17)論考、および森重、注(16)著書では、『日本写真界の物故功労者顕彰録』(日本写真協会、一九五二年)の市田左右太の略歴にある通り、神戸時代の上野幸馬のもとで左右太が写真を学んだとしているが、前掲田井論考では、左右太の写真術取得の経緯は不明としている。

(25) 桑原氏の論考では、松江藩から禮造への払い下げを「二十円」と記し、禮造から左右太への売却額を「七十円」と記す。

(26) 初代市田左右太は、明治二十九年に五十四歳で没する(注24、『月乃鏡』参照)ため、禮造が買い戻しの話をしたのは、二代目左右太の可能性がある。

(27) 岡田建文が禮造に取材した⑤では、買い戻しは五〇〇〇円だという。

(28) 田井、注(24)論考。

(29) 『神戸新聞』(電子版)二〇一八年三月二十九日付「謎多き生涯「市田左右太」　神戸写真史の先駆者」(田中信治氏執筆)による。

(30) 安井、注(23)著書、一八三頁。

(31) 『山陰新聞』明治十八年七月十五日付「広告」。

(32) 『山陰新聞』明治二十年三月二十五日付「移転並写真開業広告」。

(33) 以上、梶谷、注(1)論考、および西島太郎『野口英世の親友・堀市郎とその父櫟山』(ハーベスト出版、二〇一二年)「第三章　堀市郎の写真術」を参照。

(34) 禮造戸籍、および『山陰新聞』大正九年五月十六日付「告知」。

(35)(36) 梶谷、注(1)論考。

(37) 蔦谷、注(1)論考。

(38)　大久保弘『鳥取市〝事始め〟物語』(鳥取市教育福祉振興会、一九七九年)、六一頁。

(39)　小沢健志『幕末・明治の写真』(筑摩書房、一九九七年。初出一九八六年)、一二八頁。渋谷四郎「北海道の写真――幕末・明治――」(同編著『北海道写真史』平凡社、一九八三年)、一三八頁。また、元治元年には、江戸で写真師島隆が夫霞谷を撮影している(『幕末幻の油絵師島霞谷』松戸市戸定歴史館編・刊、一九九六年)。

(40)　姫野、注(15)論考。

(41)　京都の写真館開業については諸説あるが、中川邦昭「知恩院・京都写真発祥の地――堀内信重の業績――」(『日本写真学会誌』六二―二、二〇〇四年)に基づき、慶応二年からとした。

(42)　稲田信・福井将介「松江城天守古写真考」(『松江市史研究』七、二〇一六年)によれば、明治四十三年(一九一〇)頃に発売された「松江市殿町森田写真館製版」と印字する絵葉書は、明治五年～八年に撮影された松江城二之丸と城山の遠景を写す。松江城天守が写る二番目に古い写真である。森田写真館が製版していることから、この写真は森田禮造により撮影された可能性が高い。禮造は、同六年には殿町へ写真館を移転しており、同町内から城の遠景を撮影したものとみられる。なお絵葉書には、右下建物の屋根と白壁に修正を加えている。

［追記］　本研究にあたりご協力いただいた、森田美知子氏、小泉凡氏に記して謝意を表します。

補論　松江藩主松平斉貴の実名の読み方

―「ナリタケ」、それとも「ナリタカ」か―

松平家松江藩九代藩主である松平斉貴《なりたけ》は、旧弊を厭い開明的で、西洋文化を積極的に取り入れ、鷹狩の書物である鷹書の蒐集でも他に類をみない殿様であった。まだ祖父の松平治郷（不昧）が生きていた文化十二年（一八一五）に生まれ、明治維新の五年前の文久三年（一八六三）に四十九歳で没した。

本補論で検討するのは「斉貴」の読み方である。一般に「ナリタケ」と読んでいるが、昭和九年（一九三四）に松平家が編纂し刊行した『贈従三位松平定安公伝』には「齊貴《たか》」とルビを振っている。松平家では「ナリタカ」と読んでいた可能性があり、そうだとするとこれまでの「ナリタケ」は訂正されなければならないことになる。「ナリタケ」か「ナリタカ」か、「斉貴」の読みについて検討を行う。なお「斉」の正字は「齊」で、「斎」の正字は「齋」である。原文書の引用箇所に正字を使用するが、本文では常用漢字に直していることをあらかじめ断っておく。

1　死去直前の実名は「齊齋」

この人物を現在、「松平斉貴」の漢字を当てて呼ぶのは、藩主だった時の名が「斉貴」だったことによる。幼名は鶴太郎。八歳（文政五年〈一八二二〉）で藩主の父斉恒を亡くし、九代藩主となった。十一歳（文化七年〈一八一〇〉）で「直貴」と名乗った。この時、直貴の実名を考案した幕府の儒者林衛の記した直貴御実名には、ルビが振られていない。(1)次いで十二歳で将軍徳川家斉《いえなり》から偏諱を受け「斉貴」と名乗ったので、「斉」字は「ナリ」と読む。この時、元服し、朝廷から出羽守の官途を得た。三十九歳（嘉永六年〔一八五三〕）で隠居し、薙髪して「瑤光翁」と号した。その後、四十六歳（万延元年〔一八六〇〕）で実名を「斉貴」から「斉斎《なりよし》」に改めた。名を考案した幕府の儒者・林昇の記した斉斎御実名[2]には、次のように記す。

（包紙）「實名」
（本紙）「齊齋《ヨシ》　歸納　儕
　　大學頭林昇考」（付　礼紙）

命名した林昇は、実名を「齊齋」とし、二字目の「齋」を「ヨシ」と読むのだとする。つまり「ナリヨシ」と読む。「齋」字の意味は、ものいみ、おごそか、いさぎよい、つつしむ、へや、学舎、精進などである（諸橋轍次『大漢和辞典』）。「帰納」は、名乗りの際に将来を占うために使われる文字を指す。「齊齋」の帰納の文字が「儕」だとする。「儕」字の音はサイで、ともがら、なかまを意味する（同）。林昇は、斉貴の新たな実名に、将来における「ともがら」「なかま」を意味する「儕（サイ）」字を当てた。齊齋（斉貴）は三年後に没したため、齊齋の名乗りは実質三年間しか使われなかった。

わずか三年の名乗りであったが、没した時の実名であることから、松江藩や松平家で編纂された書物や系図では、斉貴ではなく「齊齋」と表記され、これに補足して「初直貴、齊貴」と記される。また号の「瑤光翁」や「直指庵」で表記することも多く行われ、「齊齋公」「瑤光翁様」「直指庵様」「直指公」などと表記された。松江藩の儒者が執筆した斉貴に関する公式年譜も「齊齋年譜」[3]である。

2　桃好裕著『出雲私史』の読み

斉貴の読みには、ルビに「ナリタケ」と付すものと「ナリタカ」と付すものがある。『国史大辞典』(4)には、元島根大学教授の岩成博氏が「まつだいらなりたけ　松平斉貴」と立項し、簡潔に事績をまとめている。岩成氏は解説にあたっての参考文献に、『島根県史』九、および上野富太郎・野津静一郎編『松江市誌』をあげる。『松江市誌』は斉貴にルビを付していないが、昭和五年(一九三〇)三月刊行の『島根県史』(巻九)第九節「齊貴」の項には、「一、事績概要　齊貴《ナリタケ》小字鶴太郎後直貴と称す」とあり、昭和五年段階で「ナリタケ」とルビが振られている。『国史大辞典』は『島根県史』のルビを根拠に「ナリタケ」と読んだものと考えられる。

『島根県史』のルビの根拠は、幕末、松江藩の儒学者であった桃好裕(節山)の著作『出雲私史』(全十二巻)に「直指公、諱齊貴《ナリタケ》」とあることによると思われる。それはこの書物以外に『島根県史』以前、「ナリタケ」とルビを振ったものが見出せないためである。

出雲国の歴史を編年で叙述した書物が『出雲私史』で、著者の桃好裕は、藩校修道館の教授を勤めた、斉貴が生きた幕末の松江藩儒学者である。天保三年(一八三二)に生まれ、明治八年(一八七五)に四十四歳で没した。好裕自筆の『出雲私史』序文は、文久二年(一八六二)閏八月に藩校明教館の北窓の下で草したとある。本文自体は文久三年四月まで記す。斉貴は同三年三月に江戸で死去しているので、同書が著されたのは斉貴存命期であると考えられる。

『出雲私史』は自筆原稿のみで、未定稿であったが(5)、明治二十五年にようやく活字化された(6)。出版に至る経緯は活字版の跋文に詳しい。跋文によれば、『出雲私史』は長らく桃家に好裕自筆の稿本として保管されていたが、明治二十五年七月に上中下の和本三冊で活字化された。活字化には、中郡準が友人の町原清村・村上仙齢と共に、好裕の子敏行の持つ稿本を得たが、清村は新潟へ、仙齢は隠岐に赴き、準自身は公務と病のため刊行が遅れていた。しかし準の友人の信太子俊が、準に代わり校訂したことで、松江殿町の博広社から出版することができたとする。この書物の扉には、斉貴の孫松平直亮《なおあき》が題字を、千家尊福《たかとみ》が序文を記している。活字は原本に忠実で、斉貴のルビも「ナリタケ」と振っている。

原本に忠実な漢文体で活字化されたが、人々には読むのが難しく、広く人々に読んでもらうために、松江市石橋に住む谷口為次が、和訳を試みた。そして大正三年(一九一四)九月に、出雲文庫第三編として松陽新報社から『和訳出雲私史』として刊行された。好裕の四十回忌に合わせての出版であった。為次の緒言よれば、四十回忌を一年後に控え、好裕の自筆原稿を受け取り、「公暇朝に一枚を校し、夕に一枚を訳し」たという。『和訳出雲私史』の該当部分は、「直指公　諱は齊貴《なりたか》」とあり、「なりたか」とルビを振っている。『出雲私史』の原書および明治二十五年の活字は「ナリタケ」であるから、ここで「ナリタカ」に改められたことがわかる。谷口為次が翻訳に際し誤ったものと考えられる。

3　『贈従三位松平定安公伝』の読み

その後、昭和三年(一九二八)に刊行された『島根県史』では「なりたけ」とルビを振られたが、六年後の昭和九年に足立栗園(四郎吉)を中心に松平家編纂部が編纂・刊行した『贈従三位松平定安公伝』(7)には、「齊貴《たか》公」と「貴」字に「たか」とルビを振っている(一頁)。この書物の執筆・校正は足立栗園が行った。編纂に際し参考にされたのは、謄写のまま残された谷清瀬・安井泉・原田久太郎共編「定安公紀」と、重村俊介が執筆した「旧藩事蹟」を中心とするものであった。定安の子の松平直亮は、「本書編纂の由来」で「多年親交あり、且史筆に親める足立栗園氏に嘱し」たと記し、栗園が「定安公紀」や「旧藩事蹟」を基にして『贈従三位松平定安公伝』を執筆したことがわかる。

栗園は、明治二十八年(一八九五)四月に帝国大学に史料編纂掛が設置された際、新たに採用された史料編纂助員の一人(足立四郎吉)としてみえ、翌年までの二年間、史料編纂助員を勤めている。(8) 松江出身の学者である三浦周行もこのとき史料編纂助員となり、栗園と同期である(周行は明治三十八年度まで史料編纂官、昭和六年度まで史料編纂業務嘱託)(9)。栗園は明治後期から昭和初めにかけて多くの執筆活動を行い、江戸に関する古書・稿本を集めた叢書『江戸叢書』の編輯でも有名である。『贈従三位松平定安公伝』編纂における栗園の編纂における姿勢は、「定安公紀」「旧藩事蹟」を中心に編年に史実を列挙していくことを心がけている。

「定安公紀」については、現在、全く知る手掛かりがない。「旧藩事蹟」については、原本が島根県立図書館にあり、これを手書き翻刻された中原健次氏によれば、旧松江藩士の重村俊介により明治末期または大正初年から書き始められたという。(10)「定安公紀」の詳細は不明ながら、「旧藩事蹟」は斉貴が生きた時代から約五十年後の編纂物だった。松平直亮も生まれは慶応元年(一八六五)なので、斉貴の生きた時代には生まれてもいなかった。

『贈従三位松平定安公伝』の斉貴の「貴」字の読み「たか」は、松平家で言い伝えられた読みの可能性がある。しかし、斉貴と同時代に生きた松江藩儒の桃好裕の読みが「ナリタケ」であることは、揺るがせない事実である。「ナリタケ」が正しい読みであるとすると、なぜ『贈従三位松平定安公伝』が「貴」字を「タカ」と読んだのか。考えられることは、執筆した栗園の誤記である。それは、編纂時に『和訳出雲私史』が刊行(大正三年)されていること、栗園は委嘱されて定安の伝記を執筆したのであって、松平家とは直截関わりのない人物だったことから、『和訳出雲私史』の読みを採用してしまったのではないだろうか。当時の松平家当主である直亮も斉貴没後に生まれた人物であった。祖父の改名前の名前をどこまで正確に言えたかはわからない。

以上、松平斉貴の読みが「ナリタカ」ではなく「ナリタケ」であることについて考察してきた。『出雲私史』以外の同時代史料を提示できない以上、『出雲私史』の読みを採用すべきであろう。今後さらなる同時代史料を博捜しなければならないが、ひとまず現段階では、松平斉貴の実名の読みが「ナリタケ」であることを確認して本補論を終えたい。

注

（1）「直貫御実名」（月照寺所蔵）。『乙部家等古文書史料調査目録』（松江市教育委員会文化財課、二〇一〇年）収載月照寺所蔵文書B群箱七八―一。
（2）「斉斎御実名」（月照寺所蔵）。『乙部家等古文書史料調査目録』収載月照寺所蔵文書B群箱一八七。
（3）「齊齋年譜」（島根県立図書館所蔵）。
（4）『国史大辞典』十三（吉川弘文館、一九九二年）。
（5）谷口為次編『和訳出雲私史』（松陽新報社、一九一四年）「緒言」。
（6）『出雲私史』（博弘社出版部、一八九二年）。
（7）『贈従三位松平定安公伝』（伯爵松平直亮著・刊、一九三四年）。
（8）（9）『東京大学史料編纂所史料集』（東京大学史料編纂所編・刊、二〇〇一年）、三七五〜四〇二頁。
（10）中原健次『松江藩格式と職制』（松江今井書店、一九九七年）、三八七頁。

第十一章　松江の郷土誌『彗星』主幹 岡田建文の霊怪研究

はじめに

本章で明らかにするのは、大正時代、島根県松江市において郷土誌『彗星』を発刊し、昭和時代初めには霊怪研究家として数多くの怪異現象を記録し公表した、岡田建文《たてふみ》の生涯とその霊怪研究についてである。

歴史学において、怪異現象を怪異学として研究するようになったのは、二〇〇〇年代に入ってからである。二〇〇〇年から小松和彦氏の編纂による『怪異の民俗学』（河出書房新社）シリーズが刊行されるが、その第二巻「妖怪」特集の一編として岡田建文の「石見牛鬼譚」が収載された。また、二〇〇三年刊行の小松和彦氏編『日本妖怪学大全』（小学館）収載の一柳廣孝氏の論考「一九二〇年代、〈心霊〉は増殖する」の第四節「心霊学・霊学・民俗学の交差―岡田建文を中心に」でも建文について触れているが、(1) 建文の代表的著書からの言及に止まっている。京極夏彦氏は、昭和二年（一九二七）刊行の建文の代表的著書『動物界霊異誌』を例に、「岡田が「妖怪」＝「オカルト全般」的な意味合いで使用」していること、そこには「妖怪」語句に井上円了が込めた「否定すべき前近代」という意味合いが払拭されていること、その後同五年に民俗学の祖である柳田国男が「妖怪学」という言葉を使用し出すことを明らかにしている。(2) 国男は建文に関心を示すが、その理由を横山茂雄氏は、西欧における心霊現象の研究を日本にあてはめて事

岡田建文
（『霊怪真話』慈雨書洞、1936年、書尾より）

例を探り、「本邦の怪談実録、超自然譚の蒐集に情熱を燃や」したのが建文で、その研究姿勢が、同時期に「西欧民俗学を貪欲に吸収しつつも早くから本邦の怪談奇談に通暁し幽冥思想の探求に努めてきた柳田（国男）の意にかなった」ためとする(3)。

しかし、民俗学のなかで建文とその著作について研究されることはなかった。その理由を大塚英志氏は、建文を「怪人」であり「オカルティスト」と評価したうえで、民俗学の成立期、国男はオカルティスト建文に好意を示していたが、民俗学がオカルト的側面を切り捨て学問として成立していったために、学問として成立して後、「偽史」「オカルト」は民俗学者から見向きもされなくなり、排除されていったことを明らかにした(4)。

つまり、怪異学・妖怪学・民俗学のなかで建文は、「怪人」「オカルティスト」とのみ語られ、彼の人物像や著作には十分関心が向けられていないのである。建文がなぜ、「怪人」であり、また「オカルティスト」とでも呼ぶ存在であったのか。幸い建文には、自身が編集・執筆した雑誌『彗星』や多くの著書（一二冊）、雑誌掲載の文章（約百編）がある。本章では、建文の生涯を明らかにすることを通じ、その執筆の姿勢や思考の変遷に迫る。

第一節　岡田建文のおいたち

1　松江藩士岡田家——鷹匠の家——

岡田家は松江藩士で鷹匠の家であった。建文自ら「曽祖父は清太夫(5)」と語っており、松江藩が作成した藩士の勤功録である「列士録」（島根県立図書館所蔵）に載る、四代目岡田清太夫に繋がる家であることがわかる。

「列士録」によれば、元祖岡田清太夫は伊勢国を先祖の地（本国）とし、武蔵国で生まれ、会津若松藩主の蒲生秀行（飛騨守）に仕えた。その後、旗本の内田正信（信濃守）の肝煎りで、寛永十五年（一六三八）に松平直政が信濃松本から出雲松江へ移封した時、直政に召し出され、三〇〇石を得た。孫の滋之助が十三歳の時に三代藩主松平綱近の「御児小姓」に取り立てられたことで、岡田本家は弟が継ぎ、滋之助は嫡子であったが分家として別に家を興すこととなった。この滋之助が建文の家の元祖となる。

代々一〇〇石取の家で、五代目督大夫はもと佐藤祥介（号幽巣）の弟であったが、「鷹術」に優れたために、四代目岡田清太夫の養子となり「鷹術」を「家業」とする事を藩から認められた。五代目督大夫は初名を庄太夫、安政六年（一八五九）に前藩主松平斉貴の命で督と改号し、翌年更に督大夫に改号するよう命ぜられた。督大夫の倅豊万之丞も鷹匠方雇となり文久三年（一八六三）に六代目の家督を継いだ。(6) 建文は六代目豊万之丞の子で、岡田家七代目にあたる。

2　幼少期の怪異現象

建文の出生は明治八年（一八七五）か九年で、松江の内中原町に生まれた。これは昭和九年（一九三四）に発表された建文の文章「紙魚の巣話」(7)に、「五十余年前に語り聞かされた内容」として「十歳の前後の少年時代に祖母から聞かされた」とあることによる。出生地は、建文の著書『霊怪談淵』（大正十五年（一九二六））に「著者の生地の字内中原町」とある。

建文が霊怪研究に着手した動機は、「私の家や親戚で、昔し（ママ）からいろ〳〵の怪異事件が起つたことに胚胎する」とし、「親戚の佐野氏では」、「幽霊事件」等、「少年時に夫等の事実談を毎度実見者からきかされて居た」からという。

しかし、当時「少なからず疑つてゐたのは学生時代に吸入した例の科学崇拝の余弊であらう」とする。「三十五六歳の頃迄は、幽霊、天狗、化け物、仙人、狐狸の魅惑などを猛烈に否認したもので、之を文章に書いて新聞に掲載したこともある(8)」と吐露している。

霊的なものを否定する考えを持っていた建文であったが、三十五、六歳（明治四十二、三年〔一九〇九・一九一〇〕）頃から霊的なものを信じだす。そして確信的に自然科学を否定していくのが三十八、九歳（大正元、二年〔一九一二・一九一三〕）頃だった。

斯くいふ予（岡田建文）も既往には、恰も今の予が嘆息を払ふ人の如き智識時代ありたり。猛烈なる非心霊党にして、一切の心象上の奇現象を、悉く変態心理の圏内に於て解釈を付して得々たる事ありたり。然れどもある動機と特別なる研究法とに依りて、五六年前（大正八、九年）より従来の我知識及び哲学観等に於て、根抵（ママ）的に欠陥ありて、一大誤謬に彷徨せる事を確認するに至り候(9)。

建文は、子供の頃から怪異事件に遭っていたが、三十五、六歳頃までは猛烈な非心霊党で、「心象上の奇現象」を異常心理（変態心理）として捉えていた。しかし三十八、九歳頃に、ある動機と特別な研究法で心霊現象に確信を持つに到ったのである。

では、何が心霊現象に対する確信に導いたのであろうか。それは、おそらく明治四十二年に刊行された平井金三の著書『心霊の現象』（警醒社書店）と念写の発見が大きいのではないだろうか。すでに井村宏次氏が説くように、日本における「心霊研究の体系だった紹介」は金三の右著書であり、福来友吉の念写の発見はその翌年であった(10)。

3 新聞記者時代——大阪新報と松陽新報——

出生後の建文の足取りは、大阪で新聞記者としてみえるまで明らかにできない。ただ「筆者（岡田建文）は往年山陰道の休火山たる三瓶山麓の高原地に暫時住んでゐた」[11]と自ら語っており、三瓶山の山麓に住んだ時期は、以後の足取りから考えると大阪へ立つ前である。

建文は明治四十二年(一九〇九)一月下旬まで、「大阪新報」を発行する大阪新報社に在職していた。「大阪新報」は、明治二十三年に創刊された「大阪商業新報」を十年後「大阪新報」と改題した立憲政友会の機関紙で、当初の社長は原敬であった。同紙は、「大阪朝日新聞」「大阪毎日新聞」と共に大阪の三大新聞の一つである。そのため建文は大阪に居住し、有力な政党機関紙に勤めていたことがわかる。この時、建文は三十五歳である。

大阪の新聞社で活躍していた建文は、明治四十二年一月下旬、島根県の地方新聞「松陽新報」を発行する松陽新報社(現、山陰中央新報社)へと引き抜かれる。これは同社の編集長が欠員していたため、代議士の岡崎運兵衛が議会のため上京する途中、大阪で一泊したその旅館で、編集長として来てほしいと建文を説得したことによる。「松陽新報」は、自由党や立憲政友会の主張に連なる「山陰新聞」に対抗するため、改進党や民政党の主張に連なる新聞として、運兵衛らが明治三十四年に創刊した新聞である。

編集長を引き受けるにあたって建文は、政党の機関新聞なのか、「営利主義」の「公平無私」の新聞なのか、その編集方針を運兵衛に問うた。建文は公平無私を望んだが、同紙創立の経緯からして運兵衛は飲むことができず、結局、「半々位を手加減」で折り合いがついた[12]。建文は、郷里の新聞社の編集長として引き抜かれていることからも、この頃、すでに筆の立つ有能な記者であり編集者であった。

大阪新報社奉職中の建文は、郷里の「松陽新報」にも連載を持っていた。「岡田射雁」の名で連載された「隠岐島後の騒擾譚」（明治三十九年一月）と「千鳥城と其城下」（同年三月）である。前者は、現在のところ建文の執筆が確認できる初見の文章で、幕末、隠岐島民が松江藩に対して「自治政府」を成立させたとみる見方もある隠岐騒動について記した初めてといっていい文章である。また後者は、その後明治四十四年から昭和五年（一九三〇）にかけて編纂された『島根県史』（島根県）にほぼそのままの形で採用された（第九巻、一九三〇年。「千鳥城造築と松江開府」と改題）。聞き書きを基にした叙述であったが、県史に採用されたことがその後、松江城築城過程の基本認識として流布した。[14] 二つの連載共に、奥村碧雲が編纂し昭和八年に刊行された『郷土資料　島根叢書』（一・二、島根県教育会）に採用されており、建文の著述が高く評価されていたことを知ることができる。このような実績が買われ、建文は「松陽新報」の編集者として期待されたと考えられる。三十二歳頃のまだ霊怪研究を志す以前である。

なお建文の号「射雁」は、祖父と父が鷹匠だったことによる。鷹狩の世界では、「諸鳥には歴然とした格付」があり、「鶴を筆頭として、次に雁、次に鴨という序列があり、これら三種はいずれも大型の鳥で、その他の鳥とは明確にわかれていた」。[15]「射雁」とは、「雁を射る」、すなわち雁を仕留めることで、他の小鳥とは区別された、最上級ではないにしろ大型の鳥を仕留めることを意味している。ここには大物を仕留めるという意味合いをみてとることができる。

大阪新報社を退社した翌二月から建文は、「松陽新報」の編集長となった。しかしわずか三年十か月で退社する。その理由は、松江連隊の新兵虐遇事件を扱った「松陽新報」紙上で、建文は連隊長の石黒氏を攻撃する雑報と社論を展開したが、上層部から執筆の中止命令を受けた。「情実に溺まれ易い新聞」と気付いた建文は、自らの思うようにいかない状況から、大正元年（一九一二）夏に辞意を表明し、その年の十一月に退社した。[16]

第二節　松江の郷土誌『彗星』の創刊

建文は退社の翌十二月十七日付で、自らの主張を何の制約もなく述べることができる雑誌を創刊する。『彗星』と名付けられたその雑誌の創刊号巻頭には、次のような建文の思いが記されている（／は段落を示す）。

発刊の辞／彗星《すゐせい》は天界の怪物《くわいぶつ》なり、此もの一《ひとた》び中天に懸《かゝ》れば光芒《くわうぼう》万億里、群星顔色《ぐんせいがんしょく》なし、古来人《ひと》の之を妖星《えうせい》視《し》し、国家不詳《こくかふしょう》の前兆と為して愕《おどろ》き警《いまし》むるは寔に宜《むべ》なり。／然れども彗星素《もと》人事に何等の関係《くわんけい》無し、彼は無意《むい》識《しき》の自然体《しぜんたい》なり、唯《たゞ》天界の規矩《きく》に遵《したが》ひ、機械的に彼等の軌道《きどう》を運行する常星たるのみ、其現出に際《さい》して之を忌み恐るるは全く愚人《ぐじん》に属す、／今や挙星滔々《とうとう》相率《ひき》ゐて濁流《だくりう》に投《とう》ぜんとす政治家《せいぢか》、上流者輩の多数は、驕慢射利《きょうまんしゃり》、唯だ自家の顕栄《けんえい》を求むるに急にして、眼中《がんちう》に国家なく、上濁《かみにご》り下染《しもそ》みて軽佻風《けいてうふう》を為し、道義日に荒《すさ》みてかの病《やまい》既に国民の膏肓《かうかう》に入る。／吾人仍ちこの世道人心の危殆《きたい》に当りて人界の一彗星《すゐせい》を以て現《あら》はるゝ所以は、菲才《ひさい》自ら揣《はか》らずと雖も私《ひそ》かに期する所あらんとすれば也。／然れども眇《べう》たる微光《びくわう》、偉観《ゐくわん》か怪観かは自ら知らず、唯《ただ》その常《じょう》星《せい》たると妖星《ようせい》たるとは、都《すべ》て江湖の眼《まなこ》に一任せん而已。

彗星は、古くから何かが起きる前兆を示す妖しい星として人々から忌み恐れられる。しかし彗星そのものは、宇宙の法則（「天界の規矩」）に則る軌道を進んでいるだけである。いま政治や人心の危機に際して、人間界の彗星として本誌を発刊するのは、自ら主張したいことがあるためで、世の中への警告と見られるか否かは、世間の評価に任せるとする。『彗星』七三号にも「四年前我誌が微力を提げて山陰の片田舎に起つたものは、当時の創刊号にも宣明したる如く社会人心の腐敗を警《いま》しめる為めで、彗星と号した所以も其所にある」と明記しており、『彗星』は「社会人心の腐敗を警める」、人間界の「怪物」を目指して創刊された。その紙面は、誰でも読むことができるようルビを打つ工夫がなされている。

その奥付には、「松江市南田百番屋敷　編輯兼発行人　岡田利景／松江市北堀六十八《（八十六）》番地　発行所　彗星社／松江市南田百番屋敷　印刷人　岡田督／松江市白潟魚町七一番地　印刷所　犬山活版所」とある。編集と発行人を兼ねる岡田利景の所在地は、松江市南田町一〇〇番地で、同じ住所に「印刷人」の岡田督もいた。発行所である彗星社は、北堀八六番地（「六十八番地」は誤記）にあった。

利景は、旧松江藩士で水泳術に造詣が深く、明治二十六年（一八九三）頃から水泳術を教え、同三十七年頃自ら道場を開き、その後市内の小学校・中学校の嘱託教師として水泳を教え、岡田流という流派を創出して全国の水泳術の統一を提唱した人物である[17]。建文も、同三十九年発表の「隠岐島後の騒擾譚」末尾で「松江市北堀町岡田利景氏」の厚意を受けたと謝意を記しており、松江における建文の協力者であった。同三十九年段階で、利景の住所が北堀町であることは、同町の彗星社の社屋は利景の協力と提供があったと推察でき、南田町の住居も、大阪から帰ってきた建文を受け入れた利景の持家であったものとみられる。

督は、建文の祖父（五代目）が名乗った号である。また大正三年（一九一四）二月の『彗星』二九号からは「編輯兼発行人　岡田利景／印刷人　岡田豊万之丞」と記される。豊万之丞は建文の父（六代目）が名乗った号なので、岡田家の当主が名乗る号であった。祖父督（督大夫）は文久二年（一八六二）に没し、父の六代目豊万之丞も同三年の家督継承後五十一年を経ている。そのため印刷人の督や豊万之丞は、建文の祖父や父ではなく、岡田家当主が用いる号として、建文が用いた号と考えられる。建文は初め督、大正三年二月に豊万之丞へと改号し、同七年からペンネーム「建文」を使い出す。

以上の傍証として、建文が東京にいた昭和二年(一九二七)六月、心霊科学研究会が発行する雑誌『心霊と人生』の編集者交替時(『同』四―六)、奥付が「編輯印刷兼発行人岡田豊万之丞」と表記され、「編輯室より」欄では「会友岡田建文氏が次号から本誌の編輯事務」を行うと記す。翌七月号では「本月からいよ〳〵岡田建文氏が編輯室に陣取られることになつた」とあり、ひと月前から奥付表記を変えているが、この豊万之丞は建文のことと考えられる。

さて、建文と同姓・同一所在地に住む利景は旧松江藩士で、明治二十六年(建文十九歳)頃には既に水泳術を教えていたから、建文より年上の親類の一人とみられ、本家筋の可能性がある。実際には『彗星』の編集作業は建文が行っており、あえて編集と発行人を利景としているのは、松江での第一の協力者であること、および教育者として市内小・中学校で教師をしていた利景を、全面に出す事で世間の信頼を得ようとしたためではないか。

『彗星』の発行は、毎月十日と二十五日の月二回で、毎号一五頁前後の頁数であった。創刊七年後の大正七年(一九一八)二月からは月一回発行となる。編集、校正、広告取り、雑務を建文一人で担い、雑誌の発送は建文の家族四人で行った。定価は五銭である。創刊号は五〇〇〇部刷り、一〇〇〇人の読者を得たという(『彗星』二四号)。同六年には、佐賀県唐津の実業家である大島小太郎へも『彗星』購読依頼の葉書を送っていることから、松江だけでなく全国に読者を獲得しようとしていた(18)。また建文の家族が四人で、家族総動員で発送を行っていたことがわかる。

当初、建文は雑誌の発行をためらっていた。というのは、経営面の不安が払拭できなかったからであった。しかし、松江市の木実方に住む木原「鬼仏氏の「養気の友」は五年前に、我彗星より一ケ月先きに生れて居たが、当時我社同人は、雑誌を発行せんとの心はあつたが、田舎で経営はどうしたものかと幾分か頭を撚《ひね》つて居た所であるので、鬼仏氏の勇気に倣ひ断然起つことに決心したのである」(『彗星』八三号)と建文が記すように、木原鬼仏の『養気の友』の発刊の実績が、建文をして『彗星』創刊に踏み切らせた。

木原鬼仏(通徳)は、松江で精神医療を行った人物で、その師匠は原田玄龍である。師の玄龍は、明治十二年に東京大学印度哲学科開学時の講師を勤めた曹洞宗の僧である原担山の弟子に当たる。明治二年(一八六九)、玄龍は楞厳教の耳根円通の巻を扱った担山の講義に感じ、耳の付け根(耳根)に力を用いる治療を発見した。これは担山の胸腹部に力を用いる療法とは違う。

鬼仏は愛媛県生まれで、生来病弱にして十八歳で肺を患った。二年間広島病院にいて、死の宣告を受けたことで意を決し、郷里の遍乗院で参禅、一年余りで肺患は治癒した。鬼仏は体力的には難しいので、精神的に国家の為に尽くすことを思い立ち、明治三十五年(一九〇二)から心霊研究を始め、三年後、心霊哲学会を徳島市に設立、心身強健法を唱導した。その後神戸で中国人専門の心霊療法を試み(患者一〇〇〇人)、同三十九年八月に島根県松江市に来て心霊療法を行った。来松一年前から原田玄龍に付いて耳根円通法を研究したが、思うようにはいかなかった。しかし大正四年(一九一五)頃、ある霊山に籠り、下山の途中に忽然と耳根円通法を悟ったという。

大正五年に茨城県から玄龍は松江を訪れ、鬼仏に印可を与え、この法を世間へ広めることを一任した。その後、独自に耳根円通法を応用した耳根円通妙智療法を編み出し、鬼仏はこの療法も試みていた。この治療方法は「自己の心身解脱法」で、精神医療の一種である。鬼仏は、松江市寺町九九番地の心霊哲学会に照真道場を設けて人々に教授し、翌大正六年に松江で『身心解脱耳根円通法秘録』『耳根円通妙智療法秘録』を刊行した。鬼仏によれば、同年までの十二年間に約一万二〇〇〇余人の患者を診たという(19)。

『彗星』が創された大正元年頃の鬼仏は、松江に来て六年、いまだ耳根円通法に自信を持てていない時期にあたる。しかし自ら雑誌『養気の友』を創刊し(月一回刊行)、自らが唱える「静座瞑想」や「丹田呼吸」の周知を図った。建文にとっても、その売り上げなど大いに参考になったものと推察される。鬼仏はその後、五年続けた『養気の友』を大正五年に休刊し、その翌年新たに『心霊界』を松江で創刊する。これは「耳根円通法」や「妙智療法」の普及のためであった。また木原養気療院長として、青年を指導し千里眼（透視）能力の開発も試みていた。(20)

以上から、建文が自らの雑誌を創刊していく理由は、新聞記者として培った取材力とその文才をもって、誰からも縛られずに執筆し、その主張を世の中に発信するためであった。その目指すところは、社会人心の腐敗を警しめる人界の彗星となることを願ったのである。

では世間では、『彗星』の評判はどのようであったのか。東京にいた松江出身の英文学者で俳人の佐川雨人（春水）が帰省した際、立ち寄った『彗星』を置く店で「この雑誌はどうですか」と店の人に聞いて見たら、「其所《そこ》の若い店員が云ふのに「松江の悪口ばかり書いてあります。この編輯人の岡田さんは、松江を仇、敵の様に思つてられると見えます。こんな悪口計り書いてゐられたら、今に人が講読しなくなりませう」」と言った。これに対し雨人は、「彗星氏は、松江の誰人よりも強く松江を愛し又県下を愛する人である。氏は猛烈過ぎるほどに狷介的《けんかいてき》頑固の頭をもつて居るから」と弁護する。(21) 建文の当地批判は強すぎて、一部の市民には受け入れられていなかったことがうかがえる。

第三節　建文の霊怪研究

1　霊怪否認論者から霊怪信奉者へ

『彗星』は、建文の編集のもと、時事や社会批判、文化、歴史、松江の郷土関係記事を中心に紙面が作られた。なかには、北里柴三郎（「小学教員と肺結核　国民教育の大欠点」『彗星』九号）、黒板勝美（「現代的思想と日本歴史」『彗星』一四六号）などの中央各界の大物執筆者の文章もある。

しかし大正三年（一九一四）十一月の四六号紙面から、心霊関係の記事が掲載されはじめる。それは、日本女子大学創立者の成瀬仁蔵「（思潮摘要）心霊の永生的なるのと人間進歩の関係」からである。仁蔵は、晩年キリスト教を棄て混交宗教を唱え、霊的要素も認めていくが、[22]建文が大学創立者を心霊記事の最初にもってきたのは、社会的地位のある人物による見解として位置付けるためと思われる。以後、『彗星』紙面には心霊関係記事が多くなっていく。

先述の如く、建文は三十八、九歳（大正初め）頃には、ある動機と特別な研究法によって心霊現象に確信を持っていた。それまで紙面では封印していた心霊関係記事を、刊行二年が経ち具体的に掲載していく。このことは、後に述べる大本教との出会い以前から、心霊に興味を持っていて実践していたことを示している。

仁蔵の記事の二か月後（大正四年一月）、建文自身による心霊記事「（万人必読）死後の霊魂の研究（一）」の掲載が始まる（『彗星』五〇号）。以後七二回の連載を数える長編で、「掲載の理由」を次のように述べる。人々が「死の研究は到底駄目なり、死は人生にあらず」と言って死の研究をしないのは「愚」であるとする。そして「従来の死の研究者は多くは思索的なり非科学的」であり、哲学的な思索による研究を批判する。

況や近時欧米に於て心霊の研究年を逐ふて盛んならんとし、又近時彼国科学の大進歩と共に今や霊界の決して科学を度外視する能はざをる〔るを〕思ふに至りしに於てをや、吾人が今死を研究するは霊魂の実態を研究するに外ならず、要は死後の存続如何にある也、

近年の欧米における心霊研究の盛行は、科学の進歩と共にあり、これを無視することはできないとし、この連載では、霊魂が死後も存続するのか否か、その実態を研究し、「人生研究」に役立てるのだとする。これを機に、心霊関係記事が毎号含まれるようになる。創刊三周年を終えた時、建文は『彗星』（七三号）紙面に「吾誌の一大希望」として「心霊方面に紙面を拡張する所以」を述べている。「社会改善」は、これまでの哲学や宗教ではできなかった。し

かし「人生の根本意義」を「心霊方面」に見出したため、「科学の領域からも材料を提供」できると考えた。その行き着く先は、「迷信、非迷信、生死を超したる一大真理の発見」へと到るだろう、とする。やや扇情めいた文体であるが、建文は社会人心の腐敗を警める彗星となろうとした『彗星』誌の目標を、心霊方面に見出したのである。

2　宮武外骨との論争——『スコブル』対『彗星』——

このような建文の姿勢に、ジャーナリストで世相風俗研究家の宮武外骨が反応している。事の起りは、『彗星』（九二号、大正五年（一九一六）十月）の「公開場」欄に、外骨が主宰する雑誌『スコブル』を非難する松江の奥村碧雲（教育者、郷土史家）の投稿を掲載したことに始まる。

▲雑誌界の奇才宮武外骨が東京で『スコブル』を創刊したが、今迄の『奇』や『不二』に較べると内容が大に劣つている、外骨慥かに末路だ、スコブル彼れの価値を損じた、発刊せぬのが彼の為めに宜しいであつた（碧雲）

この文章を、そのまま外骨は『スコブル』二号（同年十一月）に「スコブルに対する毀誉」として掲載した。同号には木原鬼仏が「日本一の大仏」として松江市枕木山華蔵寺の不動明王石像の写真を掲載しているので、松江にも『スコブル』の読者は多くいたことがわかる。外骨が『スコブル』一三号（大正六年十一月）に「墳墓廃止論の実行」を掲載すると、建文はすぐさま反論の手紙を送った。翌月の『スコブル』（一四号）紙面で外骨は、「ヘンネジ《（嫉妬）》の返信」としてその顚末を記している。

松江市の岡田射鴈《（建文）》から寄書があつて、霊魂は不滅である、死者は其安息所たる墓地が無いと迷い仏となつて彷徨する、（略）要するに墳墓廃止論は「不穿索から起つた考へ」である、との文面であつたから、マジメに論難するのも馬鹿臭いと見て左の如き返信を出しておいた／同氏は松江で『彗星』といふ雑誌を発行して居る人である／御

手紙拝見、小生は霊魂絶滅論者に候、現世人と交渉あるが如き幽霊談は総て変態心理の現象と確信致居り候、
（略）

建文と外骨との霊魂の存在をめぐる応酬である。これに抗議する建文の手紙の文面は、翌月号（一五号）に「霊魂不滅論者の怨み状」（「松江市　岡田射鴈」）としてその文面が掲載された。建文は「小生を至つて無教育の迷信家であるらしく愚見の大要をかいつまんで御さげすみになつたのは、あまりに御意地が悪い」と怒りを露わにしている。ここで注目すべきは、東京のジャーナリスト宮武外骨が一地方の雑誌『彗星』とその編集者である建文に対し、嘲笑を加えながらも出来るだけ原文を引用したうえで掲載し、反論している点である。両者の主張には全く相容れるものはなかったが、社会に対する警告を発し続ける同じジャーナリストとしての敬意を、嘲笑の裏に読み取ることができる。またこの頃から、建文は積極的に東京の雑誌へ自らの意見を述べるようになってきていた。

3　出口王仁三郎との出会い――皇道大本――

宮武外骨と霊魂の存在をめぐり争っていた頃の大正六年（一九一七）末から翌年春にかけ、建文は三度、京都府北部の綾部を訪れた。大本教との出会いである。

当時自分（岡田建文）は松江市で彗星といふ月、二回発行の日本精神主義の評論雑誌を発行してゐて、心霊研究の一欄を設け、毎号その欄に力を入れて居たのだが、偶然に大本の霊的奇蹟の宣伝に引懸つたのだ。そこで直接に王仁くんに書翰を発して果して真実かと云うて照会をすると、全く真実だ、一度実地を観察して下さい、と云ふ返事だ。（略）自分は大正六年の末に、王仁くんに初対面をしたのであるが、その少し前に、横須賀の海軍の学校で、少将待遇の下に英語の先生をやつてゐた浅野和三郎文学士が、大本入りをして居るのにも初顔を合せた。三人で炬燵にあ

たり乍ら、皇道に就て腹蔵なく語り合ふほどの仲になつた。(23)

建文は偶然知った大本教の霊的奇蹟を確かめるために綾部を訪れると、たちまち出口王仁三郎や浅野和三郎らと打ち解けた。

大本教は、明治二十五年（一八九二）に出口なおが開教した宗教で、なおの娘婿となった出口王仁三郎（上田喜三郎）と共に金明霊学会を組織、その後同四十一年には大日本修斎会を結成した。同四十五年には教線は全国へと拡大し、大正五年（一九一六）に皇道大本と改称した。なおが神がかりして書いた御筆先に基づく「大本神諭」を発表して教義が整備され、世の立替え立直しを唱えた。建文が大本と出会ったのは、ちょうど、皇道大本と改称して大本の教線が全国展開しだした頃であった。

心霊研究を志し実践していた建文にとって、霊的要素の濃い大本教（皇道大本）の中心人物らとは直ぐに打ち解けた。建文は「大本へは小生も昨年末来今春までに三度（二昼夜づゝ）研究に罷り越し候」と三度、計六日間、綾部を訪れ、そこで「神の預言なるもの、的中の妙」を実感して、ついに「昨今小生は綾部の人の云ふ神霊の顕存を認め候」(24)と、神霊の存在を確信するに到ったのである。ただし後述するように、建文は入信にまでは到っていない。

建文に遅れること一か月、寺町で心霊哲学会を主催した木原鬼仏も綾部を訪れ、大本教へ心頭していく。鬼仏の主宰する『心霊界』九号（大正七年三月）で「皇道大本号」として大本を特集し、翌年四月には『心霊界』を廃刊して、鬼仏は綾部へ移住した。(25)

綾部を訪れた建文も早速、大正六年十二月十日発売の『彗星』一一八号から「丹波の艮の金神」を掲載し、以後三二回の連載をみるとともに、大本関係記事が多く掲載されるようになる。同誌の大本教布教誌化を、東京の宮武外骨は『スコブル』誌上に「日本の緯度が変移するさうな」を掲載して『彗星』を批判する（一四号、大正七年十月一日）。

▲神の預言の一節　毎号紙上で大本教の提灯持をして居る『彗星（』脱）といふ田舎雑誌の一段に左の如くある。（略）彼れ大本教の奴共は懲性もなく、昨今は「地軸の傾斜が更に三度計り多くなり、一般の日本の位置が現在よりも低緯度に変移せしめられる」など途方途徹もない事を云つて居る、其外〇〇づくしで明瞭を欠くが、神の預言と云ふを草々並べてあるのには失笑を禁じ得ない。

外骨が『彗星』から大本教の情報を得ていて、自らの紙面で批判と嘲笑を加えている点からも、『彗星』が一地方雑誌ではなかったことがうかがえる。『スコブル』発刊の十日後に発売された『彗星』（一二八号、大正七年十月十日）では、直ぐにこれに反応し、「本誌の色彩が近頃心霊方面に傾いたのは、科学心酔から幻滅の時代に推移した世の中に必要だと感じたからのことである。物質派の人が嘲罵を以て本誌を攻撃するけれど、同人は浅薄なる物質思想家の嘲罵や忠告で所信を改めるものでない」（「編輯室より」）と反論している。また同じ時期に建文は、前年に東京で創刊された様々な異常心理の科学的研究を目指した雑誌『変態心理』と、『彗星』双方の誌上で科学を迷信として批判し、霊魂の存在を主張している。[26] 自らの主張を、『彗星』のみではなく、中央の他紙への投稿と掲載でさらに広めようとした。

大正七年は建文にとって一つの転機であった。二月（一三二号）から、『彗星』奥付が「編輯兼発行人　印刷人　岡田豊万之丞」と記され、それまで名目上、岡田利景が編集兼発行人となっていたのを、実態に合わせ建文（豊万之丞）が編集・発行・印刷の全てを担うことを明記するようになった。大本の松江支部（材木町）が設置され、会員は五〇〇人を数えた五月、[27] 彗星社は拠点を京都に移す。[28] 十一月に再び松江に還るまでの六か月間、京都で『彗星』は発行された。その奥付によれば、彗星社の住所は、「京都市外伏見稲荷踏切下ル廿五番戸」である。

その理由は詳らかにしないが、大本教関連記事の大幅増加との関係が推察され、前年に皇道大本は、綾部よりはるかに京都に近い京都府亀岡にある亀山城跡を入手し、宣教の聖地としていた。そのため神霊の存在に確信をもった建文は、皇道大本に近い場所へ移り、情報の入手に努めようとしたのではないか。また、この年から積極的に心霊主義を排する中央雑誌に対し、投稿や『彗星』誌面で攻撃する動きがみえ、『彗星』誌面も山陰の郷土誌的性格が薄れ、政治・宗教・社会的な内容となってきていた。拠点を京都へ移すことで、全国的に自誌を売り込もうとしたのではないかと考えられる。しかし六か月で松江に拠点を戻していることは、多分に実験的な試みであった。

さらに京都にいた大正七年八月からは、それまでの筆名「射雁」を改め「建文」を使い出す（初見は『変態心理』一二号）。「建文」へ改名した時期は、神霊の存在を確信し、その情報の発信を山陰の一地方都市からではなく、皇道大本に近い京都から全国に発信しようとした時期である。「建」字には成し遂げるとする意味があり、自らの信念に基づく研究の大成と普及を、「文筆で成し遂げる」ことを意図して使用しだしたものと考えられる。

大正十年二月、国家権力による宗教弾圧である第一次大本教事件が起こる。不敬罪・新聞紙法違反容疑で幹部は検挙、大本本部も破壊されたが、王仁三郎など幹部は大赦で免訴となった。この事件との関わりを、建文は自ら『島根評論』で述べている[29]。この文章は、昭和十年（一九三五）、王仁三郎が松江市北堀町の島根別院で逮捕された第二次大本教事件の直後における建文の弁明文である。そのため割り引いて読む必要があるが、建文と大本教との関わり方が良く示されている。

建文は「偶然に大本の霊的奇蹟の宣伝に引懸つたのだ」といい、「大本の信徒名簿には名を揚げしめず、また大本の神の分霊を申請けることもなく、決して本心を容るさか（な脱）つた」という。また『彗星』で大本教の宣伝をしたので、島根県に大本教信者ができたという。「しかし自分は、大正十年の大本の検挙の少し前に大本を全く見放してゐた。それは彼れへ現はれる種々な奇蹟は、邪神の所為たるものと気附いたためだ」と、第一次大本教事件前、すでに見放していたと述べる。

ただ「大本教が、表面に天照大御神を以て全地球を統治する大霊であると宣伝した点は善徳である」として、大本教の一部は容認している。しかし「自分は、大本の祭神たる国常立命が、仏教臭い艮の金神と名乗るのが気に喰わぬので、一抹の疑雲が胸を杜《と》ざしてゐた」と弁明する。建文の大本教に対する変節を知ることができるが、この文章はそのまま鵜呑みにはできない。というのは、第一次大本教事件以後も『彗星』誌上で大本関係記事を掲載し続け、かつ皇道大本を擁護する記事を掲載しているからである。『彗星』は大正十一年二月二十五日発行の一六八号まで発刊を確認できるが、一六八号においても「皇道主張の大本教」と題する大本擁護の一文を掲載している。この号には廃刊する気配は全くなく、今しばらく刊行は続けられたものと推察される。

しかし、「松陽新報」や島根県神職会なども大本教批判を行い、国家権力が弾圧を加えた宗教団体を喧伝した建文にとって、松江に住み続けることは難しかったであろう。昭和十三年発表の「日本柔道放談」(『島根評論』一五―六)に、「十六七年前、筆者(岡田建文)は京都府下に住居のときに」云々とある。一六、七年前は大正十年か十一年にあたり、また松江で『彗星』が同十一年二月まで発行されているから、同年二月以降のある時期に建文は京都府下に移り住んでいた。その居住地は、「曾て、京都市上京区の室町の裏丁に借家住居をしていたことがあった」とする室町の裏丁の借家で、そこで建文は妻と長女と共に住み、松江から連れてきた黒猫も飼っていた[30]。京都を選んだ理由は、四年前、半年の間、彗星社を松江から移し、住んだことのある地であったこと、および大本教との関係がいまだ続いていたことに拠ると考えられる。

藤原(古参の大本信徒藤原勇造)の回想によると、岡田(建文)はその後(彗星後)、出口王仁三郎に頼みこんで、「人類愛善新聞」(大正十四年十月創刊)の記者となり、月給三十円という破格の待遇を受けるが、同紙の河津雄次郎は一度も岡田の記事を採用しなかった。古臭い記事ばかり書いて三十円の値打ちがないと陰口を叩かれ、不遇をかこったらしい。藤原氏の印象では、痩身で人のよい人物だったという。[31]

建文は関東大震災後、東京へと移住するのであるが、その前後、出口王仁三郎に頼み込んで大本教機関紙『人類愛善新聞』の記者となった。京都での生活は苦しかったとみられる。しかしその記事は一度も採用されなかったというから、長くは続かなかったのであろう。建文の書く文章が「古臭い」こと、「痩身で人のよい人物」という藤原氏の印象は、建文の人柄を良く示している。

『彗星』は松江の郷土誌から始まり、次第に心霊主義に傾き、大本教喧伝誌へとその性格を変化させていった。同誌が大本教宣伝に果たした役割は大きかった。生長の家の主催者である谷口正治(雅春)は、大正七年四月に『彗星』を知り、大本教に関心を持った。[32] 九月には「谷口正次《(正治)》」の名で「心霊治療法の神髄(上)」を『彗星』に掲載している(三二七号)。

以上、大本教を『彗星』誌上で積極的に宣伝した建文は、第一次大本教事件をきっかけに松江に居づらくなり、一〇年継続した『彗星』を廃刊し京都へと移住したのであった。

第四節　民俗学者　柳田国男の期待——未来を語ることの意味——

1　関東大震災後、拠点を東京へ移す

建文一家が京都へ移り住んだ翌大正十二年(一九二三)九月一日、関東大震災が起こる。東京は廃墟と化し、その後急速に復興へと向かう。復興へと向かう日本の首都に、建文は新天地を求めたのであろう、一家は東京に移住する。

大正十五年五月刊行の『心霊と人生』(三―五)に「東京　岡田蒼溟《そうめい》」として「昼食時の幽霊」を掲載しているから、同年五月には東京に住んでいた。同十三年十一月に刊行された(追記参照)大阪の浅野和三郎が主宰する心霊科学研究会の雑誌『心霊界』(一―一二)に、「蒼溟子」の号で「瀧姫の霊と女修行者(一)」を掲載したのが「蒼溟」号の初見で、その後「岡田蒼溟子」「岡田蒼溟」等と使い出す。(追記参照)翌年以降、『日本及日本人』など東京の雑誌への掲載が再び始まり、また新たな号「蒼溟」を使用し出していることを勘案すると、建文は関東大震災の翌年には東京に移り住んでいたものと考えられる。「蒼溟」は、あをあをとした海の意である(諸橋轍次『大漢和辞典』)が、父が鷹匠で蒼鷹《おおたか》を飼っていた(『動物界霊異誌』七七頁)ことにも因むとみられ、蒼鷹は鷹のなかで最も大きいものを言うから、大海の意も込められていた。東京へ移住したのを機に、「蒼溟」号を使い出したものとみられる。

東京で建文は、積極的に文筆業に励む。建文の文章が掲載された雑誌には、『心霊と人生』『心霊界』『変態心理』『スコブル』『島根評論』『日本及日本人』『少年倶楽部』『民族』『奇書』『文藝春秋』『風俗資料』『旅と伝説』『実業の日本』『郷土研究』『グロテスク』『デカメロン』『文学時代』『探偵小説』『旅』『歴史公論』『風俗研究』『書芸』『話』『大島根』が確認できる。

大正十五年(一九二六)九月には、初めての著書『幽冥界研究資料　第二巻　霊怪談淵』(以下『霊怪談淵』と表記)が刊行された。古神道系の新宗教団体である、山口県の天行居から出版された。天行居の創始者の友清歓真《ともきよよしさね》が大本信者であった関係で出版に到ったのであろう。この書は、民俗学を大成する柳田国男も絶賛した書で、「昨年周防の天行居から、『幽冥界研究資料』の第二巻として刊行した『霊怪談淵』は文字通りの驚くべき書であって、私は泉鏡花君等とともにしきりにこれを愛読した」という。[33] 日本各地の怪異現象を集成した四五二頁に及ぶ書物で、島根県内の出来事も数多く採録されている。この書は、柳田国男や泉鏡花が熟読した、建文の記念すべき第一作であった。

2　柳田国男との語らい――『動物界霊異誌』の刊行――

『霊怪談淵』刊行の翌大正十五年（一九二六）四月、建文は第二冊目の著書『動物界霊異誌』を刊行する。建文の前著を愛読した柳田国男が編纂に関与していると考えられる、郷土研究社第二叢書の一冊として刊行されている(34)。この叢書は、国男の『山の人生』『遠野物語（増訂版）』、佐々木喜善の『老媼夜譚』、早川孝太郎の『猪・鹿・狸』など、錚々たる民俗学者たちが執筆している。『動物界霊異誌』緒言によれば、建文は「帝都郊外百人町」に住んでいた。今の東京都新宿区百人町である。この書は、「主として動物の怪異に関する事例を簡輯」したものである。蝦蟇《ひき》・猫・河童・狐・狸・貉《むじな》・外道・蛇といった実在・非実在の動物の怪異事象である。この書については、国男が珍しく書評を『東京日々新聞』に掲載している(35)。

座談会で柳田国男（右）と同席する岡田建文（左）
中央は美術評論家・一氏義良（松江市出身）
（『文学時代』3-12、1931年、63頁より）

今一つ『動物界霊異誌』というすばらしい奇書がある。ガマに蛇、きつねにたぬき、それから河童および外道という半分は動物、半分は怪物といってもよいものの事業習性の実例、各数十篇ずつを集めたものだという話を聴いて、我々はその出版を慶賀し期待し、かつ同時にこういう忠告をした。（略）まず事実をもって未信者を動かし、説明は尋ねてくるまでお待ちになさるようにといったところが、よほどその意見を容れて、今度は「これでもか」というような証拠だけをまず例示して、心霊理学はほんの少しばかり、片端の方に説いてある。そうして我々凡俗の徒にとっては、岡田氏が固くこう信ずるということも、やはり確乎たる現在の事実の一つである。

原稿を作成する前に建文は、国男から執筆に関する助言を得ていた。それは建文の筆が走りがちな心霊理学より、事実を中心に述べるようにとするもので、実際そのように執筆された。

話には根がある以上、むしろ成長して花がさく方が自然である。ただしその事実の観察の機会は存外に少ないのだ。岡田氏の著述はたくさんの争うべからざる事実を含み、行く行くこれを支配する法則が、この中から発見せられる希望を我々に与える。それを著者自身だけが理学に対する果し状のごとく考えていることは、これも事実であるが、悲しむべき事実である。

事実に忠実であれ、それのみを語れと国男は言う。しかしその事実を観察する機会は少なく、建文の事実譚が確実な事実とは必ずしも言えない、と国男の批評は手厳しい。そして建文が蒐集した話に共感を持ちつつも、自然科学(「理学」)に対する攻撃に急な建文の姿勢を国男は悲しむ。このことは、本書の末尾の建文の言葉にも現れている。

所謂反理学、又は超科学の怪事は、現代と雖も決して少くは無い。宇宙は整然たる一個の大法の下に現象したもので、一として理法の外なるものは無い。反理学だの超科学だのと云ふは、畢竟現代の科学の幼稚を語る反語である。妖怪は存在する。

「反理学」「超科学」と「怪事」を批判するのは間違えで、科学(「理学」)で説明できないのは逆に科学が未熟(「幼稚」)であるからだとする。「妖怪は存在する」と建文は、オカルト的事象の事実としての存在を強く主張するのである。

3 疑似科学と霊魂不滅論

岡田建文の代表作は、『霊怪談淵』と『動物界霊異誌』であろう。世の怪異事例を蒐集し、客観的叙述を心がけている点で群を抜いている。以後計一二冊の書物を建文は著した。「大自然の怪奇現象にして、物理化学の説明し能はぬもの」を収めた『大自然の神秘と技巧』(昭和三年〔一九二八〕)、「幽霊や生霊または動物の憑依談」、「死霊の怪象を立証する現象」を収めた『心霊不滅』(同五年)、『現代怪異実録』(同六年、未見)、刊行四年で発禁処分となった『蛇淫と幽霊の話』(同七年、未見)、「やむを得ず亜流の資料を記載」した『霊怪真話』(同十一年)、明治時代以降に発生した事実を収めた『妖怪真話』(同年)、海外の心霊科学を紹介した『奇蹟の書―心霊不滅の実証―』(同年)、『奇蹟の書』の続編で西洋の心霊研究と実例を紹介した『心霊の書』(同十二年)、国民書院版の『心霊不滅』(同十五年)、『霊魂の神秘』(同年)である。

なかでも『心霊不滅』(万里閣書房、昭和五年)は日本・西洋の心霊研究にも触れた五六五頁もの大著である。その「緒言」は次のようである。

著者は迷信嫌ひである。(略)然れども、著者は有神論者である。幽霊や妖怪や、狐狸の魅惑や、邪霊悪魔の憑依などの事実を認めて居る。世の常識家や学者輩が、科学界に認められざるものは、一切之を迷信圏の伝説物と断定し去るのとは、聊か趣を異にして居ることを自認して居る。(略)近来欧米では、知名の学者の中から真摯な研究の結果、死後の世界や妖怪の実在を肯定する人が輩出するやうに成つたのは、人類の真実な向上換言せば精神文化の促進に就て頗る慶すべきであらねばならぬ。何となれば、人類社会の改善の光明は、実に此所から発するのである。(略)人間の自我の永久を知るものに非らざれば、生命の真の光明は見られないと云ふことを附加へる。

幽霊や妖怪、憑依といった事実を事実として認め、それらを迷信・伝説として切り捨てる科学とは違うとする。近年の欧米では、科学研究の結果、死後の世界や妖怪の実在を認める動きがあり、そのような動きは「精神文化の促進」、「人類社会の改善」のためにも重要であるとする。同書の目次は、「第一編」総論、交霊術と霊媒、心霊、物理的現象、超物理的現象、交霊会の幽霊、自発の幽霊、「第二編」遠感及心霊遊離、二重体、臨終の感覚、幽冥界、再生となっていて、当時の科学では説明できない事例をいくつも挙げて死者の精霊の存在を確信し、それは霊的作用によるとして説明を試みる。建文の説明は、科学的な説明を装った非科学的な科学、即ち疑似科学だったのである。

4　岡田建文の予言と柳田国男――「作之丞と未来」から――

建文と柳田国男とは年齢もほぼ同じ（同い年か建文が一歳年下）であることもあり、気が合った。戦時中、国男が付けていた日記『炭焼日記』(36)に、しばしば建文が出てくる。例えば、昭和十九年八月四日の記事には「岡田建文老来、二月あまり寝てゐたよし。神の示しにて草を採り食う夫婦の話をする。本を買ふ金三十円をおくる」、十三日の記事には「岡田建文翁来、月おくりの盆迎に畠の物をさがしに来られたよし、紙色々くれられる、又「わかなみ」といふ昆布製のくすりも」とある。二か月程寝込んでいた建文が国男の家を訊ね、怪異話をし、国男は建文に本を買う金を工面している。また盆迎えの供え物を探しに出たついでに、建文は国男の家に立ち寄り、紙や薬を置いていき、九月二十二日にも再訪した。

その国男は、昭和二十四年四月に戦時中の反省を踏まえ、日本史学への批判と、未来を語る歴史学であることを提言した文章「作之丞と未来」を発表する(37)。そのなかに建文が登場する。

空襲のさなかに別れたまま、消息不明になつた旧友の岡田蒼溟翁は、今からもう十六七年も前に、私の所へ来てこんな話をした。柳田さん、えらい大きな戦争が始まるさうですぜ。（略）もちろん神様の御告げです。（略）しかし結局はこちらがよくなるのださうです。何か想像もつかぬやうな不思議が起つて、それから少しづゝ運が向いて来る仕組みになつて居るのださうですとも言つた。（略）それから一年に一度か二度、逢ふたんびに我々両名はこの話をした。何だか少しづゝ御告げの通りに、なつて行くやうな気がして来て、実は私も大いに動揺した。それにしてもその最後の不思議といふのは何であらうか。（略）しかしたゞその一点を除いては、他はことごとく未来から蹴り上つて、今やわれわれの現実の体験となつてしまつた。

国男は建文と会うたびに、建文の予言について語り合った。建文の予言は、昭和九年（一九三四）時、「在京の知人」と言っている「九鬼復堂《盛隆》君」との関係が想定される。[38] 友清歓真とも関わりを持った九鬼盛隆（復堂）は、宗教団体の本道宣布会を主催し、関東大震災を予知し公表した四人のうちの一人である。また建文自身も論考「未来透視の可能性」[39]で、未来予知について考察している。「作之丞と未来」で国男は、未来を語ることの意味について提起を行っている。国男の弟子である千葉徳爾氏は、この文章から国男の意図を正確に読み込んでいる。[40]

岡田蒼溟（名は建文）翁が神託として語ったことが、学問にもまして未来を予想していたという話である。学問はこれほどに無力であるかという驚きは、ことに柳田のようにそれに全力を傾け、信頼をおいていた者にとっては無理のないところであったが、ことに最後の、日本の再生が何によるものであるかは、もっとも柳田の関心事であったろう、（略）「これからどう再起の途をさぐるか」については、史学も民俗学もほとんど無力に近かった。

これに付け足すことはない。国男は、歴史学や民俗学の学問が無力であったなか、疑似科学ではあったが未来を語った旧友の建文を、消息不明になってしまったことによる懐かしさとともに、建文の語ったその方向性が間違っていなかったことを強調したのである。

「消息不明になつた」と国男が述べるように、建文は戦後の世界を生きることはできなかった。『炭焼日記』の昭和二十年六月五日の記事には、「岡田君父子の写せし「視聴草抄」をよむ。筑後川のカッパの事など。三分の一ほどが亡くなつた娘の字なり、あはれ也」と記している。昭和五年頃から建文は、東京王子町堀ノ内（東京都北区堀越船一丁目)に住んでいた(『心霊不滅』緒言)。同二十年三月十日の東京大空襲の後、王子町辺りは四月に最大の爆撃があり、計一二回の空爆を受け五〇〇人が亡くなった(『北区史』)。建文一家も、東京大空襲によって消息を絶たざるを得なかったものと考えられる。建文は、数えで七十一もしくは七十歳の生涯だった。

おわりに

本章では、大正から戦中にかけて怪異現象を蒐集し、数多くの文章や著書で自らの考えを江湖に示した岡田建文(督・豊万之丞、蒼溟)の生涯と、その霊怪(怪異)研究についてみてきた。明らかにできたことは、以下の点である。

旧藩士家で鷹匠の祖父・父をもつ家系に育ち、霊的な話を聞くことや体験する環境にあった建文は、当初は猛烈な非心霊主義者であった。「大阪新報」、次いで「松陽新報」の記者および編集者として活躍したが、自らの主義・主張を自由に発言するために新聞社を辞め、自らが編集・執筆を行う雑誌『彗星』を創刊した。社会・人心の腐敗を警《いまし》める怪物を目指し月二回(大正七年〔一九一八〕二月から月一回)、一六八冊以上、十年間発行し続けた。

当初、郷土誌的色彩の強かった『彗星』は、二年を経過した頃から心霊に関する記事が載りはじめ、建文自らが信じ、理論化を目指していた霊怪研究は、出口王仁三郎との出会いによって大本教と結びつく。『彗星』紙面は、大本教布教誌の様相を呈するようになった。しかし、大本教が国家弾圧を受けた第一次大本教事件をきっかけとして廃刊となる。積極的に大本教宣伝活動を行っていた建文は松江を去り、京都、そして関東大震災後は東京へ出て文筆活動を行う。

東京では、霊怪研究だけでなく歴史的内容をもつ文章も執筆し、かつ様々な雑誌へ寄稿し、また著書も出版した。

初めての著書『霊怪談淵』は、民俗学者の柳田国男や小説家の泉鏡花も熟読した。国男の意見を取り入れ、事実の提示を心がけた動物に関する怪異事象集『動物界霊異誌』は、国男も書評を寄せ、現代でも民俗学の世界で参照される書物となっている。建文にとり「妖怪」とは「オカルト全般」を指すものであった。未熟な科学では証明できない「妖怪」の存在を、いくつもの証言を積み重ねて解釈していく点に、その叙述の特徴がある。だからといって建文が挙げた多くの事例は、柳田国男が述べるように反論の余地を残すものであった。

建文に先立つこと約二十五年前、松江では小泉八雲（ラフカディオ・ハーン）が出雲地方の怪異譚を蒐集し、再話文学として日本文化論にまで昇華させた。同じ松江、出雲地方の怪談・怪異譚を蒐集した建文とは、文体、目的も大いに異なる。八雲と建文作品の比較検討は、この地域の社会・文化・風土を語る上で興味深く、地域の新たな文化資源を見出せる可能性がある。

本章では、建文の生涯を明らかにすることが中心となり、建文が執筆した著書や諸論考の内容にまで踏み込めていない。多方面にわたる建文の文章は、松江や島根、山陰地方に関する貴重な情報が多くあり、霊怪研究上においても豊富な事例を紹介している。それらの分析は全て後日を期したい。

注

（1）一柳氏は建文について、『〈こっくりさん〉と〈千里眼〉』（講談社、一九九四年、二〇八頁）でも一部触れている。
（2）京極夏彦「妖怪という言葉について」（『妖怪の理　妖怪の檻』角川書店、二〇〇七年）。
（3）横山茂雄「怪談の位相」（水野葉舟『遠野物語の周辺』国書刊行会、二〇〇一年）。
（4）大塚英志『怪談前後』および『疑史としての民俗学』（両書共、角川書店、二〇〇七年）。

(5) 岡田建文「紙魚の巣話(五)」(『島根評論』一一―一二、一九三四年)。
(6) 以上、「列士録」および三保忠夫『鷹書の研究』(和泉書院、二〇一六年)、一三八二頁。
(7) 岡田、注(5)文献。
(8) 岡田建文「我家で起つた霊怪事」(『心霊と人生』四―五、一九二七年)。
(9) 岡田建文「本誌主幹及び寄稿家諸氏に寄す」(『変態心理』二―六、一九一八年)。
(10) 井村宏次『霊術家の饗宴』(心交社、一九八四年)、二五一頁。
(11) 岡田建文「未来透視の可能性」(『日本及日本人』一一五、一九二七年)。
(12) 以上、岡田射雁「敢て世の任侠ある人に訴う内情の剝出し」(『彗星』二四附録三、一九一三年)。
(13) 松本健一『増補・新版　隠岐島コミューン伝説』(辺境社、二〇〇七年)。
(14) 西島太郎「築城物語」(『続松江藩の時代』山陰中央新報社、二〇一〇年。初出二〇〇九年)。
(15) 岡崎寛徳「献上鷹・下賜鷹の特質と将軍権威」(『弘前大学国史研究』一〇六、一九九九年)。
(16) 岡田、注(12)文献。
(17) 岡田利景「水泳に就ての私見」(『島根県私立教育会雑誌』二三七、一九〇六年)。同「水泳技術の統一を要む」(『同』二九八、一九一三年)。
(18) 『唐津市近代図書館郷土史料目録』Ⅱ(一九九七年)、大島家文書、葉書八一四、一〇四頁。
(19) 以上、木原鬼仏『身心解脱耳根円通法秘録』(心霊哲学会、一九一七年。八幡書店、二〇〇八年復刊)。同『耳根円通妙智療法秘録』(同。八幡書店、二〇〇三年復刊)。
(20) 以上、『彗星』七七・八三(一九一六年)および『心霊界』二一(一九一八年)。

(21) 東都・雨人「誤解されたる雑誌(彗星の冤を雪ぐ)」(『彗星』二九付録)。
(22) 関根正雄『内村鑑三』(清水書院、一九六三年)、五五頁。中嶌邦『成瀬仁蔵』(吉川弘文館、二〇〇二年)。
(23) 岡田建文「邪神の薬籠たる王仁氏」(『島根評論』一三―一、一九三六年)。
(24) 岡田建文「再び本誌主幹に寄す」(『変態心理』二―七、一九一八年)。
(25) 『心霊界』九(一九一八年)。『大本七十年史』上(宗教法人大本、一九六四年)、四一三頁。木原鬼仏は綾部へ移住するも、自分が用いられないとわかり、二、三週間足らずで綾部を去る。大正十年(一九二一)には東京にいて昭和十一年(一九三六)には故人となっていた(『出口栄二選集』二、講談社、一九七九年、五六頁。木原鬼仏『霊明法講授秘録』心霊哲学会、一九二二年奥付。岡田、注(23)文献)。
(26) 『変態心理』一二～一四(一九一八年)。『彗星』一二八・一二九(一九一八年)。
(27) 『大本七十年史』上(宗教法人大本、一九六四年)、四一五頁。
(28) 『彗星』五月刊行分は未見であるが、十一月十五日発行の一四一号掲載の「発行所の移転」で「六ヶ月間京都」と記している。
(29) 岡田、注(23)論考。
(30) 岡田蒼溟「乱抽感」(『心霊と人生』三―一一、一九二五年)。
(31) 出口和明が著した出口王仁三郎の半生記『大地の母』の取材メモ(岡田建文『霊界真話』八幡書店、一九九八年掲載の編集部「解題」)。
(32) 小野泰博『谷口雅春とその時代』(東京堂出版、一九九五年)、四六頁。
(33) 柳田国男「岡田蒼溟著『動物界霊異誌』」(『東京朝日新聞』一九二七年五月十三日付。東雅夫編『文豪怪談傑作選　柳

田國男集　幽冥談』筑摩書房、二〇〇七年に収載）。

(34) 岡田建文『動物界霊異誌』（郷土研究社。『妖獣霊異誌』と改題し、今日の話題社から二〇〇〇年に再刊）。

(35) 柳田、注(33)書評。

(36) 『定本柳田國男集』別巻第四（筑摩書房、一九六四年）。

(37) 『東京日々新聞』一九四九年四月二十六・二十七日付に掲載（柳田国男・大塚英志編『神隠し・隠れ里』角川文庫、二〇一七年に収載）。

(38) 岡田建文「神秘漫話（一）」（『島根評論』一一―五、一九三四年）。

(39) 岡田、注(11)文献。

(40) 千葉徳爾『柳田國男を読む』（東京堂出版、一九九一年）。

［追記］　初出以降に岡田建文に触れた論考に以下のものがある。

伊藤慎吾「岡田建文◉1875/76-1945?――すべての生物には精神力がある」（伊藤慎吾・氷厘亭氷泉編『列伝体妖怪学前史』勉誠出版、二〇二一年）。

横山茂雄「霊怪の探求――岡田建文の場合――」（岡田建文著・横山茂雄解説『怪異のフィールドワーク　霊怪談淵（幽冥界研究資料第二巻）』八幡書店、二〇二二年）。

礫川全次「解説　昭和前期における「怪異」という問題――出口王仁三郎・柳田國男・岡田建文を繋ぐもの――」（岡田建文『霊怪真話』河出書房新社、二〇二四年）。

横山論考で、関東大震災後の浅野和三郎は大阪で活動していたと指摘があった。そのため初出時、「東京の浅野和三郎が主宰する心霊科学研究会の雑誌『心霊界』」（第四節1）としていた部分のうち、「東京」を「大阪」に修正した。これに伴い、次行の「この初見の年から『心霊界』『日本及日本人』など東京の雑誌への掲載が再び始まり」とした初出時の文章は、「翌年以降、『日本及日本人』など東京の雑誌への掲載が再び始まり」に修正した。

付　岡田建文著述一覧

鷹匠を勤める旧松江藩士の家に生まれた岡田建文《たてふみ》（一八七五か七六〜一九四五）は、新聞記者を経て、松江で郷土誌『彗星』を創刊し、大正から戦中にかけて怪異現象を蒐集して、数多くの著述で自らの考えを江湖に示した。松江を中心とする山陰地方の怪異譚は、現代ではオカルトといわれる部類のものであるが、民俗学者の柳田国男や、小説家の泉鏡花もその著述を熟読した。しかし、民俗学がオカルト的側面を切り捨てて学問として成立したことで、建文に関する関心が深まることはなかった。

建文については本章でその生涯を明らかにしたが、その著述は様々な媒体に発表されていて、いまだその全貌は明らかでない。私が蒐集した建文の著述を時代順に明記することで、今後の研究の深化を俟ちたい。

建文の著述は、記名のあるものだけで一二六篇（除著書）ある。その執筆名は「岡田射雁」「岡田菱喰」「菱」「岡田建文」「蒼溟子」「岡田蒼溟子」「蒼溟楼主人」がみえる。本名は「督」、次いで「豊万之丞」、さらに「建文」へと改名した。自ら編集し執筆した雑誌『彗星』は大正元年（一九一二）の創刊から十年間、月二回（大正六年以降月一回）発行し、現在、一六八号まで確認できる。『彗星』は建文の家族で行う家族経営で発行され、編集・執筆はほぼ建文一人が担当していた。無記名で記す『彗星』の文章の多くは、建文が執筆したと考えられる。そのためその著述の数はさらに増加する。

新聞では『松陽新報』、雑誌では『彗星』、『心霊界』（心霊哲学会）、『スコブル』、『変態心理』、『心霊界』（大阪）の他、『日本及日本人』『心霊と人生』『科学画報』『少年倶楽部』『民族』『奇書』『文藝春秋』『風俗資料』『旅と伝説』『実業の日本』『郷土研究』『グロテスク』『デカメロン』『文学時代』『科学知識』『探偵小説』『旅』『島根評論』『歴史公論』『風俗研究』『書芸』『神道の友』『神秘』『話』『大島根』など三〇誌を確認できる。郷土・歴史・科学・少年・文芸・風俗・文化・宗教・神秘と、そのテーマの広さがうかがわれる。

著作は、『幽冥界研究資料　第二巻　霊怪談淵』（天行居）、『動物界霊異誌』（郷土研究社）、『大自然の神秘と技巧』（丁未出版社）、『心霊不滅』（万里閣書房）、『霊響文庫　現代怪異実録』（霊響社）、『霊響文庫　蛇淫と幽霊の話』（霊響社）、『霊怪真話』（慈雨書洞）、『妖怪神話』（モナス）、『奇跡の書――心霊不滅の実証――』（紀元書房）、『心霊の書』（紀元書房）、『心霊不滅』（国民書院）、『霊魂の神秘』（国民書院）の一二冊を数えることができる。

「岡田建文著述一覧」では、今後の建文研究の便を図るため、記名のある建文の著述を一覧にして公開する。一部、無記名でも確実なものを含めている。この他、建文が編集・執筆した雑誌『彗星』は必見となる。欠号となっている雑誌も多くあり、今後、さらに精査が必要であることを付記しておく。

発表年月日	和暦	齢	執筆者名	題　　名	出　　典
1936.08.11	S 11		岡田建文	**『奇蹟の書―心霊不滅の実証―』**	紀元書房
1936.11.01	S 11		岡田建文	無題漫話	神秘1-11
1936.12.01	S 11		岡田建文	臨終の感覚	神秘1-12
1937.01.01	S 12	63	岡田建文	心霊の研究	神秘2-1
1937.01.13	S 12		岡田建文	**『心霊の書』**	紀元書房
1937.02.01	S 12		岡田建文	(私信公開)岡田建文氏より	島根評論14-2
1937.03.01	S 12		岡田建文	(私信公開)岡田建文氏より	島根評論14-3
1938.01.01	S 13	64	岡田建文	(運命綺譚)文盲福徳翁	島根評論15-1
1938.02.01	S 13		建文老生	送別旗の文句	島根評論15-2
1938.03.10	S 13		建文老生	松江の凧	島根評論15-3
1938.04.10	S 13		岡田建文	大社国学館に就て	島根評論15-4
1938.06.01	S 13		岡田建文	日本柔道放談	島根評論15-6
1938.07.15	S 13		岡田建文	紙魚の巣話	島根評論15-7
1938.08.20	S 13		岡田建文	硯石漫談	島根評論15-8
1940.11.10	S 15	66	岡田建文	**『心霊不滅』**	国民書院(大阪)
1940.―.―	S 15		岡田建文	**『霊魂の神秘』**	国民書院(大阪)
1941.01.01	S 16	67	岡田建文	出雲神の裔孫にして神武天皇の皇居たる比売多々良 五十鈴依比売命の事蹟	大島根12-1(東京)
1941.03.01	S 16		岡田建文	高天原は天空の神霊世界	大島根12-3(東京)
1941.11.01	S 16		岡田建文	霊魂現象片鱗	日本及日本人102

・「和暦」のMは明治、Tは大正、Sは昭和。
・「齢」は岡田建文の年齢(1875年生まれとした場合の年齢である)。
・「題名」のゴシック体は著書。

発表年月日	和暦	齢	執筆者名	題　　名	出　　典
1932.05.01	S 7		岡田建文	奇怪な亡霊の話	探偵小説2-5(博文館)
1932.06.01	S 7		岡田「健」文	時鳥の名所	旅9-6(99号)
1932.09.―	S 7		岡田建文	**『霊響文庫五編　蛇淫と幽霊の話』**	霊響社(名古屋)
1932.10.01	S 7		岡田建文	伯耆大山の山童伝説	旅9-10
1932.11.01	S 7		蒼溟子	金華山沖の人玉行列	旅9-11
1933.01.01	S 8	59	岡田建文	強健長寿者の部落	旅10-1
1933.02.05	S 8		(岡田氏)	(「胃中から吐いた物が俄然、炎となって燃える」)	富岡直片『日本猟奇史大正・昭和編』
1933.02.05	S 8		(岡田氏)	(「人無き深山の夜半に聞こえる幽雅な怪音楽」)	富岡直片『日本猟奇史大正・昭和編』
1933.03.01	S 8		岡田建文	衣魚の巣話(一)(ママ)	島根評論10-3
1933.04.01	S 8		岡田建文	実話　妙義詣の奇蹟	旅10-4
1933.05.01	S 8		岡田建文	石見牛鬼譚	郷土研究7-5
1933.09.01	S 8		岡田射雁	「隠岐島後の騒擾譚」「千鳥城の築造とその城下」(1906年を再録)	奥村碧雲編『島根叢書』1，2
1933.09.01	S 8		岡田建文	紙魚の巣話(二)	島根評論10-9
1933.11.01	S 8		岡田建文	鉄砲渡来の一異文	歴史公論2-11
1933.12.15	S 8		岡田建文	紙魚の巣話(三)	島根評論10-12
1934.01.01	S 9	60	岡田建文	呪詛の社会性能	心霊と人生11-1
1934.03.25	S 9		岡田建文	メーソン氏の神道観	島根評論11-3
1934.04.20	S 9		岡田建文	紙魚の巣話(四)	島根評論11-4
1934.05.15	S 9		岡田建文	神秘漫話(一)	島根評論11-5
1934.06.05	S 9		岡田建文	神秘漫話(二)	島根評論11-6
1934.08.10	S 9		岡田建文	神秘漫話(三)	島根評論11-8
1934.10.15	S 9		岡田建文	紙魚の巣話(五)	島根評論11-12
1934.11.01	S 9		岡田建文氏談	鷹狩秘話(上)	風俗研究174
1935.01.01	S10	61	岡田建文	紙魚の巣話(六)	島根評論12-1
1935.02.01	S10		岡田建文	紙上を通じて徳谷氏へ	島根評論12-2
1935.03.01	S10		岡田建文	鑑墨漫談	書芸5-2
1935.04.01	S10		岡田建文	鑑墨漫談(中)	書芸5-3
1935.06.10	S10		岡田建文	(私信公開)岡田建文氏より	島根評論12-6
1935.10.01	S10		岡田建文	紙魚の巣話(七)	島根評論12-10
1936.01.01	S11	62	岡田建文	邪神の薬籠たる王仁氏	島根評論13-1
1936.04.01	S11		岡田建文氏談	鷹狩秘話(下)	風俗研究191
1936.04.01	S11		岡田建文	「たましひ」のはなし◇其の実相を知るの要義◇	神道の友12-4
1936.05.31	S11		岡田建文	**『霊怪真話』**	慈雨書洞
1936.07.01	S11		岡田建文	縣令を逐出した妖怪屋敷	話4-7
1936.07.01	S11		岡田建文	宿命感に就て	神秘1-7
1936.08.01	S11		岡田建文	呪詛の原理と実例	神秘1-8
1936.08.03	S11		岡田建文	**『妖怪真話』**	モナス

発表年月日	和暦	齢	執筆者名	題　名	出　典
1928.02.25	S 3		建文生	銘刀鶴ノ三郎(下)	心霊と人生5-3
1928.03.01	S 3		岡田建文	高木右馬介の強力	少年倶楽部15-3
1928.04.01	S 3		岡田建文	焼栗の名人	少年倶楽部15-4
1928.07.01	S 3		岡田蒼溟	河童俗伝　島根県中部地方	民族3-5
1928.09.01	S 3		蒼溟	霊の言葉は換る	心霊と人生5-9
1928.09.01	S 3		蒼溟生	古狐の狡術	心霊と人生5-9
1929.02.28	S 4	55	岡田蒼溟	蒼溟楼漫話(一)	奇書2-2
1929.05.01	S 4		岡田建文	現代の怪異の実録	文藝春秋7-5
1929.08.01	S 4		岡田建文	「日本の神」に就て	心霊と人生6-8
1930.02.20	S 5	56	岡田建文	**『心霊不滅』**	万里閣書房(東京)
1930.04.10	S 5		岡田建文	実在の霊怪	風俗資料1
1930.08.01	S 5		蒼溟生	心霊漫談	心霊と人生7-8
1930.09.10	S 5		岡田建文	蒼溟樓漫話	風俗史料5
1930.11.12	S 5		岡田建文	山陰道の外道の話	風俗資料6
1931.01.01	S 6	57	岡田建文	我国の超長寿者話し	旅と伝説4-1
1931.01.15	S 6		岡田建文	史実か？ナンセンスか？　古金銀掘出し物語(一)	実業の日本34-22
1931.02.01	S 6		岡田建文	天狗の悪戯	デカメロン1(1-1)
1931.03.01	S 6		岡田建文	近代大力家譚	文藝春秋9-3
1931.04.01	S 6		岡田建文	蛇淫の話	文藝春秋9-4
1931.05.15	S 6		岡田建文	武蔵坊弁慶の出生地	郷土研究5-2
1931.06.21	S 6		岡田建文	**『霊響文庫　現代怪異実録』**	霊響社(名古屋)
1931.07.01	S 6		岡田建文	再生の記録に就て	心霊と人生8-7
1931.08.01	S 6		岡田建文	再生の記録に就て(続)	心霊と人生8-8
1931.08.01	S 6		岡田建文	漫談	心霊と人生8-8
1931.08.01	S 6		岡田建文	婦女を覗ふ魔性蛇	グロテスク4-5
1931.08.01	S 6		岡田建文	天狗の悪戯(二)	デカメロン1-7
1931.09.01	S 6		岡田建文	幽霊実験記録	デカメロン1-8
1931.10.01	S 6		岡田建文・中西悟堂著　鈴木御水画	奇抜極まる虎狩・鰐狩・熊狩の話	少年倶楽部18-10
1931.12.01	S 6		岡田建文	史実か？ナンセンスか？　古金銀掘出し物語(二)	実業の日本34-23
1931.12.01	S 6		蒼溟生	怨念・祈祷師・龍神	心霊と人生8-12
1931.12.01	S 6		柳田國男・岡田建文・布利秋・萬里野平太・井東憲・一氏義良・加藤武雄	埋もれた宝　隠された宝を語る座談会	文学時代3-12
1932.01.01	S 7	58	岡田建文	「人生因縁」の実話(上)	心霊と人生9-1
1932.03.01	S 7		蒼溟生	「人生因縁」の実話(下)	心霊と人生9-3
1932.03.01	S 7		岡田建文	可愛い栗鼠の話	科学知識12-3

発表年月日	和暦	齢	執筆者名	題　名	出　典
			(無記名)	霊魂研究資料(三)	彗星134
1924.09.01	T13	50	(無記名)	松江市の普門院稲荷の由来	心霊界(大阪)1-8
1924.11.01	T13		蒼溟子	瀧姫の霊と女修行者(一)	心霊界(大阪)1-10
1924.12.01	T13		蒼溟子	瀧姫の霊と女修行者(二)	心霊界(大阪)1-11
1925.01.01	T14	51	蒼溟子	瀧姫の霊と女修行者(三)	心霊界(大阪)2-1
1925.04.01	T14		岡田蒼溟子	不義な菅公の神像	心霊界(大阪)2-4
1925.07.15	T14		岡田蒼溟子	黄金の精魂	日本及日本人77
1925.08.15	T14		蒼溟子	現代の超科学的怪奇現象(上)―湖水の妖怪と寡婦と女行者―	日本及日本人79
1925.09.01	T14		蒼溟子	現代の超科学的怪奇現象(下)―湖水の妖怪と寡婦と女行者―	日本及日本人80
1925.09.15	T14		岡田蒼溟子	新たに発見された健康真理	日本及日本人81
1925.10.15	T14		岡田蒼溟	鑑墨の話(上)	日本及日本人84
1925.11.01	T14		岡田蒼溟	鑑墨の話(中)	日本及日本人85
1925.11.15	T14		岡田蒼溟	鑑墨の話(下)	日本及日本人86
1926.02.01	T15	52	岡田蒼溟	古き慣習の尊とさ	日本及日本人91
1926.03.15	T15		蒼溟子	好かない物の名	日本及日本人94
1926.04.15	T15		岡田蒼溟	霊魂論からの人生観	日本及日本人97
1926.05.01	T15		東京　岡田蒼溟	昼食時の幽霊	心霊と人生3-5
1926.05.01	T15		岡田蒼溟	野獣観察　狐は不思議な獣	科学画報6-4
1926.05.01	T15		蒼溟子	これが人なら剣道の達人	科学画報6-4
1926.08.01	T15		岡田蒼溟	乱抽感	心霊と人生3-8
1926.09.20	T15		岡田建文	**『幽冥界研究資料　第二巻霊怪談淵』**	天行居
1926.11.01	T15		岡田蒼溟	乱抽感	心霊と人生3-11
1926.12.01	T15		蒼溟子	太平記其の他	日本及日本人113
1927.01.01	S 2	53	岡田建文	未来透視の可能性	日本及日本人115
1927.01.01	S 2		蒼溟楼主人	異例長寿者ばなし	日本及日本人115
1927.02.01	S 2		岡田建文	乱抽感(三)	心霊と人生4-2
1927.03.01	S 2		岡田蒼溟子	自殺者に遭つた話	日本及日本人119
1927.04.10	S 2		蒼溟子	昔の武人の家計	日本及日本人122
1927.04.20	S 2		岡田建文	**『動物界霊異誌』**	郷土研究社
1927.05.01	S 2		岡田建文	我家で起つた霊怪事	心霊と人生4-5
1927.06.01	S 2		岡田蒼溟	鳥獣の為す禁厭	心霊と人生4-6
1927.07.01	S 2		蒼溟子	霊談雑俎(一)	心霊と人生4-7
1927.08.01	S 2		蒼溟子	霊談雑俎(二)	心霊と人生4-8
1927.09.01	S 2		蒼溟子	霊談雑俎(三)	心霊と人生4-9
1928.01.16	S 3	54	岡田建文	**『大自然の神秘と技巧』**	丁未出版社(東京)
1928.01.25	S 3		建文生	銘刀鶴ノ三郎(上)	心霊と人生5-2

岡田建文著述一覧

発表年月日	和暦	齢	執筆者名	題　　名	出　　典
1906.01.22	M39	32	岡田射雁稿	隠岐島後の騒擾譚	松陽新報
1906.03.10	M39		岡田射雁	千鳥城と其城下	松陽新報
1912.12.17	T 1	38	(無記名)	発刊の辞	彗星1(1-1)
1913.12.10	T 2	39	岡田射雁	敢えて任侠ある人に訴ふ　内情の剥出し　廃刊か?続刊か?	彗星24付録第3
1915.01.10	T 4	41	射雁生	(万人必読)死後の霊魂の研究(一)(全72回)	彗星50～彗星127(1918.9.10)まで
1915.12.25	T 4		(無記名)	創刊三週(ママ)年を越えたる終刊に際する吾誌の一大希望	彗星73
1917.02.10	T 6	43	岡田菱喰菱	大に政党を改造すべし	彗星100
			(岡田菱喰)	名ばかりの百号記念号	彗星100
1917.07.18	T 6		(不明)	仏仙坦山翁(上)	心霊界(心霊哲学会)1
1917.08.18	T 6		彗星主筆　岡田射雁	仏仙坦山翁(下)	心霊界(心霊哲学会)2
1917.12.10	T 6		一記者	世界統一の預宣　丹波国綾部の「艮の金神　皇道大本の教議」(のち「丹波国綾部の「皇道大本」」「世界統一を預宣したる丹波国綾部町「皇道大本」」と改題。全32回か)	彗星118～彗星149(1920.7.15)まで確認
1918.01.01	T 7	44	松江市　岡田射雁	霊魂不滅論者の怨み状	スコブル15
1918.03.18	T 7		岡田建文	「皇道大本」の由来及び現実	心霊界(心霊哲学会)9
1918.06.28	T 7		岡田建文	迷信を口にする人に与ふ	心霊界(心霊哲学会)12
1918.10.01	T 7		松江市『彗星』主幹 岡田建文	(読書欄)本誌主幹及び寄稿家書氏に寄す	変態心理2-6(12号)
1918.11.01	T 7		松江市　岡田建文	(読書欄)再び本誌主幹に寄す	変態心理2-7(13号)
1918.11.10	T 7		建文生	霊魂研究資料(第一)	彗星129
1919.01.15	T 8	45	一記者	近代科学批判(一)	彗星131
			(無記名)	霊魂研究資料(其二)	彗星131
1919.02.15	T 8		一記者	近代科学批判(二)	彗星132
1919.03.15	T 8		岡田建文	世界統一を預宣したる丹波国綾部町「皇道大本」(十六)	彗星133
1919.04.15	T 8		(無記名)	(彗星訓義)累卵時代の発作	彗星134
			岡田建文	世界統一を預宣したる丹波国綾部町「皇道大本」(十七)	彗星134

あとがき

江戸時代の松江藩に関する論文集『松江藩の基礎的研究――城下町の形成と京極氏・松平氏――』（岩田書院）を刊行したのは、松江城天守が国宝に指定された二〇一五年七月のことであった。それから九年の歳月を費やし、山陰地方に関する二冊目の論文集を刊行する。本書『松江藩の基礎的研究 続――山陰地方の文化と信仰――』に収載した文章は、古いものから二〇一七年―一本、二〇一八年―一本、二〇一九年―二本、二〇二〇年―一本、二〇二一年―二本、二〇二二年―三本、二〇二三年―二本、二〇二四年―一本の計一三本である。二〇〇八年から島根県松江市にある歴史系博物館である松江歴史館の開館準備にあたり、開館後には学芸員として勤務し、二〇二二年に大学へと移った。そのため前職である博物館学芸員として関わった論考が中心となっている。ここでは各章執筆の経緯を記しておく。

第一章「松江開府の立役者 津田の田中又六」は、松江歴史館開館に向けての展示物調査のため、早い段階から、代々「又六」を名乗る田中又六家へ調査に出かけ、「道程記」など家蔵史料の調査をさせていただいた。その後、田中又六家文書は松江市へ寄贈され、史料の整理を私が担当し研究を行うこととなった。

第二章「松江城下移住直後の堀尾家中と知行地」は、松江市文化財保護審議会委員の喜多村理子氏と共に、松江市野原町の八幡宮へ調査に出かけたのがきっかけである。慶長十三年銘の木椀で、同社の七十五膳神事で毎年使用される現役の木椀であった。高台（椀底の基台）が高く、一目見て松江城下町の発掘調査で江戸時代初頭の堀尾期の地層に出土する漆椀と同形だと思った。木椀は五八客を数え、うち慶長十三年銘のものが一六客、他は享和・文化年間（一八〇一～一八一八）に寄進されたものであった。詳細は『松江市史研究』一三号（二〇二二年）収載の諸論考に譲る。木椀五八客は、二〇二三年に市指定文化財（有形民俗文化財）に指定され、保存されることとなった。

第三章「出雲蕎麦切ノート」は、岡田信世の御子孫の方が持つ同家系譜の存在を知ったことによる。これは二〇一九年開催の松江藩士山口家の展覧会で、岡田家が山口家と関係があるとのことで持参されたものであった。出雲国における蕎麦切の初見記事に登場する蕎麦切提供者が岡田信世であったことから、研究を行うこととした。

松江歴史館へ寄贈された史料の整理から生まれた研究成果が第四章「松江藩士生田氏の来歴と学問」・第五章「松江・鳥取藩医田代家の薬師如来坐像」である。滋賀県湖北地方にある私の郷里は雨森氏や井口氏の出身地である。松江藩士となった雨森氏の古文書を調査したことを契機に松江で職を得たことに始まり、井口氏末裔の生田氏からの史料寄贈と整理が前職場での最後の仕事となったことは感慨深いものがある（第四章）。また、鳥取藩医田代恒親の御子孫から松江歴史館へ家蔵の薬師如来仏の寄贈の申し出があり、その調査の過程で体内仏と文字を見出したことが田代家について研究するきっかけとなった（第五章）。

第六章「天真寺所蔵の松平治郷（不昧）自筆史料」は、松江市が主催する「松平治郷（不昧公）研究会」（二〇一八～二〇二三年）で、松平家六代藩主の松平治郷自筆史料を調査するなか、東京都港区の天真寺を担当することとなり、同寺に通って原本調査をさせていただいた。ウブな文書が多くあることから、治郷の手紙の作法について明らかにすることができた。

小林准士・小山祥子・高橋真千子・春日瞳の各氏らと共に行ってきた「行列研究会」での研究成果の一つが第七章

「伏見―西宮間における松江藩参勤交代路の変更」で、二〇二二年に大阪府茨木市へ移住したこともあり、同市の郡山宿本陣史料を利用して松江藩の参勤交代について調べるなかで明らかにできた成果である。

第八章「奥出雲における愛宕信仰の普及」は、戦国時代に奥出雲の馬来氏が建てた愛宕社祠堂の由緒「灰火山社記」について検討した拙論（「転用される由緒「灰火山社記」――中世出雲国馬来氏の愛宕信仰――」、西島著『室町幕府将軍直臣と格式』八木書店、二〇二四年。初出二〇一七年）で明らかにした灰火山の位置について、日本古代史研究者の関和彦氏が反論を加えたことに応じたものである。今も小さき社として村々に残る愛宕社の中に納められている棟札を調査することで、奥出雲への愛宕信仰の受容時期を明らかにできることを示した。地域を広げれば、山陰地方への愛宕信仰の受容時期だけでなく、地域的偏差も明らかになるはずである。

第九章「明治維新期の神社政策と地域社会」は、萩の乱で知られる前原一誠の出雲地方での痕跡を熱心に調査されていた宍道正年先生（当時、松江歴史館専門官）と共に、島根県雲南市大東町の狩山八幡宮にある奉納扁額を調査したのがきかっけである。その成果は、松江歴史館のミニ展示に結実した。

森田禮造の御子孫で、現在でも大阪で森田写真館を営んでおられる森田美知子氏から、先祖についての問い合わせを受けたことが第十章「山陰写真史の黎明」執筆の契機となっている。その頃、戦前の霊怪研究者である岡田建文を調査していて、建文が編集・執筆した大正時代の郷土雑誌『彗星』に、禮造本人の記述や建文が禮造から聞き取った記事が掲載されているのを見つけたことが執筆の動機付けとなった。

補論「松江藩主松平斉貴の実名の読み方」は、松江歴史館で主担当となった企画展（「ＮＡＲＩＴＡＫＥ　松江藩主松平斉貴――北斗七星と鷹と西洋文化に魅せられた殿様――」、二〇二〇年）に際して、諸説ある「斉貴」の読み方を確定しなければならなかったことから執筆したものである。

第十一章「松江の郷土誌『彗星』主幹 岡田建文の霊怪研究」では、旧『島根県史』(一九一一～一九三〇年)に採録されたことで何の疑いもなく利用されてきた、「千鳥城と其城下」の文章を執筆した岡田建文を取り上げた。私は二〇〇九年の段階で、老婆からの聞き書きによる記述であるため、松江城の築城過程は史料に基づいた検証が必要であると指摘していた(「老婆の記憶が紡いだ築城物語」、西島著『松江・城下町ものがたり』戎光祥出版、二〇二〇年。初出二〇〇九年)。それ以来、気になっていた人物だった。建文は物書きだったので、著書や雑誌に数多くの文章があることに気付き、それを分析することで建文について明らかにすることができた。建文が編集した郷土雑誌『彗星』は、島根県立図書館にも揃っておらず、松江のダルマ堂書店で創刊号から五〇号まで売りに出されていたのを購入し、さらに足りない分は大本本部の亀岡宣教センターで見ることができた。

松江では多くの生き字引というべき方々のお世話になった。藤岡大拙先生・安部吉弘先生・井上寛司先生をはじめ、岡崎雄二郎・故吉岡弘行・桑原弘・乾隆明・梶谷光弘・藤間寛・的野克之・内田文恵・北村久美子の各氏などから多くのご教示を得た。また宍道正年・大本公良・稲田信・小林准士・舩杉力修・木下誠・新庄正典・小山祥子・大多和弥生・藤岡奈緒美・笠井今日子の各氏をはじめ、他にも一人ひとりのお名前を記すことはしないが、多くの方々のご協力を得た。記して謝意を表する次第である。

出雲地方の歴史についてここまで情熱を傾けることができたのは、松江市勤務の最初に、大塚享義歴史資料館整備室長(当時)のもと、室員全員が一丸となって松江の歴史や博物館のあり方について熱く議論し、開館に向けて取り組んだことが土台となっている。在職期間中は、市史編纂事業(二〇〇九～二〇二〇年、『松江市史』全十八巻刊行)とも重なり、私は近世史部会の専門委員として関わった。とりまく環境は恵まれていた。

出版事情の厳しい折、前著に引き続き本書の上梓を引き受けていただいた岩田書院の岩田博氏には、深甚なる謝意を表する。また本研究はＪＳＰＳ科研費（ＪＰ二三Ｈ〇〇六七三）の成果の一部であり、本書は追手門学院大学研究成果刊行助成制度による助成を受けた刊行物である。

二〇二四年八月二十五日

松江藩主も通った西国街道近くの安威の自宅にて

西島　太郎

初出一覧

初出時の題名を記す。

Ⅰ　松江開府をめぐる藩士と百姓

第一章　松江開府の立役者　津田の田中又六――松江城築城をめぐる酒と又六――
『松江歴史館研究紀要』六号　二〇一八年

第二章　松江城下移住直後の堀尾家中と知行地――野原の八幡宮所蔵慶長十三年銘木椀の考察――
『松江市史研究』一三号　二〇二二年

Ⅱ　松江藩士の文化活動

第三章　出雲蕎麦切ノート――出雲における蕎麦切初見の提供者・岡田信世――
『松江歴史館研究紀要』一〇号　二〇二二年

第四章　松江藩士生田氏について
『松江歴史館研究紀要』一一号　二〇二三年

第五章　松江・鳥取藩医田代家の薬師如来坐像
『松江歴史館研究紀要』九号　二〇二一年

Ⅲ　松江藩主松平治郷(不昧)の手紙と参勤交代

第六章　天真寺所蔵の松平治郷(不昧)自筆史料
松平治郷(不昧公)研究会編『松平治郷(不昧公)関係史料集』Ⅱ、松江市　二〇二三年

第七章　伏見―西宮間における松江藩参勤交代路の変更
『松江市史研究』一五号　二〇二四年

Ⅳ　奥出雲の神社と信仰

第八章　奥出雲における愛宕信仰の普及――関和彦氏「灰火山」小論の検討――
『古代文化研究』三〇号　二〇二二年

第九章　明治維新期の神社政策と地域社会――佐世家発祥地における前原一誠――

Ⅴ　西洋化と前近代的なものの残存

第十章　山陰写真史の黎明――森田禮造の研究――　『松江歴史館研究紀要』八号　二〇二〇年

補　論　松江藩主松平斉貴の実名の読み方――「ナリタケ」、それとも「ナリタカ」か――　『松江歴史館研究紀要』七号　二〇一九年

第十一章　松江の郷土誌『彗星』主幹・岡田建文の霊怪研究　『松江歴史館研究紀要』九号　二〇二一年

『島根史学会会報』五五号　二〇一七年

付　岡田建文著述一覧　『松江歴史館研究紀要』七号　二〇一九年

索　　引

表・系図・棟札銘は、主要項目のみとした。

Ⅰ 人　名

あ

い

う

お

ま

Ⅱ 地名・寺社・事項等

著者紹介

西島 太郎（にしじま たろう）

1970年　滋賀県に生まれる
2001年　名古屋大学大学院文学研究科博士課程（後期課程）修了
　　　　博士（歴史学）
2008年　松江市観光振興部観光文化ブランド推進課歴史資料館整備室、松江市観光振興部松江歴史館、松江市歴史まちづくり部 松江歴史館の学芸員を経て
現　在　追手門学院大学文学部教授

主な著書
『戦国期室町幕府と在地領主』（八木書店、2006年）
『京極忠高の出雲国・松江』（松江市教育委員会、2010年）
『野口英世の親友・堀市郎とその父櫟山―旧松江藩士の明治・大正時代―』（ハーベスト出版、2012年）
『松江藩の基礎的研究―城下町の形成と京極氏・松平氏―』（岩田書院、2015年）
『松江・城下町ものがたり』（戎光祥出版、2020年）
『室町幕府将軍直臣と格式』（八木書店、2024年）

松江藩の基礎的研究 続 ―山陰地方の文化と信仰―　　近世史研究叢書60

2025年（令和７年）１月　第１刷　330部発行　　定価［本体8800円＋税］

著　者　西島 太郎

発行所　有限会社岩田書院　代表：岩田　博　https://www.iwata-shoin.co.jp
〒157-0062 東京都世田谷区南烏山4-25-6-103　電話03-3326-3757　FAX03-3326-6788

組版・印刷・製本：ぷりんてぃあ第二

ISBN978-4-86602-178-2　C3321　¥8800E

近世史研究叢書

15	落合　　功	地域形成と近世社会	5900円	2006.08
17	村井　早苗	キリシタン禁制の地域的展開	6900円	2007.02
18	黒石　陽子	近松以後の人形浄瑠璃	6900円	2007.02
19	長谷川匡俊	近世の地方寺院と庶民信仰	8200円	2007.05
20	渡辺　尚志	惣百姓と近世村落	6900円	2007.05
21	井上　　攻	近世社会の成熟と宿場世界	7900円	2008.05
22	滝口　正哉	江戸の社会と御免富	9500円	2009.05
23	高牧　　實	文人・勤番藩士の生活と心情	7900円	2009.08
24	大谷　貞夫	江戸幕府の直営牧	7900円	2009.11
25	太田　尚宏	幕府代官伊奈氏と江戸周辺地域	6900円	2010.10
26	尹　　裕淑	近世日朝通交と倭館	7900円	2011.02
27	高橋　伸拓	近世飛騨林業の展開	8400円	2011.09
28	出口　宏幸	江戸内海猟師町と役負担	6400円	2011.10
29	千葉真由美	近世百姓の印と村社会	7900円	2012.05
30	池田　仁子	金沢と加賀藩町場の生活文化	8900円	2012.08
34	B.ｸﾞﾗﾑﾘﾋ=オカ	只野真葛論	7900円	2013.06
35	栗原　　亮	近世村落の成立と検地・入会地	11800円	2013.09
36	伊坂　道子	芝増上寺境内地の歴史的景観	8800円	2013.10
37	別府　信吾	岡山藩の寺社と史料	6900円	2013.12
38	中野　達哉	江戸の武家社会と百姓・町人	7900円	2014.02
41	西島　太郎	松江藩の基礎的研究	8400円	2015.07
42	池田　仁子	近世金沢の医療と医家	6400円	2015.09
43	斉藤　　司	田中休愚「民間省要」の基礎的研究	11800円	2015.10
44	上原　兼善	近世琉球貿易史の研究	12800円	2016.06
45	吉岡　　孝	八王子千人同心における身分越境	7200円	2017.03
46	斉藤　　司	煙管亭喜荘と「神奈川砂子」	6400円	2017.10
48	谷戸　佑紀	近世前期神宮御師の基礎的研究	7400円	2018.02
49	松野　聡子	近世在地修験と地域社会	7900円	2018.02
51	斉藤　　司	福原高峰と「相中留恩記略」	6800円	2018.07
52	丹治　健蔵	東海道箱根関所と箱根宿	7200円	2019.12
53	斉藤　　司	江戸周辺と代官支配	6800円	2020.05
54	外山　　徹	武州高尾山信仰の地域的展開	5000円	2022.02
55	山下　真一	鹿児島藩の領主権力と家臣団	11000円	2023.10
56	松尾　公就	尊徳仕法の展開とネットワーク	6600円	2023.10
57	厚地　淳司	近世後期宿駅運営と幕府代官	9200円	2023.10
58	斎藤　　一	近世林野所有論	6900円	2024.01
59	澤村　怜薫	近世旗本知行と本貫地支配	8600円	2024.09